Retter in Lebensgefahr

Martin Meyer-Pyritz

Retter in Lebensgefahr

22 Erlebnisberichte
von Feuerwehr-Einsätzen

Gardez! Verlag

Bibliografische Information der Deutschen Nationalbibliothek
Die Deutsche Nationalbibliothek verzeichnet diese Publikation in der Deutschen Nationalbibliografie; detaillierte bibliografische Daten sind im Internet über http://dnb.d-nb.de abrufbar.

Alle in diesem Buch geschilderten Einsätze basieren auf wahren Begebenheiten. Die Namen von Einsatzkräften sowie von weiteren Personen und Betroffenen sind aus Datenschutz- und rechtlichen Gründen geändert. Das gilt ebenfalls für die Schauplätze von Unfall- und Einsatzstellen. Zum besseren Verständnis schildere ich die Ereignisse aus der direkten Sicht derer, die mittelbar oder unmittelbar in die Geschehnisse verwickelt waren. Das Wissen, wie sich diese Geschehnisse abgespielt haben, erschließt sich mir aus Informationen, welche ich nach intensiven Recherchen bei beteiligten Einsatzkräften, Polizisten sowie weiteren Zeitzeugen in Erfahrung gebracht habe.

Alle Nutzungsrechte dieser Ausgabe bei
Gardez! Verlag Michael Itschert
Richthofenstraße 14, 42899 Remscheid
www.gardez.de

Lektorat und Korrektorat
Michael Itschert und Roland Reischl

Satz
Roland Reischl, Köln

Umschlaggestaltung
Roland Reischl, Köln

Titelbild
iStock.com © gorodenkoff

Druck
TZ-Verlag & Print GmbH, Roßdorf. Printed in Germany

Originalausgabe, 1. Auflage 2020

ISBN 978-3-89796-294-1

Inhalt

Anhang

Vorwort

Im Vorwort zu meinem Buch *Gefährlicher Einsatz* hatte ich im Jahre 2014 geschrieben: „Auch in unserer vermeintlich sicheren westlichen Welt können unvorhergesehene Ereignisse jeden Menschen jederzeit bis tief ins Mark treffen.“ Damals bezog ich mich dabei lediglich auf Unfälle oder akute Notlagen und schrieb weiter, dass diejenigen, die in den Notrufzentralen anrufen, aufgrund ihrer eigenen Stresssituation oft nicht in der Lage sind, qualitative Aussagen bezüglich des gerade stattgefundenen Notfalls zu machen.

Seither hat sich in unserer Welt einiges, um nicht zu sagen vieles, erheblich verändert. Wir stehen einem neuartigen Virus gegenüber, gegen das wir (Stand: Juni 2020) noch keinen Wirkstoff entwickelt haben und von dem wir noch nicht einmal annähernd abschätzen können, wie viele Menschenleben es kosten und wie hoch die weltweiten wirtschaftlichen, sozialen und gesundheitlichen Folgeschäden sein werden.

Fürchterliche Kriege, skrupelloser Terror und verheerende Naturkatastrophen stürzen auch weiterhin Zigtausende ins Elend. Viele Menschen sind vor Terror, Gewalt und politischer Willkür auf der Flucht. Gleichzeitig treiben Hunger, Arbeitslosigkeit und der nackte Kampf ums Überleben ganze Familien dazu, ihre Heimatländer zu verlassen, um in der Fremde ihr Heil (?) zu finden.

Das alles hat auch unsere Gesellschaft beeinflusst und beeinflusst sie immer noch. Dazu kommt, dass der international agierende Terrorismus noch immer eine Bedrohung darstellt – eine auch in Europa nicht zu übersehende Tatsache und somit eine extreme Herausforderung, der sich unsere Polizeibehörden und sämtliche Sicherheitsorgane des Staates immer wieder stellen müssen.

Auch die Feuerwehren sind davon betroffen. Eines ist bei den auf den Rettungsleitstellen eingehenden Notrufen aber weiterhin gleich geblieben – der Satz: „Bitte bleiben Sie am Telefon und legen Sie nicht auf.“

Leider geschieht aber genau das immer wieder, wodurch die notwendige Hilfeleistung oft verzögert und in besonders schwerwiegenden Fällen gar nicht erbracht werden kann. In der Regel funktioniert die Rettungskette zwischen dem eingehenden Notruf und dem rettungsdienstlichen Fachpersonal jedoch reibungslos.

Die Berufsfeuerwehr der Landeshauptstadt von Nordrhein-Westfalen, bei der der Autor selber 35 Jahre im aktiven Dienst tätig war, verfügt über eine der modernsten Leitstellen Europas. In der Zentrale an der Hüttenstraße werden alle eingehenden Notfallmeldungen von speziell ausgebildeten und qualifizierten Feuerwehrleuten, den Disponenten, entgegengenommen. Innerhalb kürzester Zeit werden die entsprechenden Einsatzkräfte auf den nächstgelegenen Feuer- oder Rettungswachen alarmiert. Oft geschieht dies bereits, während das Gespräch mit dem Notrufteilnehmer noch stattfindet.

An die eintausend Feuerwehrleute teilen sich bei der Düsseldorfer Berufsfeuerwehr in einem Zweischichtensystem ihren anstrengenden Dienst. Jeden Tag sind neun Feuerwachen sowie die Feuerlöschbootstation im Hafen rund um die Uhr besetzt. Zusätzlich existieren in und um Düsseldorf zehn hoch motivierte freiwillige Löschgruppen, die unverzichtbar in das Sicherheitssystem der Landeshauptstadt integriert sind. Der internationale Flughafen Düsseldorf hat seine eigene Flughafenfeuerwehr. Darüber hinaus unterhalten größere Werke wie Henkel oder Mercedes Werkfeuerwehren, welche sich auf die Sicherheitsbelange ihres Betriebes spezialisiert haben.

Die Düsseldorfer Berufsfeuerwehr führt auch den Rettungsdienst der Stadt durch – ohne die tatkräftige Unterstützung der zusätzlich tätigen Hilfsorganisationen wäre das enorme Aufkommen im Krankentransport und Rettungsdienst jedoch nicht zu bewältigen.

Einen weiteren Schwerpunkt in der Zusammenarbeit nimmt das THW (Technisches Hilfswerk) ein. Das THW gehört in den Geschäftsbereich des Bundesinnenministeriums und verfügt bundesweit über rund 80.000 Helferinnen und Helfer; 99 Prozent von ihnen leisten ihre Arbeit ehrenamtlich! Mit ihrer hoch technisierten Ausrüstung stehen diese Frauen und Männer nicht nur bei einer Vielzahl von Einsätzen in Deutschland zur Verfügung, sondern verrichten ihre anspruchsvolle Tätigkeit sogar bis in weit entlegene Krisenregionen unserer Erde.

Die Geschichte der Menschheit hat immer wieder große Vorbilder hervorgebracht. Im Gegensatz zu ihnen stehen die vorgenannten Einsatzkräfte nur selten im Fokus der Öffentlichkeit. Aber sie sind überall in unserer Gesellschaft zu finden, denn das Gute steckt ja schließlich in jedem von uns und jeder kann, getreu dem Martin Luther zugeschriebenen Ausspruch – *und wenn ich auch wüsste, dass die Welt morgen unterginge, so würde ich noch heute ein Apfelbäumchen pflanzen* – wenn er gewillt ist, seinen Beitrag zum Wohle der Menschheit leisten.

Martin Meyer-Pyritz

Ein taffes Mädel

Siegfried Richter stand in dem Treppenhaus vor seiner Souterrainwohnung und wagte kaum zu atmen. Seine schweißnassen Hände hielten eine rot lackierte anderthalb Zoll große Rohrzange und die noch nicht eingeschaltete Taschenlampe krampfhaft umklammert. Bis auf den schwachen Lichtschein, der von der Außenbeleuchtung zu ihm hinunterreichte, lag alles im Dunkeln. Angespannt lauschte Richter in die nächtliche Stille, aber außer dem Rauschen in seinen Ohren und dem Pochen seines wild schlagenden Herzens konnte er keinen Laut vernehmen. In dem Düsseldorfer Mietshaus, dessen Hausmeister er war, blieb alles still – totenstill. Trotzdem starrte Richter in seiner Verbitterung noch sekundenlang ängstlich die Treppe hinauf.

Als er sich halbwegs sicher wähnte, schlich er auf Zehenspitzen zu der gegenüberliegenden Kellertür, deren Scharniere er bereits am Nachmittag mit Sprühöl behandelt hatte, damit ihr Quietschen ihn bei seinem nächtlichen Vorhaben nicht verraten würde. Was jedoch kaum zu befürchten war, da wohl noch nie einer der Hausbewohner zu dieser späten Nachtstunde hier herunter gekommen war. Der Versorgungskeller mit den Hausanschlüssen für Wasser und Gas besaß die übliche Feuerhemmschutztür, die stets abgeschlossen sein musste. Das war Vorschrift, aber als Hausmeister verfügte Richter natürlich über sämtliche Schlüssel. Nachdem er diese Tür aufgeschlossen und leise hinter sich zugezogen hatte, traute er sich erst jetzt, seine mitgebrachte Taschenlampe einzuschalten. Er legte sie so ab, dass ihr Lichtschein auf die in Kopfhöhe angebrachten Gaszähler fiel. Als er die Rohrzange ansetzte, um die erste Verschraubung zu lösen, kletterte sein krankhafter Blutdruck auf einen medizinisch höchst bedenklichen Wert. Die Verschraubung saß viel fester, als er erwartet hatte. Sie zu lösen, kostete ihn große Anstrengung. Richter schwitzte und atmete schwer durch den offenen Mund. „Jetzt komm schon endlich, du elendes Miststück!" Er zerrte mit aller Kraft. Plötzlich gab die Verschraubung nach.

Stadtgas an sich ist vollkommen geruchlos. Um wegen der hohen Explosionsgefahr schon kleinste Leckagen frühzeitig zu bemerken, wird dem Gas ein intensiver Geruchsstoff beigemischt, der ihm sofort in die Nase stach. Richter registrierte das mit einem diabolischen Grinsen. „Na also. Und jetzt noch rasch die anderen." Aber rasch ging das nicht, denn die anderen Verschraubungen erwiesen sich als ebenso fest wie die erste. Der 72-jährige Hausmeister keuchte vor Anstrengung. Auf seiner Stirne hatten sich längst dicke Schweißtropfen gebildet. Mühsam rang er nach Luft und hätte den Kellerraum am liebsten verlassen, aber sein sadistisches Werk war noch nicht beendet. Nachdem es ihm gelungen war, weitere Muffen zu lösen, verzog sich sein Gesicht zu einer hässlichen Fratze. „So, du Drecks-Hausbesitzer", flüsterte er hämisch, „jetzt bekommst du, was du verdienst. Und ihr anderen arroganten Schweine könnt meinetwegen gleich mit ins Gras beißen."

Als er auch noch die letzte Muffe lösen wollte, überschritt sein Blutdruck den kritischen Wert. Außerdem benebelte der penetrante Gasgeruch seine Sinne so sehr, dass er die Rohrzange nicht mehr ansetzen konnte. Mit wachsbleichem Gesicht und weit aufgerissenen Augen entglitt das schwere Werkzeug seinen Händen. Krachend schlug es auf den gefliesten Kellerboden. Richter wankte. Sein Gesicht war schmerzverzerrt. Nach Luft ringend griff er sich an die Brust. Unmittelbar darauf knickten seine Knie ein und er fiel um wie ein nasser Sack. Hilflos am Boden liegend entsprang seiner Kehle ein letztes röchelndes Krächzen – danach war nur noch das feine Zischen des austretenden Gases zu hören.

Es war exakt 2.27 Uhr, als an vier Düsseldorfer Feuerwachen gleichzeitig der Alarm ausgelöst wurde und das sich automatisch einschaltende Alarmlicht deren zuvor in nächtlicher Dunkelheit gelegenen Räume und Gänge erhellte.

Gnadenlos riss der Vierfachgong die Einsatzkräfte aus ihrem nächtlichen Schlaf. Aus sämtlichen Lautsprechern ertönte die Stimme des Leitstellendisponenten: „Explosion im Mehrfamilienhaus Am Rinntreick 42. Menschenleben in Gefahr! Es rücken aus: von Feuerwache 1 der Löschzug, der B-Dienst, der NAW und die erste und zweite Unfallreserve; von Feuerwache 3 der Löschzug, der C-Dienst und der RTW 3-83-2; von Feuerwache 4 der Löschzug, der C-Dienst, der RTW 4-83-1 und 4-83-2 ..."

Der Wettlauf gegen die Zeit hatte begonnen. Bis zum Verlassen ihrer Feuerwachen blieben den Einsatzkräften nur 90 Sekunden! Während der Disponent von der Rettungsleitstelle noch weitere Sonderfahrzeuge aufrief, stürmten die Feuerwehrmänner der Löschzüge bereits in ihre Fahrzeughallen, wo neben den Fahrzeugen auch ihre Einsatzkleidung bereitstand. Die schwere Hose mit ihren über die Stiefelschäfte gestülpten Beinen hochzuziehen und sich anschließend die dreiviertellange, schwer entflammbare Einsatzjacke überzuwerfen, kostete sie nur wenige Sekunden. Wer fertig war, stieg unverzüglich in den Mannschaftsraum, wo er den ihm fest zugewiesenen Platz einnahm und sich weiter ausrüstete. Währenddessen hatten die Maschinisten die von der Decke hängenden Stromversorgungskabel und die angeschlossenen Pressluftleitungen ihrer aufgerufenen Großeinsatzfahrzeuge abgezogen. Die Stromversorgung sorgte dafür, dass sämtliche akkubetriebenen Einsatzgeräte, und von denen gab es jede Menge, ihren vollen Ladezustand besaßen. Die Pressluftleitungen hingegen hielten die Vorratsbehälter ihrer Bremsanlagen unter jenem konstanten Druck, der dafür benötigt wird, die Federspeicherbremsen ohne Zeitverlust lösen zu können. Zivile Lkw, die solch eine Einrichtung nicht besitzen, müssen vor dem Start erst minutenlang im Leerlauf laufen, ehe sie fahrbereit sind – ein Zeitverlust, der für Feuerwehren, bei deren Einsätzen es um jede Sekunde geht, natürlich nicht akzeptabel wäre.

Über einen Funkimpuls schoben sich die elektrisch betriebenen Fahrzeughallentore in die Höhe. Fast zeitgleich drehten die Maschinisten der vier Feuerwachen die Zündschlüssel eine viertel Umdrehung nach rechts. Die leistungsstarken Dieselmotoren starteten. Seit der Alarmierung waren 75 Sekunden vergangen. Die Einsatzfahrzeuge rollten aus den Fahrzeughallen. Als sie in geordneter Formation in die Straßen vor ihren Wachgebäuden einbogen, waren ihnen die ebenfalls alarmierten Rettungs- und Notarztwagen sowie die beiden C-Dienste und der B-Dienst schon ein Stück voraus. Die Maschinisten traten aufs Gaspedal und beschleunigten ihre tonnenschweren Fahrzeuge. Während sie mit zuckenden Blaulichtern und eingeschalteten Martinshörnern dem Einsatzort entgegenfuhren, senkten sich hinter ihnen die Rolltore ihrer Fahrzeughallen automatisch nach unten.

Richard Franken schwang sich auf den Beifahrersitz des HLF 24, schaltete das Funkgerät ein und drehte sich zu seiner Mannschaft um. „Alle Mann an Bord?“

„Nicht nur alle Mann, auch unsere Frau!“, rief Frankens Angriffstruppführer, wobei er der neben sich sitzenden Feuerwehrfrau mit einem Auge zu zwinkerte.

„Sorry, Franzi!“

Daran, dass Franken seit vorletzter Dienstschicht eine Frau in seiner Mannschaft hatte, musste sich der 57-jährige Dienstgruppenleiter der Feuerwache 3 erst noch gewöhnen, denn Frauen waren bei den Berufsfeuerwehren immer noch die Ausnahme – und Franzi, die eigentlich Franziska Dorfmeister* hieß, war, zumindest für ihn, die erste Feuerwehrfrau, mit der er zusammenarbeiten durfte.

---

*Anmerkung des Autors: Wie Franzi zur Berufsfeuerwehr kam, ist nachzulesen in dem Buch „Gefährlicher Einsatz“, Seite 235, Kapitel „Frauenpower“. Nach Beendigung ihrer Grundausbildung war die junge Feuerwehrfrau zunächst zur Feuerwache 5 gekommen. Hier erlebte sie ihre ersten echten Einsätze, wurde dann aber relativ schnell auf die erste Tour der Feuerwache 3 versetzt.

Bei den Kameraden der Freiwilligen Feuerwehren waren Frauen längst kein Thema mehr, dort standen sie schon seit Jahren ihren Mann, aber bei ihm? Hoffentlich war es kein Fehler, dass er die noch relativ unerfahrene junge Feuerwehrfrau in den Angriffstrupp gesetzt hatte, sagte er sich, insbesondere, weil sie höchstwahrscheinlich als Erste vor Ort sein würden, da ihre Feuerwache der Einsatzstelle am nächsten lag. Scheiße, und dann gleich 'ne Explosion in einem Mehrfamilienhaus. Da mussten sie mit Toten und Verletzten rechnen. Solch einen schlimmen Einsatz hatte er das erste Mal als noch junger Feuerwehrmann selber auch erleben müssen. Damals, das war vor nunmehr fast 20 Jahren – aber die markerschütternden Schreie der unter Trümmern eingeklemmten Menschen verfolgten ihn noch heute und auch das Wimmern der Verschütteten würde er sein Leben lang nicht vergessen. Es war einfach nur grauenvoll.

Um diese späte Stunde gab es nur wenig Verkehr, dennoch fuhren die Maschinisten des Löschzugs 3 betont vorsichtig und mit eingeschaltetem Martinshorn. Man konnte ja nie wissen. Außerdem schrieb es das Gesetz so vor. Auf Einsatzfahrten war nur mit eingeschalteten Sondersignalen, also mit Blaulicht und Martinshorn zu fahren. Ansonsten dürften sie die ihnen zugestandenen, gesetzlich legitimierten Sonderrechte nicht in Anspruch nehmen. Nachdenklich starrte Franken gegen die vorbeiziehenden Häuserfronten, in deren Fenstern sich das Aufblitzen ihrer rotierenden Blaulichter spiegelte, und fragte sich, was seiner Feuerwehrfrau wohl jetzt durch den Kopf ging? Immerhin war dies ihr erster großer Nachteinsatz. Na, wenigstens hatte er dem jungen Ding mit Stefan Weber einen erfahrenen Mann an ihre Seite gestellt. Weber war 39 Jahre alt, 1,85 Meter groß und ein wahres Kraftpaket. Nach seiner Schreinerlehre und der Bundeswehrzeit war er direkt zur Feuerwehr gekommen und mit über zehn Jahren fast doppelt so lange an dieser Wache wie er selbst. Neben Martin Bauer und Peter Gerber, beide knapp über vierzig, sowie dem Drehleiterführer Klaus Haberkamp war Weber einer seiner Oberbrandmeister. Allesamt sehr verlässliche Männer, genau wie die übrigen in seiner Mannschaft. Seine Mannschaft ... hm ... wie hieß das eigentlich jetzt, nachdem er eine Feuerwehrfrau zwischen seinen Männern sitzen hatte?

Die Knie blutig gescheuert, kroch Cornelia Bergmann traumatisiert auf allen vieren durch die sie umgebende Finsternis. Ihre Ohren waren von dem Knall der Explosion immer noch taub. Die Haut ihrer Handinnenflächen hatte sie sich längst an den Trümmern des Raumes, der einmal ihr Schlafzimmer gewesen war, bis auf das rohe Fleisch aufgerissen. Dessen ungeachtet wühlte sie weiter in dem heißen Brandschutt nach ihrer kleinen Tochter. Irgendwo musste sie doch liegen, ihre Angelika, ihr Baby. Nur wo, wo, wo? Die junge Mutter war vor Angst wie von Sinnen. Heißer beißender Brandrauch brannte in ihren Augen. Ihr ehemals weiches welliges Haar hatte das Feuer, das nach der Explosion ausgebrochen war, bis auf die Kopfhaut verbrannt. Das geblümte Nachthemd, das sie sich vor dem Zubettgehen angezogen hatte, hing jetzt nur noch als Fetzen an ihrem Körper – ein Körper, der vor wenigen Minuten noch von makelloser Schönheit gewesen war und der jetzt, mit Brandblasen und blutenden Wunden übersät, einen schrecklichen Anblick bot. Aber das alles konnte Cornelia ja nicht sehen. Über ihr rußgeschwärztes Gesicht rannen Tränen. Ihre Lungen keuchten vor Anstrengung. Immer wieder musste die verzweifelte Mutter in ihrer Suche innehalten, dann würgte sie, spuckte zähen Schleim und hustete sich die Seele aus dem Leib. Trotzdem suchte sie in dieser Finsternis, die schwärzer war als die Hölle, weiter nach ihrem einzigen Kind. Doch das war zwischen all den Trümmern und in dem qualmenden Brandschutt, der den Boden mehr als Knöchelhoch bedeckte, völlig aussichtslos, zumal Cornelia im falschen Zimmer suchte. Aber das wusste die unter Schock stehende orientierungslose junge Mutter nicht. Die Angst um das Leben ihrer kleinen Tochter und ihr mit Adrenalin überschwemmter Blutkreislauf trieben sie immer weiter und ließen sie Kräfte entwickeln, die sie unter normalen Lebensbedingungen niemals aufgebracht hätte. Lange würde ihr traumatisierter Körper diesen fast übermenschlichen Kraftakt jedoch nicht mehr durchhalten können. Zu toxisch war die sie umgebende Atmosphäre, zu flockig der Brandrauch, dessen rußige Partikel ihre Lungenbläschen mit jedem nach Luft ringenden Atemzug weiter verstopften. Schließlich war sie am Ende ihrer Kräfte angelangt. In einer letzten Anstrengung bäumte sich die junge Mutter auf und versuchte krampfhaft, noch einmal Luft zu holen – vergeblich. Cornelia Bergmann brach bewusstlos zusammen, ohne ihre kleine Tochter gefunden zu haben.

Feuerwache 3 traf, genau wie Richard Franken, ihr DGL, es vermutet hatte, als erster Löschzug an der Einsatzstelle ein. Na ja, nicht ganz. Sein Vorgesetzter, der C-Dienst, war genau wie ihr RTW schon vor ihnen vor Ort. Ohne schweres Gerät und ohne die dringend erforderliche Manpower waren sie jedoch dazu verdammt, tatenlos das Eintreffen des ersten Löschzuges abzuwarten. Zeitgleich mit Löschzug 3 trafen der B-Dienst von Feuerwache 1, deren NAW und die erste Unfallreserve ein. Angesichts des in Flammen stehenden Mehrfamilienhauses, in dessen vorderer Fassade ein riesiges Loch klaffte, das vom Keller über die erste Etage bis ins Dachgeschoss reichte, gab der B-Dienst eine erste Lagebeschreibung an die Rettungsleitstelle durch, woraufhin unverzüglich zwei weitere Löschzüge, der Bau-Unfall-Zug der Umweltschutzwache, Spezialkräfte des THW sowie weitere Notarzt- und Rettungswagen alarmiert wurden. Inzwischen besprach sich Richard Franken mit seinen Vorgesetzten und man kam überein, drei Trupps unter PA zur Menschenrettung in das Haus vordringen zu lassen. Parallel dazu sollte der Drehleiterführer alle Fenster der oberen Etage abfahren. Vielleicht hatten sie ja Glück und es zeigte sich dort noch jemand.

Dass dies der Fall sein würde, glaubte allerdings keiner von ihnen. Zu gewaltig war die Explosion, die das Haus in seinen Grundfesten erschüttert hatte; zu heftig wüteten immer noch die Flammen, die aus den zerstörten Fenstern herausschlugen und die Nacht erhellten. Aber all das durfte sie nicht davon abhalten, alles in ihrer Macht Stehende zu unternehmen, um etwaige Überlebende aus dem einsturzgefährdeten Gebäude zu retten.

Frankens Angriffstrupp hatte sich schon auf der Anfahrt mit Atemschutzgeräten ausrüsten können, da ihre Pressluftatmer quasi die Rückenlehne ihres Sitzplatzes bildeten. Stefan und Franzi und waren somit sofort einsatzbereit.

Der Schlauchtrupp und der Wassertrupp hatten erst gar nicht abgewartet, ob sie den Befehl bekämen, ebenfalls Pressluftatmer anzulegen. Die vier Feuerwehrmänner standen längst vor dem seitlichen Auszugsfach ihres LF und schulterten sich die Geräte auf, zogen sich die schwarzen, das gesamte Gesicht bedeckenden Atemschutzmasken über und führten kurz eine Maskendichtprobe durch. Danach stülpten sie sich eine Kopf und Hals bedeckende Flammschutzhaube über und setzten anschließend ihre gelblich fluoreszierenden Feuerwehrhelme wieder auf. So ausgerüstet standen sie unmittelbar danach vor ihrem DGL.

„Mit oder ohne Wasser am Rohr?“, fragte der Wassertruppführer. Unter der Atemschutzmaske klang seine Stimme seltsam dumpf.

„Ohne“, entschied Franken, nachdem er sah, dass Feuerwache 1 mit ihrem Löschzug soeben eingetroffen war. „Aber nehmt Rettungsleinen und Fluchthauben mit.“

„Chef.“

„Ja ja.“ Franken winkte mit verkniffenem Gesicht ab. „Ich weiß, die Sachen habt ihr natürlich schon.“ Dann kontrollierte er ihre Druckmanometer und notierte sich die Zeit. „Also dann. Und kommt mir ja alle wieder heil da raus, verstanden?“

Die vier nickten stumm und marschierten genau auf den Eingang zu, durch den vor kaum einer Minute erst Stefan und Franzi verschwunden waren, von denen Franken über Funk Sekunden später die Rückmeldung erhalten hatte, dass das Treppenhaus noch halbwegs begehbar sei.

Er hatte nicht hinterfragt, was bei ihnen halbwegs begehbar bedeutete, für ihn zählte nur, dass sie drin waren, und dass sie anscheinend noch über die Treppe nach oben gehen konnten. Immerhin etwas, sagte er sich, so mussten sie wenigstens keine tragbaren Leitern einsetzen.

Der DGL von Feuerwache 1 kam angelaufen. Er sah sofort dass noch keine Schlauchleitungen in das Gebäude liefen und rief: „Hallo Richard! Wie viele Trupps hast du drin?“

„Drei!“

„Also alle. Okay, dann übernehmen wir die Brandbekämpfung und die Rückzugsicherung für deine Männer.“

„Und für meine Frau.“

„Äh ... wie bitte?“ Der DGL von Wache 1 stutzte. „Deine Frau?“

„Ich hab seit dieser Woche ’ne Frau im Team.“

„Gratuliere!“, grinste der Wache-1-Mann, obwohl ihm angesichts der brisanten Lage überhaupt nicht zum Grinsen war.

Laute Befehle schallten durch die vom Feuerschein erhellte Nacht. Zwei Minuten später drangen weitere Feuerwehrmänner zur Brandbekämpfung mit C-Schläuchen und Wasser am Rohr durch das noch halbwegs intakte Treppenhaus in das explosionsbeschädigte Gebäude vor. Parallel dazu stiegen weitere Trupps über zwei in Stellung gebrachte Drehleitern durch die Fenster der oberen Etagen, die aufgrund der vorhergegangenen Druckwelle der Explosion weder Glas noch Rahmen besaßen. Alle Männer hatten, genau wie die Trupps der Wache 3, ihre Pressluftatmer geschultert – und alle wussten, das hier war ein Tanz auf dem Vulkan, denn noch immer strömte im Keller Gas aus. Abgesehen davon, dass sie wegen der meterhohen Trümmer, fast die gesamte Kellerdecke war eingestürzt, nicht zu diesem Brandherd vordringen konnten, wäre es auch ein schwerwiegender taktischer Fehler gewesen, das ausströmende brennende Gas löschen zu wollen. Viel wichtiger war es, die Gaszufuhr zu unterbrechen. Zu diesem Zweck hatten die C-Dienste die Gruppenführer angewiesen, den Gehweg rechts wie links nach den nächstgelegenen Gasabsperrschiebern abzusuchen. Da für diese Aufgabe momentan keine Feuerwehrmänner mehr zur Verfügung standen – sie befanden sich alle schon im Einsatz – übernahmen zwei Rettungsassistenten diesen Auftrag. Ausgerüstet mit je einem Spezialschlüssel eilten sie los, um dieser wichtigen Aufgabe nachzukommen. Unabhängig davon hatte der B-Dienst die Leitstelle aufgefordert, die Stadtwerke Gas und Elektrik schnellstmöglich zur Einsatzstelle kommen zu lassen.

„Sind bereits informiert und auf dem Weg“, lautete die Antwort.

„Und was ist mit dem THW?“

„Ist ebenfalls informiert und müsste in wenigen Minuten bei Ihnen eintreffen.“

Sehr gut, dachte der B-Dienst, der die Koordination der Einsatzkräfte von seinem Einsatzleitwagen aus leitete. Er war sich sicher, dass die vielen gemeinsamen Übungen zwischen ihrem eigenen, inzwischen eingetroffenen Bau-Unfall-Zug und den bestens geschulten Fachkräften des THW sich jetzt auszahlen würde. Aber bis die zum Einsatz kämen, lag noch ein schweres Stück Arbeit vor ihnen, denn noch hatten sie das Feuer nicht in der Gewalt.

Während er zum wiederholten Mal die brisante Einsatzsituation nach möglichen weiteren Gefahrenschwerpunkten analysierte, meldete sich der C-Dienst 3 über Funk. „Schlauchtrupp 3 hat auf der ersten Etage Ostseite eine leblose Person gefunden. Weiblich, erwachsen. Keine Vitalfunktionen. Sie bringen sie jetzt runter. Der Notarzt soll sich bereithalten. Kommen.“

„Verstanden C-Dienst 3. Eine leblose Person. NAW wird informiert.“

„Notarzt 1 hat mitgehört“, meldete sich unmittelbar darauf der Teamführer des NAW 1. Wir sind schon unterwegs.“

„Verstanden, NAW 1.“

Hoffentlich keine tote, dachte der B-Dienst, aber der Funkmeldung nach zu urteilen musste er wohl eher mit dem Gegenteil rechnen. Und er befürchtete, wenn nicht ein ganz großes Wunder geschehe, würde es vermutlich nicht bei dieser einen Toten bleiben.

Eine Dreiviertelstunde später:

Die Gasausströmung im Keller war unterbunden und die Feuer bis auf einige unbedeutende, vor sich hin flackernde Flammen gelöscht. Das THW hatte die Einsatzstelle großzügig ausgeleuchtet. Zusammen mit dem Bau-Unfall-Zug der Berufsfeuerwehr errichteten sie schon die ersten behelfsmäßigen Stützen, die das schwer beschädigte Wohnhaus vor dem befürchteten Einsturz sichern sollten. Auf der gegenüberliegenden Straßenseite hatte sich eine große Zahl Neugieriger eingefunden, unter denen es wie immer Menschen gab, die sich unbedingt zu weit vordrängeln mussten. Mit ihnen machte die Polizei kurzen Prozess und beförderte sie rigoros hinter die Absperrung zurück.

Inzwischen marschierten die zuerst eingesetzten Trupps zu einem in der Nähe der Einsatzstelle bereitstehenden Atemschutzgerätewagen, wo sie ihre leer geatmeten Pressluftflaschen gegen neu befüllte austauschen konnten. Unter ihnen befand sich auch Franzi, die junge Feuerwehrfrau von Feuerwache 3.

„Willst du da wirklich noch mal rein, Mädel?“, fragte sie der alt gediente Oberbrandmeister als er ihr zwei frisch gefüllte Atemluftflaschen auf die aufgeklappte Ablage legte.

„Klar“, betonte Franzi, wobei sie ihren wesentlich älteren Kollegen müde anlächelte und sich den schmutzigen Schweiß aus den Augen rieb. „Wir müssen doch noch den Schutt wegräumen.“

„Respekt“, murmelte der alte Haudegen, als er seiner noch jungen Kollegin hinterhersah, die mit den anderen Feuerwehrmännern und neuen Pressluftflaschen wieder in Richtung Einsatzstelle abzog. „Was für ein taffes Mädel.“

Zehn Minuten später trug das taffe Mädel mit versteinerter Miene ein totes Baby auf ihren Armen nach draußen. Es war Angelika, das Kind von Cornelia Bergmann, deren Tod ebenfalls zu beklagen war.

Den Hausmeister Siegfried Richter fanden sie erst am nächsten Morgen unter der eingestürzten Kellerdecke. Neben ihm lag die Rohrzange, mit der er die Katastrophe ausgelöst hatte. Dass es nicht noch weitere Tote und Verletzte gegeben hatte, war einzig und allein dem Umstand zu verdanken, dass sich die meisten Hausbewohner zum Zeitpunkt der Explosion nicht im Haus befanden. Die Familie, die das Erdgeschoss bewohnte, war mit ihren Kindern im Urlaub, das Paar darüber war auf einer Geburtstagsfeier und der ältere alleinstehende Mann von der zweiten Etage war bei seinen Kindern zu Besuch. Ein weiterer glücklicher Umstand bestand darin, dass die Dachgeschosswohnungen wegen umfangreicher Renovierungsarbeiten zurzeit nicht vermietet waren. Dennoch hatte der Tod wieder einmal seine Opfer gefunden.

Ein Trecker, ein Lamborghini und eine BMW

Einige Tage nach diesen Geschehnissen bahnte sich 600 Kilometer weiter südlich ein anderes Drama an.

„Erwin, Schatz!“, rief Rosi Huber zu ihrem Mann in den Garten. „Was ist mit den alten Prospekten hier? Können die weg?“ Als sie keine Antwort erhielt, trat sie auf die Terrasse, hinter der ihr Mann Erwin die hoch geschossene Wiese mit einer stumpfen Sense traktierte. „Warum nimmst du denn dieses alte Ding und nicht den Rasenmäher?“

„Rosi, der Rasenmäher ist kaputt. Aber das weißt du doch.“

„Und warum reparierst du ihn dann nicht?“

Erwin stöhnte genervt auf und stützte sich wie ein Arbeiterdenkmal auf den alten rostigen Sensenstiel. „Weil der alte Mäher nicht mehr zu reparieren ist, deshalb.“

„Dann kauf doch endlich mal einen neuen. So sieht die Wiese ja fürchterlich aus!“

Ihr Mann warf daraufhin einen prüfenden Blick auf sein fast vollendetes Werk. Na gut, zugegeben, schön war was anderes.

„Und was ist jetzt mit den Prospekten hier?“

„Was denn für Prospekte?“

„Na die hier!“ Seine Frau wedelte mit den Prospekten in der Luft.

„Um Gottes Willen! Schmeiß die bloß nicht weg! Die brauche ich noch!“

Die brauchst du noch? Diese alten vergilbten Dinger? Wozu denn?“

„Wozu, wozu!?“ Erwin Huber hatte die Sense fallen gelassen und war zu seiner Frau geeilt. „Komm, gib her!“ Er nahm ihr die Prospekte aus der Hand und erklärte: „Das sind ganz alte Schätzchen. Dafür zahlen Sammler richtig viel Geld.“

„Dann verkauf sie doch und kaufe uns dafür einen neuen Rasenmäher.“

„Rosi“, sagte Erwin mit vorwurfsvoller Stimme, „*solche* Motorradprospekte, die verkauft man nicht.“

„Nicht?“

Erwin schüttelte energisch den Kopf und betonte. „Jedenfalls nicht, wenn man selbst Motorradfahrer ist.“

„Aber du bist doch gar keiner.“

„Das verstehst du nicht.“

„Ne, das verstehe ich wirklich nicht“, sagte Rosi kopfschüttelnd. „Also wenn du wenigstens ein Motorrad hättest ..., aber so?“

„Immerhin hab ich früher mal ’ne Kreidler Florett gefahren.“

„Ja, früher“, lachte Rosi, „das war vor mehr als vierzig Jahren, mein Schatz.“

„Na und“, sagte Erwin beleidigt. „Vielleicht kaufe ich mir ja noch mal ’ne Maschine.“

„*Jetzt?* Mit über sechzig! Mach dich nicht lächerlich.“

„Phhh! Andere Männer in meinem Alter fahren auch noch Motorrad. Warum sollte ich nicht? Oder traust du mir das etwa nicht mehr zu?“

Davon, dass Erwin Huber schon seit Längerem ernsthaft mit dem Gedanken gespielt hatte, sich ein Motorrad zu kaufen und sich sogar schon mehrfach in einem Motorradladen seine Traummaschine angesehen hatte, erzählte er seiner Frau aber lieber nicht. Schließlich wusste er nur zu gut was sie davon hielt, nämlich gar nichts.

Es war an dem Samstag darauf, als Erwin Huber seine Frau beim Frühstück freudestrahlend ansah.

„Was?“, lachte sie. „Was ist? Wieso strahlst du mich so an?“

„Das errätst du nie“, sagte er geheimnisvoll.

„Na dann sag’s mir doch einfach.“

Erwin lehnte sich genüsslich zurück und betonte: „Ich ... habe ... einen ... neuen ...“

„Na jetzt sag’s schon!“

„... Rasenmäher gekauft.“

„Gott sei Dank!“ Erwins Frau klatschte erfreut in die Hände. „Endlich. Aber Erwin, doch hoffentlich ’nen Gescheiten und nicht etwa so ’n popeliges Ding aus unserem Baumarkt?“

„Wo denkst du hin Schatz!?“ Erwin spielte den Entrüsteten. „Ich habe, und da kannst du ganz beruhigt sein, schon richtig was investiert. Was ist, willst du ihn sehen?“

„Ja klar.“

„Na dann komm. Der Mäher steht draußen im Schuppen.“

„Wow! Erwin! Na das nenne ich mal einen Rasenmäher. Hm ... aber der war doch sicher sündhaft teuer, oder?“

„Na jaaa“, dehnte Erwin und erklärte: „Qualität hat eben ihren Preis. Aber er ist, genau wie du wolltest, auch nichts Popeliges. Und, zufrieden?“

„Ja. Und dafür bekommst du jetzt ein ganz dickes Bussi von mir.“

„Tja ... hm ...“ Erwin druckste herum. „Also da wäre auch noch etwas anderes, was ich dir auch noch gerne zeigen möchte.“

„Noch etwas?“

„Ja. Und das war *auch* nicht ganz billig.“ Erwin machte drei Schritte zu der hinteren Schuppenecke, wo etwas unter einer Plane verborgen war – etwas anscheinend ziemlich Großes.

Rosi ahnte sofort, worum es sich dabei handeln könnte. Mit großen Augen blickte sie ihren Mann vorwurfsvoll an. „Erwin, du hast doch nicht etwa ...?“

Aber Erwin hatte. Die Lippen zu einer Schnute gewölbt, die Augen mit Dackelblick auf seine Frau gerichtet zuckte er unschuldig mit den Schultern, dann zog er behutsam die Plane herunter.

„Nein! Erwin! Ich fasse es nicht!“

„Schaaatz!“, rief Erwin begeistert. „Das ist ’ne flatschneue BMW R 1200 R mit ’nem Zwei-Zylinder-Viertakt-Boxermotor und Drei-Wege-Kat *und* elektronischer Saugrohreinspritzung.“ Die Worte sprudelten nur so aus ihm hinaus. „Voll getankt wiegt die satte 223 kg bei einem Tankinhalt von echten 18 Litern. Und die verbraucht nur sagenhafte ...“

„Ja, toll“, unterbrach ihn Rosi gelangweilt. „Und wie schnell fährt dieses ... dieses Monster?“

„Oooch ... so etwas über 200.“

„Um Gottes Willen!“

14 Tage später brach Erwin Huber mit seiner Maschine zu einer längeren Spritztour auf. Die neue Motorradsucht ihres Mannes gefiel Rosi ganz und gar nicht, aber, so hatte sie argumentiert: „Wenn du schon mit so einem Ding durch die Gegend knattern musst, dann zieh wenigstens die richtigen Sachen an.“

Erwin hatte sich daraufhin neben einem hochwertigen Helm und Motorradstiefeln auch einen Lederkombi zugelegt. Einen mit eingearbeiteten Protektoren, darauf hatte seine Frau bestanden.

Nachdem er seine Maschine zuvor schon einige Male bei strahlendem Sonnenschein gestartet hatte, brauste er jetzt in das nahe gelegene Allgäu davon. Seine Frau schaute ihm mit gemischten Gefühlen hinterher. Einerseits gönnte sie ihrem Erwin ja, dass er sich seinen lang gehegten Jugendtraum erfüllt hatte. Immerhin war er ein liebevoller Ehemann und ein fleißiger obendrein – und finanziell konnten sie sich eine solche Ausgabe auch leisten. Dennoch war sie voller Sorge, besonders weil ihr Bruder, der bei der Freiwilligen Feuerwehr war, behauptete, alle Motorradfahrer wären potenzielle Organspender.

Rosis Bruder Franz-Xaver Bergmeier, von seinen Feuerwehrkameraden nur Franz genannt, besaß zwar ein bäuerliches Anwesen, aber sein Geld verdiente er als Gastwirt. Seine gut gehende Schankwirtschaft lag etwas abseits der A7 in Höhe des Allgäuer Tors und war ein beliebter Biker-Treffpunkt. Außerdem war der Brandmeister Jugendwart der Freiwilligen

Feuerwehr ihrer Gemeinde. In dieser Eigenschaft war er an diesem Samstagvormittag mit 14 Jungen und Mädchen zu einem nahe gelegenen Teich gefahren, wo er mit ihnen die Wasserentnahme aus offenem Gewässer übte. Laut Bergmeier hatte der feuerwehrbegeisterte Nachwuchs seine Sache recht gut gemacht, fast schon wie die Großen. Inzwischen ging es stramm auf Mittag zu und es wurde höchste Zeit, die erfolgreichen Übungen abzubrechen und zurück zum Gerätehaus zu fahren, denn gegen 16.00 Uhr musste er seinen Gasthof wieder öffnen. Erfahrungsgemäß kamen um diese Zeit schon wieder die ersten Biker von ihren Touren zurück und bis dahin würde er noch alle Hände voll zu tun haben.

„Okay, Jungs und Mädels, Schluss für heute! Baut die Saugleitung wieder ab und räumt alles ordentlich in die Fächer unseres LF. He, Benni! Bevor ihr die Saugschläuche zurück in die Trittbrettkästen packt, spült ihr mir die aber erst noch gründlich ab, verstanden?“

„Klar, machen wir.“

„Und die Druckschläuche nur einfach aufrollen, nicht doppelt. Die müssen nämlich erst in die Schlauchwäsche!“

„Weiß ich doch“, grinste Benni, der unter den Kindern der Jugendfeuerwehr das Kommando hatte.

Erwin Huber hatte den Tag auf seiner neuen Maschine genossen. Die R 1200 R war absolut bergtauglich, nahm spielerisch jede Steigung und besaß eine tolle Kurvenlage. Zumindest glaubte er das jetzt schon sagen zu können, obwohl er das Potenzial der BMW mangels Fahrpraxis bei Weitem noch nicht ausgeschöpft hatte.

Inzwischen befand er sich wieder auf dem Rückweg und beschloss, noch einen Abstecher zur Gaststätte seines Schwagers, dem Franz-Xaver, zu machen, um ihm sein neues Prachtstück vorzuführen. Natürlich nahm Erwin nicht den kurzen Weg über die Autobahn, sondern wählte die landschaftlich abwechslungsreichere Landstraße. Wenige Kilometer vor Erreichen des Ziels musste er auf der kurvenreichen Straße hinter einem langsam fahrenden Gespann abbremsen. Zwei Mal setzte Erwin zum Überholen des Treckers an, aber jedes Mal musste er zurückziehen, weil ihm jemand auf der nur schwer einsehbaren Gegenfahrbahn entgegen kam. Endlich schien die Straße frei zu sein. Erwin drehte den Gashebel auf. Der Zeiger des Drehzahlmessers schnellte in die Höhe. Erwin schaltete einen Gang höher. Wow, was für eine Beschleunigung! Fast war er an dem Anhänger und seiner Zugmaschine vorbei, da tauchte aus der Linkskurve wie aus dem Nichts plötzlich ein knallgelber Sportwagen vor ihm auf. Der Wagen fuhr, genau wie er, ein sehr hohes Tempo und machte die Straße vor ihm dicht. Ein erfahrener Motorradfahrer hätte die kritische Situation sicherlich locker weggesteckt, aber Erwin Huber war kein erfahrener Motorradfahrer. Statt zu beschleunigen bremste er und machte zudem eine hektische Lenkbewegung – ein fataler Fehler. Das Hinterrad stellte sich quer und seine Maschine geriet unkontrolliert auf die Gegenfahrbahn. Einen Wimpernschlag später krachte sie frontal in den gelben Sportwagen. Wie von der Faust eines Riesen gepackt, wurde Erwin Huber brutal von seiner Maschine gerissen. Er flog über den Lenker und über das flache Dach des Sportwagens hinweg.

Hans Reichenbach, der Fahrer des knallgelben Lamborghini Huracán LP 580-2 brauchte nur spielerisch auf das Gaspedal zu tippen, um dessen Motor aufröhren zu lassen. Der rassige, 320 Stundenkilometer schnelle Sportwagen reagierte sofort, beschleunigte phänomenal. Von null auf hundert in sensationellen 3,4 Sekunden, dabei lag er wie ein Brett in den Kurven. Für Reichenbach war es pure Lust, so daherzubrausen. Als er sah, wie ihm auf der Gegenfahrbahn ein Trecker mit Anhänger entgegenkam, der von einem Motorrad überholt wurde, bereitete ihm das nicht die geringste Sorge. Motorradfahrer, das wusste er, zogen da problemlos durch. War ja auch noch Platz genug. Für diesen anscheinend aber nicht. Als Reichenbach das erkannte, war es bereits zu spät. Die Augen schreckensweit aufgerissen sah er, wie der Biker die Kontrolle über seine Maschine verlor und direkt auf ihn zuraste. Intuitiv trat Reichenbach auf die Bremse und riss das Lenkrad herum – zu spät. Das heranrasende Motorrad krachte frontal gegen seinen Lamborghini. Aus den Augenwinkeln sah er noch, wie das Motorrad hoch durch die Luft an seiner Fahrerseite vorbei schrammte, da schoss sein Wagen auch schon über die Straße hinaus in den seitlichen Graben. Als sich die keilförmig zulaufende Front des Lamborghini in die Grasnarbe bohrte, tat es einen lauten Knall – der Airbag hatte ausgelöst. Gleichzeitig wurde Reichenbach von den automatischen Gurtstraffern fest gegen die Rückenlehne seines Schalensitzes gezogen. Dann ging alles blitzschnell. Den Gesetzen der Fliehkraft folgend, schleuderte das Heck mit dem schweren Motor in die Höhe und der Lamborghini wirbelte wie von einem Katapult geschossen durch die Luft. Etliche Meter weiter krachte er mit dem Dach auf den frisch gepflügten Acker. Danach drehten sich außer den sündhaft teuren, in den Himmel ragenden Zwölf-Zoll-Kari-Felgen nichts mehr.

In dem Moment, als das Motorrad mit ohrenbetäubendem Krach gegen den gelben Sportwagen krachte, zuckte Alois Riedmüller auf seinem Trecker erschreckt zusammen. „Heiliger Florian!“, entfuhr es dem Fünfzigjährigen, als er sah, wie der Motorradfahrer über das Dach des Sportwagens hinweggeschleudert wurde. Dann riss er den Kopf herum und bekam gerade noch mit, wie der Wagen des Unfallgegners auf dem Acker aufschlug. „Jessas Maria und Joseph!“, rief er laut und fasste sich an die Stirn. Drei, vier Sekunden saß Alois noch wie erstarrt auf seinem Trecker, dann hatte er sich halbwegs gefangen und griff in seine Jackentasche. Mit leicht zitternden Fingern zog er sein Handy hervor und tippte die 112, die Notrufnummer der Feuerwehr, ein.

Am anderen Ende meldete sich die Kreisleitstelle.

„Ich bin's, der Riedmüller Alois. Hört's zu, ich hab hier einen Unfall. Schickt's mir mal ganz eilig die Kameraden und eine Ambulanz. Oder nein, besser gleich zwei.“ Dann berichtete Alois Riedmüller, der selber Mitglied der Freiwilligen Feuerwehr war, genau, was geschehen war.

Unmittelbar darauf heulten in der Nachbargemeinde die Sirenen und bei einigen Feuerwehrmännern summten und blinkten die Funkmeldeempfänger. So auch bei Franz-Xaver Bergmeier, dem Brandmeister und Bruder von Rosi Huber.

„Musst wieder in den Einsatz?“, fragte sein Küchengehilfe, der aufblickte, weil sich sein Chef die Schürze von der Hüfte riss und in die Ecke pfefferte.

„Ja! Auf der Landstraße hat's wieder mal gekracht.“

„Schlimm?“

„Herrgottsackra, was fragst mich, Sepp! Ein Unfall mit'm Motorradl ist immer schlimm!“, rief Franz-Xaver und eilte aus der Küche. Stimmt, was frag ich, dachte der Sepp nachdenklich. Denn nach dem, was ihm sein Chef von anderen Motorradunfällen berichtet hatte, war er heilfroh, nicht in der Freiwilligen Feuerwehr zu sein.

Als Franz am Gerätehaus der Wache ankam, waren sie erst zu viert – der Gustl vom Reiterhof, die Lisbeth von der Apotheke und Doktor Werner Kappel, der Dorfarzt, dessen Praxis schräg gegenüber der Feuerwache lag, und der deshalb auch als Erster hier eingetroffen war. Doktor Kappel besaß einen Schlüssel und hatte das Fahrzeughallentor aufgeschlossen. Franz wollte nicht länger warten, bis weitere Kameraden eintrafen, und entschied: „Wir nehmen das LF! Lisbeth, du fährst!“

„Alles klar, Franz“, nickte die 38-jährige Feuerwehrfrau und schwang sich sofort hinter das Steuer des Löschgruppenfahrzeugs. Es war das LF, mit dem Bergmeier am Vormittag mit den Mädchen und Jungen der Jugendfeuerwehr zur Übung draußen gewesen war.

Franz schaltete den Funk ein und meldete ihr Ausrücken der Kreisleitstelle. Von dort erhielt er die Information, dass es bei dem Unfall nicht nur einen verletzten Motorradfahrer, sondern auch einen verletzten Pkw-Fahrer geben solle – und dass ein Feuerwehrkamerad bereits vor Ort sei, der auch den Unfall gemeldet habe.

„Habt ihr das gehört?“, rief Franz nach hinten in den Mannschaftsraum. „Die schicken aus der Kreisstadt einen Rüstwagen! Und zwei Rettungswagen des Bayerischen Roten Kreuzes sind ebenfalls alarmiert.“

„Sollen sich bloß beeilen“, murmelte der Dorfarzt, der ahnte, dass auf ihn viel Arbeit zukommen würde.

Alois Riedmüller, der Treckerfahrer und Feuerwehrmann, handelte professionell und umsichtig. In dem Wissen, dass alle Einsatzkräfte von der rückwärtigen Seite angefahren kämen, fuhr er sein Gespann zunächst bis hinter die vor ihm liegende Kurve, wo er es quer über die Fahrbahn stellte, sodass es auf weite Sicht gut erkennbar war. „So“, sagte er laut zu sich, „jetzt noch das Warndreieck davor gestellt, damit uns von hier schon Mal kein damischer Depp mehr in die Unfallstelle hineinrauscht.“ Dann rannte er die gleiche Strecke wieder zurück und noch ein Stück darüber hinaus. Nachdem er dort sein zweites Warndreieck aufgestellt hatte, blieb er einen Moment unschlüssig stehen.

Und jetzt? Wie sollte er vorgehen? Sollte er erst zu dem verunfallten Autofahrer oder zu dem Motorradfahrer laufen? Alois musste sich entscheiden. Entweder oder, zu beiden ging nicht. *Hm?* Der Wagen lag auf dem Dach. Das könnte bedeuten, dass der Autofahrer möglicherweise eingeklemmt war und sich die Türen höchstwahrscheinlich nicht öffnen ließen, zumindest nicht ohne Hilfsmittel. Falls das zuträfe, würde er alleine eh nicht viel ausrichten können. Also entschied er sich für den Motorradfahrer.

„Da vorne muss es sein!“, rief Franz und deutete auf das vor ihnen auf der Straße stehende Warndreieck. Lisbeth schaltete einen Gang runter und verringerte die Geschwindigkeit.

„Da drüben im Feld liegt der Wagen“, sagte sie. „Sieht verdammt flach aus. Schätze, der Unfall hat ihm das Dach eingedrückt.“

Hier irrte die Feuerwehrfrau. Der Hybrid-Rahmen des Lamborghini bestand aus Aluminium und Carbon – und die Karosserie aus Aluminium und Verbundwerkstoffen, was dem rasanten Sportwagen eine hohe Stabilität und Verwindungssteifheit vermittelte. Deshalb hatte das Dach den Aufprall bis auf einige Blessuren ohne Formveränderung überstanden. Allerdings besaß der quittengelbe Flitzer eine so flache windschnittige Form, dass man leicht auf den Gedanken kommen konnte, sein Dach wäre eingedrückt, zumal er auf demselben lag und nicht auf seinen vier Rädern stand.

„Fahr hart links an den Straßenrand“, wies Franz seine Maschinistin an, „und halte auf gleicher Höhe mit dem Unfallwagen. Bis dahin müssten die Öldruckleitungen unserer hydraulischen Geräte reichen. Lisbeth, ich werde mir den Wagen zunächst mal genauer ansehen. Du bereitet alles vor. Gustl! Du begleitest mich und nimmst den Feuerlöscher mit.“

„Und ich?“, fragte Doktor Kappel.

„Du schaust nach dem Motorradfahrer.“

„Wie, alleine?“

„Mann, Doc! Du bist doch kein Anfänger mehr. Im Übrigen bist du auch nicht alleine. Da hinten steht unser Kamerad Alois und winkt. Siehst du?“

„Bin schon unterwegs.“

„Was ist, Franz?“, fragte Lisbeth, „Willst du auch ein C-Rohr in Bereitstellung?“

„Auf jeden Fall. Wir gehen genau nach Standardregeln vor.“

„Also wie immer.“

„Du sagst es, wie immer!“, rief Franz seiner Kameradin über die Schulter zu, während er schon zum Sprung über den Seitengraben ansetzte und danach, ein Brecheisen in der Rechten, über den Acker auf den verunfallten Wagen zulief. Gustel folgte mit dem zwölf Kilogramm schweren Pulverlöscher PG12.

Alois Riedmüller kniete im Straßengraben neben dem Motorradfahrer. Der Mann lag auf dem Bauch und rührte sich nicht. Ob – und wenn, wo und wie schwer – der Mann verletzt war, konnte Alois aufgrund des Helms und der schwarzen Motorradkluft nicht erkennen. Blut war jedenfalls nicht zu sehen. Alois folgerte, dass der Mann zunächst mit dem Rücken aufgeschlagen war. Vermutlich war er danach noch eine ganze Strecke über den Asphalt gerutscht, denn seine Lederjacke war bis auf den Rückenprotektor durchgescheuert. Beim abschließenden Sturz in den Graben hatte es ihn wohl auf den Bauch gedreht. „Hallo, Sie!“ Alois berührte den Mann vorsichtig an der Schulter – keine Reaktion. War er nur bewusstlos oder war er etwa tot? Alois war sich nicht sicher. Falls er noch lebte, hatte ihm das Ding, das wie eine Art Schildkrötenpanzer in den Rücken seiner Motorradjacke eingearbeitet war, möglicherweise das Leben gerettet. Aber wie gesagt, Alois war sich nicht sicher, ob der Mann überhaupt noch lebte. Um das festzustellen, müsste ich ihn wohl umdrehen, sagte er sich. Aber Alois war kein Rettungssanitäter. Er hatte nur einen einfachen Erste-Hilfe-Kurs gemacht. Den Mann alleine umzudrehen, getraute er sich nicht. Und ihm den Helm abnehmen? Lieber nicht. Alois kratzte sich hinter dem Ohr. Sollte man so etwas nicht auch immer zu zweit machen? Also blieb er einfach nur neben dem Mann sitzen und hoffte darauf, dass die angeforderte Hilfe möglichst schnell eintreffen würde.

„Heiliger Bimbam! Franz, was ist das denn für 'ne Karre? So eine habe ich ja noch nie gesehen."

Gustl, sein Unterbrandmeister, der nur wenige Schritte hinter seinem Chef den auf dem Dach liegenden Lamborghini erreicht hatte, nahm den PG12 von seiner Schulter. Franz kniete bereits am Boden, legte beide Hände seitlich an seinen Kopf und schaute in das Innere des Sportwagens. Dann klopfte er an die Seitenscheibe. „Hallo! Hallo! Hören Sie mich!?"

Hans Reichenbach reagierte nicht.

„Was ist? Was siehst du?

„Ist nur der Fahrer drin."

„Und? Lebt er noch?"

„Glaub schon. Blut ist jedenfalls nirgendwo zu sehen. Ist wahrscheinlich nur bewusstlos. Der Airbag hat auch ausgelöst."

„Also holen wir ihn jetzt raus oder was?"

Franz drehte sich zu seinem älteren Unterbrandmeister um. „Natürlich holen wir ihn raus, Gustl. Wird aber verdammt nicht leicht werden. Die Karre ist ja flach wie 'ne Flunder. Versuchen wir es erst einmal mit der Tür. Vielleicht bekommen wir sie zu zweit ja noch geöffnet. Gustl hockte sich jetzt ebenfalls auf den Boden. Mit vereinten Kräften schafften es die beiden Männer tatsächlich, die Fahrertüre zu öffnen, aber nur einen Spalt weit, dann steckte sie im Erdreich des Ackers fest.

„Mist!", rief Franz, „die Karre steckt zu tief im Acker."

„Wir könnten sie freigraben", schlug Gustl vor.

„Und dann? Sieh dir doch nur den Platz da drinnen an. Da kann sich nicht mal mehr unsere gertenschlanke Lisbeth hineinzwängen.

„Okay, dann drehen wir die ganze Karre halt um."

„Ha, umdrehen ist gut. Mensch, Gustl, wie willst du das denn bewerkstelligen? Und dann noch diese Schalensitze. Da kommt man ja nur mit 'nem Schuhlöffel rein."

„Schuhlöffel haben wir heute leider nicht im Angebot Chef", flachste Gustl, der selbst in einer so kritischen Situation gerne noch einen Scherz auf den Lippen hatte. „Aber ich könnte dir 'ne erstklassige hydraulische Schere anbieten."

„Die Schere bringt uns hier auch nicht weiter, Gustl."

„Also doch erst wieder auf die Räder stellen?"

„Hm ...“, brummte Franz. „Ich weiß nicht. Normalerweise soll man verunfallte Fahrzeuge, in denen sich noch Menschen befinden, stabilisieren und nicht bewegen.

„Hast du eine andere Lösung?“

Franz schwieg.

„Oder eine bessere?“

Nein, Franz hatte keine bessere Lösung, aber zu warten, bis die Hilfe aus der Kreisstadt hier eintraf, war auch nicht nach seinem Geschmack. „Und du denkst wirklich, wir sollten ihn vorher umdrehen?“

„Klar.“

„Und, wie willst du das bewerkstelligen? Ohne den Rüstwagen!“

Als Gustl dem Franz seine Idee mitteilte, blickte dieser ihn skeptisch an.

„Und das soll funktionieren?“

„Tja, solche Dinge kennt ihr jungen Burschen wohl nicht mehr. Ihr kennt ja nur noch Hightech, stimmt's? Aber damit kannst' hier auf dem Acker nix werden. Hab ich recht?“

„Komm Gustl, schwing hier keine langen Reden und sag schon, wie du dir das vorstellst.“

„Na so wie wir's früher immer schon gemacht haben. Lange Fichtenstämme an die Räder binden und aufrichten. Fichtenstämme liegen da hinten.“ Gustl zeigte auf einen Stapel aus entastetem Langholz, das nahe dem Waldsaum zum Abtransport bereitlag.

„Damit bekommen wir den aber bestenfalls auf die Seite.“

„Ja, und von da ziehen wir ihn mit dem Greifzug vollends um.“

„Damit er uns dann auf die Räder kracht!“ Franz schüttelte den Kopf. „Vergiss es. Das geht gar nicht.“

„Und ob das geht. Wir werden die Karre natürlich nicht einfach so runterkrachen lassen, sondern mit dem Trecker vom Alois sichern.“

„Hm.“ Franz war immer noch unentschlossen.

„Jetzt komm schon“, drängte sein alter Unterbrandmeister, „oder willst du den armen Mann da drin noch länger kopfüber so hängen lassen?“

Doktor Werner Kappel, seines Zeichens Allgemeinmediziner im Dorf, war ein versierter Arzt und engagierter Feuerwehrmann. Er hatte den großen Sanitätsverbandkasten aus dem Löschgruppenfahrzeug und auch seinen eigenen Notfallkoffer mitgebracht. Darin befanden sich all jene Utensilien und Medikamente, die nur ihm als Arzt von Nutzen waren, darunter auch BTM-pflichtige Substanzen und Infusionen sowie ein Intubationsbesteck, das auf ihrem LF natürlich nicht vorhanden war. Kappel reichte dem im Graben stehenden Alois den sperrigen Sanitätsverbandkasten an, dann stieg er selbst hinunter „Und, Alois, wie steht es um den Mann?“

Alois zuckte die Schultern. „Weiß nicht genau“, antwortete er sichtlich verlegen, weil er, von der Unfallstellenabsicherung abgesehen, im Grunde genommen nichts für den Motorradfahrer getan hatte, als bei ihm zu bleiben und zu warten, bis Hilfe kam.

„Na egal“, sagte Kappel, „dann lass mich mal ran!“

Fachkundig führte der Dorfarzt, der als Notfallmediziner für seine Feuerwehrkameraden längst unverzichtbar war, bei dem bewusstlosen Motorradfahrer eine kurze Erstuntersuchung durch.

„Okay, scheint nichts gebrochen. Aber um ihn genauer untersuchen zu können, müssen wir ihn zunächst umdrehen. So, wie er jetzt liegt, geht das nicht. Na los Alois, pack mal mit an!“

„Und wenn er sich die Halswirbelsäule ... ?“ Alois zögerte. „Sollten wir ihm nicht lieber vorher eine Halskrause ...?“

Doktor Kappel schüttelte verneinend den Kopf. Ich denke nicht. Trotzdem bekommt er natürlich den Stiffneck angelegt. Nur: Solange er noch den Helm aufhat, geht das nicht. Also, ich stabilisiere seinen Kopf – und du fasst ihn bei der Schulter und an der Hüfte.

Nachdem sie den Mann vorsichtig auf den Rücken gedreht hatten, öffnete Doktor Kappel zunächst das Visier des Motorradhelms.

„Herrgott im Himmel!“, entfuhr es da dem Alois, „das ist ja der Huber Erwin!“

Bei dem Doktor, der den Schwager ihres Wehrleiters ebenfalls erkannt hatte, knackte das Funkgerät.

„Doc für Gruppenführer, kommen.“

Oh verdammt, der Franz, durchfuhr es Doktor Kappel. Und was sage ich dem jetzt?

„Doc ... melde dich!“

„Äh ... ja, hier Kappel. Was gibt's?“

„Wir brauchen den Alois mit seinem Trecker bei dem Unfallwagen. Falls du den entbehren kannst, schick ihn sofort zu uns. Mit Trecker, hörst du, *mit* dem Trecker! Kommen.“

„Ja, hab verstanden. Ich schicke dir den Alois samt seinem Trecker. Aber ich brauche hier auch einiges, kommen.“

„Was?“

„Eine Vakuummatratze mit Schaufeltrage, kommen.“

„Sonst noch was?“

„Ja, den RTW, aber möglichst schnell.“

„Der ist bereits alarmiert, Doc, und müsste bald hier eintreffen.“

„Na hoffentlich“, murmelte Doktor Kappel und widmete sich wieder seinem Patienten.

Franz-Xaver Bergmeier war beeindruckt. Das Aufrichten des Lamborghini funktionierte tatsächlich so, wie sein Unterbrandmeister Gustl es vorgeschlagen hatte. Alois, der die Arbeit mit seinem Trecker maßgeblich unterstützt hatte, hatte Bergmeier noch nicht gesagt, dass der verunfallte Motorradfahrer sein Schwager war. Nachdem der Wagen wieder auf seinen vier Rädern stand, traf die Verstärkung aus der Kreisstadt ein. Erst jetzt stieg Alois von seinem Trecker und berichtete seinen Feuerwehrkameraden, wen er dort hinten gefunden hatte. Franz war daraufhin mit wachsbleichem Gesicht losgerannt. Gustl hinterher.

Doktor Kappel atmete erleichtert auf, als die Rettungswagenbesatzung zu ihm den Graben hinabstieg. Jetzt, wo ihm mehrere fachlich geschulte Hände hilfreich zur Seite standen, lag der verunfallte Huber schnell auf der Vakuummatratze. Er war noch immer ohne Bewusstsein. Über eine Sonde inhalierte er Sauerstoff und in eine Vene seines rechten Unterarms lief eine Infusion.

Franz erreichte die Unfallstelle genau in dem Moment, als sie seinen verunfallten Schwager aus dem Graben hoben.

„Was hat er, ist er schwer verletzt!?“, rief er aufgeregt. Doktor Kappel hielt seinen Kameraden am Arm, aber der riss sich unwirsch los und wollte, während Rettungsassistenten die Trage in den RTW schoben, ebenfalls in den Behandlungsraum einsteigen. Diesmal war Doktor Kappel jedoch resoluter und drängte ihn zurück. „Franz, Franz! Nicht!“

Franz war völlig außer sich: „Ja ... aber ... ich muss da mit! Warum sagt mir denn keiner was: Lebt mein Schwager noch? Ist er schwer verletzt? Jetzt sag du doch wenigstens was!“

Doktor Kappel legte seinem Feuerwehrkameraden beide Hände auf die Schulter und betonte: „Franz, ich glaube dein Schwager hat einen riesigen Schutzengel gehabt. Genaueres kann ich dir jetzt natürlich nicht sagen. Noch nicht. Aber ich werde mitfahren und verspreche, ich rufe dich sofort an, sobald ich mehr weiß. Okay?“

„Ich will trotzdem selber auch mitfahren!“

„Nein Franz, du bleibst hier“, entgegnete Doktor Kappel streng. Dann sagte er in etwas milderem Ton: „Schau, du kannst deinem Schwager jetzt eh nicht helfen, aber hier wirst du gebraucht.“

Das „hier wirst du gebraucht“ betonte er besonders, dabei wusste er genau, dass der Franz hier nicht mehr gebraucht würde, nicht mehr gebraucht werden konnte, denn dafür war ihr Wehrleiter emotional viel zu aufgewühlt. Aber ihn mitfahren lassen, wäre auch nicht gut – und es gelang ihm schließlich, ihn davon zu überzeugen.

Hans Reichenbach war während Franz' Abwesenheit aus seiner Zwangslage befreit und in den zweiten RTW zur Untersuchung gebracht worden. Es sah ganz so aus, als wäre er mit einigen leichten Blessuren davongekommen. Allerdings stand er mächtig unter Schock, was auch nicht unterschätzt werden durfte. Während die RTW-Besatzung entschied, Reichenbach vorsorglich in die Klinik zu fahren, begutachtete die Rüstwagenbesatzung fachmännisch die an den Reifen befestigten Holzstämme des inzwischen wieder auf seinen vier Rädern stehenden Lamborghini. Der verunfallte Sportwagen sah arg ramponiert aus, umso mehr lobten die Kollegen der Berufsfeuerwehr aus der Kreisstadt die Arbeit ihrer Kameraden von der Freiwilligen Feuerwehr.

„Hut ab Jungs“, sagte der Gruppenführer, ein alter und erfahrener Hauptbrandmeister. „Solch eine Bergeaktion habe ich, na lasst mich nachdenken ... bestimmt die letzten zwanzig Jahre nicht mehr gesehen.“

„Und funktioniert noch immer“, strahlte der alte Unterbrandmeister Gustl stolz über das Lob. Die gute Stimmung wurde jedoch wieder getrübt, als Franz zurückkam und mit gesenktem Kopf von seinem Schwager berichtete, der ohne Bewusstsein gerade in die Klinik gefahren wurde.

Zwei Stunden später kam die gute Nachricht. Erwin Huber war aus der Bewusstlosigkeit erwacht. Neben einer ausgekugelten Schulter und einem gebrochenen Schulterblatt hatte er sich lediglich schmerzhafte Prellungen zugezogen und eine schwere Gehirnerschütterung. Dass es nicht zu Schlimmerem gekommen war, verdankte er seinem guten Helm und dem hochwertigen Motorradanzug mit den eingearbeiteten Protektoren.

Hans Reichenbach war unverletzt geblieben. Dennoch hatte man ihn vorsichtshalber die Nacht über zur Beobachtung im Krankenhaus behalten. Er konnte bereits am nächsten Tag entlassen werden. Bei Erwin Huber dauerte es fast zwei Wochen länger.

Tödliche Schweißarbeiten

Markus stand in der Grube unter seinem alten Ford Mondeo. Die Düsseldorfer Autowerkstatt hatte seit einer Stunde geschlossen, aber sein Chef hatte ihm erlaubt, die Werkstatt zu nutzen, um dort noch nach Feierabend seinen eigenen Wagen zu reparieren.

Das war nicht ungewöhnlich, da diese Möglichkeit auch den anderen Mitarbeiter eingeräumt wurde. Allerdings befand sich Markus noch in der Ausbildung, er war also noch kein gelernter Automechaniker. Vermutlich hätte er sich sonst auch einen neuen Auspuff gekauft, oder wenigstens einen neuen Endschalldämpfer, zumal er über die Werkstatt beim Einkauf von Autoteilen Rabatt erhielt. Aber weil er als Auszubildender natürlich noch nicht das Gehalt wie die anderen bekam – und weil er mit Geld eh nicht gut umgehen konnte und daher meist knapp bei Kasse war, hatte er sich entschlossen, den alten Auspuff noch einmal zu schweißen.

Die Schweißerbrille mit den hochgeklappten schwarzen Gläsern in die Stirne geschoben, hielt er in der linken Hand den Schweißbrenner, an dem er zuerst die Rändelschraube für den Sauerstoff eine viertel Umdrehung aufdrehte. Sofort strömte das Gas durch die dünne Messingleitung und trat zischend aus der Kupferspitze aus. Markus öffnete daraufhin die Zufuhr für das Acetylen und entzündete die Flamme mit seinem Feuerzeug. Dann stellte er den Flammenkegel ein, schob sich die Brille über die Augen, griff nach dem bereitliegenden Schweißdraht und klappte die dunklen Schweißergläser hinunter.

Eigentlich hätte er für die Arbeit lieber das Schutzgasschweißgerät genommen, denn mit Argon ließ sich viel sauberer arbeiten als mit Acetylen. Außerdem war es sicherer, aber blöderweise hielt der Werkstattmeister dieses Gerät immer unter Verschluss. Und den Schlüssel dazu verwahrte er in seinem Büro auf, zu dem Markus keinen Zugang hatte. Davon abgesehen hätte ihm der Meister die Schweißarbeit sicher nicht gestattet. Zumindest nicht ohne einen zweiten Mann, der bei solchen Arbeiten, genau wie ein Feuerlöscher, aus Sicherheitsgründen immer bereitstehen musste. Also hatte Markus ihm verheimlicht, dass er den Auspuff schweißen wollte und behauptet, dass er lediglich einen neuen Endschalldämpfer montieren wolle, weil sein alter an der üblichen Schwachstelle gebrochen und auch schon reichlich verrostet wäre.

Der Meister hatte sich daraufhin mit den Worten verabschiedet: „Na dann, gutes Schaffen, Junge. Und schließe mir ja die Werkstatt ordentlich hinter dir ab, wenn du fertig bist.“

„Mach ich, Meister."

„Ah! Da fällt mir noch was ein. Du hast doch morgen deinen freien Tag, richtig?"

„Ja."

„Gut. Dann wirf den Schlüssel, bevor du gehst, einfach in den Briefkasten. Aber nicht vergessen, Markus."

„Geht klar, Meister."

Markus hielt die Flamme des Schweißbrenners an die gerissene Verbindung zwischen dem Auspuffrohr und dem Endschalldämpfer, die klassische Schwachstelle jedes alten Auspuffs. Das dünne Blech färbte sich sofort kirschrot. Wenn er sich nicht noch ein zusätzliches Loch in den eh schon rostigen Auspuff brennen wollte, musste er jetzt höllisch aufpassen. Schnell führte er den Schweißdraht in den scharf umrandeten Flammenkegel. In der 3.200 Grad heißen Flamme schmolz der Draht wie Butter. Geschickt legte Markus eine erste Naht über die gerissene Stelle. „Mm, das müsste eigentlich schon halten", sagte er zu sich selbst. Aber etwas weiter oberhalb befand sich noch ein weiterer Riss, den er ebenfalls verschließen musste, nur war da nicht so leicht dranzukommen. Markus klemmte sich den Schweißbrenner unter den Arm, klappte die dunklen Gläser der Schweißbrille hoch und bog sich den Schweißdraht zurecht. „So müsste es gehen", murmelte er. Dann klappte er die Gläser wieder hinunter und wärmte die bewusste Stelle mit der Flamme des Schweißbrenners vor. Plötzlich gab es ein Geräusch, wie wenn jemand heftig eine Kerze ausblasen würde.

„Ach du Scheiße!" Markus riss den Brenner zurück. Er hatte die Flamme nur einen kurzen Moment zu lange auf die Rissstelle gehalten, aber der hatte gereicht, ein Loch in das dünne Blech zu brennen.

„Mann!" Markus fluchte. Ausgerechnet an der Stelle, an die er so schlecht drankam. Das war mehr als ärgerlich, denn jetzt – mit dem Loch – würde es noch schwieriger werden, die Stelle zuzuschweißen. Bei seinem zweiten Versuch musste er unbedingt vorsichtiger sein, sonst konnte er den Auspuff nur noch in die Tonne klopfen. Dass er dabei über Kopf arbeiten musste, machte die Sache noch komplizierter.

Er hatte es fast geschafft, als eine Schweißperle von dem Schweißdraht abtropfte. Das glühend heiße Metallteilchen fiel genau in den Kragen seiner Arbeitsjacke und brannte sich tief in seinen Nacken ein. Vom heftigen Schmerz gepeinigt, schrie Markus auf, dabei griff seine Hand, die den Schweißbrenner hielt, reflexartig zum Rücken. Bei dieser unwillkürlichen Armbewegung streifte die heiße Brennerflamme die ölverschmierten Ablagerungen. Markus war noch viel zu sehr mit sich und seinem Schmerz beschäftigt, als dass er die Gefahr bemerkt hätte. Die Schweißperle brannte immer noch wie der Teufel. Aber anstatt die Gaszufuhr des Schweißbrenner zuzudrehen, ließ er ihn achtlos auf den Boden der Arbeitsgrube fallen und riss sich die Jacke vom Körper. Plötzlich roch es in der Grube stark nach Verbranntem. Erschrocken sah Markus hoch, wo sich die öligen Ablagerungen am Unterboden seines Mondeo entzündet hatten. Das brennende Öl hatte rasend schnell weitere Nahrung gefunden. Eine Flamme schlug bereits in den hinteren rechten Radkasten. Als Markus das sah, geriet er in Panik.

Raus, nur raus hier!, war sein einziger Gedanke. Dabei achtete er nicht auf den am Boden liegenden Brenner und trat voll in dessen Flamme, wodurch eines seiner ebenfalls ölverschmierten Hosenbeine in Brand geriet. Markus verfiel noch mehr in Panik. Kopflos hastete er zu der Betontreppe, über die er in die Grube hineingestiegen war und jetzt wieder hinaus wollte. Die Flammen leckten an seinen Hosenbeinen empor und verbrannten seine Haut.

Markus heulte vor Schmerz auf und stürzte der Länge nach hin. Dabei schlug sein Kopf auf die Kante der untersten Treppenstufe – er verlor das Bewusstsein. Hinter ihm hatte der am Boden liegende Schweißbrenner jetzt auch noch die fettigen Ablagerungen der Arbeitsgrube entzündet und über ihm verbrannten gerade die Bremsschläuche seines Mondeo. Aus Markus' rechter Schläfe rann Blut über die Betonstufe auf den Boden der Grube. Eingehüllt in dunklem Brandrauch war Markus Sekunden später schon nicht mehr zu sehen. Über ihm stand sein Wagen in hellen Flammen.

Einen Einsatz in einer brennenden Autowerkstatt hatte Franziska Bergmeister noch nicht gehabt. Es war gegen 20.00 Uhr, als sie und ihre männlichen Kollegen alarmiert wurden. Wenige Minuten später erreichten sie die Einsatzstelle.

Stefan Weber, ihr Angriffstruppführer, fokussierte seine Augen, aber in dem bis an den Boden reichenden Brandrauch konnte er genauso wenig erkennen wie seine noch unerfahrene Angriffstruppfrau, die ihm in die ihnen unbekannte Werkstatt folgte. Beide atmeten nur noch die Luft aus den mitgeführten Stahlflaschen ihrer Atemschutzgeräte, ohne die ein Einsatz in dem schwarzrußigen Brandrauch unmöglich gewesen wäre. Unter den dicht schließenden Atemschutzmasken waren ihre Gesichter kaum mehr voneinander zu unterscheiden, wobei das aufgrund der sie umgebenen Finsternis hier eh keiner gekonnt hätte.

Franzi zog den schweren, mit Wasser gefüllten C-Schlauch hinter sich her. In diesem unbekannten Terrain, in dem sie sich quasi blind voranbewegten, konnte man sehr leicht den Kontakt zu seinem Partner verlieren, da genügte schon eine kleine Unachtsamkeit.

Die beiden führten zwar starke Handscheinwerfer mit, aber die nutzten ihnen in einer Finsternis, in der man seine eigene Hand nicht vor Augen erkennen konnte, gar nichts. Dass der Trupp immer zusammenbleiben musste, hatte man Franzi und den anderen Feuerwehranwärtern schon während ihrer Grundausbildung eingebläut. Die junge Feuerwehrfrau war daher bemüht, unbedingt den direkten Kontakt zu ihrem vorankriechenden Kollegen zu halten, indem ihre freie Hand ständig Stefans Stiefel berührte.

Seinen Partner im Einsatz zu verlieren ist, abgesehen von Gefahren wie Stromschlägen von frei liegenden Leitungen, einstürzenden Decken oder Wänden, Rauchgasdurchzündungen oder explodierenden Gasflaschen mit das Schlechteste, was einem vorgehenden Feuerwehrtrupp passieren kann. Bei dem Gedanken an eine explodierende Gasflasche drehte sich Franzi der Magen um. Stefan, den sie alle nur Vinc nannten, hatte ihr mal erzählt, wie er vor Jahren solch einen Druckgefäßzerknall selber erlebt hatte. „Zu der Zeit arbeitete ich noch an der Feuerwache 2, da wurden wir nachts zu einem Kellerbrand alarmiert."

Bei diesem Einsatz war er, genau wie *sie* heute, der Angriffstruppmann gewesen. „In dem Keller herrschte eine mörderische Temperatur." Als er ihr das sagte, drehte er den Kopf seitlich, sodass Franzi deutlich seine verbrannte Ohrmuschel sehen konnte. „Tja Franzi, damals trugen wir noch nicht so hochwertige Schutzbekleidungen wie heute. Wir besaßen lediglich dünne, unzureichende Tuchhosen und ein ebenso unzureichendes Jackett. Da hatte man die Hitze noch schmerzhaft gespürt. Und dem Ohr hier", erklärte Stefan grinsend, „verdanke ich meinen Spitznamen *Vinc*. So wie Vincent van Gogh, dieser holländische Maler, der sich selber ein Ohr abgeschnitten hat." Dann blickte er Franzi ernst an und erklärte: „Also, ich schwöre, wenn wir beide in dem Moment nicht flach am Boden gelegen hätten ..." Stefan alias Vinc zeichnete mit der Rechten ein Kreuz in die Luft und atmete tief ein. Ich kann mich auch noch verdammt gut daran erinnern, wie die zerberstende Gasflasche unter einem ohrenbetäubenden Knall wie ein Geschoss haarscharf über unsere Köpfe hinweggeflogen ist. Kannst mir glauben, Franzi, das war überhaupt nicht spaßig gewesen. Mein Angriffstruppführer und ich hatten wahnsinniges Glück gehabt, dass uns der aufgerissene Stahlmantel der Campinggasflasche nicht getroffen hatte."

„Ich denke, Campinggasflaschen dürfen in Kellerräumen nicht gelagert werden“, hatte Franzi eingeworfen. Nachdem Vinc darauf nichts erwiderte, fügte sie noch hinzu: „Haben wir jedenfalls in der Ausbildung so gelernt.“

Vinc lachte nur kurz trocken und schaute seiner jungen Kollegin offen ins Gesicht. „Jaaa ... so weit die Theorie. Aber die Realität sieht leider völlig anders aus. Wenn es nach den Vorschriften ginge, dann sollte man einiges andere, oder genauer gesagt, dürfte man einiges andere in Kellerräumen genauso wenig lagern. Ich sage nur: Hobbyhandwerker!“

Spontan fiel Franzi der Keller ihres Onkels ein. Was der da alles an brennbarem Zeug lagerte. Und hier befanden sie sich in einer brennenden Autowerkstatt. Blecharbeiten an den Karosserien schweißte man zwar schon seit Jahren so gut wie nur noch mit Schutzgas, aber gelegentlich kam das Autogenschweißen noch zum Einsatz, und dazu benötigte man Acetylen- und Sauerstoffflaschen – der Albtraum eines jeden Feuerwehrmannes.

Plötzlich wurde Franzi aus ihren Gedanken gerissen. Vinc schien nicht mehr weiterzukriechen, also robbte sie, immer noch den mit Wasser gefüllten C-Schlauch mitziehend bis dicht neben ihn.

„Hörst du das!?“, rief Vinc ihr ins Ohr.

„Ja!“, rief sie mit gleicher Lautstärke zurück. Um sich zu verständigen, mussten sie sehr laut sprechen, da ihre Stimmen unter den Atemschutzmasken stark gedämpft klangen und sie unter den Feuerwehrhelmen auch noch Flammschutzhauben und Hollandtücher trugen, die die freien Hautbereiche an Kopf und Hals sowie ihre Ohren schützend bedeckten.

„Das sind typische Brandgeräusche. Das Feuer brennt unmittelbar vor uns!“

Franzi versuchte angestrengt, die Schwärze mit ihren Blicken zu durchdringen und wollte noch ein wenig weiter vorrücken, aber Vinc hielt sie zurück. Plötzlich sah sie ihn auch, den flackernden Feuerschein. Dann wurde er wieder durch die extreme Rauchentwicklung verdeckt. Es war genau so, wie es ihr die anderen Feuerwehrmänner erzählt hatten: Bei einem Kellerbrand siehst du die Flammen meist erst, wenn du sie unmittelbar vor dir hast.

„Soll ich draufhalten?“, rief Franzi.

„Ja, aber nur mit Sprühstrahl!“

Auf dem mitgeführten C-Schlauch lastete ein Druck von zehn Bar. Franzi riss den Bügel des angekoppelten Hohlstrahlrohres nach hinten. Sofort schoss ein breit gefächerter Sprühstrahl aus dem Düsenkopf. Das Löschwasser traf voll ins Schwarze. Es zischte und fauchte – und dabei entzog das fein verteilte Wasser dem Brand einen Teil seiner Wärme.

Franzi hielt nur ganz kurz drauf, dann drückte sie den Bügel wieder nach vorne, wodurch die Wasserabgabe unterbrochen wurde.

„Was ist, noch mal!?“

„Ja! Und schwenk auch mal zu den Seiten, aber nur kurz!“

Mehr Wasser ist nicht gleichbedeutend mit besserem Löscherfolg. Diese Erkenntnis bekam man schon in der Grundausbildung beigebracht, genau wie den richtigen Umgang mit dem Strahlrohr. Franzi wusste daher dosiert mit dem Löschwasser umzugehen, zumal der Wasserdampf, der beim Löschvorgang entstand, im wahrsten Sinne des Wortes kochend heiß war. Und dieser heiße Wasserdampf vermischte sich mit dem ebenfalls heißen Brandrauch zu einer unheiligen Allianz, vor der sich die beiden trotz ihrer hochwertigen Feuerschutzkleidung höllisch in Acht nehmen mussten. Franzi musste unwillkürlich an Vinc' verbrannte Ohrmuschel denken und war froh, ihre Ohren unter dem an ihrem Helm befestigten Hollandtuch und der Flammschutzhaube gut geschützt zu wissen.

Richard Franken, ihr Einsatzleiter, hatte draußen ein B-Rohr vornehmen lassen, um einen angrenzenden Gebäudeteil zu sichern. Mit diesem B-Rohr und dem C-Rohr, das sein Angriffstrupp mitführte, verbrauchten sie jede Minute etwa 600 Liter. Franken schaute auf seine Armbanduhr. Der Löschwassertank ihres LF fasste 1.800 Liter, das reichte gerade einmal für drei Minuten. Sie benötigten also dringend Nachschub aus dem unterirdischen städtischen Leitungsnetz. Auf dem Gehweg der gegenüberliegenden Straßenseite hatte der Wassertrupp einen Unterflurhydranten gefunden. Mit ihm wollten sie die Wasserversorgung aufbauen, die ihnen das nötige Löschwasser liefern sollte.

Franken griff zum Funkgerät. „Peter, wo bleibt die Leitung. Wenn ihr euch nicht beeilt, sitzen wir gleich auf dem auf Trockenen!“

„Schneller geht es nicht“, fluchte sein Wassertruppführer, der genau wusste, um was es ging. Wenn der Tank ihres Löschgruppenfahrzeugs leer wäre, müsste ihr Maschinist die Pumpe abschalten. Und wenn die Feuerlöschkreiselpumpe nicht mehr lief, bekam ihr Angriffstrupp kein Wasser mehr, und die Drehleiterbesatzung, die das B-Rohr vorgenommen hatte, müsste die Sicherung des gefährdeten Nachbargebäudes abbrechen.

Während er noch mit seinem Einsatzleiter funkte, hatte sein Wassertruppmann den ovalen Eisendeckel mit dem langen Unterflurhydrantenschlüssel geöffnet und drehte mit fliegenden Fingern das Hydrantenstandrohr in die Klauenmutter des Unterflurhydranten.

„Fertig?“

„Fertig.“

„Okay, dann spülen, ankuppeln und nichts wie los. Es geht wieder mal um jede Sekunde.“

„Chef! Wir sind gleich am Limit!“, rief der Maschinist. „Damit wenigstens der Angriffstrupp noch für ein paar Sekunden Wasser hat, muss das B-Rohr jetzt abschalten! Soll ich? Sonst läuft die Pumpe gleich trocken!“

„Ja mach! Stell ab!“, befahl Franken und funkte die Drehleiterbesatzung an, dass ihnen das Wasser abgedreht würde. Genau in dem Moment, als er ihnen befahl: „Lasst das B-Rohr liegen und zieht euch zurück!“, schepperte dem Maschinisten die Kupplung des letzten, vom Wassertrupp ausgerollten B-Schlauchs vor die Füße. Die beiden Feuerwehrmänner hatten es gerade noch rechtzeitig geschafft. Die rettende Löschwasserleitung zum LF war verlegt.

Der Maschinist atmete erleichtert auf und kuppelte den Schlauch für die Einspeisung sofort an den Einfüllstutzen seines Wassertanks. Dann signalisierte er seinem Kollegen:

„Okay, du kannst aufdrehen!“

Der Wassertruppmann, der neben dem Hydrantenstandrohr nur auf dieses Zeichen gewartet hatte, drehte das Spindelventil nach oben. Sofort füllte das Wasser aus dem städtischen Rohrnetz die miteinander verbundenen 75er-B-Schläuche.

Unmittelbar darauf funkte der Maschinist Franken an: „Chef! Wir haben wieder Wasser. Kannst der Drehleiterbesatzung sagen, sie kann ihr B-Rohr wieder einsetzen!“

„Wir haben mitgehört“, meldete sich daraufhin Klaus Haberkamp, der Drehleiterführer.

Obwohl sie jetzt wieder über Löschwasser verfügten, waren sie mit der einen Leitung noch nicht ausreichend versorgt. Aber wenigstens saßen sie jetzt nicht auf dem Trockenen.

„Was?“, fragte der Wassertruppführer, der mit seinem Mann neben Franken stand und dessen Gesichtsausdruck sah. „Etwa nicht zufrieden?“

„Noch nicht. Zuerst verlegt ihr mir noch ’ne zweite Leitung?“

„Stets gerne zu Diensten, Herr Chef“, sagte der Wassertruppmann mit breitem Grinsen, wobei er zwei Finger militärisch grüßend an seinen Helm legte.

„Schön“, sagte Franken, „aber diesmal bitte nicht so lahmarschig wie gerade!“

„Hä! Ich glaub, ich hör nicht richtig. Mann, Chef, das war neue deutsche Bestzeit.“

„Mmm, Bestzeit für Anfänger“, spottete Franken und stieß seinen Kollegen an. „Na los, oder willst du hier Wurzeln schlagen.“

Nachdem die zweite Hydrantenleitung stand und ebenfalls Löschwasser in den Tank des LF einspeiste, erhielt der Wassertrupp einen neuen Auftrag. Die beiden Feuerwehrmänner sollten mit einem zweiten C-Rohr durch eine hintere Tür in die Werkstatt vordringen. Mit diesem weiteren Löschangriff wollte der Gruppenführer das Feuer in die Zange nehmen.

Während der Wassertrupp am LF stand und sich mit Atemschutzgeräten ausrüstete, funkte Franken seinen Angriffstrupp an.

„Angriffstrupp für Gruppenführer, kommen!“

„Angriffstrupp hört, kommen.“

„Wie sieht es bei euch aus? Kommen.“

„Wir sind auf einen brennenden Pkw gestoßen, aber die Sicht hier ist total beschissen. Kommen.“

„Wird gleich besser, Vinc. Der Wassertrupp macht sich gerade fertig und kommt euch von der hinteren Seite zur Hilfe. Aber Vorsicht, dann gibt es Durchzug, kommen.“

„Wurde auch langsam Zeit. Alleine kriegen wir das hier nämlich nicht in den Griff, kommen.“

Franken ignorierte die Kritik, die in der Aussage seines Angriffstruppführers steckte. Was hätte er ihm auch antworten sollen? Schließlich konnte er sich keine zusätzlichen Leute aus den Rippen schneiden, denn ihr zweites LF befand sich zur Unfallstellenabsicherung für den RTW auf der Autobahn im Einsatz. Und die Feuerwachen 1 und 4 waren zusammen mit Wache 7 mit einem ausgedehnten Wohnungsbrand beschäftigt. Solange sich von dort noch keiner wieder frei gemeldet hatte oder ihnen die Leitstelle Verstärkung von der weiter entfernt liegenden Feuerwache 6 schicken würde, waren sie hier auf sich alleine gestellt.

Franken funkte erneut seinen Angriffstruppführer an. „Und, was ist? Löscht ihr schon? Kommen.“

Was für ’ne saublöde Frage, dachte Vinc, und bellte „JAAAA WAS DENKST DU DENN!“ in sein Funkgerät. Danach herrschte Funkstille.

Die Drehleiterbesatzung hatte inzwischen das vorgenommene B-Rohr gegen einen Düsenschlauch ausgetauscht. Damit schlugen sie zwei Fliegen mit einer Klappe. Zum einen bildete der Düsenschlauch mit seiner hoch aufschießenden Wasserwand einen effektiveren Schutz vor der Strahlungswärme des Brandes, zum anderen waren die beiden Männer jetzt nicht mehr gebunden und konnten sich ihrer eigentlichen Aufgabe widmen – dem Einsatz ihrer Drehleiter. Das wurde auch dringend nötig, denn an einer Stelle der Werkstatt war das Feuer bereits durch die Decke gebrochen. Erste Flammen leckten gierig auf das geteerte Dach. Höchste Zeit, den Angriff auch von der Höhe aus vorzunehmen.

Der Wassertrupp hatte sich, in Ermangelung weiterer Einsatzkräfte, seine Schlauchleitung selber verlegen müssen. Allerdings waren sie dabei von Franken tatkräftig unterstützt worden. Nachdem sie die Türe an der Rückseite mit einer Brechstange brutal aufgebrochen hatten, schlug ihnen eine gewaltige Wolke rußig schwarzer Brandrauch entgegen. Tief geduckt und mit Wasser am Rohr drangen sie in die völlig verqualmte Werkstatt ein.

Jetzt, nachdem die rückwärtige Tür offen stand, entwich mit dem dabei entstehenden Durchzug jede Menge Brandrauch ins Freie. Nachdem Franken mit seinem Maschinisten auch noch einen Hochdrucklüfter vor den Vordereingang platziert hatte, wurde die Sicht in der Werkstatt zusehends besser. Unter diesen verbesserten Sichtverhältnissen und mit dem Einsatz des zweiten C-Rohres hatten die eingesetzten Trupps das Feuer relativ schnell in Gewalt. Feuer in Gewalt ist jedoch nicht gleichbedeutend mit Feuer unter völliger Kontrolle. Aber man konnte jetzt immerhin davon ausgehen, dass die Feuerwehrleute das Geschehen diktierten und nicht das Feuer. Doch dann kam es zu einer unerwarteten Wendung, als der Wassertruppmann seinen Kollegen an der Schulter zog und auf ein in der Nähe des Autowracks stehendes Autogenschweißgerät zeigte, dessen Schläuche verbrannt am Boden lagen.

„Ach du Scheiße!“, entfuhr es dem Wassertruppführer, der sah, wie sich aus dem Ventilkopf der Acetylenflasche eine schwarze Rauchfahne kräuselte – ein klares Indiz, dass der gefährliche Zersetzungsprozess im Inneren der Flasche bereits eingesetzt hatte.

„Los, Deckung!“, rief er und zerrte seinen Kollegen hinter einen Mauervorsprung. „Das Ding ist ’ne Bombe und kann jeden Moment hochgehen. Am Boden kauernd riss der Wassertruppführer sein Funkgerät aus der Brusttasche und gab eine Warnung an alle.

„Unbedingt in Deckung bleiben und kühlen!“, ertönte umgehend die Order ihres Gruppenführers, der unmittelbar nach dieser schlechten Nachricht eine noch weit Schlechtere erhielt.

„Gruppenführer für Angriffstruppführer, kommen!“

„Hört, kommen!“

„Wir haben einen Toten gefunden. Vermutlich einer der Mechaniker. Liegt in der Arbeitsgrube unter dem ausgebrannten Auto, kommen.“

„Seid ihr sicher, dass der Mann tot ist?“

„Chef ...!!!“

„Ja ja, ist ja gut. Was ist? Könnt ihr ihn rausholen?"

„Jetzt nicht. Unser Luftvorrat geht gleich zu Ende."

„Okay, dann kommt jetzt raus."

„Geht klar, wir kommen."

Franken atmete tief durch, dann funkte er erneut seinem Wassertrupp an. „Habt ihr das gerade mitbekommen?"

„Ja, haben wir."

„Gut. Dann will ich, dass einer von euch das Strahlrohr vom Angriffstrupp übernimmt. Aber nur, wenn das ohne Gefahr möglich ist! Schafft ihr das? Kommen."

„War das 'ne Frage oder 'ne Beleidigung!?"

Franken grinste schwach und befahl: „Dann übernehmt ihr jetzt deren Rohr und kühlt damit die Acetylenflasche mit beiden Strahlrohren. Aber bleibt bloß in Deckung, ihr Superhelden. Ein Toter reicht für heute, verstanden! Kommen."

„Alles klar Chef, Ende."

Zwei Minuten nach diesem Funkgespräch trafen der C-Dienst und die nachalarmierte Feuerwache 6 an der Einsatzstelle ein. Eine halbe Stunde später – das Feuer war längst gelöscht – begannen die Aufräumarbeiten. Im Gegensatz zu anderen Einsatzstellen durften die Feuerwehrleute den in der Werkstatt liegenden Brandschutt nicht wegräumen – die Spurensicherung der Kriminalpolizei hatte ihre Arbeit aufgenommen. Die Acetylengasflasche, in deren Inneren der gefährliche Zersetzungsprozess des Acetons in der porösen Masse eingesetzt hatte, war von einem Spezialfahrzeug in einer mit Wasser gefüllten Wanne abtransportiert worden. Danach waren auch fast alle Feuerwehrfahrzeuge wieder abgerückt. Nur Vinc und Franzi hatte man mit einem TLF als Brandwache zurückgelassen. Die Wahl war auf die beiden gefallen, weil sie den Toten als erste entdeckt hatten und den immer noch anwesenden Kripobeamten Rede und Antwort stehen mussten. Franzi stand neben dem C-Dienst, der in seiner Eigenschaft als Beamter des gehobenen Dienstes ebenfalls vor Ort geblieben war.

„Und", fragte er die junge Feuerwehrfrau. „Wie geht es dir jetzt?"

Franzi sah den C-Dienst fragend an.

„Na ja", sagte er erklärend, „einen Toten findet man auch als Feuerwehrfrau schließlich nicht alle Tage."

Vinc, der gut doppelt so alt war wie Franzi und die Verlegenheit seiner jungen Kollegin auf die Frage bemerkte, legte väterlich seinen Arm um ihre Schulter und antwortete an ihrer Stelle: „Ach weißt du, ich glaube, unsere Kollegin hat das ganz gut im Griff. Stimmt's Franzi?"

Franzi schwieg.

„Ihr wisst aber schon, dass ihr nach besonders belastenden Einsätzen jederzeit unser OPEN-Team in Anspruch nehmen könnt“, betonte ihr Vorgesetzter, wobei er zuerst Vinc und dann Franzi anschaute.

Franzi schüttelte verneinend den Kopf und erklärte, dass sie diese Hilfe wirklich nicht benötigte.

„Schön. Dennoch, nur um das noch einmal klar zu betonen – unseren psychologischen Dienst in Anspruch zu nehmen, ist absolut keine Schande. Ah, es sieht so aus, als wolle die Polizei noch was von mir. Also dann ...“ Er gab Franzi und Vinc die Hand. „Gute Arbeit übrigens.“

Nachdem er sich einige Meter entfernt hatte, sagte Franzi leise: „Der war aber nett. Ist der neu?“

„Das war der Klaus Kronstein. Kanntest du den nicht?“

„Nein, mit dem hatte ich noch nie etwas zu tun gehabt. Bisher hatte ich es immer nur mit diesem anderen zu tun gehabt, diesem ..., na wie hieß der denn gleich noch? Ist auch ein ganz netter. Nicht ganz so groß wie du, mit blonden Haaren und ’nem Schnurrbart.“

„Ach, du meinst sicher den Gansberg.“

„Ja, genau den.“

„Mm, aber den werden wir an Einsatzstellen wohl nicht mehr sehen. Der arbeitet jetzt als Ausbilder an der Feuerwehrschule.“

Quark mit Gurke

Neun Feuerwehrmänner und eine Feuerwehrfrau saßen erwartungsvoll auf unterschiedlichen Gartenstühlen von unterschiedlicher Farbe um zwei ebenfalls unterschiedliche Gartentische unter dem dichten Laubdach eines hoch gewachsenen Kirschbaums. Der Baum, der beinahe so alt war wie ihre Feuerwache, stand inmitten einer kleinen Rasenfläche hinter dem Feuerwehrhof, wo sie sich, wie schon so oft an lauen Sommerabenden, zum Grillen eingefunden hatten. Die Feuerwehrfrau war Franziska Dorfmeister. Im Gegensatz zu ihren männlichen Kollegen, die feuerwehrtypische dunkelblaue Hosen und dazu passend blaue Polohemden oder T-Shirts trugen, ging sie heute, genau wie ihr Kollege und Teamführer, es war Vinc, komplett in Weiß – weiße Hose, weißes Polohemd und weiße Schuhe, die offizielle Bekleidung der Rettungswagenbesatzungen.

Vor einem selbst gebauten Grill stand der Oberbrandmeister und heutige Drehleiterführer Klaus Haberkamp. Er hatte sich eine Schürze mit dem knallroten Aufdruck *Weltbester Feuerwehrkoch* umgebunden, ein Geschenk seiner Kameraden zu seinem fünfzigsten. Während er mit der Zange andächtig Grillwürstchen wendete, von denen bereits ein verführerischer Duft den Feuerwehrleuten in die Nase stieg, kündigte Manni eine seiner abenteuerlichen Geschichten an. Manni war ein liebenswerter Kollege, aber auch ein begnadeter Aufschneider. Im Geschichtenerzählen konnte er es locker mit jedem Angler aufnehmen – und was seine beredsame Fantasie anging, so stand sie einem orientalischen Märchenerzähler in nichts nach.

„Mensch, Manni“, unterbrach Vinc gerade seinen Kollegen, „deine langweilige Katzenrettung interessiert hier niemanden. Katze aus Baum, wie öde, da habe ich schon was weit Interessanteres erlebt.“

„Ach ja, was denn?“

Vinc grinste süffisant. „Würde ich euch ja gerne erzählen, aber erst wenn die Würstchen so weit sind.“ Woraufhin Manni auftrumpfte: „Na dann kann ich euch ja vorher auch noch meine Geschichte erzählen.“ Er machte dabei eine unmissverständliche Kopfbewegung zum Grill und jammerte: „Solange der einen hier verhungern lässt.“

„Ja ja, meckere du nur!“, konterte Klaus, „wirst ja wohl noch zwei Minuten aushalten können, bis die Würstchen fertig sind.“

„Und bis dahin kannst du meinetwegen deine Katzengeschichte erzählen“, erklärte Vinc großmütig.

Das ließ sich Manni nicht zweimal sagen. Geheimnisvoll beugte er sich vor und sah in die Runde: „Jetzt mal ganz ehrlich, Jungs ... Wer von euch hat schon einmal einen Goldfisch vor dem Ertrinken gerettet?“

„Manni! Ein Goldfisch ist doch keine Katze. Verarschen können wir uns auch alleine.“

„Nein wirklich. Ich meine es todernst. Also wer ...?“

„Manni!“

„Wusste ich's doch“, trumpfte Manni auf. „Also keiner.“ Dann lehnte er sich wieder zurück und sagte jovial: „Eigentlich seid ihr es ja nicht wert, aber ich will mal nicht so sein und euch trotzdem erzählen, wie das war, damals mit dem ertrinkenden Goldfisch.“

Aber bevor Manni seinen nicht gerade geistreich dreinblickenden Kollegen die Geschichte erzählen konnte, ertönte der Alarmgong.

„Einsatz für Löschzug 3 und den RTW 4-83-2 zur Rheinallee 23. Vermutlich Küchenbrand.“

„Okay, das war's dann wohl für den Katzenfisch!“, rief ihr Dienstgruppenleiter. „Hopp, Hopp! Auf geht's, Leute!“

„Und mein Würstchen!?“, maulte Manni.

„Ich geb' dir gleich Würstchen, du Würstchen!“

Maria von Theilheim, geborene Esteban, war Argentinierin und in den 1970er-Jahren als junges Mädchen mit ihrem Vater nach Deutschland gekommen, wo sie ihren Mann, einen wohlhabenden Immobilienmakler, kennengelernt und geheiratet hatte. Die beiden hatten zwei reizende Töchter und besaßen eines der begehrten Villengrundstücke in Rheinnähe. Ihr mit einem schmucken Walmdach versehenes Haus zählte sechs Zimmer, drei Bäder, eine Gästetoilette, eine Sauna und eine hochmoderne, in das 80 Quadratmeter große Wohnzimmer integrierte, exklusiv angefertigte Einbauküche. Die von Theilheims durften als wohlhabend bezeichnet werden und hätten sich ohne Weiteres eine Haushaltshilfe leisten können, aber Maria war keine Frau, die sich bedienen lassen wollte. Sie hatte immer darauf bestanden, ihren großen Haushalt alleine zu führen. Ihr Mann hatte das zwar nie so richtig verstanden, aber akzeptiert.

Gegen 18.00 Uhr stand Maria von Theilheim in ihrer Küche und bereitete das Abendessen vor. Ihr Gesicht war unter einer dick aufgetragenen Quarkmaske verborgen, auf der – wie von Magneten angezogen – aufgelegte Gurkenscheiben hafteten. Maria achtete sehr auf ihr gepflegtes Äußeres, aber so würde sie ihr Mann nie zu sehen bekommen. Deshalb strich sie sich diese biologische Faltenprophylaxe auch nur auf, wenn sie alleine und ihr Mann nicht zu Hause war.

Im Nebenzimmer klingelte das Telefon. Es war ihr Mann, der sie über das Festnetz anrief.

„Liebling, ich habe noch eine dringende Arbeit im Büro zu erledigen und wollte dir Bescheid geben, dass es heute etwas später werden wird. Du bist mir deshalb aber nicht böse, oder?"

Nein, natürlich war Maria ihm nicht böse, wie konnte sie auch. Ihr Mann war ein liebenswürdiger Ehemann und obendrein ein sehr erfolgreicher Geschäftsmann. Und Erfolg, das wusste sie, hatte man in seinem Beruf nur, wenn man besonders als Chef bereit war, mehr Zeit in die Arbeit zu investieren als seine Angestellten. Das akzeptierte sie. Im Übrigen kam es oft vor, dass ihr Mann länger im Büro arbeitete oder noch einen späten Außentermin mit einem Kunden hatte.

Die beiden redeten noch eine Weile über den anstehenden Geburtstag ihrer Ältesten, als Maria ein brenzliger Geruch in der Nase stach und sie erschreckt aufrief:

„Madre mía! Unser Essen. Schatz, ich muss Schluss machen!"

Besorgt eilte sie in die Küche. In der gusseisernen Pfanne auf dem Herd hatte sich das überhitzte Fett entzündet. Die darüber befindliche Dunstabzugshaube hatte der Menge aus aufsteigendem, übel stinkenden Qualm nicht mehr Herr werden können. Brandgeruch erfüllte den ganzen Raum.

In ihrer Panik zerrte Maria die Pfanne mit dem brennenden Fett von dem rot glühenden Ceran-Feld und schüttete Wasser in die hoch aufschlagenden Flammen – ein verhängnisvoller Fehler. Das überhitzte Fett verwandelte das Wasser schlagartig zu Wasserdampf.

Laut fauchend wie eine angreifende Raubkatze schleuderte der Wasserdampf das brennende Fett in einem riesigen, grell aufleuchtenden Feuerball in alle Richtungen. Maria stand starr vor Entsetzen und starrte ungläubig auf das Inferno vor ihren Augen. Ein, zwei Sekunden später war der Feuerball wieder in sich zusammen gefallen.

Maria war über und über von heißen Fettspritzern getroffen worden. Die halbe Küche schien in Flammen zu stehen. Maria wich entsetzt zurück. Erst jetzt spürte sie ein schmerzhaftes Brennen auf der ungeschützten Haut ihrer Hände und Arme. Benommen taumelte sie in das Nebenzimmer, aus dem sie wenige Sekunden zuvor erst mit ihrem Mann telefoniert hatte. Wie in Trance drückte sie drei Tasten – 1-1-2.

Bei den meisten gemeldeten Küchenbränden ist gar nicht die Küche in Brand geraten, sondern es handelt sich nur um angebranntes Essen. Wobei *nur* relativ ist, da auch angebranntes Essen enormen Schaden verursachen kann. Von der gering verqualmten Küche bis zur komplett renovierungsbedürftigen Wohnung ist alles möglich.

Einige Minuten nach ihrer Alarmierung bog der Löschzug mit heulenden Martinshörnern und zuckenden Blaulichtern in eine der bevorzugten Wohnstraßen der Landeshauptstadt. In der Rheinallee reihte sich Villa an Villa. Hier, wo sich nur die richtig wohlhabenden ihr Domizil leisten konnten, brannte es viel seltener als in den Stadtteilen, die von weniger begüterten und sozial benachteiligten Bevölkerungsschichten bewohnt wurden – ein klassischer Indikator der Schere zwischen Arm und Reich, die auch vor der weitgehend wohlhabenden Landeshauptstadt nicht haltmachte.

Richard Franken, der vorne rechts im vorausfahrenden LF den Platz des Löschzugführers inne hatte, musste seinem Maschinisten nicht sagen, dass dieser ihr Fahrzeug erst eine B-Länge hinter der Nummer 23 stoppen sollte. Diese taktische Maßnahme war jedem guten Maschinisten bekannt – und sollte es der nachfolgenden Drehleiter ermöglichen, direkt vor der Einsatzstelle in Stellung zu gehen.

„Donnerwetter!“, entfuhr es Peter Gerber, dem Leitermaschinisten, als er das Haus, welches eher als repräsentative Villa bezeichnet werden durfte, erblickte. „Das nenne ich mal echten sozialen Wohnungsbau. Da ist der Vorgarten ja größer als unser Schrebergarten.“

„Nur kein Neid“, lästerte sein Drehleiterführer. „Hätt'ste damals in der Schule besser aufgepasst ...“

„... hätte ich heute auch so ein Haus. Ich weiß. Aber ob ich dann noch mit meiner Beate zusammen wäre?“

„Klar. Und über eure Hochzeit hätte dann fett in der Lokalpresse gestanden: *Feuerwehrmann heiratet Bürgerliche.*“

„Blödmann!“, lachte Peter. „Mach lieber deine Arbeit, anstatt mir so einen Quatsch zu erzählen. Da, unser DGL wartet schon.“

In der Tat stand Richard Franken, ihr Zugführer und Einsatzleiter, bereits vor der Haustüre und blickte ungeduldig zu ihnen hinüber. Während er sich fragte, was sein Drehleiterführer noch so lange mit dem Maschinisten zu quatschen hatte, anstatt zu ihm zu kommen, stiefelte sein Angriffstrupp – mit geschulterten Atemschutzgeräten und einem Handfeuerlöscher ausgestattet – durch die offen stehende Haustüre an ihm vorbei und rief:

„Hallo! Hier ist die Feuerwehr!“

Da sich niemand blicken ließ, rief der Angriffstruppführer ein zweites Mal.

„Hallo! Ist jemand zu Hause?!“

Nachdem immer noch keine Antwort erfolgte, sah er seinen Angriffstruppmann ratlos an. „Das ist jetzt aber schon komisch, findest du nicht?“

Sein Kollege zuckte mit den Schultern und brummte: „Hm, wundert mich auch. Aber gebrannt haben muss es hier. Riechst du das?“

Der Angriffstruppführer, der genau wie sein Angriffstruppmann seine Atemschutzmaske noch nicht aufgezogen hatte – sie baumelte beiden lose vor der Brust –, sog tief die Luft ein.

„Stimmt. Riecht typisch nach angebranntem Essen.“

Hinter ihnen trat jetzt auch Franken mit dem Drehleiterführer in den Flur, der aufgrund seiner Größe treffender als Foyer bezeichnet werden konnte.

„Was ist? Warum steht ihr hier immer noch?“, fragte Franken vorwurfsvoll.

„Wie warum? Ich habe zwei Mal laut gerufen“, verteidigte sich der Angriffstruppführer, „aber es lässt sich ja keiner blicken. Außerdem, wo sollen wir in dem riesigen Haus denn die Küche finden?“

Solch eine flapsige Antwort hatte der DGL von seinem erfahrenen und für gewöhnlich umsichtigen Angriffstruppführer nicht erwartet. Schon wollte er ihm eine entsprechende Zurechtweisung erteilen, da öffnete sich ihm gegenüber eine Tür. Die Frau, die daraus hervortrat, sah aus wie ein Zombie aus einem Horrorfilm. Ein kalkweißes, narbig wirkendes Gesicht mit seltsam großen grünen Flecken starrte ihn aus leeren wimpernlosen Augen an. Ihr ehemals langes Haupthaar war größtenteils abgeflammt, und das lange hochgeschlossene Kleid, das sie trug, war mit zahllosen Brandlöchern übersät. Ob es einmal Ärmel besessen hatte, konnte Franken in diesem Moment unmöglich sagen. Jetzt besaß es jedenfalls keine, denn die Arme der Frau waren nackt bis zu den Schultern. Diese waren, wie auch ihre Hände, unnatürlich gerötet und bluteten. An mehreren Stellen hatten sich Blasen gebildet – Brandblasen.

Die Frau wankte, schien jeden Moment zu stürzen. Franken eilte ihr entgegen und konnte sie gerade noch rechtzeitig auffangen. „Schnell, wir brauchen sofort die RTW-Besatzung!“

Während der Drehleiterführer Vinc und Franzi anfunkte, sahen sich der Angriffstruppführer und sein Angriffstruppmann nur betreten an.

„Jetzt steht doch hier nicht so herum wie die Ölgötzen!“ zischte Franken wütend. „Seht endlich zu, dass ihr die Küche findet. Nicht, dass uns nachher noch die ganze Bude hier abfackelt!“

Die „Bude“, wie er sich ausgedrückte, würde nicht abfackeln. Der Feuerball, den die Fettexplosion erzeugt hatte, war genauso schnell in sich zusammengefallen, wie er entstanden war. Allerdings hatten diese wenigen Sekunden genügt, Maria von Theilheim mit dem brennend herausgeschleuderten Fett etliche Verbrennungen zuzufügen und sowohl einen Teil ihrer Kopfhaare als auch ihrer Wimpern zu verbrennen.

Während Vinc und Franzi mit ihren Notfallkoffern im Foyer erschienen, hatte der Angriffstrupp die Küche gefunden. Erleichtert stellten die beiden fest, dass es dort nicht brannte – nicht mehr, denn gebrannt hatte es schon. Die Spuren über dem Herd zeugten eindeutig von einer zum Glück nur kurzen Flammeneinwirkung. Hätten die Flammen nur wenige Sekunden länger gebrannt, dann wäre das Geschehen allerdings nicht so glimpflich verlaufen – es hätte hier völlig anders ausgesehen. Trotzdem würden die von Theilheims um die Renovierung ihrer Küche nicht umhin kommen. Von den zahllosen Brandflecken, welche die brennenden Fettspritzer verursacht hatten, zeichnete sich unter der Decke und auf den Wänden ein rußiger Schmierfilm ab, der sich auch auf das Mobiliar und sämtliche Küchenutensilien gelegt hatte. Mit einfachem Reinigen war hier nichts mehr zu machen, aber zunächst musste erst einmal gründlich gelüftet werden.

Vinc und Franzi hatten die unter Schock stehende Hausherrin im RTW notfallmäßig versorgt und anschließend in die Chirurgie der nächstgelegenen Unfallklinik gefahren.

Noch am gleichen Tag stattete ihr ein Kollege von OPEN-Team im Beisein des C-Dienstes einen Besuch ab. Frau von Theilheim lag mit bandagierten Armen und Händen auf der Privatstation. Neben ihrem Bett saß ihr Ehemann, der sich beim Eintreten der beiden Feuerwehrleute überglücklich für die Rettung seiner Frau bedankte. „Die Ärzte meinen, dass sie unwahrscheinliches Glück gehabt hat“, erklärte er. Die aufgetragene Quarkmaske habe sie vor schlimmen Gesichtsverbrennungen bewahrt und die Verbrennungen an den Armen und Händen seien zwar schmerzhaft, aber Gott sei Dank nur ersten und zweiten Grades. Sie würden ohne Narbenbildung abheilen.

„Das freut uns zu hören“, lächelte der C-Dienst, bevor er und sein Kollege Frau von Theilheim noch einmal gute Besserung wünschten und sich wieder verabschiedeten. Herr von Theilheim geleitete sie zur Tür. Dort sagte er leise, sodass es seine Frau nicht hören konnte: „Und was den Verlust ihrer Wimpern und Kopfhaare betrifft, so meinten sie noch, das wäre kein Beinbruch. Haare würden schließlich nachwachsen.“

Angst

„Guten Morgen, meine Herren. Ich begrüße Sie zum zweiten Tag unseres *Norddeutschen-Brandmeister-Seminars*. Das Thema, das wir heute noch einmal gemeinschaftlich vertiefen wollen, lautet *Gefahren der Einsatzstelle*. Für Sie als gestandene Feuerwehrmänner dürfte es ja wohl kein Problem sein, mir die Hauptgefahrengruppen zu benennen." Der Feuerwehrausbilder, der gegen das Pult gelehnt die Anwesenden fest im Auge behielt, ließ ein feinsinniges Lächeln erkennen. „Oder, Herr Schmitz?"

Der Angesprochene, der sich ganz offensichtlich mit etwas anderem beschäftigt hatte, anstatt dem beginnenden Unterricht zu folgen, blickte erschreckt hoch.

„Äh ja ... äh ...", stotterte er, „also die Gefahren der Einsatzstelle. Äh ... wie war die Frage noch mal?"

„Die Hauptgruppen, Herr Schmitz. Die Hauptgruppen."

„Ach so ja. Also wir haben viermal A, einmal C und viermal E. Soll ich die auch benennen?"

„Das wäre sehr nett."

„Da wäre zunächst der Buchstabe A wie Atemgifte, dann noch die Ausbreitung des Brandes, die atomaren Gefahren und ... hmm." Brandmeister Schmitz kratzte sich hinter dem Ohr und schaute zu seinem Sitznachbarn. „... ach ja, die Angstreaktionen. Dann C wie chemische Gefahren und E wie Explosionen, Einstürze, Gefahren durch Elektrizität und Erkrankungen."

„Danke Herr Schmitz. Das war absolut korrekt. Aber weil Sie, und das gilt nicht nur für Herrn Schmitz, sondern für Sie alle, über hinlängliche Einsatzerfahrung verfügen und ich Sie hier keineswegs mit weiterem Grundausbildungswissen langweilen möchte, wenden wir uns doch einmal einigen Besonderheiten zu. Zum Beispiel, was die Angstreaktionen angeht. Falls einer der Herren dazu vielleicht ein passendes Beispiel aus der Praxis beisteuern möchte ... Ja, Herr Willrath, bitte sehr."

„Was genau meinen Sie denn? Etwa die Angst von Feuerwehrmännern, denen die Muffe auf Grundeis geht, oder eher die von so Typen, die sich, wenn es brennt, gleich in die Hose machen?"

„Ach wissen Sie, Herr Willrath, Sie haben so eine ungemein erfrischende Ausdrucksweise. Darf ich davon ausgehen, dass Sie aus eigener leidvoller Erfahrung sprechen, wenn Sie Feuerwehrmänner erwähnen, denen die Muffe auf Grundeis geht oder die sich vor Angst in die Hose machen? ... Nein? Sie sehen mich so entsetzt an. Also wenn ich Sie nicht auch schon anders kennengelernt hätte, könnte ich glatt auf den Gedanken kommen, Sie hätten den Beruf verfehlt."

Nach dieser Zurechtweisung war es mucksmäuschenstill im Raum.

„Na gut. Vielleicht hat ja einer der anderen Herren noch ein verwertbares Beispiel. Ja, Herr Tanner?"

„Also wir hatten einmal einen Hotelbrand. Genauer gesagt, es brannte unten in der hoteleigenen Wäscherei. Als wir eintrafen, waren mehrere Flure zu den Zimmern schon stark verqualmt, sodass wir überall anklopfen mussten, um die Gäste zu warnen."

„Ja, und?"

„Na ja, wir hatten natürlich unsere Atemschutzmasken übers Gesicht gestülpt und die Pressluftatmer angeschlossen. Mehrere Hotelgäste, die uns so sahen, knallten aus Angst ihre Zimmertüren sofort wieder zu. Sie kennen ja das Atemgeräusch unter PA. Schätze, die haben zu oft *Krieg der Sterne* geguckt und anscheinend geglaubt, *Darth Vader* käme sie abholen. Also mit denen haben wir richtig Probleme bekommen."

„Herr Willrath, hätten Sie wohl die Freundlichkeit, uns an Ihren Gedanken teilhaben zu lassen?

Brandmeister Willrath schien eigenen Gedanken nachzugehen und tuschelte angelegentlich mit seinem Sitznachbarn.

„Herr Darnfelder, das Gleiche gilt auch für Sie. Wenn Sie etwas zu sagen haben, dann bitte so, dass wir es alle hören können. Ich gehe doch davon aus, dass es etwas Unterrichtsrelevantes war, was Ihnen Ihr Nachbar gerade mitgeteilt hat, oder? Also Herr Willrath, wir hören."

Willrath druckste rum. „Äh ... ja, ist aber nicht so wirklich wichtig."

„Nicht so wirklich, oder überhaupt nicht? Ich schlage vor, Sie sagen es einfach und ich entscheide dann."

„Das war aber nur ein Scherz."

„Dann lassen Sie uns den Scherz doch bitte auch einmal hören. Wir lachen alle gerne mal."

„Meinetwegen", brummte Willrath: „Ich hatte nur gesagt, dass die Hotelgäste unsere Kollegen im Rauch bestimmt für *Aliens* gehalten haben."

„Für Aliens?"

„Na wegen der Atemschutzmasken, Sie wissen schon, so wie die Personen im Film. Und davor hatten die dann Angst."

„O k a y, warum nicht? Es gibt bestimmt mehr Menschen, die an die Existenz solcher Wesen glauben, als wir vermuten. Ja, noch etwas, Herr Willrath?"

„Glaube ich auch. Also, dass das andere glauben, ich natürlich nicht, aber ..."

Allgemeines Gelächter.

„Nein“, der Ausbilder hob beschwichtigend die Hand, „lassen Sie Ihren Kollegen ruhig einmal ausreden. Bitte, Herr Willrath.“

„Na ja, das war das eben, worüber wir gesprochen haben.“

„Und?“

„Na ja, in diesen Filmen werden die Menschen doch immer abgeholt und von den Aliens in ihr Raumschiff geschleppt, wo die dann so Sachen mit denen machen.“

„Was denn für Sachen?“

Jetzt konnte sich der Ausbilder ein Lachen ebenfalls kaum mehr verkneifen, und als dann noch jemand mit überschnappender Stimme rief: „Eh Willrath! Die haben dich wohl auch schon mal geholt und so Sachen mit dir gemacht, wie!?“, gab es unter den Feuerwehrmännern kein Halten mehr. Spätestens danach war diese Unterrichtsstunde, so das spätere Resümee des Ausbilders, gelaufen. Aber dafür war sie unzweifelhaft eine seiner lustigsten gewesen.

Eine Woche nach diesem Seminar, die Seminarteilnehmer waren längst wieder in ihren Feuerwehralltag zurückgekehrt, sollte das Thema Angstreaktion auf höchst tragische Weise Bedeutung gelangen.

Volker Willrath, der Feuerwehrmann, der sich am zweiten Seminartag durch seine belustigenden Äußerungen über die Aliens zum Gespött seiner Kollegen gemacht hatte, war auf seiner Wache nicht gerade beliebt. Mit seiner überheblichen Art hatte er schon so manchen vor den Kopf gestoßen und daher war es nicht verwunderlich, dass niemand gerne mit ihm ein Team bildete.

Nachdem der Dienstplan für die nächste Schicht wie gewöhnlich am Abend zuvor am Schwarzen Brett aushing, stand Willrath, den sie wegen seiner Initialen nur VW nannten, mit einigen anderen Kollegen davor.

„Eh, VW!“, lästerten sie, „Du bist ja nächste Schicht im Angriffstrupp. Hoffentlich scheißt du dir, wenn es brennt, nicht vor Angst in die Hose.“

Offensichtlich hatten sich seine abfälligen Bemerkungen aus dem Lehrgang herumgesprochen.

Willrath warf seinen Kollegen einen wütenden Blick zu und verzog sich ohne ein Wort zu erwidern. Hinter ihm erschall lautes Gelächter.

In diesem Moment trat Herbert Köhler, der Dienstgruppenleiter, aus seinem Büro. Er hatte die Lästereien mit angehört. „War das wirklich nötig?“, fragte er verärgert. Die Feuerwehrmänner sahen sich lediglich betreten an und zuckten mit den Schultern. Da ihr Dienstgruppenleiter jedoch eine Antwort zu erwarten schien, meinte schließlich einer entschuldigend: „Ist er doch selber Schuld. Was faselt der auch von Feuerwehrmännern, die sich in die Hose scheißen." Nach Zustimmung heischend, sah er seine Kollegen an. Als die beifällig nickten, ließ er sich zu einer weiteren Äußerung hinreißen: „Und überhaupt, der Typ ist einfach nicht teamfähig", woraufhin ein zweiter – ebenfalls mutig geworden – verkündete: „Ich kapier sowieso nicht, was so einer wie der bei der Feuerwehr zu suchen hat."

Das, so musste sich der Dienstgruppenleiter eingestehen, hatte er sich allerdings auch schon gefragt. Laut sagte er jedoch: „Trotzdem war das gerade in höchsten Maße unkollegial. Vielleicht solltet ihr dem Mann noch ein bisschen mehr Zeit geben, sich einzugewöhnen. Schließlich ist er noch nicht so lange auf unserer Tour."

„Hmmm ..."

Köhler ließ das Grüppchen stehen und marschierte in Richtung Küche. Dabei machte er sich so seine Gedanken. Mobbing hatte es bislang unter den Kollegen nie gegeben – und so etwas wollte und würde er an seiner Wache auch auf keinen Fall tolerieren. Auf dem weiteren Weg begegnete er niemandem mehr. In der Küche angekommen, nahm er eine Tasse aus dem Regal und ging zu der Kaffeemaschine. Normalerweise blubberte die den ganzen Tages vor sich hin, aber ausgerechnet jetzt, wo er eine Tasse trinken wollte, war sie ausgeschaltet. So ein Mist. Enttäuscht betrachtete Köhler die beiden Glaskannen, die nur noch einen Rest des schwarzen Gebräus enthielten. Da auch vom Koch weit und breit nichts zu sehen war, kippte er das Wenige in seine Tasse, nahm einen Schluck und schüttelte sich. „Buah!", war das eine abgestandene Brühe. Angewidert kippte er den Inhalt in die Spüle und ging missgelaunt zurück in sein Büro. Die Feuerwehrmänner, die eben noch vor dem Schwarzen Brett gestanden hatten, hatten sich verzogen.

Wieder hinter seinem Schreibtisch sitzend, nahm er sich vor, in einer der nächsten Dienstschichten ein eindringliches Gespräch mit diesem Willrath zu führen. Schließlich, da musste er den Kollegen Recht geben, war bislang immer *er* der Stein des Anstoßes gewesen. Trotzdem, so sagte er sich, unter Feuerwehrmännern sollte, nein, durfte es nicht zu solchen verbalen Attacken kommen. Belanglose Streitigkeiten okay, die gab es überall und kamen immer wieder vor. Aber hier bahnte sich etwas anderes an, etwas, von dem er glaubte, es im Keim ersticken zu müssen.

Wie grausam sein Gedanke in der nächsten Schicht Realität werden sollte, konnte Dienstgruppenleiter Köhler in diesem Moment nicht im Entferntesten erahnen.

Den ganzen Vormittag über war es ruhig geblieben, ziemlich ungewöhnlich für die Zugwache der zweitgrößten Berufsfeuerwehr Deutschlands.

Lediglich ein kokelnder Abfallbehälter um die Mittagszeit und später ein angeblicher VU. „Fahrradfahrer unter Straßenbahn“, hieß es in der Alarmierung. Natürlich kam der Alarm mitten im dicksten Berufsverkehr. Eine heikle Angelegenheit, besonders für die Maschinisten, die mit höchstmöglichem Tempo, aber geringstem Risiko ihre tonnenschweren Fahrzeuge durch den die Straßen verstopfenden Feierabendverkehr manövrieren mussten.

Nachdem sich herausstellte, dass sie wieder einmal einer Fehlalarmierung aufgesessen waren, überkam die Feuerwehrmänner die kalte Wut.

„Man müsste so einen Scheißkerl mal in die Finger bekommen“, schimpfte der Angriffstruppführer mit grimmiger Miene. Dabei hob er seine Hände, als würde er einem imaginären Gegenüber den Hals zudrücken. „Also ich würde ...“

„Nix würdest du, Hulk!“, winkte der ihm gegenübersitzende Wassertruppmann ab. „Du hast zwar Pranken wie ein Bär, aber das Gemüt eines Kindes.“

Paul Hogan, den – wegen des gleichnamigen Marvel-Comics – alle nur *Hulk* nannten, betrachtete daraufhin seine tatsächlich außergewöhnlich großen Hände, ließ sie verlegen wieder sinken und bekannte freimütig: „Ja, mag schon sein, aber man müsste den trotzdem ...“

„Ja, ja, man müsste. Aber wann erwischt die Polizei schon mal so einen!?“

„Muss ja nicht die Polizei sein. Also wenn ich den ...“

„He Männer!“, schaltete sich ihr DGL von vorne in das Gespräch ein: „Vergesst mal ganz schnell eure Rachegelüste! Ihr solltet viel lieber dafür dankbar sein, dass niemand zu Schaden gekommen ist. Einen Menschen, der von der Straßenbahn überrollt wurde, hervorholen zu müssen, ist nämlich weiß Gott kein Zuckerschlecken, das kann ich euch nur sagen.“

Oberbrandmeister Uwe Hinrichsen, der wie Köhler auch schon einige dieser belastenden Einsätze erlebt hatte, gab seinem Chef im Stillen recht. Nur zu gut konnte er sich noch an die markerschütternden Schreie und an den fürchterlich verstümmelten Körper besonders eines Verunfallten erinnern. Automatisch suchte er den Blickkontakt zu seinem Kollegen Frank. Frank war damals noch ein blutjunger Feuerwehrmann gewesen und mit ihm zusammen unter den angehobenen Triebwagen zu dem Verletzten gekrochen.

Dieser Einsatz hatte ihm so sehr zugesetzt, dass er anschließend ernsthaft vorgehabt hatte, seinen Job als Feuerwehrmann wieder an den Nagel zu hängen. Das war zu der Zeit, als es noch keinen psychologischen Dienst wie heute gegeben hatte – und es als unmännlich galt, Gefühle wie

Schwäche zu zeigen. War keine leichte Zeit, besonders für junge, noch nicht gefestigte und unerfahrene Feuerwehrmänner. Bestimmt musste Frank jetzt auch an diesen Einsatz denken, sagte sich Hinrichsen, als er den leeren Blick in den Augen seines Kollegen bemerkte. Tja, sagte er sich, solche Einsätze vergisst man eben nicht, die sitzen tief in einem drin. Und selbst wenn du glaubst, sie wären schon längst abgehakt, kommen sie manchmal doch wieder in einem hoch. Das kannte er – wie so viele andere Feuerwehrleute – aus eigener leidvoller Erfahrung.

Der nächste Alarm riss die Mannschaft von Herbert Köhler kurz nach zwei Uhr nachts aus ihren Betten. Für das menschliche Schlafverhalten von Feuerwehrleuten sind Nachteinsätze pures Gift. Besonders kritisch sind dabei jene Alarmierungen, die sie während einer Tiefschlafphase erwischen. Zwei Uhr ist so eine Zeit, in der sich die meisten Menschen, auch Feuerwehrmänner, in einer dieser Tiefschlafphasen befinden – ein Umstand, auf den Unglücksfälle und Brände jedoch keinerlei Rücksicht nehmen.

Und wieder liefen die 90 Sekunden rückwärts. Jochen Tanner war Maschinist auf dem ersten Fahrzeug und einer der Ersten in der Fahrzeughalle. Mit routinierten Handgriffen entkuppelte er zunächst sein LF von der Stromversorgung und entfernte anschließend die von der Decke herabhängende Pressluftleitung. Danach stieg er in seine bereitstehenden Stiefel und zog die über die Schäfte gestülpten Hosenbeine hoch. Auf der gegenüberliegenden Seite schwang sich sein Chef auf den Beifahrersitz. Tanner folgte und warf einen kurzen Blick in den Mannschaftsraum.

Alle saßen bereits auf ihren Plätzen, keiner fehlte. Das Gleiche galt auch für die Besatzungen der Drehleiter und des zweiten LF. Als deren Maschinisten die schweren Dieselmotoren ihrer Fahrzeuge starteten, waren die 90 Sekunden noch nicht um. Sie hatten das vorgegebene Zeitlimit trotz der erschwerten Bedingungen der Nacht nicht überschritten. Da Tanners LF die Spitze des Löschzugs bildete, rollte es als erstes aus der hell erleuchteten Fahrzeughalle und bog auch als erstes auf die quer vor ihrer Feuerwache verlaufende Straße.

Wenigstens war der Verkehr zu dieser nachtschlafenden Zeit stark eingeschränkt. Ganz zum Erliegen kam er in einer Großstadt jedoch nie, weshalb die Aufmerksamkeit und Konzentration der Maschinisten auch nie nachlassen durfte. Eine kleine Unachtsamkeit, eine rote Ampel zu schnell überfahren, einen Moment abgelenkt sein – und schon könnte es krachen. Nein, die Maschinisten von Feuerwehr- und Rettungsfahrzeugen mussten hoch konzentriert fahren, immer, und mit eingeschalteten Sondersignalen erst recht.

„Die übernächste links und dann die dritte rechts“, wies Köhler Tanner an, der wie gewohnt neben diesem im ersten LF als Löschzugführer auf dem Beifahrersitz saß und mit dem Finger die bereits zurückgelegte Fahrstrecke im aufgefalteten Stadtplan nachzeichnete.

„Du kannst die Karte ruhig beiseite legen, Chef“, sagte Tanner und deutete auf den erleuchteten Monitor ihres Navigationsgerätes. „Wir haben doch das da. Außerdem weiß ich auch so, wo das ist.“

„Hm“, brummte Köhler, der weiterhin gerne den guten alten Stadtplan zur Hand nahm, obwohl ihnen schon lange andere Hilfsmittel wie dieses moderne Navigationsgerät zur Verfügung standen. Zugegeben, dachte Köhler, übel war so ein Navi nicht, zumal ihres hier, im Gegensatz zu denen in zivilen Fahrzeugen, mit einer speziellen Feuerwehr-Software ausgestattet war. So richtig anfreunden konnte oder wollte sich der DGL, der nur noch wenige Jahre bis zu seiner Pensionierung hatte, damit dennoch nicht. Schließlich hatten sich auch schon Navigationsgeräte geirrt, außerdem konnte der ganze elektronische Kram ausfallen, sein Stadtplan nicht. Am Besten fühlte er sich jedoch, wenn er einen seiner alten, erfahrenen Maschinisten hinter dem Steuer sitzen hatte. Einen, der sich im Stadtgebiet bestens auskannte, so wie Jochen Tanner, der in dieser Nacht ihr LF lenkte.

„Florian 4-46-1 für Leitstelle, kommen!“

Köhler zog den Funkhörer aus seiner Halterung: „4-46-1 hört, kommen!“

„Frage Standort?“

„Friedleinstraße in Höhe Realschule, kommen.“

„Zu Ihrer Information. Wir haben inzwischen mehrere Anrufe, die die Feuermeldung bestätigen. Wenn Sie eingetroffen sind, geben Sie umgehend Rückmeldung, ob Sie weitere Einsatzkräfte zur Unterstützung benötigen, kommen.“

„4-46-1 verstanden. Wir biegen gerade in den Karrenberger Weg ein. Ich sehe Rauchentwicklung und melde mich gleich wieder. Ende.“

In der Leitstelle trat der Lagedienstleiter neben einen der mit mehreren Computerbildschirmen ausgestatteten Arbeitsplätze. Auf einem leuchteten die Symbole und Funkrufnamen sämtlicher im Stadtgebiet befindlichen Feuer- und Rettungswachen sowie deren Einsatzfahrzeuge. Das gleiche Bild erschien auch auf einer überdimensionalen, für alle gut sichtbaren digitalen Anzeigetafel. Grün unterlegt bedeutete: Das Einsatzfahrzeug befindet sich am Standort. Gelb bedeutete: Sie sind unterwegs. Und Rot bedeutete: Sie stehen an der Einsatzstelle.

„Und, was haben Sie?“, erkundigte sich der Lagedienstleiter bei dem für diesen Einsatz zuständigen Disponenten.

„Eine durch mehrere Anrufe bestätigte Feuermeldung: vermutlich Kellerbrand am Karrenberger Weg.“

„Wen haben Sie alarmiert?“

„Den Löschzug der Feuerwache 4 plus einen RTW“, sagte der Disponent ohne aufzusehen.

Löschzug 4 bestand aus zwei Löschgruppenfahrzeugen mit den Rufnummern 4-46-1 und 4-46-2 und der DKL 23/12, einer Drehleiter mit der Rufnummer 4-33-1, sowie einem Rettungswagen mit der Rufnummer 4-83-1.

„Zug 4 ist soeben eingetroffen“, erklärte der Disponent und betätigte einige Tasten seiner Schreibtastatur. Auf dem bewussten Bildschirm und auf der Anzeigetafel wechselten die entsprechenden Fahrzeuge von Gelb auf Rot.

„Karrenberger Weg, Karrenberger Weg“, dachte der Lagedienstleiter laut, „befindet sich da nicht auch das ehemalige Postpaketlager?“

„Das ist der Einsatzort.“

„Und da haben Sie nur einen einzigen Löschzug hingeschickt?“, fragte der Lagedienstleiter vorwurfsvoll. „Mensch, Buchwald, das ist viel zu wenig!“

„Aber das Gebäude steht doch seit Jahren leer“, verteidigte sich der Disponent.

„Genau deshalb. Sie wissen doch, dass da drinnen immer wieder Obdachlose hausen und der Gebäudekomplex riesig ist. Also wenn es dort brennt ...“ Er winkte verärgert ab. „Alarmieren Sie umgehend noch die Löschzüge 5 und 7. Und den Atemschutzgerätewagen. Ich befürchte, das könnte etwas Größeres werden.“

„Soll ich dann auch den B-Dienst ...“

Der Lagedienstleiter schnitt ihm das Wort ab und schüttelte den Kopf. „Den Anruf übernehme ich selbst.“

Disponent Buchwald betätigte mehrere Knöpfe. An den Feuerwachen 5 und 7, sowie an der Wache, an welcher der Atemschutzgerätewagen sowie weitere Sonderfahrzeuge stationiert waren, knackten die Lautsprecher. Unmittelbar darauf ertönte in sämtlichen Räumen der Alarmgong, gleichzeitig schaltete sich das automatische Alarmlicht ein. Danach ging alles ganz schnell. Bettdecken flogen zur Seite, Türen wurden aufgerissen und 44 Männerbeine rannten in die Fahrzeughallen. In geübter Routine stiegen die Feuerwehrmänner zuerst in ihre bereitstehende Einsatzkleidung und anschließend in ihre Fahrzeuge. Keine anderthalb Minuten später verließen sie mit eingeschalteten Sondersignalen die Feuerwachen. Ihr Ziel war das ehemalige Postpaketlager am Karrenberger Weg. Hinter ihnen senkten sich die hohen Fahrzeughallentore. Kurz darauf erlosch das automatische Alarmlicht. Die Feuerwachen versanken wieder im Dunkel der Nacht.

Auf der Leitstelle schaltete Disponent Buchwald neun weitere Einsatzfahrzeuge von Grün auf Gelb, da empfing er eine Funknachricht von Feuerwache 4.

„Leitstelle für Zugführer 4, kommen!"

„Leitstelle hört, kommen."

„Rückmeldung Karrenberger Weg. Unklare Rauchentwicklung aus der Kellerebene. Vier Trupps unter PA. Das Gebäude ist sehr weitläufig. Schicken Sie vorsichtshalber Verstärkung. Kommen."

„Vier Trupps unter PA. Verstanden 4-46-1. Feuerwache 5 und 7 und der Atemschutzgerätewagen sind bereits alarmiert. Melden Sie sich, wenn Sie neue Erkenntnisse haben, kommen."

„Verstanden", sagte Köhler. „Zugführer 7, Ende." Dann steckte er den Funkhörer zurück in seine auf dem Armaturenbrett befestigte Halterung.

Herbert Köhler war ein erfahrener Einsatzleiter. Nach über 30 Jahren Dienst an unterschiedlichen Wachen konnte ihn so schnell nichts aus der Ruhe bringen. Routiniert erteilte er der Mannschaft seine Befehle:

„Angriffstrupp 1 unter PA mit erstem C-Rohr über den Haupteingang zur Brandbekämpfung in den Keller vor! Angriffstrupp 2 kontrolliert unter PA das Treppenhaus. Wassertrupp 1 und Schlauchtrupp 1 unter PA mit zweitem C-Rohr über den linken Seiteneingang zur Brandbekämpfung in den Keller vor! Schlauchtrupp 2 verlegt die Leitungen für die vorgehenden Trupps. Wassertrupp 2 unterstützt. Danach rüstet ihr euch ebenfalls mit Atemschutzgeräten aus und bleibt als Sicherungstrupps in Bereitschaft."

„Und was machen wir?", fragte die Drehleiterbesatzung.

„Ihr übernehmt die Wasserversorgung."

„Alles klar", nickte der Leiterführer und stieß seinen Maschinisten gegen die Schulter. „Na los, Hans! Worauf wartest du noch? Du hast doch gehört, was der Chef gesagt hat."

Während sich die beiden im Laufschritt entfernten, rief Köhler ihnen hinterher: „Seht zu, dass ihr gleich noch einen zweiten Hydranten findet."

Der Leiterführer hob im Laufen den Arm. „Geht klar, Chef!"

Paul Hogan hatte ein Kreuz, hinter dem sich sogar ein Arnold Schwarzenegger hätte verstecken können. Neben diesem weit über 1,90 Meter großen Angriffstruppführer wirkte der Angriffstruppmann, es war der unbeliebte Kollege Willrath, fast wie ein Kind. Während Hogan zwei Tragekörbe mit in Buchten gelegten und aneinandergekuppelten C-Schläuchen ohne sichtbare Anstrengung in nur einer Hand trug, stöhnte der eher schmächtig zu nennende Willrath bereits, obwohl er lediglich einen dieser Körbe tragen musste.

Für Hogan, den Feuerwehrmann mit den Pranken eines Bären, war dies geradezu eine Lachnummer. Die Gesichter der ungleichen Feuerwehrmänner waren unter ihren schwarzen Atemschutzmasken verborgen. Sie befanden sich in einem lang gestreckten Kellergang, dessen Ende nicht abzusehen war. Die Deckenbeleuchtung war ausgefallen, aber ihre eingeschalteten Handscheinwerfer gaben ihnen ausreichende Sicht, zumal hier noch keine Verqualmung vorlag. Aus diesem Grund hatten sie die Lungenautomaten ihrer Atemschutzgeräte auch noch nicht angeschlossen. Nachdem Willrath die Schläuche aus seinem Korb abgerollt hatte, drückte ihm Hogan die Kupplung aus einem seiner Körbe in die Hand und befahl: „Ankuppeln!"

Willrath kniete sich, kuppelte zunächst das Strahlrohr ab und verband dann die Kupplung seiner bis hierher ausgelegten Schläuche mit der Kupplung, die ihm sein Angriffstruppführer gegeben hatte.

„Fertig?"

„Ja."

„Dann los, weiter!", sagte Hogan knapp und schritt wieder voraus, wobei sich die in Buchten gelegten Schläuche mit jedem ihre Schritte weiter abrollten. Hinter einer Biegung blieb Hogan abrupt stehen. Etliche Meter voraus waberte ihnen dunkler Brandrauch entgegen.

„Okay, das reicht. Wir werden jetzt die Geräte anschließen", befahl er und blickte auf seinen um einen Kopf kleineren Kollegen hinab.

„Atemluftflaschen schon aufgedreht?"

„Klar. Du auch?"

Hogan nickte. „Also dann ... Maskendichtprobe." Hogan hielt eine Hand vor den Atemanschluss seiner Maske und sog die Luft ein. Als Beweis, dass sie abdichtete, presste ihm der dabei entstehende Unterdruck die Maske noch stärker an sein Gesicht.

Willrath hatte die Maskendichtprobe zwar auch ausgeführt, dabei aber geschludert. Seine Maske schloss nicht vollständig dicht, sodass noch immer Luft von außen über den Maskenrand eindringen konnte. Das musste er gemerkt haben. Die Frage war nur, hatte er die Atemschutzmaske wissentlich nicht fest genug angezogen oder war es unbeabsichtigt geschehen?

Falls Ersteres zutraf, war seine Handlungsweise zumindest grob fahrlässig gewesen, denn wenn Brandrauch in eine nicht vollständig dicht schließende Atemschutzmaske eindringt, kann das bei seinem Träger weit Schlimmeres als nur einen unangenehmen Hustenreiz auslösen – je nachdem, welche Brandgase in welcher Konzentration auftreten, kann das sogar lebensgefährlich werden.

Diese jedem Feuerwehrmann seit dem Grundausbildungslehrgang hinreichend bekannte Tatsache missachtend, griff Willrath den Lungenautomaten seines Partners und drehte das Schraubgewinde in den Atemanschluss seiner Maske. Hogan verfuhr bei seinem Gegenüber genauso. Diese Methode hatte sich unter Feuerwehrleuten bewährt, da sich das Eindrehen des Lungenautomaten in den Anschluss der eigenen Atemschutzmaske meist schwieriger gestaltete.

Draußen vor dem ehemaligen Postpaketlager empfing Einsatzleiter Köhler einen Funkruf seines ersten Angriffstruppführers. Er drückte die Sprechtaste seiner Florentine.

„Zugführer hört. Kommen."

„Wir sind sechs C-Längen in Richtung Osten gegangen. Vor uns füllt sich der Kellergang jetzt mit Brandrauch. Die Verrauchung ist so stark, dass wir ohne Atemschutz nicht mehr weiterkönnen. Sichtweise beträgt nur wenige Meter. Wir schließen unsere Geräte an. Kommen."

„Verstanden, Angrifftrupp 1. Gebt Bescheid, wenn ihr Kontakt mit dem Feuer habt. Kommen."

„Machen wir. Wir gehen weiter. Ende."

Aus seinem Leitstellenbüro rief der Lagedienstleiter den B-Dienst an.

„Ja, Schröder, was gibt's?", meldete sich Brandamtmann Richard Taller. Die Leuchtzeiger seiner Funkuhr zeigten 02:18 Uhr.

„Wir haben einen Brand im ehemaligen Postpaketlager am Karrenberger Weg. Wurde durch mehrere Anrufe bestätigt. Das ist das leer stehende Gebäude, in dem sich immer wieder Obdachlose ..."

„Ich weiß Bescheid, Schröder. Ich kenne das Objekt." Taller rieb sich verschlafen die Augen. „Welche Einheiten sind vor Ort?"

„Bis jetzt nur Löschzug 4 und ein RTW. Aber Löschzug 5 und 7 und der Atemschutzgerätewagen sind ebenfalls alarmiert."

„Gut. Schon irgendwelche konkreten Rückmeldungen?"

„Bis jetzt noch nicht. Zug 4 hat lediglich vier Trupps unter PA, davon zwei in Reserve. Sie haben aber noch keinen Kontakt. Möchten Sie, dass Ihr Fahrer vorfährt?"

Brandamtmann Taller zögerte. Er hatte in dieser Nacht Rufbereitschaft. Nach einer kurzer Überlegung entschied er: „Nein, noch nicht. Da das Gebäude leer steht und solange wir noch keine gesicherten Erkenntnisse von unseren eigenen Einsatzkräften haben, überlasse ich das den Zugführern. Aber informieren Sie mich über jede Veränderung."

Der Brandrauch, der wie eine dunkle Wolke über ihren Köpfen waberte, senkte sich immer tiefer. Die letzten zehn Meter schritten sie schon nicht mehr aufrecht, sondern nur noch in geduckter Haltung. Willraths Augen begannen zu tränen. Sein Hustenreiz war nicht mehr zu unterdrücken. Der vorangehende Hogan ließ sich auf die Knie fallen und gab ihm ein taktisches Handzeichen – runter. Ab jetzt ging es nur noch auf allen vieren voran. Jetzt, wo sie von Brandrauch vollständig umgeben waren, spürte der Angriffstruppmann Volker Willrath einen sich mehr und mehr verstärkenden Hustenreiz. Der Brandrauch kratzte im Hals und brannte in den Augen. Das Atmen fiel ihm mit jedem Meter schwerer. Feuerwehrmann Willrath hustete. Einige Meter weiter überkam ihn ein leichter Schwindel und er verfluchte seine Nachlässigkeit, die Maskendichtprobe nicht sorgfältig durchgeführt zu haben. Irgendwo weit vor ihnen glaubte er ein schwaches Flackern zu erkennen – das Feuer?

Paul Hogan stoppte und zog einen Handschuh aus und streckte die ungeschützte Hand zum wiederholten Male in die Höhe. Diesmal spürte er eine deutliche Wärmezunahme und seine Erfahrung sagte ihm, dass sie dem Feuer jetzt sehr nahe sein mussten. Angestrengt starrte er in die Finsternis, aber außer Schwärze war nichts zu erkennen. Also weiter. Inzwischen hatten sie schon zwei Schlauchtragekörbe ausgerollt, da sah er vor sich etwas Helles aufblitzen. Das muss es sein, war sich Hogan sicher und griff zu seinem Funkgerät: „Erstes C-Rohr, Wasser Marsch!" Dann drehte er sich zu seinem Angrifftruppmann um.

„Erstes C-Rohr, Wasser marsch!", gab der Zugführer an seinen Maschinisten weiter.

„Hab mitgehört", funkte Tanner zurück, der längst die im Heck des LF befindliche Feuerlöschkreiselpumpe eingeschaltet und auf zehn Bar Druck hochgefahren hatte. Wie bei fast allen Einsätzen hatte er auch schon an einen der seitlichen Abgänge einen 75ziger B-Schlauch als Zubringer angeschlossen und ausgerollt. An dessen Ende saß ein Verteiler, von dem zwei C-Schläuche und ein B-Schlauch angehen konnten. Nachdem Tanner dessen linkes Spindelventil aufgedreht hatte, schoss das unter

Druck stehende Löschwasser mit rasender Geschwindigkeit in die vom Angriffstrupp ausgelegte Schlauchleitung.

Köhler schaute auf seine Armbanduhr. Wurde auch langsam Zeit, dachte er. Sein Angriffstrupp 1 hatte vor exakt vier Minuten die Lungenautomaten angeschlossen. Abzüglich der doppelten Zeit, die sie für den Rückzug einplanen mussten, blieben ihnen noch maximal 15 Minuten für den Löschangriff. Wobei er schon sehr großzügig gerechnet hatte, denn falls die körperlichen Strapazen, denen ein Trupp ausgesetzt ist, größer werden, wird auch sein Atemluftverbrauch größer. Das wiederum bedeutet, dass die ihnen verbleibende Zeit kürzer wird. Abgesehen davon musste Köhler noch eine gewisse Sicherheitsreserve einplanen, da der Trupp seine Geräte ja erst angeschlossen hatte, nachdem er schon ein erhebliches Stück in das Gebäude eingedrungen war. Möglicherweise war diese Wegstrecke auf dem Rückweg ebenfalls verqualmt. Also zehn Minuten, sagte er sich. Zehn Minuten – und dann würde er ihnen den Befehl zu Rückzug erteilen. Es sei denn, sie kämen von sich aus früher zurück, aber damit rechnete er nicht.

Paul Hogan hatte sich aus seiner fast liegenden, nach vorne gerichteten Position umgedreht und traute seinen Augen nicht. Sein hinter ihm her kriechender Angrifftruppmann war verschwunden. Ungläubig wischte er sich mit dem Handschuh über das gewölbte Glas seiner Atemschutzmaske. Tatsächlich, dieser verdammte Idiot Willrath war nicht mehr hinter ihm. Hogan war stinksauer. Das durfte doch nicht wahr sein! Fluchend kroch er auf allen vieren einige Meter zurück. Von seinem Angriffstruppmann keine Spur. Das gibt es doch nicht! Der Typ konnte sich doch nicht in Luft aufgelöst haben. Hogan kroch noch einige Meter weiter und fand das Strahlrohr mit dem angekuppelten Schlauch der jetzt unter Druck stand. Hogan stand auch unter Druck, unter mächtigem Druck sogar. Was für eine verdammte Scheiße! Den eigenen Mann im Trupp zu verlieren ist so mit das Schlechteste, was einem passieren konnte. Hogan rief, nein er brüllte unter seiner Atemschutzmaske: „Willraaath! Willrath! VW, wo bist du?!?“ Nachdem keine Antwort erfolgte, bekam es Hogan mit der Angst zu tun und riss sein Funkgerät aus der Brusttasche.

„Mayday, Mayday! Zugführer für Angriffstruppführer 4-1, kommen!“

„Hier Zugführer, was ist los, Hogan?“

„Willrath ist weg!“

„Wie, weg?“

„Ja der ist weg, Mann, einfach weg. Ich hab mich umgedreht – und da war er nicht mehr da.“

„Hast du schon nach ihm gesucht, kommen!“

„Natürlich! Bin sogar wieder einige Meter zurückgekrochen, aber da lag nur der Schlauch mit dem Strahlrohr. Und jetzt?“

„Okay Hulk, bleib ganz ruhig. Ich schicke dir sofort die Rettungstrupps und du bleibst wo du bist, verstanden!?“

Hogans Blutdruck, der seit Willraths Verschwinden auf einen kritischen Wert angestiegen war, schoss weiter in die Höhe. „Ich bleib doch jetzt hier nicht liegen!“, schrie er in das Funkgerät, aber sein Zugführer antwortete nicht mehr. Er hatte Wichtigeres zu tun.

„Achtung! Zugführer an alle Einsatzkräfte im Gebäude. Angriffstruppmann 1 wird vermisst. Ich wiederhole: Angriffstruppmann 1 wird vermisst! Ostflügel Kellergeschoss! Angriffstrupp 2 sofort melden!“

„Angriffstrupp 2 hat mitgehört. Sind noch im Treppenhaus, aber bereits auf dem Rückweg, kommen.“

„Geräte schon beatmet? Kommen.“

„Nein, noch nicht. Kommen.“

„Gut, dann übernehmt ihr die Suche nach dem Kollegen. Rettungstrupp 1 und 2 sind ebenfalls aktiviert. Kommen.“

„Verstanden, Chef. Sind schon unterwegs.“

Alle anderen Feuerwehrmänner, die die Gespräche über Funk mit anhören konnten, wären am liebsten ebenfalls sofort losgerannt, um ihren vermissten Kollegen zu suchen, aber das hätte nur ein Chaos verursacht und wäre weder hilfreich noch professionell gewesen.

Hogan war inzwischen so weit zurückgekrochen, bis er eine Stelle erreichte, wo er sich wieder halbwegs aufrichten konnte. Von seinem Kollegen weit und breit keine Spur. Und wenn er wieder mal Schiss bekommen hätte und einfach zurück nach draußen gegangen wäre? Nein, unmöglich. Willrath war zwar alles andere als ein Held, aber es hatte ja überhaupt keine Gefahr bestanden, also zumindest keine, die so akut gewesen wäre, dass er ... Hogan wies den Gedanken von sich.

Aber irgendetwas musste schließlich vorgefallen sein, nur was? Weiter hinten tauchten Lichter auf, die sich unruhig hin und her bewegten – die Handscheinwerfer der Suchtrupps die sich auf dem Weg zu ihm befanden. Wenn sein Angriffstruppmann wirklich wieder rausgegangen wäre, hätte er ihnen in die Arme laufen müssen. Also musste er hier noch irgendwo stecken, schloss Hogan und bewegte sich wieder zurück zu seiner vorherigen Ausgangsposition. Dabei achtete er diesmal genauer auf eventuelle Verstecke rechts und links des Ganges. Drei, vier Meter hinter dem abgelegten Strahlrohr bemerkte Hogan eine dunklen Nische, die ihm vorhin nicht aufgefallen war. Er leuchtete hinein und entdeckte Willrath am Boden liegend. Sein Körper wirkte unnatürlich verkrümmt. Irgendetwas musste ihn fürchterlich in Panik versetzt haben, denn obwohl er immer noch seinen Helm trug, hatte er sich die Atemschutzmaske mit Gewalt vom Gesicht gezerrt. Im Lichtkegel seines Handscheinwerfers erkannte Hogan deutlich deren zerrissene Gummibänder. Er zwängte sich ein Stück weit in die enge Nische und tastete nach Willraths Halspuls – nichts. Sofort zog er den leblosen Körper in den Kellergang und begann unverzüglich mit der Herzdruckmassage. Nach einigen Kompressionen drehte er den Lungenautomaten, der noch immer in Willraths Atemschutzmaske eingedreht war, heraus und steckte ihm das Schraubgewinde in den Mund. Dann ließ er die Luft einströmen.

„Verdammt! Atme, du Scheißkerl, atme!" Aber sein Kollege atmete nicht mehr.

„Zugführer für Rettungstrupp 1, kommen!"

„Zugführer hört, kommen."

„Vermisster Kollege gefunden. Atem- und Herzstillstand. Wir reanimieren und kommen zurück. Der Notarzt soll sich bereithalten, kommen."

Zugführer Köhler hatte sicherheitshalber schon vor dieser Schreckensnachricht einen NAW angefordert, aber damit hatte er nicht gerechnet. Damit hatte niemand gerechnet. Er brachte keinen Ton mehr über seine Lippen.

Die Minuten, die verstrichen, bis der Rettungstrupp ihren Kollegen aus dem Gebäude brachten, kamen Köhler und den anderen wie Stunden vor. Und das darauffolgende Warten auf die erhoffte Nachricht des Notarztes, von der doch alle wussten, dass sie nicht kommen würde, zerrte an ihren Nerven. Trotzdem mussten sie weiter ihren Job machen und das Feuer löschen. Eine Arbeit, von der sie die Löschzüge 5 und 7 nach ihrem Eintreffen umgehend ablösten.

Nach einer längeren Reanimation musste das NAW-Team frustriert aufgeben. Alle ihre Bemühungen waren vergeblich. Der Tod war wieder einmal Sieger geblieben, was die Feuerwehrmänner besonders hart traf, denn diesmal hatte er einen der ihren geholt. Volker Willrath war zwar alles andere als ein beliebter Kollege gewesen, aber in diesem Moment tiefster Trauer waren sie alle miteinander vereint.

In seiner über 30-jährigen Dienstzeit hatte Herbert Köhler unzähliges Leid gesehen, hatte in menschliche Abgründe geschaut und war selber auch einige Male in Lebensgefahr geraten. Aber als Dienstgruppenleiter und

Zugführer hatte er noch nie einen Mann verloren. Sein wichtigstes Ziel, das wichtigste Ziel jedes Einsatzleiters, mit all seinen Leuten gesund und unversehrt zur Wache zurückzukehren, war heute auf das Grausamste zerstört worden. Obwohl ihn am Tod seines Kollegen keinerlei Schuld traf, fühlte sich Köhler irgendwie schuldig und hundeelend. Aber die schwerste Aufgabe seiner Dienstzeit stand ihm erst noch bevor – er musste einer Ehefrau und Mutter einer vierjährigen Tochter mitteilen, dass ihr Mann bei einem Einsatz, den er geleitet hatte, ums Leben gekommen war.

Zwillinge

Ruth Pauschke hatte zwar selber nie ein Kind geboren, aber dennoch schon mehr Kinder zur Welt gebracht, als der Städtische Kindergarten Plätze hatte, denn Ruth war von Beruf Hebamme. Über die demoskopischen Hochrechnungen und die besorgten Äußerungen einiger Politiker, die babymüden Deutschen würden demnächst aussterben, konnte sie nur müde lächeln. Im letzten Jahr hatte es einen wahren Babyboom gegeben – und zurzeit betreute sie schon wieder drei werdende Mütter, dabei hatte das Jahr gerade erst begonnen.

Die Schwangeren, die alle im ländlichen Bereich wohnten, waren froh, dass es eine Hebamme gab, die regelmäßig zu ihnen hinauskam. Eine der werdenden Mütter war Gabi Schöller. Sie lebte erst seit Kurzem zusammen mit ihrem Mann vor den Toren Münchens auf dem Bauernhof ihrer Schwiegereltern. Ihr Mann war jedoch kein Landwirt, sondern verdiente sich seine Brötchen als Tiefbau-Ingenieur in der Stadt. Durch seinen Beruf war er oft auf weit entfernt liegenden Baustellen tätig, sodass er manchmal nur an den Wochenenden nach Hause kam. Die Schöllers hatten bereits einen zweijährigen Jungen und jetzt erwartete seine Frau Zwillinge. Keine leichte Aufgabe für eine junge Mutter im neunten Monat. Warum sie zu seinen Eltern auf den Hof gezogen waren, hatte mehrere Gründe: Hier gab es genug Platz für die ganze Familie – und außerdem erhielt die Schwiegertochter liebevolle Unterstützung durch die stolzen Großeltern, die alles für ihre geliebten Enkel tun würden. Davon abgesehen gefiel es den Schöllers, ihre Kinder in einer gesunden Umgebung aufwachsen zu sehen. Und welche Umgebung wäre dafür besser geeignet als ein Bauernhof – zumal ein Biohof, wo sogar das Federvieh noch glücklich umherlaufen durfte.

Es war an einem Mittwoch, als kurz vor sieben Uhr in der Früh bei Ruth Pauschke das Telefon klingelte. Eine Viertelstunde später startete sie ihren Wagen und machte sich auf den Weg. Von ihrer Wohnung bis zum Hof der Schöllers waren es nur 14 Kilometer, eine Strecke, für die sie normalerweise keine halbe Stunde benötigte. Aber in dieser Nacht hatte der Winter noch einmal zugeschlagen, sodass Ruth zunächst die vereisten Scheiben ihres Wagens freikratzen musste.

Als sie die Stadt verließ, war die Sonne noch nicht aufgegangen. Über den kahlen Feldern lag ein frostig weißer Hauch. In Gedanken war sie schon bei Gabi, deren Schwiegermutter angerufen hatte. Die Fruchtblase sei geplatzt und angeblich hätten auch schon die Wehen eingesetzt. Nun war Gabis Schwiegermutter keine Frau, die so etwas gleich aus der Bahn werfen würde. Ihre eigene Mutter, hatte sie einmal erzählt, hätte zwei ihrer fünf Kinder bei der Feldarbeit bekommen – ganz ohne Arzt und ohne Hebamme. Ruth wusste, dass solche Geburten in der damaligen Generation keine Seltenheit waren. Deshalb hatte sie der alten Frau Schöller die Geschichte auch abgenommen. Aber was damals bei der Landbevölkerung noch als völlig normal galt, musste sich heute ja nicht wiederholen, zumal hier auch noch Zwillinge erwartet wurden. Die alte Frau Schöller sah das mit Sicherheit genauso, sonst hätte sie die Hebamme wohl kaum gebeten, sie möge schnell kommen. Leider sollte das mit der Schnelligkeit nichts werden, denn plötzlich querte von Ruths Auto ein Reh die Straße. Ruth trat erschreckt auf die Bremse und verriss das Steuer. Obwohl sie wegen der schlechten Witterungsverhältnisse sehr vorsichtig gefahren war, geriet ihr Wagen auf der mit Raureif bedeckten Fahrbahn ins Rutschen und landete unsanft im Seitengraben. Gott sei Dank war der Seitengraben kein richtiger Graben, sondern nur eine geringfügige Vertiefung, sodass sie unverletzt mit dem Schrecken davongekommen war. Trotzdem steckte ihr Wagen fest. Aus eigener Kraft würde sie da nicht mehr herauskommen.

Um 7.22 Uhr erhielt die Leitstelle der Münchner Feuerwehr den Anruf einer Hebamme, die auf dem Weg zu einer Schwangeren mit ihrem Wagen in den Straßengraben gerutscht war.

„Haben Sie sich bei dem Unfall verletzt?“, fragte der Disponent am Telefon.

„Nein, mir ist zum Glück nichts passiert“, sagte Ruth Pauschke, „aber ich sitze hier fest und ...“ Dann schilderte sie dem Mann die Dringlichkeit der Situation, woraufhin er ihr einige Fragen stellte und mit den Worten endete: „Ich werde sofort einen RTW zu dieser Gabi Schöller schicken.“

„Könnten Sie mich nicht erst hier abholen lassen und wir fahren anschließend gemeinsam dorthin?“

Keine gute Idee, dachte der Disponent, der den RTW lieber direkt zur Einsatzstelle fahren lassen wollte. Laut sagte er jedoch: „Seien Sie unbesorgt, Frau Pauschke, die Feuerwehrmänner die ich schicke, sind bestens ausgebildet und wissen mit solchen Dingen umzugehen.“

Seine Aussage, die Feuerwehrmänner wüssten – wie hatte er sich doch gleich ausgedrückt – mit solchen Dingen umzugehen, hatte auf Ruth Pauschke jedoch keineswegs beruhigend gewirkt. *Mit solchen Dingen, mit solchen Dingen!* Der Kerl tat ja gerade so, als ob eine Zwillingsgeburt für Feuerwehrmänner etwas Alltägliches sei.

Die beiden Feuerwehrmänner, die in dieser Woche den RTW fuhren, hatten ihre 24-stündige Dienstschicht fast beendet. Um 7.30 Uhr war Wachwechsel und eigentlich müssten die Kollegen, die sie ablösen sollten, schon längst auf der Wache sein, aber die Bahn, mit der sie morgens zur Feuerwache fuhren, hatte sich wieder einmal verspätet. Also mussten Ernie und Bert diesen Einsatz übernehmen.

Ernie und Bert waren ein eingespieltes Team. In Wirklichkeit hießen sie natürlich anders, nämlich Ernesto Hofer und Berthold Zoll. Aber da die beiden ständig zusammen waren und eine gewisse Ähnlichkeit mit den hinlänglich bekannten Figuren aus der *Sesamstraße* nicht von der Hand zu weisen war, hatten ihre Kollegen ihnen, wie konnte es auch anders sein, die Spitznamen Ernie und Bert verpasst.

„Und, Ernie", fragte Bert der als Transportführer neben seinem Kollegen saß, „schon mal 'ne Geburt gehabt?"

„Klar, sogar schon zwei."

„Echt, schon zwei?"

Ernie grinste „Mmm ... meine eigene und die von unserer Hündin Susi."

„Mensch, Ernie, mach dich nicht darüber lustig. So'ne Geburt ist nicht ohne. Ich hatte vor zwei Jahren mal eine im RTW gehabt – ein Junge. Ich sag dir, das war schon nicht ohne und hier sollen wir es sogar mit Zwillingen zu tun bekommen. Du solltest das also besser nicht so leicht abtun."

„Mach ich doch nicht, Bert, mach ich doch nicht. Aber zwei sind für mich wirklich nix Besonderes. Unsere Susi hat damals gleich sechs Welpen geworfen."

„Ernie!"

„Was denn? Hör mal Bert, wenn das wirklich so kritisch wäre, wie du es mir einzureden versuchst, wieso haben die dann kein NEF geschickt, he!"

„Hm. Keine Ahnung." Bert zuckte die Schultern. „Kann ich auch nicht sagen. Ich weiß nur, dass da 'ne Hebamme hin unterwegs war, die wegen Eisglätte jetzt irgendwo im Graben festhängen soll. Also fahr bloß vorsichtig."

Um 7.46 Uhr meldeten Ernie und Bert über Funk, dass sie auf dem Hof der Schöllers eingetroffen waren. Um 8.17 befanden sie sich auf dem Weg zum Städtischen Krankenhaus. Ernie hatte die Sondersignale eingeschaltet, musste aber, besonders was das Beschleunigen und Abbremsen anging, mit ihrer hochschwangeren Patientin äußerst behutsam fahren. Wegen des Vena-cava-Kompressions-Syndroms hatten die beiden Feuerwehrmänner Gabi auf deren linken Körperseite gelagert. Über eine Sauerstoffbrille inhalierte sie medizinisch reinen Sauerstoff.

Draußen war es inzwischen taghell. Als die Wehen in immer kürzeren Abständen einsetzten, bäumte sich Gabi plötzlich auf und begann zu hecheln. Die Hände in die Decke verkrampft, blickte sie Bert aus großen Augen an. „Es kommt! Es kommt!“, stöhnte sie, woraufhin Bert hektisch gegen die Zwischenscheibe zum Fahrerhaus klopfte: „Ernieee! Anhalten, es geht los.“

Ernie lenkte in eine Ausbuchtung am Straßenrand und bremste den RTW sanft ab. Bevor er zu seinem Kollegen in den Patientenraum stieg, schaltete er das Martinshorn aus, ließ die Blaulichter jedoch weiterlaufen und betätigte zusätzlich die Warnblinkanlage.

Ernie und Bert trugen immer noch die sterilen Handschuhe aus dem Entbindungsbesteck. In seinen Armen hielt Bert ein kleines, rosig zappelndes Mädchen, das noch über die Nabelschnur mit seiner Mutter verbunden war. „Wenn die Nabelschnur nicht mehr pulsiert, kannst du sie durchschneiden Ernie. He, Ernie, hast du gehört? Du sollst die Nabelschnur gleich durchschneiden.“

Ernie sah seinen Kumpel Bert wie abwesend an. In seinen Augen standen Tränen der Rührung. Ein Mensch, ein winzig kleiner neugeborener Erdenbürger – das war ja doch was anderes als damals bei ihrer Susi. Plötzlich klopfte draußen jemand an die seitliche Schiebetür ihres RTW. Ernie wischte sich die Tränen aus den Augen und schaute nach, wer da geklopft hatte. Zu seiner großen Erleichterung stand dort Ruth Pauschke, die Hebamme. Sie hatte sich ein Taxi bestellt, das sie zum Hof der Schöllers bringen sollte. Als sie unterwegs den am Straßenrand stehenden RTW sah, zählte sie eins und eins zusammen und bat den Taxifahrer, er möge sie dort absetzen. Jetzt war sie da, und die beiden Feuerwehrmänner waren heilfroh darüber, denn gerade brachte Gabi ihr zweites Töchterchen zur Welt.

Erschöpft, aber überglücklich hielt die frisch gebackenen Mutter nur wenig später zwei gesunde Mädchen in ihren Armen.

„Gut gemacht, Jungs“, lobte Ruth die beiden Feuerwehrmänner, die mächtig stolz über ein solches Lob aus berufenem Munde waren. Obwohl sie selber gar nicht sonderlich viel hatten tun müssen, hatten sie doch das Gelernte angewandt, was in solch einer Situation notwendig war. Auch hatten sie den genauen Zeitpunkt der Geburt notiert und, wie es sich gehört, der Mutter herzlich gratuliert.

Im Lindenbaum

Die beiden Feuerwehrmänner Ernie und Bert hatten die erschöpfte, aber überglückliche Mutter samt ihren im Rettungswagen zur Welt gekommenen Zwillingen wohlbehalten der gynäkologischen Abteilung des Städtischen Krankenhauses übergeben. Die Hebamme war selbstverständlich mitgefahren. Nachdem man sich herzlich voneinander verabschiedet hatte, meldete sich Bert über das eigens für Rettungsfahrzeuge vorgesehene Krankenhaustelefon bei der Kreisleitstelle frei.

„Gratuliere, Bert. Zwillinge im RTW sind schon was Besonderes. Schätze, dafür dürft ihr zwei auf der Wache noch heute einen ausgeben."

„Äh ... also ich meine ja, man müsste eher *uns* einen ausgeben. Findest du nicht?"

„Hahaha!"

„Ja was denn ...?"

„Träum weiter, Bert, aber falls ich euch reinfahren lasse, fahrt am besten gleich beim Bäcker, oder besser noch beim Konditor vorbei."

„Ist klar, beim Konditor! Geht's noch Kollege? Ich bin doch nicht der Direktor, sondern nur'n kleiner Feuerwehrmann. Und überhaupt, was soll das denn heißen, falls ich euch reinfahren lasse? Wir haben längst Feierabend, Kollege!"

„Bert, fahr einfach! Oder hast du etwa gedacht, so als frisch gebackene Pseudohebammen genießt ihr jetzt einen Sonderstatus?"

Bert spielte den Entrüsteten. Dabei wusste er nur zu gut, dass kein Leitstellendisponent garantieren konnte, dass ein Feuerwehrfahrzeug, das sich nach einem Einsatz wieder frei gemeldet hatte, auf dem Rückweg zu seiner Wache nicht einen erneuten Einsatz bekam.

Das galt natürlich auch für sie. Überhaupt erhielten die Rettungswagen viel öfter Folgeeinsätze als Löschfahrzeuge, da der Rettungsdienst eine wesentlich höhere Einsatzfrequenz hatte. Und so wunderte es Ernie und Bert auch nicht, als sie nach nur wenigen Kilometern schon wieder angefunkt wurden.

„Florian 2-83-1 für Leitstelle, kommen!"

„Wetten, dass die uns jetzt 'nen neuen Einsatz verpassen?", mutmaßte Bert und zog den Funkhörer aus der Halterung.

„2-83-1 hört, kommen!"

„Frage Standort?"

„Kurz vorm Konditor", sagte Bert grinsend und hielt sich anschließend die Hand vor den Mund, um nicht laut lachen zu müssen.

„Wie bitte?"

„Vergiss es. War ein Scherz. Wir stehen Janssen-, Ecke Rothaarstraße, kommen."

„Gut, dann übernehmt ihr jetzt Tufgenweg 22 bei Hingsen. Kind aus Baumhaus gefallen."

„Verstanden. Tufgenweg 22 bei Hingsen. Kind aus Baumhaus. Frage Notarzt?"

„Ist ebenfalls alarmiert und dahin unterwegs. Leitstelle Ende."

„Wow! Heute ist anscheinend Kindertag", sagte Ernie und beugte sich leicht vor, um die Sondersignale einzuschalten.

„Mag schon sein", sagte Bert ernst, „ich befürchte allerdings, dass es diesmal nicht so gut ausgehen wird. Sturz aus Baumhaus hört sich kritisch an, besonders, wenn die das NEF schon alarmiert haben, bevor wir überhaupt da waren."

„Findest du?"

„Du etwa nicht?"

„Mal den Teufel nicht an die Wand, Bert." Ernie blinkte einen Autofahrer an, der auf ihr Blaulicht und Martinshorn nicht reagierte. „Mann! Ist der blind? Der Typ muss uns doch hören! Jetzt guck schon in den Spiegel, Kerl!"

Endlich schien der Fahrer kapiert zu haben, wer mit eingeschalteten Sondersignalen hinter ihm herfuhr und die Lichthupe betätigte. Deutlich konnte man sehen, wie er erschreckt zusammenzuckte, dann zog er seinen Wagen extrem hart nach rechts. Brutal holperten die Räder über die Bordsteinkante.

„So ein Blödmann! Schönen Gruß an die Reifen." Ernie schüttelte den Kopf und zog an dem Pkw vorbei, als sich vor ihnen schon das nächste Hindernis auftat. Ein Lieferwagen parkte in der zweiten Spur. Ernie war genervt. „Oh neiiin! Das darf doch wohl nicht wahr sein!"

Bert hingegen schien die Ruhe weg zu haben. Er meinte gelassen: „Vielleicht ist es ja auch nicht so schlimm."

„Was ist nicht so schlimm?"

„Na der Sturz aus dem Baumhaus."

Die entgegenkommenden Autofahrer reagierten vorbildlich und bremsten. Ernie setze den Blinker und blickte kurz in den Seitenspiegel. Nachdem er sich vergewissert hatte, dass der Motorradfahrer, der die ganze Zeit hinter ihnen hergefahren war, nicht mehr zu sehen war, scherte er aus und fuhr an dem Lieferwagen vorbei. Dann sah er kurz zu Bert. „Vielleicht hast du ja recht. Wenn es um die eigenen Kinder geht, drehen die Eltern meist am Rad."

„Eben. Da wird aus einer Mücke schnell mal ein Elefant."

„Trotzdem könntest du ruhig etwas schneller fahren."
„Hä! Wie denn? Bei dem Verkehr."
„Florian 2-83-1 für Leitstelle. Kommen!"
„2-83-1 hört. Kommen."
„Wie lange braucht ihr noch? Kommen."
Bert schaute fragend zu Ernie, der sichtlich die Luft ausblies und ihm dann eine Hand mit fünf gestreckten Fingern entgegenhielt.
Bert nickte. „Etwa fünf Minuten. Kommen."
„Seht zu, dass ihr es schneller schafft. Die Sache scheint äußerst kritisch zu sein. Florian Ende."
„Mann! Ich fasse es nicht!" Ernie stöhnte laut auf und hämmerte auf die Hupe. „Der Kollege vor uns ist wohl schon länger nicht mehr Auto gefahren ..."
„Ganz ruhig, Ernie. Ganz ruhig bleiben", beschwichtigte Bert seinen Kollegen, da rief sie erneut jemand über Funk: „Eh Bert, seid ihr das? Gratuliere zu den Zwillingen!"
„Danke!"
„Gratulation auch von uns!", meldete sich ein weiteres Einsatzfahrzeug, das den Funkverkehr ebenfalls mit angehört hatte.
„Und auch von uns, ihr Helden! Hoffentlich sind es keine Jungs, sonst müssten die armen Kinder ja Ernie und Bert getauft werden, haha."
Plötzlich schaltete sich die Kreisleitstelle in den Funkverkehr ein. „Leitstelle an alle! Halten Sie Funkdisziplin!"

Vier Minuten später bog der RTW mit den Feuerwehrmännern und Rettungsassistenten Ernie und Bert in den Tufgenweg ein, eine gehobene Wohngegend, in der es noch weitläufige Grundstücke gab, auf denen überwiegend repräsentative Ein- oder Zweifamilienhäuser standen.
„Das war doch Hausnummer 22, oder?"
„Ja, 22", bestätigte Bert und rief: „Gerade Nummern: meine Seite!" Dann zählte er laut: „Zwölf ... vierzehn ... achtzehn ..."
„Alles klar. Ich seh' es schon. Da hinten vor dem Haus steht jemand und winkt."

Der da stand, war ein klapprig wirkender älterer Mann mit schütterem weißen Haar. Während er mit einem Arm wild winkte, stützte er sich mit dem anderen vornübergebeugt auf seinem Rollator ab. Ernie stoppte direkt neben ihm. Bert öffnete die Beifahrertür und sprang aus dem RTW.
„Sind Sie der Großvater von dem Jungen?" Das mit dem Großvater kam intuitiv.

„Ja ja, der bin ich“, entgegnete der Alte aufgeregt und wendete hektisch seinen Rollator. „Jetzt kommen Sie schon, junger Mann. Ich zeige Ihnen, wo Sie hinmüssen.“

„Moment noch. Wir müssen erst unsere Ausrüstung holen.“ Bert zog die seitliche Schiebetür zum Patientenraum auf, wo sich ihre in Alukoffern verstaute Notfallausrüstung befand.

„Was denkst du, Vakuummatratze auch?“, fragte Ernie, der jetzt neben ihm stand.

Bert schüttelte den Kopf und zog zwei Koffer aus ihren Halterungen, einen für chirurgische und einen für internistische Notfälle. „Lass uns zuerst nachschauen, was der Junge hat. Die Matratze können wir auch noch später holen.“

„Na gut.“ Ernie griff sich den Koffer für die chirurgischen Notfälle.

Der Alte hatte nicht auf die beiden gewartet. Er war bereits neben dem Haus durch ein schmiedeeisernes Tor verschwunden und rief: „Jetzt kommen Sie doch endlich! Oder wollen Sie meinen armen Enkel da noch länger hängen lassen?!“

„Hängen!?“ Ernie stieß Bert an. „Hat der gerade *hängen* gesagt? Hallo Sie! Sagten Sie nicht, der Junge wäre vom Baum gefallen?“

Der Alte reagierte nicht und rollte bereits über einen vom Schnee frei geräumten plattierten Weg. „Jetzt warten Sie doch, Herr Hingsen! Sie sind doch der Herr Hingsen, oder?“

„Was für eine blöde Frage?“, murmelte der Alte und rollte, ohne sich umzudrehen, weiter. „Wer soll ich denn sonst sein?“

„Sie sagten, Ihr Enkel hängt noch im Baum? Er ist also nicht heruntergefallen?“

„Nein, natürlich nicht! Wie kommen Sie denn darauf?“, rief der Alte verärgert und legte noch einen Zacken zu.

„Junge, Junge, der Opa ist aber verdammt schnell mit seinem Rollator“, meinte Bert, nachdem der Alte um die hintere Hausecke bog und aus ihren Augen verschwand. Als sie die Stelle erreichten, sahen sie, wie der Alte mit unverminderter Geschwindigkeit seinen Rollator über eine verschneite Rasenfläche schob.

„Boah! Was für ein Trumm!“, entfuhr es Ernie, der unvermittelt stehen blieb. Auch Bert musste staunen, als er den riesigen Baum erblickte, der mit seiner mächtigen, aber jetzt entlaubten Krone den hinteren Teil dieses parkähnlichen Gartens überragte.

„Das ist ’ne Sommerlinde, Ernie“, sagte Bert mit Kennerblick. „Solche Solitäre können bis zu 35 Meter hoch werden. Den hier schätze ich auf knapp 20 Meter.“

„Woher weißt du das?“, staunte Ernie.

„Mein Opa war Förster“, sagte Bert und lief weiter. Der Alte hatte inzwischen die Linde erreicht, wo er heftig nach Luft ringend seinen ausgestreckten Arm in die Höhe streckte und keuchte: „Da oben, ... sehen Sie ihn, ... da oben hängt mein Enkel.“

„Wo?“

„Na, da oben, Sie Trottel!“, kreischte der Alte. „Sind Sie blind!?“ Er fasste Bert am Arm. „Daaa! Rechts über dem Baumhaus!“

Den Trottel hatte Bert geflissentlich überhört, auch sein: „Jetzt stehen Sie doch nicht hier so rum! Tun Sie endlich was, Sie ... Sie ...!“

Menschen in Stresssituationen sind oft mit ihren Nerven zu Fuß. Das kannte er als Feuerwehrmann nur zu Genüge und deshalb durfte Bert die Worte des Opas auch nicht auf die Goldwaage legen.

Das Baumhaus war ein aus rohen Brettern solide zusammengezimmertes Kinderspielhaus und befand sich etwa vier Metern über dem Boden. Der Junge, der über dessen Dach weiter hinaufgeklettert war, hing kopfüber, mit einem Fuß in einer Astgabel eingeklemmt, noch mindestens fünf Meter höher.

„Wie heißt ihr Enkel?“

„David, aber wozu ...“

„DAVID! David, kannst du mich hören!?“

Keine Antwort.

Ernie rief ein zweites Mal.

„Das bringt doch nichts!“, wetterte der Alte. „Sie müssen da schon raufklettern und ihn herunterholen!“

„Wie lange hängt er schon da?“

„Ich weiß es nicht!“, zeterte der Alte genervt. „Ich war oben im Haus, als ich den Jungen plötzlich laut um Hilfe schreien hörte. Ich habe zuerst aus dem Fenster geguckt, konnte ihn aber nicht sehen. Da bin ich natürlich raus, aber ...“ Er deutete verbittert auf seinen Rollator. „Damit geht das nicht so schnell, verstehen Sie!?“

Bert nickte und sah wieder nach oben. Der Körper des Jungen hing dort wie leblos. Vermutlich war er ohne Bewusstsein.

„Okay. Ich klettere hoch. Ruf die Leitstelle an und lass sicherheitshalber ’ne Gruppe kommen.“ Dann wandte er sich noch einmal an den Großvater. „Ich brauche eine Astsäge. Haben Sie so was?“

„Finden Sie alles da hinten im Gartenhäuschen.“ Der Alte deutete auf ein etwa zwanzig Meter entfernt stehendes Blockbohlenhaus.

„Ernie.“

„Bin schon unterwegs!“

Es dauerte keine zwei Minuten, da kam Ernie mit einer klappbaren Astsäge angerannt. „Hier! Und sei bloß vorsichtig, da liegt überall Schnee auf den Ästen. Ist bestimmt sauglatt. Nicht, dass ihr mir noch beide da oben abschmiert."

Bert nickte lediglich, steckte sich die Klappsäge in den Hosengürtel und ergriff die Sprossen der Strickleiter, die vom Baumhaus herunterhing. Dort, wo sie knapp über der im Sommer garantiert sorgsam gepflegten Rasenfläche endete, war der Bereich ziemlich ausgetreten. Als Bert die Leiter hinaufkletterte, zog Ernie ihr Diensthandy hervor und rief die Leitstelle an. Dabei gab er eine erste präzise Rückmeldung zu der vorgefundenen Lage.

„Verstanden 2-83-1. Ich schicke dir die Gruppe von eurer Feuerwache. Was ist mit dem Notarzt? Wird er noch benötigt? Kommen."

„Auf jeden Fall", betonte Ernie, dann steckte er das Handy wieder ein und beschloss, ebenfalls auf den Baum zu klettern. Zu zweit, so sagte er sich, würden sie den Jungen sicher leichter aus seiner Zwangslage befreien können, als wenn das Bert alleine machen müsste. Ob ihre Aufgabe aber wirklich leicht werden würde, wagte Ernie zu bezweifeln. Ein – wie sie schätzten – Siebenjähriger war zwar längst nicht so schwer wie ein Jugendlicher, aber trotzdem, so wie der dort oben in der Baumkrone hing – kopfüber mit dem Fuß in der Astgabel verklemmt.

„Wollen Sie etwa auch da hoch?", fragte ihn der Alte ungläubig, als er sah, wie Ernie den Fuß auf die Strickleiter stellte.

Ernie nickte nur und ergriff die nächste Sprosse. Der Großvater des Jungen legte seinen Kopf in den Nacken und schaute mit bangem Herzen, wie die Feuerwehrmänner immer höher kletterten.

Bert hörte hinter beziehungsweise unter sich ein Geräusch wie von einem knackenden Ast und drehte sich um. „Mann Ernie! Was soll das? Wieso kommst du jetzt auch noch?"

„Ist besser, wenn wir das zu zweit machen." Keuchend zog sich Ernie auf den nächsten höheren Ast.

„Nein, geh wieder runter", schimpfte Bert. „Das wird zu schwer. Da oben sind die Äste nicht stark genug für uns beide."

„Quatsch! Die halten!"

„Und wenn nicht?"

„Dann lass mich hoch. Ich klettere wie ein Eichhörnchen."

„Mm, hab ich gerade gesehen."

„Immerhin habe ich dich eingeholt", konterte Ernie und kletterte noch ein Stück weiter, bis er neben Bert auf einem dicken Ast stand. „Also, was ist jetzt? Willst du das wirklich alleine durchziehen? Den Jungen halten, den Ast, an dem er hängt, durchsägen und dich dabei auch noch selber sichern?“

Bert zögerte, musste Ernie aber recht geben: Alleine konnte er das kaum schaffen, jedenfalls nicht ohne seine Höhenretterausrüstung. Ja, wenn er die jetzt dabei hätte ... Hatte er aber nicht. „Also gut Ernie, komm mit.“

„Vernünftige Entscheidung, Bert.“

„Aber ich warne dich, tritt mir bloß nicht auf zu dünne Äste, verstanden!?“

„Klar, ich bin doch nicht blöd.“

Der Kopf des Jungen war schon ziemlich angeschwollen. Bert stand auf einem Ast unterhalb von ihm und tastete nach dessen Halspuls. Mit der freien Hand hielt er sich an einem anderen Ast fest. Ernie stand seitlich unter ihm.

„Und? Was ist? Hat er noch Puls?“

„Ja, hat er. Aber er ist bewusstlos.“

„Sei doch froh, Bert, dann zappelt er wenigstens nicht, wenn wir ihn losmachen.“

„Hm!“

„Ja was denn?“

„Nein, ist schon gut. Ich dachte nur ...“

„Ist schon klar. Hast sicher gedacht, dein dicker Kumpel Ernie wäre herzlos, wie? Nur weil ich das mit dem Nicht-Zappeln gesagt habe, stimmt’s?“

Ja, es stimmte, gestand sich Bert ein. Dabei wusste er genau, dass Ernie ein hervorragender Rettungsassistent war, der einem Patienten nie etwas Schlechtes wünschen würde. Erst recht, wenn es sich dabei um ein Kind handelte. Im Übrigen war Ernie gar nicht dick, höchstens etwas beleibt, aber dafür war er ja auch Ernie.

Während Bert diese überflüssigen Gedanken durch den Kopf gingen, versuchte er, den Jungen anzuheben. Dabei bog sich der Ast, auf dem er stand, ein wenig durch.

Ernie verfolgte das gespannt.

„Und, schaffst du es?“

„Ja, ich glaub schon. Aber der Ast ...“

„Der hält“, sagte Ernie zuversichtlich.

„Hoffentlich“, brummelte Bert und strengte sich noch einmal an – vergeblich.

„Ne, schaff ich nicht. Sein Fuß hängt zu fest. Den bekomme ich so nicht frei.“

„Warte, ich komme zu dir!"

„NEIN!"

Aber Ernie ließ sich nicht aufhalten. „Mach dir nicht ins Hemd, Bert. Ich stelle mich auf den Ast gegenüber, dann kannst du den Jungen halten und ich säge." Er streckte den Arm aus. „Gib mal her das Ding."

Bert reichte Ernie die Klappsäge hinüber. Als er begann, die Astgabel abzusägen hörten sie das auf- und abschwellende Heulen eines näher kommenden Martinshorns.

„Hoffentlich sind das unsere Kollegen", ächzte Bert, der den Jungen mit nur einem Arm hochhalten musste.

„Bringt uns hier oben aber nix", sagte Ernie. „Oder sollen die auch noch alle hier hochklettern?" Damit raubte er seinem Kollegen, dem die Last immer schwerer wurde, die Hoffnung auf Unterstützung.

„Hast du's bald?", keuchte Bert. „Lange kann ich den Jungen nicht mehr halten."

„Bin gleich so weit. Mach jetzt bloß nicht schlapp, du."

Bert spürte, wie das Gewicht des Jungen langsam nachsackte. „Ernie! Das wird zu schwer! ERNIE!" Plötzlich spürte Bert einen heftigen Ruck und hätte fast sein Gleichgewicht verloren, aber dann stand auf einmal Ernie wie aus dem Nichts neben ihm und ergriff den Jungen. „Puh! Das war knapp." Bert atmete tief durch. „Und was jetzt?"

„Jetzt bringen wir das Bürschlein sicher nach unten", sagte Ernie, der in diesem Moment stillschweigend das Kommando übernommen hatte. „Du zuerst, Bert. Immer nur einen Ast tiefer. Ich halte ihn so lange alleine und reiche ihn dir dann an."

„Schaffst du das auch?"

„Klar. Mir frieren zwar schon fast die Finger ab, aber egal."

„Und wie willst du dich dann noch selber festhalten können? Ernie, das ist verdammt gefährlich."

„Natürlich ist das gefährlich. Das weiß ich auch, aber ich habe da eine Idee."

„Und die wäre?"

„Du legst mir den Jungen zuerst über die Schulter, dann setze ich mich und erst dann kletterst du etwas tiefer und ich reiche dir den Jungen an. Dann nimmst du ihn auf deine Schulter und ich klettere tiefer und ... na ja, das machen wir so lange, bis wir auf dem Dach des Baumhauses angelangt sind."

„Ja, so könnte es gehen."

„Könnte? Das muss! Also worauf wartest du noch? Los, leg mir den Jungen auf die Schulter."

Ernies Plan hatte funktioniert. Als sie nur noch zwei Äste vom Baumhausdach entfernt waren, trafen das NEF und die Löschgruppe ihrer Feuerwache ein. Der Gruppenführer ließ sofort die vierteilige Steckleiter holen, über die zwei Feuerwehrmänner auf das Baumhausdach stiegen. Dort nahmen sie den bewusstlosen Jungen in Empfang, legten ihn in eine ebenfalls mitgebrachte Schleifkorbtrage und ließen diese an zwei Leinen zu Boden. Ab da übernahm das Notarzt-Team den Jungen.

Nachdem auch Ernie und Bert endlich wieder festen Boden unter den Füßen hatten, sahen beide noch einmal nach oben. „War doch ganz schön hoch, was Bert?“

„Bestimmt 40 Meter, Ernie.“

„Von wegen, das waren mehr. Schätze mindestens 50.“

„Schätze, ihr seid zwei ganz schöne Spinner.“ Franz Winkelmoser, ihr alter, erfahrener Dienstgruppenleiter, legte ihnen väterlich seine Hände auf die Schultern. „Trotzdem, Hut ab Jungs. Das war gute Arbeit.“

Nachtrag: Während der Notarzt den Jungen gründlich untersuchte, kam dieser wieder zu Bewusstsein. Er hatte Gott sei Dank nur eine leichte Unterkühlung. Sein Fuß war stark angeschwollen. Allerdings stand er unter Schock. Deshalb bekam er einen venösen Zugang gelegt, über den ihm ein Schmerzmedikament und eine Kreislauf stabilisierende Infusion verabreichte wurden. Außerdem erhielt er Sauerstoff zur Inhalation. Anschließend wurde sein Fuß äußerst behutsam geschient und dann ging es mit eingeschalteten Sondersignalen ab ins Krankenhaus. Bei einigen weiteren Untersuchungen stelle sich heraus, dass der Junge noch einmal riesiges Glück oder einen besonders aufmerksamen Schutzengel gehabt hatte. Sein geschwollener Fuß war lediglich verstaucht und gezerrt, aber nicht gebrochen. Es waren auch keine Bänder gerissen, sodass er schon am nächsten Tag wieder nach Hause durfte. Natürlich würde er seinen Fuß noch eine längere Zeit schonen müssen, aber in der Zeit leistete ihm sein Opa Gesellschaft, der über den Ausgang des Geschehens mindestens ebenso erleichtert war wie Davids überglückliche Eltern.

Brand in der Tiefgarage

Das war in diesem Jahr schon die dritte Zahlungsaufforderung, die die Gebührenabteilung der Düsseldorfer Berufsfeuerwehr der Baugenossenschaft in Rechnung stellte. Und wie schon bei den vorherigen Forderungen ging es auch diesmal wieder um die Einsatzkosten nach einer telegrafischen Feuermeldung ihrer Brandmeldeanlage aus der Tiefgarage von Objekt 112. Sachbearbeiter Dieter Plöckert von der Finanzerwaltung lachte trocken auf, dabei war ihm überhaupt nicht zum Lachen zumute. Wütend knüllte er den Briefumschlag zusammen und pfefferte ihn in den Papierkorb neben seinem Schreibtisch. Die ihm gegenüber sitzende Sekretärin sah ihn fragend an.

„Etwas Unangenehmes?“

„Das können Sie wohl sagen.“ Plöckert fuchtelte mit dem Schreiben der Feuerwehr durch die Luft. „Ironie des Schicksals. Schon wieder diese beschissene Tiefgarage.“

„Und wieso ist das eine Ironie des Schicksals?“

„Na weil es unser Objekt mit der Nummer 112 betrifft.“

„Äh ... ich verstehe nicht ganz ...?“

„Frau Bölting“, betonte Plöckert, „was gibt’s denn da nicht zu verstehen? 112! Die gleiche Nummer wie die der Feuerwehr!

„Ach sooo“, entgegnete Frau Bölting gelangweilt, wobei sie tat, als hätte sie den oberlehrerhaften Ton ihres Kollegen überhört.

„Von wegen ach so!“, grollte Plöckert. „Der Einsatz kostet uns richtig Kohle.“

Frau Bölting, die sich bereits wieder ihrer Arbeit zugewandt hatte, blickte noch einmal auf. „Äh ... ich dachte Feuerwehreinsätze sind immer umsonst?“

„Mmm, grundsätzlich schon, aber es gibt leider auch Ausnahmen.“

„Wie die bei unserer Tiefgarage?“

„Genau. Dabei hat es da unten nicht einmal gebrannt. Die kassieren unser gutes Geld also nur für ihre blöde Anfahrt und die Kontrolle. Und, jetzt halten Sie sich fest – das sind jedes Mal weit über tausend Euro, die wir dafür berappen müssen.

„Sooo viel!?“

„Allerdings, so viel.“

Es war gegen vier Uhr nachts, als der Alarm durch die Flure und Gänge der Feuerwachen 4 und 8 hallte.

„Einsatz für die Löschzüge 4 und 8 zur telegrafischen Feuermeldung, Objekt Nummer 112, Freiherr von Simkon-Platz 44 bis 46. Es rücken aus:

Die Löschzüge der Wachen 4 und 8 sowie der RTW Wache 8 und der C-Dienst 3!“

Während der Disponent auf der Leitstelle damit beschäftigt war, sämtliche Einsatzfahrzeuge einzeln aufzurufen, wurden an der Feuerwache 4 bereits die Türen zu den über der Fahrzeughalle befindlichen Rutschschächten aufgerissen. Ein Feuerwehrmann nach dem anderen umklammerte die armdicken Edelstahlstangen. Neun Meter tiefer federten sie auf den runden Moosgummipolstern ab, wo sie sofort die „Landebahn“ für die nachfolgenden freigaben.

An der Feuerwache 8 gab es keine Rutschstangen, hier gelangten die Feuerwehrmänner, deren Ruheräume sich auf der ersten Etage befanden, über eine breite Steintreppe in die Fahrzeughalle. Langsamer waren sie deshalb jedoch nicht, durften sie auch nicht sein, denn wie bei jedem Alarm zählten auch jetzt wieder die 90 Sekunden rückwärts. Mehr Zeit gestand man ihnen nicht zu, dabei spielte es keine Rolle, ob sie am Tag oder mitten in der Nacht alarmiert wurden.

Verdammt! Wo blieb nur ihr Maschinist? Karl Mayer, der Dienstgruppenleiter und Zugführer der Feuerwache 8, saß vorne im ersten LF auf dem Beifahrersitz und drehte sich zu seinen Leuten um, die bereits vollzählig im Mannschaftsraum saßen. „Weiß vielleicht einer von euch, wo Fred steckt!?“

Die Männer warfen sich fragende Blicke zu.

„Phhh. Keine Ahnung, ist vielleicht auf’m Klo!“

Mayer sah genervt zu der großen Wanduhr hinüber, deren Sekundenzeiger gnadenlos weiterrückte. „Okay! Wir warten nicht mehr länger. Uwe, du fährst!“

Uwe, der eigentlich als Wassertruppmann eingeteilt war, zwängte sich an seinen Kollegen vorbei und wollte gerade aussteigen, da kam Fred gemächlich angelaufen.

„Tschuldigung Chef!“, grinste er, „aber ich musste erst noch ganz dringend pinkeln!“

„Ja ja, schon gut. Aber jetzt gib mal Gas, Junge, wir haben schließlich keine Zeit zu verschenken.“

Fred winkte lässig ab. „Ist doch eh wieder nur diese beknackte Tiefgarage.“

„Was soll das denn heißen?“, antwortete sein Zugführer verärgert.

„Na ja, ich war seit Anfang des Jahres schon dreimal da“, betonte Fred, der es immer noch nicht besonders eilig zu haben schien. Vor ihnen schob sich das Rolltor nach oben. „Und jedes Mal war es ein Fehlalarm.“

„Du darfst trotzdem ruhig etwas mehr Gas geben“, knurrte Mayer ungehalten und schaltete Blaulicht und Martinshorn ein.

Kurz bevor sie den Freiherr von Simkon-Platz erreichten, stach den Feuerwehrmännern ein nur allzu vertrauter Geruch in die Nasen – Brandgeruch, das war eindeutig Brandgeruch! 200 Meter weiter überragte der riesige Wohnkomplex mit der darunter befindlichen Tiefgarage die umliegenden Gebäude. „So viel zum Thema ‚Ist bestimmt wieder nur ein Fehlalarm‘, Freundchen!“, zischte Mayer bissig und zeigte auf die Einfahrt der Tiefgarage, aus der dichter schwarzer Rauch hervorquoll.

Aus den Augenwinkeln spürte Fred förmlich, wie ihn sein Zugführer von der Seite her giftig anstarrte. Und als erwartete er noch einige geharnischte Worte, machte er sich unter dessen zurechtweisendem Blick ganz klein. Aber für Mayer war das Thema längst abgehakt. Er hatte Wichtigeres im Kopf und gab der Leitstelle über Funk eine erste Rückmeldung.

„Leitstelle für Zugführer 8, kommen!“

„Leitstelle hört, kommen.“

„Zug 8 Einsatzstelle an. Brandrauch aus Tiefgarage. Ich schicke zwei Trupps unter PA mit zwei C-Rohren zur Brandbekämpfung vor und einen Trupp unter PA zur Kontrolle ins Treppenhaus. Melde mich später wieder. Zugführer Ende.“

Zugführer Karl Mayer standen insgesamt 13 Feuerwehrmänner zur Verfügung. Da sich die Angriffstrupps seiner beiden Löschgruppenfahrzeuge schon auf der Anfahrt mit Atemschutzgeräten ausrüsten konnten, standen sie ihm beim Eintreffen an der Einsatzstelle sofort zur Verfügung. Während der Gruppenführer des zweiten LF mit dem ebenfalls eingetroffenen C-Dienst, es war Klaus Kronstein von Feuerwache 3, in die hauseigene Brandmeldeanlage eilte, in der sich das für sie so wichtige Feuerwehrbedienfeld befand, erteilte Zugführer Mayer draußen seine Befehle für den Erstangriff. „Verteiler vor die Einfahrt der Tiefgarage! Angriffstrupp 1 und 2 zur Brandbekämpfung mit zwei C-Rohren und Schlauchtragekörben ausrüsten. Ihr beatmet eure Geräte aber noch nicht und bleibt so lange in Bereitschaft, bis ich euch weitere Order gebe!“ Seine Entscheidung, die beiden Trupps noch nicht in die Tiefgarage zu schicken, hatte eine logische Erklärung. Solange er vom C-Dienst oder vom Gruppenführer noch keine Info erhalten hatte, in welcher Melderschleife welche Brandmelder angeschlagen hatten, wäre es ein taktischer Fehler gewesen, seine Männer ziellos in die riesige, völlig verrauchte Tiefgarage zu schicken. Er benötigte daher unbedingt zuerst diese Information, und die bekam er nur aus der Brandmeldezentrale. Einen anderen Trupp konnte und musste er hingegen sofort losschicken. Deshalb gab er dem Schlauchtrupp des zweiten LF den Befehl, ebenfalls Atemschutzgeräte anzulegen und unverzüglich das Treppenhaus zu kontrollieren. Normalerweise dürfte sich dort zwar kein Brandrauch befinden, da der Zugang zur Tiefgarage aus dem Gebäude nur über Doppelschleusen mit selbst schließenden Türen zu betreten war. Aber darauf durfte sich Mayer nicht verlassen. Mechanische Schließvorrichtungen konnten defekt sein oder aus anderen Gründen versagen. Und es wäre auch nicht das erste Mal, dass Hausbewohner aus Dummheit oder Bequemlichkeit diese Türen verkeilten. Solche Möglichkeiten durfte er auf keinen Fall außer Acht lassen, denn wenn der Brandrauch von der Tiefgarage erst einmal ins Treppenhaus gelangt war, konnte das für Menschen, die sich dort aufhielten, lebensgefährlich werden. Den Schlauchtrupp zur Kontrolle ins Treppenhaus zu schicken, war also ungemein wichtig. Der letzte ihm noch verbleibende Trupp kümmerte sich zusammen mit der Drehleiterbesatzung, die akut nicht benötigt wurde, um die Wasserversorgung.

Mayer schaute auf seine Armbanduhr. Seine beiden Angriffstrupps befanden sich jetzt schon seit gut drei Minuten in der Tiefgarage, aber eine Rückmeldung hatte er bislang noch von keinem erhalten. Das war jedoch nicht ungewöhnlich und brauchte ihn nicht zu beunruhigen, denn die weitläufige Tiefgarage erstreckte sich unter dem gesamten Gebäude. Je nachdem, wo genau das Feuer ausgebrochen war, hatten seine Trupps jede Menge Meter zurückzulegen. Und das konnte, zumal bei solch einer extremen Verqualmung, wie sie hier vorherrschte, dauern. Neben mehr als 400 Stellplätzen, von denen die meisten an umliegende Büros vermietet waren, gab es auch noch 140 Einzelboxen und eine Vielzahl von Kellerräumen, die alle in dem Objektplan eingezeichnet waren, den der C-Dienst mit dem Gruppenführer des zweiten LF in diesem Moment studierte.

Dank mehrerer Begehungen und Einsätze zeichneten sich vor Mayers geistigem Auge die Räumlichkeiten der Tiefgarage auch ohne den Objektplan ab, daher war ihm bewusst, dass, egal an welcher Stelle es dort unten auch brannte, es für seine Trupps verdammt schwierig sein würde, in dem undurchsichtigen Brandrauch den eigentlichen Brandherd schnell zu finden. Schließlich kannte er solche Einsätze zu Genüge aus eigener Erfahrung. Er war ja auch nicht immer Zugführer gewesen, sondern in den Jahren zuvor von seinen Chefs auch oft als Angriffstrupp eingesetzt worden. Brände in Tiefgaragen, zumal in solch großen, waren ihm, genau wie Brände in weit verzweigten Kellern, schon immer verhasst gewesen. Die Keller sogar noch mehr, besonders nachdem ihm bei einem Kellerbrand einmal der Schlauch geplatzt war. Danach waren sie minutenlang ohne Wasser gewesen. War 'ne Scheiß Situation damals, eine, die ihn und seinen Kumpel fast das Leben gekostet hätte. An diese Situation musste er gerade denken, als zwei seiner Männer angelaufen kamen und ihm meldeten, dass die Wasserversorgung über einen Unterflurhydranten stand.

„Sehr gut, Männer. Rüstet euch als Sicherungstrupp aus und positioniert euch in der Nähe des Eingangs zur Tiefgarage."

„Alles klar, Chef."

Die beiden zogen ab und liefen zu ihrem LF, wo sie die Pressluftatmer schulterten und sich vom Maschinisten die vorgesehene Ausrüstung eines Rettungstrupps geben ließen.

Inzwischen erhielt Mayer über Funk eine erste Rückmeldung vom Angriffstrupp 1.

„Wir sind jetzt vier C-Längen nach Osten gegangen. Feuer gefunden. Es brennen mehrere Pkw. Die genaue Anzahl können wir aber noch nicht feststellen, da die Verrauchung zu extrem ist. Benötigen dringend Verstärkung, kommen."

„Verstanden, Angriffstrupp 1. Sobald Löschzug 4 eingetroffen ist, schicke ich euch Hilfe. Zugführer Ende." Besorgt funkte Mayer seinen zweiten Angriffstrupp an: „Angriffstrupp 2 für Zugführer, kommen!"

„Zwei hört, kommen."

„Wo befinden ihr euch jetzt? Kommen!"

„Wir sind genau wie besprochen in Richtung Westen gegangen und haben gleich unseren vierten C-Schlauch ausgerollt. Sieht so aus, als gäbe es noch eine zweite Brandstelle. Vor uns ist Feuerschein. Wir erkunden, kommen."

„Ja, meldet euch sobald ihr Genaueres wisst. Kommen."

„Geht klar Chef. Zwei Ende."

„So eine Scheiße!", fluchte Mayer laut.

„Was ist los?", fragte C-Dienst Kronstein, da er die Rückmeldung nicht mitbekommen hatte. Er kam soeben aus der Brandmeldezentrale, wo er den Gruppenführer des zweiten LF alleine zurückgelassen hatte.

„Ich habe gerade die Rückmeldung von Angriffstrupp 2 bekommen. Die sind anscheinend auf eine weitere Brandstelle gestoßen."

„Oh! Das wäre nicht gut, gar nicht gut", konstatierte Klaus Kronstein.

„Das kannst du wohl laut sagen, Klaus", knurrte Mayer grimmig. „Sollte sich das bewahrheiten, müssen wir wohl von Brandstiftung ausgehen."

„Allerdings", nickte der C-Dienst. „Und, schon die Leitstelle informiert?"

Mayer schüttelte den Kopf. „Noch nicht. Ich will erst die Bestätigung abwarten."

Kronstein sah ihn skeptisch an. „Hast du wirklich die Hoffnung, dass ...?"

Nein, die Hoffnung, dass sich seine Männer geirrt haben könnten, hatte Zugführer Mayer nicht. Dafür waren sie viel zu erfahren. Sein Vorgesetzter schien darüber genau so zu denken und entschied. „Wir warten nicht ab und informieren die Leitstelle sofort. Das übernehme ich. Nimm du Kontakt mit Zug 4 auf. Und Karl ... lass unbedingt alle Zugänge besetzen. Wir müssen unbedingt vermeiden, dass jetzt noch jemand in die Tiefgarage gelangen kann."

Mayer nickte stumm. Er wusste nur zu gut, was passieren konnte, wenn durch ihre Unachtsamkeit Menschen in die verqualmte Tiefgarage gelangten. Aber von seinen Männern war zurzeit keiner abkömmlich. Ohne die zusätzliche Verstärkung von Zug 4 würde er diesem Auftrag also nicht nachkommen können. Er betätigte die Sprechtaste seines Handsprechfunkgeräts.

Kurz bevor Zug 4 an der Einsatzstelle eintraf, hatte sich der Verdacht bestätigt – es gab ein weiteres, der ersten Brandstelle entgegengesetzt liegendes Feuer. Zu weit, als dass es durch die Strahlungswärme des ersten hätte entstehen können. Zwei voneinander unabhängige Brände in ein und derselben Tiefgarage, das roch geradezu nach Brandstiftung. Nachdem der Leitstellendisponent die neue Nachricht erhalten hatte, informierte er unverzüglich seinen Lagedienstleiter, der wiederum den in dieser Nacht diensthabenden B-Dienst anrief.

Brandamtmann Stefan Bonner schaute verschlafen auf die Leuchtzeiger seines Funkweckers: 04:31 Uhr, was für eine lausige Zeit.

„Ja, was gibt's?"

„Karl Mayer hat mal wieder voll in die Scheiße gegriffen."

„Geht das vielleicht auch etwas präziser, Gördelmann?"

„Äh ... ja ... natürlich. Entschuldigung. Wir haben einen Brand in der Tiefgarage am Freiherr von Simkon-Platz.

„Und dafür wecken Sie mich?", fragte Bonner etwas ungehalten.

Gördelmann räusperte sich. „Es handelt sich aber um zwei voneinander unabhängige Brandstellen."

Sofort war Bonner hellwach. „Zwei verschiedene in ein und derselben Tiefgarage? Habe ich das richtig verstanden?"

„Allerdings."

Bonner pfiff durch die Zähne und dachte laut: „Wir haben es also höchstwahrscheinlich mit Brandstiftung zu tun."

„Sehe ich genauso."

„Wen haben Sie vor Ort?“

„Sagte ich doch schon, Karl May ... Sorry, ich meinte natürlich Karl Mayer mit Löschzug 8 und Tuchhoff mit Zug 4.

„Rettungswagen?“

„Bis jetzt nur einen.“

„Schicken Sie noch zwei weitere und alarmieren Sie die Polizei, den Löschzug 3 und den Atemschutzgerätewagen sowie den AB-Lüfter von Wache U. Und, Gördelmann ...“

„Ja?“

„Lassen Sie meinen Fahrer vorfahren.“

„Ist bereits alles veranlasst.“

Einige Minuten nach diesem Telefonat erreichte B-Dienst Bonner mit seinem Fahrer die Einsatzstelle und ging sofort zu den Zugführern der Wachen 4 und 8, die gerade mit dem C-Dienst ihr weiteres Vorgehen besprachen.

„Karl. Josef. Klaus.“

„Stefan.“

Die vier nickten sich zu, schüttelten sich kurz die Hände und kamen gleich zur Sache.

„Wie ist die Lage?“, erkundigte sich Brandamtmann Bonner.

„Zwei Brände. Einer im östlichen Bereich, der andere genau entgegengesetzt im westlichen Teil“, sagte Kronstein. „Das dürfte wohl kaum Zufall sein.“

„Sehe ich genauso.“

„Und, wen habt ihr unten?“

„Von mir sind zwei Trupps mit C-Rohren unten, und ein weiterer kontrolliert das Treppenhaus“, sagte Mayer.

„Und ich habe gerade zwei Trupps als Verstärkung runtergeschickt. Außerdem haben wir eine zweite Wasserversorgung aufgebaut“, erklärte Zugführer Josef Tuchhoff vom Löschzug 4. 150er-Leitung.“

„Sehr gut. Was ist mit den Zugängen?“

„Dort stehen überall Posten“, schaltete sich der C-Dienst ein. „Konnten wir allerdings erst aufstellen, nachdem Zug 4 eingetroffen war und wir genug Personal hatten. Also rein kommt da jetzt niemand mehr.“

„Okay“, nickte der B-Dienst. „Dann können wir nur hoffen, dass sich nicht schon vorher jemand da unten befunden hat.“

„Wir benötigen aber unbedingt noch mehr Personal“, warf Mayer ein.

„Läuft schon, Karl. Feuerwache 3, der Atemschutzgerätewagen und der AB-Lüfter sind alarmiert. Wenn sie hier eintreffen, möchte ich, dass jede Brandstelle zusätzlich noch zwei B-Leitungen bekommt. Das kann Wache 3 übernehmen. Ihr haltet eure Positionen und wechselt nur bei Bedarf die Geräteträger aus."

Die beiden Zugführer nickten.

„Was ist mit den Lüftern? Sollten wir die nicht langsam in Stellung bringen?"

„Mit denen von unseren Fahrzeugen ... keine Chance, Stefan. Die Tiefgarage ist viel zu groß. Um einigermaßen Wirkung zu bekommen, müssten wir unsere Lüfter schon sehr tief und hintereinander gestaffelt aufstellen."

„Und?"

„Bringt nichts", entgegnete Mayer. „In dem dichten Brandrauch würden ihre Motoren sofort ausgehen."

„Hm ... stimmt", brummte Bonner. „Die Dinger sind ja benzinbetrieben. Wahrscheinlich würden sie nicht mal anspringen. Tja, dann warten wir halt, bis der AB-Lüfter mit dem Exhauster eintrifft. Damit müssten wir die Entrauchung ja wohl in den Griff bekommen."

„Denke ich auch", sagte Tuchhoff.

Mayer hingegen machte ein bedenkliches Gesicht.

„Was?", lächelte Bonner. „Hast du etwa kein Vertrauen in das eigene Gerät? Immerhin schafft unser Exhauster pro Stunde 10.000 Kubikmeter."

„Weiß ich doch", sagte Mayer und wog seinen Kopf, „aber die Tiefgarage ist auch verdammt groß."

Nachdem der C-Dienst aus der Brandmeldezentrale seinem Zugführer die dringend benötigten Informationen per Funk übermittelte, gab Mayer den in Bereitschaft stehenden Angriffstrupps den Befehl zum Löscheinsatz. Verwundert hatte Mayer allerdings, dass zwei weit voneinander entfernte Meldeschleifen ausgelöst hatten, was bedeutete, dass er seine Trupps in jeweils eine andere Richtung vorschicken musste. Angriffstrupp 1 bekam den Auftrag, nach links zu gehen, also in den östlichen Teil der Tiefgarage, wo die Melderschleife 47 ausgelöst hatte. Angriffstrupp 2 musste genau entgegengesetzt in die westliche Seite gehen. Wie schwarzer zähflüssiger Teer quoll der Brandrauch aus der Einfahrt, sodass die beiden Angriffstrupps gezwungen waren, unmittelbar vor ihrem Eindringen in die Tiefgarage ihre Lungenautomaten anzuschließen. Ab diesem Zeitpunkt atmeten sie nur noch die mitgeführte Luft aus den Flaschen ihren Atemschutzgeräte. Zuvor hatten sich beide Trupps, wie üblich vom Verteiler ausgehend, zunächst eine Schlauchreserve aus jeweils drei aneinandergekuppelten C-Schläuchen in Buchten ausgelegt.

Da Mayer anhand der ausgelösten Melderschleifen in etwa einschätzen konnte, wie weit seine Männer zu gehen hatten, bis sie an die Stellen gelangten, an denen die Brände vermutet wurden, hatte jeder Trupp zwei zusätzlich Schlauchtragekörbe mitgenommen. Jeder dieser Tragekörbe enthielt drei C-Schläuche mit einer Länge von je 15 Metern. Somit konnten beide Trupps über 90 Meter in die Tiefgarage eindringen.

Trupp 1 bestand aus dem 42-jährigen Angriffstruppführer Lothar Jansen und seinem gut zehn Jahre jüngeren Angriffstruppmann Niko Fellner. Die beiden bewegten sich mit vorsichtigen Schritten durch eine Finsternis, von der man annehmen konnte, sie nur mit einer Machete zerteilen zu können. Der vorangehende Jansen trug auf seiner linken Seite einen der Schlauchtragekörbe. Mit der rechten Hand hielt er eine Wärmebildkamera vor das Glas seiner Atemschutzmaske, in deren grünlich fluoreszierendem Monitor ständig gelbe und rote Bereiche aufleuchteten. Dabei handelte es sich aber nicht um das gesuchte Feuer, sondern um Restwärmestrahlungen von Automotoren und Auspuffanlagen, welche die sensible Elektronik der Kamera selbst nach Stunden noch anzeigte. Je nachdem, wie lange die Fahrzeuge hier schon abgestellt waren, leuchtete es mal heller, mal schwächer. Ansonsten umgab die Feuerwehrmänner völlige Dunkelheit, in der Jansen, obwohl er die Wärmebildkamera hatte, höllisch aufpassen musste.

Angriffstrupp 2 erging es noch schlechter. Zwar verfügte auch er über solch eine Wärmebildkamera, aber da die westliche Seite vornehmlich den Tagesparkern vorbehalten war, standen um diese nächtliche Zeit hier nur sehr wenige Fahrzeuge. Und da diese wenigen hier sogenannte Langzeitparker waren, strahlten ihre Motoren nicht einmal mehr Restwärme ab. Aus diesem Grund tappte Trupp 2 in fast völliger Dunkelheit und konnte sich trotz Wärmebildkamera mehr oder weniger nur auf seinen Tastsinn verlassen. Das war natürlich ein mühsames Vorankommen, das zudem sehr viel Zeit kostete. Aber daran war nun mal nichts zu ändern, und so ging es Schritt für Schritt weiter, bis ihre Schlauchreserve zu Ende war. Der Angriffstruppmann tippte daraufhin seinem auf Armlänge vorausgehenden Angriffstruppführer auf die Schulter und rief: „Bleib mal stehen! Mein Korb ist leer! Ich muss den nächsten ankuppeln!“

Der Angriffstruppführer drehte sich um und richtete die Wärmebildkamera auf seinen Kollegen. Wo zuvor noch ein schwarzes Nichts war, zeichnete sich jetzt eine schemenhafte Kontur im grünlich fluoreszierenden Monitor ab. Prompt musste er unter seiner Atemschutzmaske auflachen:

„Ha! Ich hab's gewusst. Mein Angriffstruppmann ist ein Alien." Der genannte verfügte über keine Wärmebildkamera und bekam daher nicht mit, dass sein Kollege sich über ihn amüsierte. Ohne seinen Angriffstruppführer sehen zu können, hockte er am Boden, wo er alle Handgriffe in völliger Dunkelheit verrichten musste. Nachdem er die erste Kupplung aus dem zweiten Schlauchtragekorb ertastet und in ihre bis hierher verlegte Schlauchleitung eingedreht hatte, richtete er sich wieder auf.

„Fertig! Kannst weitergehen!"

Aber der Angriffstruppführer, der die Wärmebildkamera jetzt wieder in die andere Richtung geschwenkt hatte, blieb wie angewurzelt stehen. „Halt! Warte, da hinten sehe ich was!"

„Was denn?"

„Hier! Sieh selbst!" Er fasste seinen Kollegen am Arm, drehte ihn in die entsprechende Richtung und hielt ihm die Wärmebildkamera vor die Atemschutzmaske.

„Ach das Scheiße! Das sieht tatsächlich nach einem zweiten Feuer aus!"

„Möglich. Es kann aber auch eine andere Wärmequelle sein."

„Das glaubst du doch selbst nicht."

„Abwarten! Das wird sich ja gleich herausstellen. Komm, wir gehen weiter."

Die beiden wussten natürlich, dass eine Melderschleife auf ihrer Seite ebenfalls ausgelöst hatte, dennoch hatte keiner der beiden ernsthaft damit gerechnet, hier wirklich auf einen zweiten Brandherd zu stoßen. Zwei voneinander unabhängige Brandherde in ein und derselben Tiefgarage, das war mehr als unwahrscheinlich. Davon abgesehen hätte längst die Sprinkleranlage auslösen müssen, darüber waren sich ihre Chefs draußen natürlich auch bewusst. Allerdings kamen für deren Ausfall mehrere Möglichkeiten in Betracht. Variante eins wäre ein technischer Defekt. Eigentlich ziemlich unwahrscheinlich, da Sprinkleranlagen regelmäßigen Wartungsintervallen unterlagen. Unwahrscheinlich wäre das aber trotzdem nicht, schließlich war es kein Geheimnis, dass es vereinzelt auch Firmen oder Monteure gab, die bei den Wartungsarbeiten schlampten. Oder man hatte die Sache aus Kostengründen einfach ausfallen lassen. Beides wäre nicht nur unkorrekt, sondern im höchsten Grade fahrlässig. Variante zwei, und das war die, die der Feuerwehr weit mehr Sorgen bereitete, war, dass hier unten ein Brandstifter sein Unwesen getrieben hatte. Eine Vorstellung, die den Trupps überhaupt nicht behagte. Bevor sie weitergingen, betätigte der Angriffstruppführer die Sprechtaste seines Funkgerätes.

Das war der Moment, in dem Zugführer Mayer die Rückmeldung bekam, dass Angriffstrupp 2 vermutlich ein zweites Feuer entdeckt hatte.

Mayer funkte den C-Dienst an und setzte ihn über die neue Lage in Kenntnis.

„Rückmeldung schon bestätigt?“, funkte Kronstein zurück.

„Noch nicht, aber ich gehe davon aus, dass es sich um ein zweites Feuer handelt.“

„Okay. Ich informiere den B-Dienst.“

Zu diesem Zeitpunkt verwandelte sich der grünlich schimmernde Monitor von Angriffstrupp 1 in grell blendendes Weiß. Die Entfernung zu den brennenden Fahrzeugen betrug höchstens noch fünf Meter, nah genug, um einzelne Flammen auch ohne die Wärmebildkamera in dem pechschwarzen Brandrauch aufflackern zu sehen. Die beiden Feuerwehrmänner legten sich zunächst eine Schlauchreserve aus und gingen dann hinter einem SUV in Deckung. Anschließend funkte Jansen: „Erstes C-Rohr, Wasser marsch!“

Draußen empfing Zugführer Mayer den Funkspruch und gab ihn sofort an seinen Maschinisten weiter. Fred signalisierte, dass er mitgehört hatte. Seine Feuerlöschkreiselpumpe lief und hatte den an einem seitlichen Abgang angeschlossenen B-Schlauch bis zum Verteiler bereits mit Wasser gefüllt, sodass er nur noch den Pumpendruck hochfahren musste. Mayer gab dem in der Nähe des Eingangs postierten Rettungstrupp ein taktisches Zeichen, woraufhin einer der beiden zu dem Verteiler lief und das linke Handrad nach oben drehte. Sofort schoss das Löschwasser mit einem Druck von zehn Bar in die bis dahin trocken verlegte C-Leitung und verwandelte die aneinandergekuppelten Schläuche innerhalb von Sekunden in einen brettharten Strang.

Die Wärmestrahlung war so extrem, dass sich die beiden Feuerwehrmänner ohne Absprache auf alle viere niederließen und weiter hinter dem geparkten SUV in Deckung blieben. Der Angriffstruppmann hielt sein Strahlrohr fest mit beiden Händen umklammert. Als das Löschwasser bei ihm ankam spürte er den kräftigen Ruck bis in seine Schultern.

„Wasser ist da!“, rief er.

„Dann halt drauf! Aber nur Sprühstrahl!“

Fellner riss den Bügel des Hohlstrahlrohrs nach hinten. Doch bevor der breit gefächerte Sprühstrahl aus dem Düsenkopf schoss, entwich knatternd noch die in der Schlauchleitung vorhandene Luft. Nachdem der Lärm vorüber war, gab Fellner einige kurze Löschwasserstöße ab. Die Wirkung erfolgte unmittelbar. Zischend und fauchend fielen die zuvor hoch auflodernden Flammen unter der kühlenden Wirkung des Wassers in sich zusammen. Jansen hatte die Wärmebildkamera ausgeschaltet und neben sich abgelegt. Aufgrund der starken Rauchentwicklung konnte er daher nicht erkennen, dass es hinter dem ersten Fahrzeug heftig weiterbrannte. Nach nur wenigen Sekunden, in denen die beiden wieder in völliger Finsternis hinter dem SUV kauerten, flackerten die Flammen vor ihnen erneut auf.

„Los, verpass ihm noch ’ne Ladung!“

Sofort riss Fellner den Bügel seines Hohlstrahlrohrs nach hinten und schwenkte den breit gefächerten Wasserstrahl mehrere Male von rechts nach links. Wieder zischte und fauchte es und eine erneute Wolke aus gefährlich heißem Wasserdampf vermischte sich mit dem nicht minder heißen Brandrauch, der den beiden trotz ihrer besonderen Schutzbekleidung gefährlich werden konnte. Sicherheitshalber duckten sich Jansen und Fellner noch tiefer an den Boden. Nachdem vor ihnen keine Flammen mehr hochschlugen und sie annehmen durften, dass die heiße Wolke über sie hinweggezogen war, kamen sie aus ihrer Deckung. Auf dem Bauch liegend krochen sie über die linke Seite näher. Nach einigen Metern erkannten sie, dass ihr erster Löschangriff bei dem vorderen Wagen zwar Wirkung gezeigt hatte – aber vollständig gelöscht war er natürlich immer noch nicht. Was aber viel gravierender war: hinter diesem ersten brannten, vom dichten Brandrauch verborgen, noch mindestens drei weitere Fahrzeuge. „So eine Scheiße!“, fluchte Jansen, der, wie es seine Aufgabe war, in regelmäßigen Abständen die Anzeige seines Druckmanometers überprüfte.

„Mein Luftvorrat geht zur Neige! Lass mich mal deinen sehen!“

Niko Fellner drehte sich seinem Angriffstruppführer daraufhin so zu, dass das Licht seines Handscheinwerfers das Druckmanometer beleuchtete.

„Du hast auch nicht mehr genug, Niko! Hilft nichts. Wir müssen unverzüglich den Rückweg antreten!“

„Ich schwenk nur noch einmal kurz drüber!“, rief sein Angriffstruppmann, dem es gewaltig gegen den Strich ging, die brennenden Fahrzeuge kampflos verlassen zu müssen.

„Okay, dann aber nichts wie raus!“

Nachdem Fellner frustriert einen letzten Wasserstoß in die Flammen abgegeben hatte, legte er das Strahlrohr für den nächsten Trupp in ausreichender Entfernung zum Feuer auf den Boden und folgte seinem Angriffstruppführer nach draußen. Der hatte die Wärmebildkamera wieder an sich genommen und legte die ersten Meter zunächst noch in tief gebückter Haltung zurück. Danach richtete er sich auf und glitt mit den Stiefeln an dem prall gefüllten C-Schlauch entlang. Fellner tat es ihm gleich.

So kamen die beiden relativ flott voran, bis sie zwei C-Schlauchlängen weiter fast mit ihrer Ablösung zusammengestoßen wären.

Beide Trupps hatten zwar ihre Handscheinwerfer eingeschaltet, aber in dem nach wie vor dichten Brandrauch drangen ihre Lichtkegel kaum einen halben Meter weit. Obwohl der ihnen entgegenkommende Ablösetrupp keine Wärmebildkamera dabei hatte, war er wesentlich schneller vorangekommen als seine Vorgänger, da sie die wassergefüllte Schlauchleitung als Orientierungshilfe nutzen konnten. Die sich Begegnenden unterbrachen ihren Weg, wobei Jansen dem anderen Angriffstruppführer die Lage vor Ort schilderte und die Wärmebildkamera an ihn übergab. Kurz darauf erreichten Jansen und Fellner den Ausgang der Tiefgarage.

Draußen waren inzwischen weitere Einsatzfahrzeuge eingetroffen. Unter ihnen auch der AB-Lüfter, dessen Besatzung soeben den Exhauster für die geplante Zwangsentlüftung in Stellung brachte.

„Und, wie ist die Lage da unten?“, fragte Mayer, der entsprechend ihres gegebenen Funkspruchs seinen Trupp in der Nähe des Eingangs erwartet hatte. Bevor ihm die beiden eine Schilderung der Situation vor Ort gaben, lösten sie die Kinnriemen ihrer Feuerwehrhelme und zogen sich die Atemschutzmasken von ihren total verschwitzten Gesichtern.

„Ahhh!“ Frische Luft, das tat gut. Die beiden Feuerwehrmänner machten zunächst einige tiefe Atemzüge, ehe sie ihrem Zugführer genau Bericht erstatteten. Dabei äußerte der Angriffstruppführer seine Bedenken, dass noch weitere Fahrzeuge in Flammen aufgehen würden, solange sie nur dieses eine C-Rohr einsetzten.

„Keine Sorge, Jungs“, entgegnete ihnen Karl Mayer. „Der Trupp, dem ihr begegnet seid, führt bereits eine zweite C-Leitung mit. Außerdem bereiten wir in Absprache mit dem B-Dienst einen zusätzlichen Angriff über ein B-Rohr vor.“

Jansen nickte beifällig, gab aber zu bedenken, dass es noch ein weiteres Problem gab.

„Das da wäre?“, fragte Mayer.

„Na der lange Anmarschweg. Ehe du da bist, hast du schon so viel Luft verbraucht, dass dir nicht mehr genug Zeit zum Löschen bleibt.“

„Das haben wir auch erkannt“, entgegnete sein Zugführer. „Deshalb tragen alle Trupps, die wir ab jetzt reinschicken, auch nur noch Langzeitpressluftatmer.“

„Gute Entscheidung“, sagte Fellner. „Und was machen wir?“

„Ihr habt jetzt erst mal ’ne Pause. Aber wenn ihr wollt, könnt ihr eure Flaschen auswechseln. Der Atemschutzgerätewagen steht da hinten.“ Mayer deutete auf die hell erleuchtete Armada von Feuerwehrfahrzeugen, die auf der für alle anderen Verkehrsteilnehmer inzwischen abgesperrten Straße standen.

In diesem Moment bekam er eine Funkmeldung seines Zugführerkollegen Tuchhoff.

„He, Karl, hast du die Polizei in Sichtweite?"

„Wieso, was gibt es?"

„Folgendes. Mich hat eben einer meiner Männer angefunkt. Offensichtlich sind doch zwei Personen an ihm vorbei über die Schleuse in die Tiefgarage gelangt."

„Verdammt! Wieso hat der Kerl die denn nicht aufgehalten!?"

„Er hat's versucht, sagt er zumindest. Aber die beiden hätten sich nicht aufhalten lassen und ihn einfach zur Seite gedrängt. Deshalb finde ich, wir sollten die Zugänge besser durch die Polizei sichern lassen."

„Sag das dem B-Dienst. Soll der entscheiden. Und Josef, schick diesen Idioten einen Rettungstrupp hinterher."

„Hab ich schon veranlasst."

Der Trupp, den Zugführer Tuchhoff den beiden „Idioten" hinterhergeschickt hatte, musste nicht weit gehen. Nur wenige Meter hinter der inneren Schleusentür taumelten ihnen zwei heftig hustende junge Männer mit tränenden Augen und rußverschmierten Gesichtern entgegen. Sie hatten vollständig die Orientierung verloren und wären, wenn der sofort alarmierte Rettungstrupp nicht so schnell auf sie gestoßen wäre, mit ziemlicher Sicherheit in dem hoch toxischen Brandrauch jämmerlich erstickt. So hatten sie noch einmal riesiges Glück gehabt, mussten aber trotzdem mit Rettungswagen in die Klinik gefahren werden. Denn obwohl sich die beiden leichtsinnigen Männer nur Sekunden in der Tiefgarage aufgehalten hatten, hatten die wenigen genommenen Atemzüge gereicht, ihnen eine heftige Rauchgasvergiftung zuzufügen.

Nach diesem Zwischenfall rief der B-Dienst den C-Dienst sowie die Löschzugführer der Feuerwachen 8 und 4 sowie der inzwischen eingetroffenen Feuerwache 3 zu einer erneuten Lagebesprechung. Eine ihrer daraus resultierenden Entscheidungen bestand darin, weitere Trupps einzusetzen, die ausschließlich die Aufgabe hatten, die Tiefgarage nach möglichen weiteren Personen abzusuchen.

Inzwischen kämpften insgesamt sechs Trupps gleichzeitig gegen die Flammen. Jeweils drei an jeder Brandstelle – zwei mit C-Rohren und einer mit einem B-Rohr. Bei so viel geballter Einsatzkraft bekamen die Feuerwehrmänner die Lage schnell unter Kontrolle und zwangen die

Flammen in die Knie. Inzwischen hatte die Besatzung der Umweltschutzwache ihren Exhauster einsatzbereit und begann mit der Entrauchung der Tiefgarage. Parallel rüsteten sich jene Feuerwehrleute, die den Auftrag bekommen hatten, die Tiefgarage nach weiteren möglichen Personen abzusuchen, mit Langzeitpressluftatmern aus. Diese Aufgabe übernahm der zuletzt eingetroffene Löschzug 3. Deren Zugführer Richard Franken ließ vier Trupps ausrüsten, wobei alle Truppführer eine Wärmebildkamera mit sich führten, während die Truppmänner eine speziell für solche Einsätze bestückte Tasche trugen. Einer dieser Trupps bestand aus Stefan Weber alias Vinc und der Feuerwehrfrau Franziska Dorfmeister, die genau wie die anderen ein vorgegebenes Areal abzusuchen hatten.

Vinc und Franzi bildeten inzwischen ein gut eingespieltes Team. Obwohl der Bereich, der den beiden zugewiesen worden war, weit von den Brandstellen entfernt lag und der Exhauster jetzt schon eine geraume Zeit lief, war die Verqualmung immer noch enorm. Während der vorausgehende Vinc sich wegen der fehlenden Sicht voll auf seine Wärmebildkamera verließ, versuchte Franzi vergeblich, die sie umgebende Finsternis mit bloßem Auge zu durchdringen. Plötzlich blieb Vinc stehen.

„Warte mal! Ich glaube, da liegt jemand.“

„Wo?“

„Da hinten.“

„Also bei mir ist alles nur dunkel.“

„Hier! Sieh mal kurz durch.“

Franzi, die bisher noch nicht über Vinc’ Erfahrung im Umgang mit einer Wärmebildkamera verfügte, brummte: „Hm ... also ich sehe da nix!“

„Na der länglich helle Bereich da hinten. Den musst du doch auch erkennen!“

„Ach das. Klar, den sehe ich auch. Und das soll ein Mensch sein?“, fragte Franzi skeptisch. „Sicher bin ich mir auch nicht“, gestand Vinc der die Kamera jetzt wieder an sich genommen hatte. „Ist aber auch egal. Komm mit. Wir müssen das auf jeden Fall überprüfen.“

Vinc ging wieder los und macht dabei einen leichten Schwenk nach rechts, wobei er die verdächtige Stelle mit der Wärmebildkamera weiter fest im Augen behielt. Nach etwa 15 Schritten stieß er auf eine am Boden liegende Person, deren Silhouette sich jetzt deutlich auf dem Bildschirm des Monitors abzeichnete. Vinc drückte Franzi die Kamera in die Hand und funkte sofort seinen Einsatzleiter an.

„Zugführer 3 für Suchtrupp 4, kommen!“

„Zugführer 3 hört, kommen.“

„Wir haben eine leblose Person gefunden. Brauchen unverzüglich Hilfe. Kommen!"

„Verstanden, Suchtrupp 4. Ich schicke euch einen Trupp mit Schleifkorbtrage. Frage, Vitalfunktionen vorhanden?"

„Habe ich noch nicht überprüft. Der Brandrauch ist hier so dicht, dass ich befürchte, dass die Person schon tot ist."

„Franzi hatte die am Boden liegende Person nur kurz, aber fasziniert durch die Wärmebildkamera betrachtet. Während Vinc noch funkte, kniete sie jetzt neben ihr am Boden und öffnete den Klettverschluss der Rettungstasche. Vinc hatte sich also nicht getäuscht und sie fragte sich, ob sie, wenn sie vorangegangen wäre, ebenso umsichtig reagiert hätte. Franzi verscheuchte den Gedanken, sie hatte Wichtigeres zu tun, und streifte sich ihre dicken Lederhandschuhe von den Händen. Nur so konnte sie den Halspuls der reglosen Person ertasten. Dabei wurde ihre Befürchtung zur Gewissheit. Die Person, die sie aufgrund eines Dreitagebarts als Mann klassifizierte, war mit hoher Wahrscheinlichkeit tot. Zumindest hatte sie keinen tastbaren Puls mehr. Dennoch drehte Franzi die mitgeführte Sauerstoffflasche auf und platzierte dem Mann die dazugehörige Atemmaske über Mund und Nase. Danach begann sie unverzüglich mit der Herzdruckmassage. Franzi wusste, dass sie, auch wenn kaum mehr Hoffnung bestand, das Leben dieses Menschen zu retten, dennoch alles versuchen musste, was unter diesen extrem erschwerten Bedingungen möglich war.

Die Feuerwehrmänner, die den Rettungstrupp 1 bildeten, lehnten gelangweilt, wie ihre Körperspannung vermuten ließ, in der Nähe des Tiefgarageneingangs gegen eine Betonbrüstung. Natürlich wünschte sich keiner der beiden, dass einem ihrer eingesetzten Kollegen etwas zustoßen sollte, nur um endlich aktiv werden zu können und hier nicht länger tatenlos herumstehen stehen zu müssen. Ihnen war schon sehr wohl bewusst, wie wichtig ihre Aufgabe war, und dass sie im Fall der Fälle möglicherweise bis zum Äußersten gefordert würden. Außer ihnen gab es noch einen zweiten Rettungstrupp der ebenfalls vollständig ausgerüstet in Bereitschaft stand. Gemäß den Regeln des Atemschutzes müsste eigentlich für jeden eingesetzten Trupp ein weiterer Trupp in Bereitschaft stehen. Das war den Zugführern und Einsatzleitern natürlich bewusst, nur entsprach diese Vorschrift aus sehr profanen Gründen nicht der gängigen Praxis. Besonders nicht bei einem Einsatz wie diesem, wo sich gleich mehrere Trupps unter Atemschutz im Einsatz befanden. Um diese Vorschrift einzuhalten, müssten sie über weit mehr als das vorhandene Personal verfügen. Doch solch eine hohe Personaldecke konnten sich nicht einmal die größten Berufsfeuerwehren Deutschlands leisten.

Rettungstrupp 1 hatte schon längst nicht mehr damit gerechnet, zum Einsatz zu kommen, da erhielt er über Funk den Befehl: „Unterstützung für Suchtrupp 4 bei einer Menschenrettung!“ Der Funkspruch löste bei beiden Feuerwehrmännern einen Adrenalinschub aus, der all ihre Energien freisetzte und dafür sorgte, dass sich ihre Körperspannung schlagartig veränderte. Nachdem die beiden unverzüglich die Lungenautomaten in die Anschlussgewinde ihrer Atemschutzmasken eingedreht hatten, eilten sie in die Tiefgarage. In der angeforderten Schleifkorbtrage, die sie hinter sich herzogen, lag unter anderem ein Pressluftatmer mit einer für solche Notfälle fertig angeschlossenen Atemschutzmaske. Das Anlegen der Maske hatten sie, genau wie ihre anderen Kollegen, immer und immer wieder geübt – zuletzt mit verbundenen Augen –, bis alle ihre Handgriffe wie im Schlaf saßen. So konnten sie jetzt, wo der Ernstfall eingetreten war, diese Maßnahme sogar in vollständiger Dunkelheit durchführen.

Nachdem der Exhauster jetzt schon eine geraume Zeit lief, wurde die Sicht merklich besser. Außerdem hatten sie den Vorteil, sich bei ihrem Vorgehen an einer Suchleine orientieren zu können, die Franzi bis hierhin ausgelegt hatte. Darüber hinaus stand der Rettungstruppführer permanent mit Vinc in Funkkontakt. Als sie Suchtrupp 4 erreichten, waren fast zwei Minuten vergangen.

„Und, hat er noch Vitalfunktionen?“

Franzi, die die Herzdruckmassage ununterbrochen durchgeführt hatte, verneinte die Frage und presste den Brustkorb des Mannes weiter rhythmisch zusammen.

„Okay, rutsch rüber“, forderte sie der Rettungstruppführer auf, „ich löse dich ab.“

Franzi ließ sich erschöpft zur Seite fallen. Sie war total durchgeschwitzt.

Der andere Kollege hatte derweil die Atemluftflasche mit der angeschlossenen Atemschutzmaske aus der Schleifkorbtrage genommen, um sie dem Mann anzulegen, da ertastete er, dass diesem bereits eine Fluchthaube übergestülpt worden war. Fluchthauben führten alle hier unten eingesetzten Feuerwehrleute mit sich, allerdings machten sie nur Sinn, wenn der Betreffende noch selbstständig atmen konnte. Franzi hatte die fehlende Atmung zwar auch festgestellt, sich aber dazu entschlossen dem Mann ihre Fluchthaube dennoch über den Kopf zu ziehen. Immerhin bestand ja die Möglichkeit, dass seine Atmung während ihrer Herzdruckmassage wieder einsetzte. Diese Möglichkeit war zwar sehr unwahrscheinlich, aber wenn es doch geschehen sollte, so sagte sie sich, dann würden wenigstens keine weiteren giftigen Brandgase in seine Lunge gelangen.

Solche Überlegungen, wie Franzi sie angestellt hatte, lagen dem Rettungstruppmann fern. Er verkniff sich aber einen Kommentar, entfernte die Fluchthaube vom Kopf des Mannes und zog ihm die bereitgelegte Atemschutzmaske an. Die dazu notwendigen Handgriffe verrichtete er routiniert und mit geübter Schnelligkeit.

Nachdem sie den Mann zu viert in die Schleifkorbtrage gehoben hatten, trennten sie sich. Während der Rettungstrupp den Mann so schnell wie möglich nach draußen brachte, wo schon ein Notarztteam für ihn bereitstand, setzten Vinc und Franzi ihre Suche nach weiteren Personen fort.

Die Nachricht, dass der Notarzt nur noch den Tod des gefundenen Mannes feststellen konnte, hatte sich schnell unter den Feuerwehrmännern verbreitet. Dass dabei aufgekommene Gerücht, dass es sich bei dem Toten womöglich um den Brandstifter handelte, bestätigte sich jedoch nicht. Dessen ungeachtet waren die Löschangriffe mit den vorgenommenen C- und B-Rohren inzwischen erfolgreich. Beide Brandstellen waren gelöscht und zur Erleichterung aller wurden keine weiteren Personen gefunden. Das ganze Ausmaß der Zerstörung zeigte sich allerdings erst, nachdem der eingesetzte Exhauster die Tiefgarage wieder halbwegs rauchfrei gemacht hatte. Neun Pkw waren vollständig ausgebrannt und weitere 18 waren durch die Wärmestrahlung der Flammen so schwer beschädigt, dass die meisten von ihnen ebenfalls nur noch als Totalschaden angesehen werden konnten. Für ihre Besitzer beziehungsweise deren Versicherungen war dies sicherlich ein herber Schlag, aber einen noch weitaus kritischeren Schaden hatten die Brände an der Bausubstanz der Tiefgaragendecke verursacht. Aufgrund der extrem hohen Temperaturen und der unmittelbaren Flammeneinwirkung hatte es unter der Decke große Betonabplatzungen gegeben, bei denen die Metallarmierung freigelegt und erheblich beschädigt wurde. Nachdem der B-Dienst über Funk eine diesbezügliche Schadenmeldung von den Kräften vor Ort erhalten hatte, wies Bonner die Leitstelle an, unverzüglich das THW und den an der Umweltschutzwache stationierten AB-Bau zu alarmieren. Die speziell für solche Einsätze anrückenden Kräfte sollten die möglicherweise einsturzgefährdeten Bereiche der Tiefgaragendecke mit Traversen und Quick-Lock-Stützen stabilisieren. Erst wenn das geschehen war, würde Bonner die Tiefgarage für die Brandsachverständigen der Kriminalpolizei und die Schadenermittler der Versicherungen freigegeben. Für die Hausbewohner und andere, die ihre Fahrzeuge hier ebenfalls abgestellt hatten, würde die Tiefgarage hingegen auf nicht absehbare Zeit gesperrt bleiben.

Inzwischen war der Morgen angebrochen und die Feuerwehrleute waren nur noch mit den üblichen Nachlöscharbeiten beschäftigt. Trotzdem mussten sie weiterhin ihre Pressluftatmer tragen, da gerade bei Nachlöscharbeiten oft noch hoch toxische Gase freigesetzt wurden. B-Dienst Bonner erhielt laufend neue Meldungen von zwei Teams, die permanente Gasmessungen durchführten, bei denen sie polyzyklische aromatische Kohlenwasserstoffe, polychlorierte bromierte Dibenzo-p-dioxine, Dibenzofurane und sogar Cyanwasserstoff in nicht unerheblicher Menge gemessen hatten. Solange in der Tiefgarage also noch diese extrem giftige Atmosphäre herrschte, wäre es nicht nur leichtsinnig, sondern im höchsten Grade fahrlässig gewesen, die Einsatzkräfte ohne den Umluft-unabhängigen Atemschutz arbeiten zu lassen. Das galt natürlich auch für die Kollegen des THW und des AB-Bau, die ihre schweißtreibenden Arbeiten somit unter erschwerten Bedingungen durchführen mussten. Nachdem Bonner von ihnen die Rückmeldung erhielt, dass sie die gefährdeten Deckenbereiche abgestützt hatten und jetzt wieder herauskämen, erhielt er noch einen weiteren wichtigen Funkspruch. Er kam von einem der Teams, die die laufenden Gasmessungen durchführten. Als er auf Rückfrage von dem zweiten Team eine gleichlautend positive Rückmeldung erhielt, informierte Bonner unverzüglich den C-Dienst und die Zugführer.

„Ah, endlich mal eine gute Nachricht“, freute sich C-Dienst Kronstein, „dann sollten wir jetzt die Order ausgeben, dass alle eingesetzten Kräfte ab sofort nur noch Atemschutzmasken mit Schraubfiltern tragen müssen.“

„Genau“, bestätigte Bonner. Dabei handelte es sich um spezielle Filter, welche auch gegen das heimtückische Kohlenmonoxid schützten.

Etwas später meldete sich der Einsatzleiter des THW bei ihm und fragte, ob er mit seinen Leuten noch benötigt würde. Bonner verneinte und bedankte sich für dessen wieder einmal schnelle und professionelle Unterstützung. Kurz darauf rückten die blauen Fahrzeuge des THW ab, gefolgt vom AB-Bau und den Fahrzeugen des Löschzugs 4, der ebenfalls nicht mehr benötigt wurde.

Dank der permanent durchgeführten Entrauchungs- und Belüftungsmaßnahmen hatte sich die Sicht inzwischen auch so weit gebessert, dass der noch in der Nacht angeforderte und inzwischen eingetroffene Statiker die Tragfähigkeit der Decke begutachten konnte. Ebenfalls mit Atemmaske und Filter ausgestattet ließ er sich, begleitet von C-Dienst Kronstein, die entsprechenden Stellen in der Tiefgarage zeigen. Die beiden waren noch nicht lange verschwunden, da kam es an einer der bewachten Zugangsschleusen zu einem unliebsamen Zwischenfall. Mehrere uneinsichtige Autobesitzer hatten trotz der Sperrung darauf gedrängt, zu ihren Fahrzeugen zu dürfen. Ihr Argument, damit zur Arbeit fahren zu müssen, hatte der Polizist allerdings nicht gelten lassen. Es kam daraufhin zu einem kurzen Wortwechsel, bei dem ihnen der Polizeibeamte den Zutritt mit dem Hinweis auf die immer noch arbeitenden Feuerwehrleute und die gesundheitlichen Gefahren weiterhin verweigerte. Nach einigem Hin und Her zog das Gros von ihnen schließlich verärgert ab. Drei jüngere Männer wollten sich jedoch nicht einfach so abweisen lassen und lieferten sich mit dem Polizisten zunächst ein hitziges Wortgefecht. Als sie jedoch erkennen mussten, dass der Beamte standhaft blieb, wurden ihre verbalen Attacken ziemlich ausfallend. Schließlich platzte dem Polizisten der Kragen. „So meine Herren, das reicht. Noch eine weitere Beschimpfung und Sie bekommen von mir eine Anzeige wegen Beamtenbeleidigung."

Seine Drohung schien die drei jedoch nicht zu beeindrucken. Im Gegenteil, sie warfen sich frech grinsende Blicke zu, wobei der Wortführer, ein kräftig gebauter Mann mit einem auffallenden Spinnen-Tattoo am Hals, eine aggressiv drohende Haltung einnahm. Die drei schienen auf Krawall aus und der Polizist hatte den Eindruck, als scheuten sie nicht davor zurück, gegen ihn handgreiflich zu werden. Sicherheitshalber zückte er sein Funkgerät, um Verstärkung anzufordern. In dem Moment versetzte ihm der Tätowierte mit beiden Händen einen Stoß gegen die Brust. Der Angriff traf den Polizisten zwar nicht völlig unerwartet, immerhin hatte er ja schon so etwas befürchtet, dennoch brachte ihn der harte Stoß aus dem Gleichgewicht. Während er damit kämpfte, nicht zu Boden zu fallen, verschwanden die drei unter höhnischem Gelächter in der Tiefgarage.

Von diesem brutalen Angriff ahnten weder der Statiker und der ihn begleitende C-Dienst, noch die in der Tiefgarage arbeitenden Feuerwehrleute etwas. Sie hatten soeben damit begonnen, ihre nicht mehr benötigten Schläuche ins Freie zu ziehen.

Draußen, in der Nähe der Tiefgarageneinfahrt, standen B-Dienst Bonner mit seinen beiden verbliebenen Zugführern der Feuerwachen 8 und 3 zusammen, als ein sehr junger Polizist auf sie zukam und sie ansprach.

„Mein Chef lässt fragen, ob er die Straße für den Durchgangsverkehr wieder freigeben kann."

Zugführer Mayer starrte den Polizisten an, als hätte der verlangt, eine neue Weltordnung einzuführen. „Wiiie bitte? Die Straße freigeben! Ich muss mich wohl gerade verhört haben, oder?"

Dem Polizisten stank es gewaltig, wie ein dummer Schuljunge angeblafft zu werden. Er ließ sich seinen Frust jedoch nicht anmerken und erwiderte zumindest äußerlich gelassen: „Okay ... dann gibt es von Ihrer Seite also noch Einwände dagegen?“

„Noch Einwände dagegen?“, schnaubte Mayer. „Hallo! Wir sind hier immer noch am Arbeiten! Was glauben Sie denn, was hier gleich los ist, wenn Sie die Straße jetzt schon freigeben?!“

Mayer schaute zu seinem B-Dienst. Aber der ignorierte dessen nach Unterstützung heischenden Blick und entgegnete dem jungen Polizisten mit einem verkniffenen Lächeln: „Sie können Ihrem Chef ausrichten, dass wir noch etwa eine Viertelstunde brauchen, danach kann er die Straße wieder öffnen.“ Dann wandte er sich seinen Zugführern zu und betonte scharf: „Oder sieht das von euch etwa jemand anders?“

Zugführer Franken, der sofort kapiert hatte, dass er die Entscheidung seines Vorgesetzten zu akzeptieren hatte, sagte: „Also, was mich betrifft, von mir aus spricht nichts dagegen.“

Sein Kollege Mayer hingegen verdrehte die Augen. Die nicht mehr rückgängig zu machende Entscheidung seines Vorgesetzten ging ihm gewaltig gegen den Strich.

Nur mit Mühe quälte er sich ein „Meinetwegen“ über die Lippen, fügte jedoch hinzu: „Aber erzählt mir später nicht, ich hätte euch nicht gewarnt, wenn hier gleich jede Menge Autofahrer angerast kommen, die alle da runter wollen.“

Bonner verzog säuerlich sein Gesicht, beschränkte sich aber auf eine beschwichtigende Geste und sagte: „Mensch, Karl, jetzt fahr mal wieder einen Gang runter.“

Aber Mayer ließ sich nicht beschwichtigen und schnaubte weiter: „Also, wenn die sich hier gleich knubbeln ...“ Er deutete mit ausgestrecktem Arm auf die Tiefgarageneinfahrt, „ich prophezeie euch, das gibt ein Chaos.“

„Eine Viertelstunde. Es bleibt dabei“, bekräftigte Bonner ungeachtet Mayers düsterer Prophezeiung.

„Sehr schön“, nickte der junge Polizeibeamte. „Dann sind wir uns also einig und ich werde meinem Chef Ihre Entscheidung mitteilen.“ Er wandte sich zum Gehen, nicht jedoch, ohne Mayer zuvor noch einen triumphierenden Blick zuzuwerfen.

Kaum dass der Polizist sich einige Meter entfernt hatte, wollte Mayer schon wieder loslegen, da erreichte den B-Dienst ein Funkspruch, bei dem sich sich sein Gesicht zusehends verfinsterte.

„Was Unangenehmes?“, fragte Franken.

„Kann man wohl sagen. Ich erfahre gerade, dass der Polizist, der vor der Schleuse postiert wurde, von drei Männern brutal umgestoßen und quasi überrannt worden ist.“

„Ach du Scheiße!“, fluchte Mayer lauthals, was ihm diesmal einen strafenden Blick seines Vorgesetzten einbrachte. Ungeachtet davon schimpfte Mayer weiter: „Na ist doch wahr! Wenn ich mir vorstelle, dass drei hirnlose Idioten vielleicht genau jetzt ihre Fahrzeuge starten und hier herausbrettern ... Mann! Ich will gar nicht daran denken, was dabei alles passieren kann. Immerhin befinden sich da unten fast alle meine Männer.“

„Und meine Feuerwehrfrau“, warf Franken ein.

B-Dienst Bonner wusste sofort, welche Gedanken seinen Zugführern gerade durch den Kopf schossen, denn obwohl keiner der beiden seine Gedanken laut ausgesprochen hatte, hegte er die gleichen Befürchtungen.

Die in der Tiefgarage befindlichen Gruppenführer besaßen alle Funkgeräte und hatten diese natürlich eingeschaltet, sodass sie den Funkspruch, den der B-Dienst erhalten hatte, mithören konnten. Das galt auch für den C-Dienst Klaus Kronstein, der sich mit dem Statiker ebenfalls in der Tiefgarage aufhielt. Während sich die Gruppenführer noch betroffen ansahen, reagierte er als Erster und sprach eine dringende Funkwarnung aus.

„Achtung, Achtung, hier spricht der C-Dienst! An alle Einsatzkräfte. Es besteht die Gefahr, dass drei Männer mit ihren Fahrzeugen die Tiefgarage verlassen. Die betreffenden Personen sind aggressiv und fahren möglicherweise sehr rücksichtslos. Umgehend Sicherungsposten aufstellen und auf Eigenschutz achten! C-Dienst Ende.“

Einer der Gruppenführer rief daraufhin seine in der Tiefgarage befindlichen Einsatzkräfte zu sich und schärfte ihnen noch einmal ein, mit welcher Gefahr zu rechnen sei. „Also Männer, höchste Aufmerksamkeit und immer einen Blick nach hinten. Kapiert!?

„Kann die Polizei die Arschlöscher nicht stoppen?“, rief einer aufgebracht.

„Die Polizei!?“, blaffte der Gruppenführer, wobei seine Stimme trotz seiner mit dem Schraubfilter versehenen Atemschutzmaske ziemlich giftig klang. „Mann! Hier unten ist keine Polizei! Du wirst auf deinen Arsch also schon selber aufpassen müssen!“

Obwohl man unter den Atemschutzmasken außer der Augenpartie kein Gesicht erkennen konnte, war er sich sicher, dass einige der anderen nach diesem drastischen Verweis sich ihr feistes Grinsen nicht verkneifen konnten und warnte: „Das gilt übrigens für alle! Verstanden!?“

Seine Warnung hatte der Gruppenführer in der festen Überzeugung ausgesprochen, dass alle in der Tiefgarage befindlichen Feuerwehrleute sie nicht nur vernommen, sondern auch akzeptiert hatten und sich entsprechend vorsichtig verhalten würden. Was jedoch weder er noch die ihn umringenden Kollegen bemerkt hatten, war, dass bei seiner drastischen Ansprache zwei Kollegen gefehlt hatten. Diese beiden waren Vinc und Franzi. Genau wie alle Truppführer besaß Vinc eine Florentine, mit der er den Funkspruch eigentlich hätte mithören sollen. Das Problem war nur, dass er sich, als die Meldung kam, mit Franzi in einem „Funkloch" aufhielt. Funklöcher, in denen man keinen Empfang hat, sind in Tiefgaragen und Bauten, deren Wände ebenfalls aus dickem Stahlbeton bestehen, nicht ungewöhnlich.

Aufgrund dieser Problematik besitzen U-Bahn-Stationen, ausgedehnte Tunnelanlagen und andere unterirdische Bereiche – wie auch etliche modernere Gebäudekomplexe – einen eigenen Gebäudefunk. Aber in dieser Tiefgarage gab es den nicht, und als der Gruppenführer alle Kollegen zu sich rief, hielten sich Vinc und Franzi in dem abgelegenen hinteren Bereich auf, in dem vor kurzem noch eines der beiden Feuer gewütet hatte. Damit befanden sie sich nicht nur in solch einem Funkloch, sondern auch außer Sichtweite ihrer anderen Kollegen, wo sie, nichts ahnend von der möglichen Gefahr, die letzten der bis dorthin verlegten Schläuche aufrollten.

„Na toll", moserte Franzi, während sie in gebückter Haltung den von ihr zuvor gerade gezogenen Schlauch zu einer überdimensionalen roten „Lakritzschnecke" rollte, „das war ja klar. Die leichten C-Schläuche haben unsere lieben Kollegen mitgenommen, aber die schweren B-Schläuche für mich hier liegen gelassen. Schon 'ne komische Art von Gleichberechtigung, findest du nicht?"

Vinc der parallel zu ihr ebenfalls einen B-Schlauch aufrollte, hielt inne und warf Franzi von der Seite her einen Blick zu. „He, Franzi! Nicht jammern. Rollen, einfach nur weiterrollen."

Der Polizist, der als Sicherungsposten vor der Schleuse stand, hatte vergeblich versucht sein Gleichgewicht zu behalten, musste aber letztlich doch taumelnd zu Boden gehen. Die streitbaren jungen Männer, die für seinen Sturz verantwortlich waren, waren die Brüder Luke und Harry sowie ihr Kumpel Fred, der wegen seines Tattoos von allen *Spider* genannt wurde. Nachdem die drei höhnisch lachend an dem Polizisten vorbei in die Tiefgarage gelangten, trennten sie sich.

Während die beiden Brüder, als wäre überhaupt nichts vorgefallen, ohne Eile nach links abbogen, rannte Spider – er war es, der dem Polizisten den Stoß vor die Brust versetzt hatte – in die entgegengesetzte Richtung zu seinem Motorrad. „He! Ihr lahmen Säcke!", dröhnte seine

Stimme durch die vom Notlicht nur schwach beleuchtete Tiefgarage. „Wer als letzter draußen ist, zahlt 'n Kasten Altbier!" Als Luke und Harry das hörten, tauschten sie nur einen kurzen Blick der Verständigung, dann sprinteten sie los.

Spiders Motorrad, eine Harley, stand weiter entfernt als der Wagen der Brüder. Dennoch erreichte er seine Maschine als Erster. Heftig nach Luft ringend, ließ er sich in den Sattel fallen. Selber darüber verwundert, wie sehr ihn dieser relativ kurze Lauf angestrengt hatte, rieb er sich die vom Brandrauch gereizten Augen. Spiders Kurzatmigkeit lag jedoch nicht an seiner mangelnden Kondition, schließlich ging er mehrmals die Woche in ein Fitnessstudio. Schuld war die bestialisch nach Brandrauch stinkende Luft, in der immer noch jede Menge ungesunde Gase enthalten waren.

Den beiden Brüdern erging es nicht besser. Als sie ihr Fahrzeug erreicht hatten, keuchten sie wie die Weltmeister. Dabei tränten ihre geröteten Augen so stark, dass sie alles um sich herum nur verschwommen sahen. Erschwerend kam hinzu, dass nur eine Notbeleuchtung eingeschaltet war, da die normale Beleuchtung aufgrund des Brandes ausgefallen war. In dem schummerigen Licht erkannten die Brüder nicht, dass dort, wo ihr Wagen stand, sämtliche Fahrzeuge von einer schmierig rußigen Schicht überzogen waren. Das damit verbundene Problem erkannten sie erst, nachdem sie im Wagen saßen. Ihre Windschutzscheibe war schwarz wie die Nacht und praktisch undurchsichtig.

„Was ist das denn für eine Scheiße!?", fluchte Luke, während seine weit aufgerissenen Augen, als könnten sie nicht glauben, was sie sahen beziehungsweise nicht sahen, auf der undurchsichtigen Windschutzscheibe haften blieben.

„Los, mach die Scheibenwaschanlage an!", forderte ihn sein Bruder auf, aber dazu musste Luke zunächst den Motor starten, womit sich ein noch weit schwerer wiegendes Problem ergab – der Fahrzeugmotor sprang nicht an.

„Auhhh Kacke!" Luke drehte vergeblich den Zündschlüssel, dazu pumpte er hektisch auf dem Gaspedal herum. Nachdem sich nichts außer einem klackenden Geräusch tat, hämmerte er wütend mit beiden Händen auf den Lenkradkranz.

Sein Bruder versuchte, ihn zu beruhigen: „Mensch, Luke, jetzt bleib doch mal ruhig und sei nicht immer gleich so hektisch. Und gib verdammt noch mal nicht so viel Gas, dann kommt der schon noch."

„Dann kommt der schon noch ... dann kommt der schon noch!", äffte ihn Luke nach, wobei er den Lenkradkranz weiter traktierte.

„He, dreh jetzt bloß nicht durch! Das liegt nur an dem Brandrauch. Versuch's einfach noch mal mit etwas mehr Gefühl. Irgendwann muss der ja anspringen."

„Ja klar, nur wann? Etwa morgen!? Scheiße, bis dahin ist der Arsch von Spider längst draußen und wir dürfen diesen blöden Bierkasten bezahlen!"

„Hast du *damit* etwa ein Problem!?", lachte sein Bruder auf, „so'n blöder Kasten Bier? Ist nicht dein Ernst, oder?"

„Ne, natürlich nicht", knurrte Luke. „Ich verliere nur nicht gerne. Besonders nicht gegen diesen Spider."

„Hä?" Harry starrte seinen Bruder an. „Wie? Besonders nicht gegen Spider?"

„Na, weil dieser Angeber immer glaubt, die Nummer eins zu sein, deshalb."

Genau in dem Moment, als er das sagte, hörten beide das typische Motorengeräusch einer Harley, dann dröhnte auch schon ein Motorrad an ihnen vorüber.

„War er das!? War er das!?", herrschte Luke seinen Bruder an. Harry zog ein langes Gesicht und zuckte mit den Schultern. „Hmmm, schätze das war er", sagte er kleinlaut und mit einer bezeichnenden Handbewegung gegen die undurchsichtige Windschutzscheibe: „Durch den Dreck konnte man ihn ja nicht sehen."

Luke war stinksauer und drehte erneut den Zündschlüssel. Plötzlich sprang der Motor an. **„Ja!"** Eine Hand zur Faust geballt, schrie er: „So, und jetzt holen wir uns den Arsch!" Das Gesicht zu einer alles entschlossenen Miene verkniffen, rammte er das Gaspedal bis zum Anschlag durch. Mit laut aufröhrendem Motor und durchdrehenden Reifen schoss der getunte Ford Mustang, eine Wolke verbrannten Gummis zurücklassend, wie von einem Katapult geschleudert aus der Parklücke.

Harry kreischte wie ein hysterisches Weib: „Luuuke! Bist du irre!? Halt an!" Doch sein Bruder war wie von Sinnen. Wenigstens betätigte er die Scheibenwaschanlage. Aber trotz des aus den Düsen hervorspritzenden Wassers schafften die Wischerblätter es nicht, für klare Sicht zu sorgen. Zu dick haftete die klebrige Rußschicht auf der nunmehr vom Wasser völlig verschmierten Windschutzscheibe und so legten Luke und sein Bruder die nächsten Meter wie im Blindflug zurück. Dass es dabei zu keinem Unfall kam, verdankten sie einzig dem Umstand, dass sie zunächst nur geradeaus fahren mussten und niemand sonst in die Tiefgarage hinein- oder aus ihr hinausfuhr. Außer ihrem Kumpel Spider, aber der raste bereits irgendwo vor ihnen in Richtung Ausfahrt. Trotzdem glaubte Luke, ihn noch einholen zu können und gab weiter Vollgas.

An einer Abbiegung witterte er eine Abkürzung. Sofort trat er abrupt auf die Bremse und riss das Lenkrad so brutal nach rechts, dass die Reifen laut quietschend über den geglätteten Betonboden rutschten. Und dann stand da plötzlich dieser Stützpfeiler vor ihnen im Weg. Oh Scheiße, Luke trat mit aller Wucht auf die Bremse und riss das Lenkrad erneut herum, diesmal jedoch in die andere Richtung. Haarscharf schossen sie an dem Stützpfeiler vorbei. Harry schrie erneut auf und klammerte sich am Türgriff fest, aber Luke nahm darauf keine Rücksicht. Er schien wie von Sinnen. Nachdem er dem Pfeiler im letzten Moment ausgewichen war und ihren ins Schlingern geratenen Wagen wieder unter Kontrolle gebracht hatte, gab er sofort wieder Gas und erhöhte ihre ohnehin schon viel zu hohe Geschwindigkeit.

Zu diesem Zeitpunkt bog Spider in die ansteigende Kurve zur Ausfahrt. Auf seinem kahl rasierten Schädel saß ein alter Wehrmachtshelm und seine Augen bedeckte eine neue, aber im Vintage-Style gefertigte Motorradbrille. Diese Kombination bot natürlich nicht die Sicherheit eines modernen Motorradhelms, war aber zulässig. Wenn er damit allerdings in eine Polizeikontrolle geriet, würde man seinen Helm vermutlich trotzdem einkassieren und zudem müsste er wohl mit einer saftigen Strafe rechnen, weil auf ihm die verbotenen Insignien des Dritten Reichs prangten. So etwas juckte Spider jedoch nicht und bisher war er auch von keinem Polizisten angehalten worden. Seiner Meinung nach würde das auch nie passieren, da er in dem überheblichen Glauben lebte, dass die Bullen Schiss vor ihm hatten und deshalb einer möglichen Konfrontation lieber aus dem Weg gingen, zumal er die Kutte einer gefürchteten Motorrad-Gang trug.

Obwohl Spider, genau wie die Brüder, viel zu schnell fuhr, legte er sich tief in die Kurve, drehte siegestrunken am Gashebel und ließ den knatternden Motor seiner Harley noch einmal richtig aufröhren. Plötzlich und völlig unerwartet wurde er von einem hellen Licht geblendet. Spider blinzelte durch seine Vintage-Brille und zog, im Glauben, dass ihm ein Fahrzeug entgegenkam, scharf nach rechts. Unter normalen Umständen wäre seine Reaktion richtig gewesen, aber hier gab es keine normalen Umstände, denn kaum, dass er seine Maschine aufgerichtet hatte, legte sich ihm ein überdimensionales Hindernis in den Weg – die Lutte des Exhausters, welche die Feuerwehrmänner in der Tiefgarageneinfahrt ausgelegt hatten. Tiefschwarz und von seinem eingeschalteten Frontscheinwerfer nicht beleuchtet, tauchte sie jetzt wie aus dem Nichts vor ihm auf. Spiders Gedanken wirbelten durcheinander. Wich er diesem neuen Hindernis nicht aus, würde er unweigerlich stürzen. Zog er hingegen auf die andere Seite, würde er aller Wahrscheinlichkeit mit dem vermeintlich einfahrenden Fahrzeug kollidieren. Scheiße ... Ihm blieb keine Zeit zum Nachdenken, er hatte nur die Wahl zwischen Pest und Cholera. Spider entschied sich für die Pest und krachte in die Lutte, die sich rechts neben ihm die Tiefgarageneinfahrt hinunterzog.

Seit Luke diese vermeintliche Abkürzung genommen hatte, rasten die Brüder entgegen der vorgeschriebenen Fahrtrichtung. An der nächsten Abbiegung passierte es. Harry klammerte sich immer noch am Türgriff fest und starrte mit schreckensweiten Augen auf eine Person, die vor ihnen auf der Fahrbahn ging. Der Schrei, den er eigentlich ausstoßen wollte, blieb ihm in der Kehle stecken. Sein Gesicht zu einer kalkweißem Maske verzerrt, stemmte er beide Arme gegen das Armaturenbrett und presste sich in den Schalensitz, als könne er so das drohende Unheil abwenden. Sein Bruder hatte die Person natürlich auch gesehen und sofort auf die Bremse getreten, aber es war zu spät. Mit voller Wucht erfasste der Wagen die Person.

„Geh ruhig schon mal vor!“, rief Vinc, als er sah, dass Franzi ihren B-Schlauch bereits aufgerollt hatte. „Ich mach noch den anderen und komme dann nach!“

„Ist gut!“, rief Franzi und ließ ihren Kollegen alleine zurück. Leicht nach links geneigt, trug sie den 20 Meter langen, aufgerollten Schlauch in der rechten Hand. Aber bereits nachdem sie die ersten Meter zurückgelegt hatte, merkte sie, wie der gut 17 Kilogramm schwere B-Schlauch in ihrer Hand immer schwerer zu werden schien. Franzi änderte daraufhin die Tragetechnik. Den Schlauch jetzt mit beiden Händen vor der Brust haltend, marschierte sie weiter in Richtung Ausgang. Nachdem sie so eine längere Strecke zurückgelegt hatte, hörte sie ein Motorengeräusch und dachte zunächst nicht daran, dass ihr hier unten jemand mit einem Wagen entgegenkommen könnte. Schließlich hatten ihre Kollegen die Tiefgarage gesperrt. Und genauso unwahrscheinlich erschien es ihr, dass jemand, der hier unten sein Fahrzeug geparkt hatte, hinausfahren dürfte. Hmm ... trotzdem, das hörte sich eindeutig wie der Motor eines Autos an. Franzi blieb stehen und lauschte angestrengt, aber es war ihr unmöglich, auszumachen aus welcher Richtung das Geräusch kam. *Und wenn hier doch jemand ...?*

Ja, jetzt hörte sie es genau, das war tatsächlich ein Auto. In dem Moment, als ihr das klar war, verstärkte sich das Motorengeräusch zu einem lauten Dröhnen. Franzi zuckte zusammen. Der Wagen schien unmittelbar hinter ihr zu sein. Erschreckt zuckte sie zusammen, wollte sich noch umdrehen, aber selbst für diese Körperdrehung war es bereits zu spät. Als der Wagen ihre Kniekehlen traf wurde Franzi gewaltsam in die Höhe geschleudert. Ein unaussprechlicher Schmerz durchflutete ihren Körper. In ihrem Kopf vermischte sich das Kreischen blockierender Bremsen mit dem Knacken von Knochen – ihrer Knochen? Diesen wie einen Blitz durch ihren Kopf schießenden Gedanken bekam nur noch ihr Unterbewusstsein mit. Als ihr Körper den Bruchteil einer Sekunde später gegen die Windschutzscheibe prallte, versank sie in tiefste Bewusstlosigkeit. Glas splitterte und Franzis erschlaffter Körper schleuderte über das Dach des Wagens. Fünf, sechs Meter dahinter schlug sie auf den nackten Betonboden, wo sie in einer unnatürlich verkrümmten Haltung reglos liegen blieb.

Vier „Austauschstudenten“

„Wie gesagt“, der Dienstgruppenleiter der Berufsfeuerwehr in Norddeutschland, schaute in die Runde seiner versammelten Feuerwehrmänner, „zwei Plätze wären zu vergeben. Falls jemand von euch interessiert ist, müsste er mir allerdings bis spätestens übernächste Dienstschicht Bescheid geben. Sollte sich bis dahin niemand gemeldet haben, geht das Angebot an die andere Tour.“

Jochen Tanner, einer der Maschinisten stieß seinen neben ihm sitzenden Kollegen an.

„Mensch, Hulk, das wär’ doch was für uns.“

„Findest du?“

„Na klar. Wir sind doch beide solo – und für zwei Monate in München Dienst tun, fände ich super.“

700 Kilometer weiter, im Süden der Republik, traten Ernesto Hofer und Berthold Zoll, besser als Ernie und Bert bekannt, in das Büro ihres Dienstgruppenleiters.

„Chef“, fragte Ernesto, „sind die Plätze für den Feuerwehraustausch noch zu haben?“

„Wieso, interessiert?“

„Auf jeden Fall.“

„Aber nur, wenn wir beide zusammen gehen können“, betonte sein Spezi Bert.

„Verstehe“, grinste ihr DGL. Doch dann lehnte er sich in seinem Drehstuhl zurück und machte eine bedauernde Geste. „Ihr kommt damit nur leider einen Tag zu spät, Jungs. Die Plätze sind gestern früh an den Badstuber und den Hofreiter von der anderen Tour vergeben worden.“

„WAS!?“, rief Ernie entsetzt. „Aber wieso denn *die*?“ Er starrte seinen DGL ungläubig an.

„Ausgerechnet die beiden ältesten Säcke. Das verstehe ich jetzt aber auch nicht“, maulte Bert. „Die haben doch höchstens noch ein Jahr bis zu ihrer Pensionierung.“

„Also das mit den alten Säcken will ich noch mal überhört haben“, entgegnete ihr DGL, wobei er sich ein Lachen nicht verkneifen konnte. „Mensch, Jungs, das war ’n Scherz! Klar seid ihr dabei. Es sei denn, ihr überlegt es euch noch mal.“

Einen Monat später saßen Ernie und Bert im ICE nach Norddeutschland. „Hoffentlich müssen wir unsere Entscheidung nicht bereuen“, sinnierte

Bert und sah aus dem Fenster, wo die Landschaft an ihm vorüberraste.

„Wie kommst du denn jetzt darauf?“, fragte Ernie erstaunt.

„Na ja“, brummte Bert, „es heißt doch immer, die Nordlichter sollen so sture Kerle sein.“

„Ach Bert, das mit den sturen Kerlen ist doch Quatsch. Uns Bayern sagt man auch nach, das wir störrische Dickschädel wären. Und ... sind wir das?“

„Ich zumindest nicht“, brummte Bert weiter aus dem Fenster starrend, „aber du manchmal schon.“

„Hallo!“, entrüstete sich Ernie künstlich. „Jetzt schlägt’s aber dreizehn. Und so was will mein Freund sein!“

Eine Abordnung der „sturen“ Nordlichter erwartete Ernie und Bert schon am Bahnhof, wo sie ihre bayerischen Feuerwehrkollegen mit kameradschaftlicher Herzlichkeit begrüßten.

„Na Bert, immer noch in Sorge“, flüsterte Ernie seinem Busenfreund zu, als es kurz darauf im Mannschaftswagen in die Stadt ging.

Bert tat, als hätte er die Frage nicht gehört und blickte weiter aus dem Fenster, wo sich die flachen Marschen erstreckten. Nachdem er so eine Weile hinausgesehen hatte, meinte er erstaunt: „Donnerwetter, Kameraden, ihr habt ja hier fast so viele Kühe wie wir.“

Am gleichen Tag befanden sich die Feuerwehrmänner Jochen Tanner und Paul Hogan mit Jochens privatem Pkw, einem 200er-Mercedes, auf der A1 in Richtung Süden.

„Oh Mann!“, jammerte der 1,98 Meter große Hogan zum wiederholten Male. „Also echt, wenn ich geahnt hätte, wie eng es in deiner alten Klapperkiste ist, wäre ich doch lieber mit der Bahn gefahren.“

„Mensch, Hulk, dein ständiges Gejammer geht mir langsam auf den Sack, Mann. Im Übrigen ist mein Mercedes keine alte Klapperkiste, verstanden.“

„Aber verdammt eng ist er schon“, stöhnte Hogan, der mit bis an die Brust gezogenen Knien auf dem Beifahrersitz saß.“

„Ist das meine Schuld? *Du* musstest ja unbedingt diesen riesigen Seesack hinter deinem Sitz verstauen. Also ich hätte den bestimmt noch im Kofferraum ...“

„Ist ja schon gut“, beschwichtigte Hogan. „Dann fahr meinetwegen beim nächsten Parkplatz raus und lass uns noch mal umpacken.“

„Yes Sir! Ganz wie Sie befehlen, Sir!“ Jochen legte militärisch grüßend zwei Finger der rechten Hand an seine imaginäre Mütze. „Und, darf man auch erfahren, was in dem Sack so Wertvolles ist, dass er vorher nicht in den Kofferraum durfte? Sir!“

„Blödmann“, lachte Hogan. „Aber wenn du’s schon so genau wissen willst, da sind meine Einsatzklamotten drin.“

„Etwa die dicken!?“

„Ja natürlich. Was dachtest du denn?“

„Ich ... äh ... ja, ich dachte, es reicht nur die leichte Bekleidung und klar, der Helm und so. Aber ich schleppe doch nicht auch noch meine dicke Plörren mit. HuPF-Hose und Jacke bekommen wir da unten doch gestellt.“

„Du vielleicht. Du trägst ja auch höchstens Größe 54, aber ich!?“

„Hm ...“ Jochen bedachte seinen Kollegen mit einem kritischen Blick.

„Ja, guck ruhig. Ich kann schließlich nichts dafür, dass ich ein wenig größer geraten bin als der Rest der Welt.“

„Ein wenig nur? Hulki!“ Jochen lachte. „Ein wenig ist ja wohl maßlos untertrieben für jemanden, der aussieht wie das grüne Monster.“

Brandmeister Uwe Hinrichsen führte Ernie und Bert in den Sozialtrakt auf der ersten Etage.

„So Männer, hier oben befinden sich die Küche, das Bad und unsere Gästezimmer. Es macht euch doch hoffentlich nichts aus, wenn ihr euch ein Zimmer teilen müsst, oder?“

„Quatsch!“ Bert winkte ab. „Auf unserer Wache haben wir auch kein eigenes Zimmer, und da schlafen wir sogar zu viert.“

„Ach, ihr schlaft?“ fragte der Hinrichsen ironisch. „Also hier bei uns wird des Nachts nur geruht.“

„Ist klar“, lachte Ernie, „den gleichen Scheiß erzählt man bei uns auch. Aber der da schnarcht.“ Er zeigte auf Bert.

„Ich schnarche nicht, Kollege. Würde ich schnarchen, hieße das ja, ich würde schlafen. Und da man hier ja auch nur ruht, atme ich einfach nur etwas intensiver als der kleine Dicke hier.“

„Ich geb’ dir gleich ‚kleiner Dicker‘, du!“

„Nur keinen Streit, Jungs. Im Übrigen dürft *ihr* des Nachts natürlich schlafen. Ihr seid ja immerhin unsere Gäste.“

„Äh ... Moment mal! Ich denke, wir rücken mit euch aus? Also wenn es alarmiert, wollen wir schließlich nicht liegen bleiben. Stimmt’s Bert?“

„Richtig Ernie. Wir sind ja auch keine Urlauber, sondern eher so was wie ... wie ... Austauschstudenten.“

„Okay, ihr Austauschstudenten. Ich hab ja auch nicht gesagt, dass ihr *immer* liegen bleiben sollt.“

„Sondern?“

„Na ja, ihr seid für die erste Tour eingeteilt. Wenn wir frei haben, habt ihr natürlich auch frei, aber ihr wohnt weiter auf der Wache. Wenn es also auf der zweiten Tour alarmiert, egal ob am Tag oder in der Nacht ...“

„... bleiben wir brav im Bettchen liegen. Kapiert.“

„So ist es, Kollegen.“

Erster Einsatz in Norddeutschland

„Und Ernie, erzähl doch mal. Was war *dein* gefährlichster Einsatz?"

Peter, der Benjamin der Truppe, schaute Ernie erwartungsvoll an.

„Boah, Junge, du stellst vielleicht Fragen. Wir fahren jedes Jahr über 100.000 Einsätze. Wie soll ich mich da noch an den gefährlichsten erinnern?"

„Na ja, die fährst du ja nicht alle alleine."

„Nein, natürlich nicht. Das sind die Einsätze von allen unseren Feuerwachen. Aber so tausend pro Jahr fährt man selber schon. Vielleicht solltest du mich lieber fragen, welcher mein kürzester Einsatz gewesen war."

„Und, was war dein kürzester?"

„Hm ... mein kürzester Einsatz. Lass mich mal nachdenken." Ernie, der zusammen mit Bert zwischen ihren norddeutschen Feuerwehrkollegen auf der Wache in deren gemütlichen Aufenthaltsraum saß, rieb sich sein Kinn. „Ja ... ja ich denke das könnte der vom letzten Weihnachten gewesen sein."

„Ah! Das war sicher ein brennender Christbaum, stimmt's?"

Ernie, dem der Schalk im Nacken saß, grinste schief. „Ne Junge, falsch geraten."

„Und wieso war das dein kürzester?"

„Na ganz einfach. Das war nur 'n Adventsgesteck und als wir eintrafen, da war es schon weg."

Der so Gehörnte erntete schallendes Gelächter.

„Ich wüsste aber gerne auch noch was", sagte ein anderer Feuerwehrmann.

„Mmm, was denn?", fragte Ernie mit vollem Mund, da er gerade herzhaft in sein drittes Mettbrötchen gebissen hatte.

„Wieso heißt du eigentlich Ernesto, wo du doch offensichtlich ein Urbayer bist?"

„Mmmm!" Ernie kaute mit vollen Backen. „Den Namen habe ich von meinem Großvater mütterlicherseits. Meine Mutter ist Spanierin."

„Dann bist du also gar kein richtiger Bayer?"

„Doch", lachte Ernie, „sogar ein waschechter, in Straubing geboren."

„Und du Bert? Wo stammst du her?"

Aber bevor Bert antworten konnte, unterbrach ein Alarm die illustre Runde.

„Einsatz für die Löschzüge 9 und 10, zur Hohenstauffenallee 76, vermutlich Dachstuhlbrand! Es rücken aus: von Feuerwache 9: 4-46-1, 4-33-1 ..."

„Ist ja genau wie bei uns!", rief Ernie, während er mit den anderen Feuerwehrmännern aus dem Aufenthaltsraum stürmte.

„Ja, aber die schicken anscheinend keinen Notarzt mit!", sagte Bert und umklammerte eine der vier Rutschstangen, die acht Meter tiefer in der Fahrzeughalle endeten.

Neben ihm düste Brandmeister Uwe Hinrichsen nach unten. „Bei uns wird der Notarzt im Krankenhaus alarmiert!"

„Aha!" Bert federte auf der dicken Gummiplatte ab. „Und habt ihr auch so was wie einen B-Dienst?"

„Klar. Der heißt bei uns genauso und wird von Wache 1 geschickt."

Die beiden liefen jetzt zu ihrem Fahrzeug, einem HLF 24, neben dem ein auf Rollen beweglicher Kleiderständer mit ihrer Einsatzkleidung stand. Bert stieg in seine davor stehenden Sicherheitsstiefel, zog die über die Schäfte gestülpte HuPF-Hose hoch und schnappte sich seine dicke Einsatzjacke.

Hinrichsen saß bereits mit den anderen im Mannschaftsraum des HLF. „Los, rein mit dir Bert!", rief er und streckte ihm die Hand entgegen.

„Alle Mann an Bord?"

„Ja! Vollzählig!"

„Dann los!"

Der Maschinist startete das Fahrzeug. Bert saß auf der Beifahrerseite am Fenster. Neben ihnen startete die Drehleiter, auf der sein Kumpel Ernie als dritter Mann mitfuhr. Löschzug 9 setzte sich in Fahrt. Das ist es also, dachte Bert, rückte sich seinen Feuerwehrhelm zurecht und zog den Kinnriemen stramm. Sein erster Einsatz mit den norddeutschen Kollegen hatte begonnen. Fast so aufregend wie an seinem ersten Tag. Na ja, nicht ganz, korrigierte er sich, aber fast.

Ernie ging es nicht anders. Auch er war aufgeregt und schaute aus dem Seitenfenster in die dunkle Nacht, wo sich das Zucken ihrer Blaulichter in den Fenstern der Häuser widerspiegelte. Dann wandte er sich dem neben ihm sitzenden Drehleiterführer zu und meinte:

„Hohenstauffenallee, hört sich nach ziemlich noblem Pflaster an."

„Ist es auch, Ernie. Und teuer."

„Sehr?"

„Auf jeden Fall zu teuer für das Gehalt eines Feuerwehrmannes."

„Es sei denn, du bist Branddirektor", warf ihr Maschinist ein und schaltete das Starktonhorn zu, weil ein überholender Pkw sich zwischen seine Leiter und das vor ihnen fahrende HLF drängeln wollte. „Na also, geht doch", nickte er zufrieden, nachdem der Fahrer erschreckt nach links zog, um danach mit röhrendem Auspuff auch noch an ihrem HLF vorbeizuziehen.

„Raser", sagte der Drehleiterführer kopfschüttelnd. „Solche Spinner habt ihr doch sicher auch, oder?"

„Mehr als uns lieb sind“, bestätigte Ernie und sah wieder aus dem Fenster. „Noch weit?“

„Drei Minuten. Die übernächste rechts und dann die dritte links.“

„Die vierte“, korrigierte der Maschinist, „die vierte, Wolfgang.“

Es war die vierte. Ernie bemerkte aber schon jetzt, dass sich die Wohngegend veränderte. Waren sie vorher noch an großen Häuserblocks mit Geschäften vorbeigefahren, säumten jetzt vermehrt Ein- und Zweifamilienhäuser mit kleinen Vorgärten den Straßenrand. Als er darüber eine Bemerkung fallen ließ, meinte der Drehleiterführer trocken: „Dann warte mal ab, was gleich kommt.“

Er hatte nicht zu viel versprochen. Die Hohenstauffenallee war eine zweiseitig zu befahrene, von Platanen bestandene Allee. Auf ihrem breiten begrünten Mittelbereich lud eine, ebenfalls aus Platanen bestehende Doppelreihe zum Flanieren unter den wohl gestutzten Baumkronen ein. Zu beiden Seiten dieser prunkvollen Allee reihte sich Villa an Villa, eine schöner und prächtiger als die nächste.

„Ja mei, da legst di nieder!“, staunte Ernie. „Hier sind die Vorgärten ja größer als bei uns dahoam die größten Schrebergärten.“

Hausnummer 76 lag auf der rechten Straßenseite. Der parkähnliche, zur Straße gewandte Garten besaß ein pompöses schmiedeeisernes Gitter, dessen zweiflügeliges Tor weit geöffnet stand. Ein Mann, vermutlich der Gärtner oder ein anderer Bediensteter, stand daneben und winkte die Feuerwehrfahrzeuge aufgeregt heran.

„Drehleiter vorfahren!“, tönte es aus dem Funklautsprecher. Die Order kam vom Zugführer, der das bislang vorausfahrende HLF kurz vor der Einfahrt stoppen und warten ließ, um die Drehleiter aus taktischen Erwägungen zuerst einfahren zu lassen. Deren Maschinist setzte sofort zum Überholen an und bog in die hinter dem Tor liegende breite Einfahrt. Sie führte zu einer klassischen Jugendstilvilla, aus deren Dachstuhl hellrote Flammen in den dunklen Nachthimmel schlugen.

„Oh oh! Das schaut nicht gut aus“, sagte Ernie der schon den Sicherheitsgurt gelöst hatte und unruhig auf seinem Sitz hin und her rutschte.

„Fahr da drüben links an“, befahl der Drehleiterführer und zeigte mit dem ausgestreckten Arm auf eine gepflasterte Freifläche, die sich um das repräsentative Gebäude zog. Wir steigen oben durch das Erkerfenster ein. Ernie, PA anziehen. Du kommst mit.“

Der Maschinist lenkte nach links und überschlug die angegebene Fensterhöhe. Drei Etagen, Altbau, vermutlich mit einer Deckenhöhe von 4,40

Metern, dazu der aus dem Erdreich ragender Keller, ergaben gut zwölf Meter. Das Erkerfenster lag noch zirka drei Meter höher. Für seine mechanische Drehleiter also kein Problem, selbst wenn er sich außerhalb des Trümmerschattens postierte. Diesen Sicherheitsabstand zum Gebäude versuchte jeder verantwortungsvolle Maschinist einzuhalten, zumindest da, wo es ihm möglich war. Schließlich hatte niemand ein Interesse daran, dass irgendwelche herabstürzenden Bauteile auf die Fahrzeuge krachten, was im schlimmsten Fall den ganzen Einsatzablauf zunichte machen konnte.

Nachdem die Drehleiter an ihnen vorbeigefahren war, erteilte der Zugführer dem zweiten LF die Anweisung: „Wassertrupp absitzen und Schlauchhaspel abprotzen. Ihr sucht einen Hydranten und stellt die Wasserversorgung sicher! Die anderen fahren mit uns durch und bereiten sich für den Innenangriff vor. Kommen!"

„4-44-1 verstanden!", bestätigte der Gruppenführer des zweiten LF und ließ seinen Wassertrupp aussteigen.

Der Maschinist des HLF war, während sein Chef funkte, weitergefahren und positionierte sich in der Nähe des Haupteingangs, der wie ein hochherrschaftliches Portal über eine von zwei Seiten begehbare Steintreppe zu erreichen war, auf der in diesem Moment ein Mann und eine Frau – sich gegenseitig stützend – hustend und nur in spärliche Nachtgewänder gekleidet, hinunterstolperten.

„Dirk, Matthi!", rief der Zugführer, „ihr kümmert euch um die beiden!"

Draußen auf der Straße hatte der Wassertrupp nur wenige Meter vom Eingangstor entfernt ein Hydrantenhinweisschild entdeckt. Anhand dieses Schildes war der Unterflurhydrant schnell ausfindig gemacht. Dass er sich auf ihrem Gehweg befand, war ein glücklicher Umstand, denn so mussten sie die Schlauchleitung nicht aufwendig mit Schlauchbrücken über die Allee verlegen, was sie viel Zeit gekostet hätte. Außerdem ersparte ihnen das eine noch längere Schlauchstrecke, die wegen der Zufahrt zum Gebäude ohnehin schon weit genug war.

Mit dem langen Unterflurhydrantenschlüssel öffnete der Wassertruppführer die ovale Verschlusskappe, kniete sich, leuchtete in das dunkle Loch und entfernte die in der Klauenmutter sitzende Schutzkappe. „Okay, kannst eindrehen!"

Der Wassertruppmann drehte das mitgeführte Hydrantenstandrohr ein und öffnete einen der beiden seitlichen Abgänge. Während er den Hydrant so noch kurz durchspülte, kuppelte sein Kollege bereits das freie Ende ihrer mitgebrachten B-Schlauchhaspel an.

„Fertig?“

„Ja.“

„Na dann los!“

Nachdem der Wassertruppmann – die mit fünf B-Rollschläuchen bestückte zweirädrige Schlauchhaspel hinter sich herziehend – davongezogen war, blieb der Wassertruppführer alleine zurück, um auf das Kommando „Hydrant aufdrehen“ zu warten. Warten und dazu noch zur Untätigkeit verdammt zu sein, ist immer nervend, besonders für einen Feuerwehrmann, der weiß, dass nur wenige Meter von ihm entfernt der Dachstuhl einer Villa brannte und dass dort gerade jede Hand gebraucht wurde. Daher hörte er mit großer Erleichterung das Heulen von Martinshörnern. Löschzug 10 musste schon ganz nah sein. Und da kamen sie auch schon mit zuckenden Blaulichtern um die Kurve. Vorneweg das Löschgruppenfahrzeug, dahinter die Drehleiter, gefolgt von dem Tanklöschfahrzeug, einem TLF 24/50, sowie zwei Rettungswagen. Die ersten Fahrzeuge bogen gerade in die Einfahrt, da erreichte ihn der Funkruf: „Hydrant aufdrehen!“ Sofort drehte der Wassertruppführer das Spindelventil des Hydrantenstandrohrs nach oben. Das Wasser aus dem städtischen Rohrnetz schoss in den angeschlossenen B-Schlauch. Während sich die zu ihrem HLF verlegte Leitung mit rasender Geschwindigkeit füllte, fuhr der letzte RTW durch die Einfahrt. Der Wassertruppführer rannte hinterher. Von dem Gärtner, der vorhin noch am Tor gestanden hatte, war nichts mehr zu sehen.

Währenddessen war die Drehleiter von Löschzug 4 in Stellung gegangen. Der Maschinist hatte den Leiterpark genau vor dem Erkerfenster postiert. Der Angriffstrupp, den er in dem an seiner Spitze befindlichen Rettungskorb hochgefahren hatte, hatte mit dem Fensterglas kurzen Prozess gemacht. Anschließend war der Trupp, dem auch Ernie angehörte, mit Wasser am Rohr in das Erkerzimmer eingedrungen. Alle drei Feuerwehrmänner trugen Pressluftatmer. Unter den Atemschutzmasken waren ihre Gesichter vollständig bedeckt.

Der halbrunde Raum, in dem sie sich befanden, war bereits voller Brandrauch, der jetzt, wo sie das Fenster zerschlagen hatten, in den dunklen Nachthimmel aufstieg. Unten ertönte die laute Stimme des Zugführers: „Lichtmast ausfahren! Angriffstrupp 2! Schlauchtragekorb mitnehmen und mit zweitem C-Rohr über die Treppe in das Gebäude vor!“

Der Angriffstrupp, der bereits fertig ausgerüstet ausgestiegen war, lief sofort zu der Seite ihres HLF, auf der sich unter anderem die Schlauchtragekörbe befanden. Einen der C-Schlauchkörbe herausziehend, eilten sie danach zur der Treppe, wo der Schlauchtrupp mit einer C-Schlauchhaspel auf sie wartete. Zuvor hatten sie einen B-Schlauch bis vor die Treppe ausgerollt und den mitgebrachten Verteiler daran angeschlossen.

„Wir legen euch die Leitung bis dahin, wo die Verrauchung beginnt“, sagte der Schlauchtruppführer dem ankommenden Angriffstrupp.

„Gut“, nickten die beiden und gingen voraus. Der Schlauchtrupp folgte, wobei er die Schlauchhaspel in die Mitte nahm und den an den Verteiler angeschlossenen C-Schlauch hinter sich abrollen ließ. Gemeinsam gingen sie so bis zur dritten Etage. Bis hierher war alles rauchfrei gewesen.

„Okay, das reicht“, sagte der Angriffstruppführer. „Ab hier gehen wir alleine weiter.“

Der Schlauchtrupp sah das genauso. Da sie keine Atemschutzgeräte trugen, machte es für sie keinen Sinn, noch weiter zu gehen, deshalb halfen sie ihren Kollegen nur noch beim Eindrehen der Lungenautomaten in die Atemschutzmasken. Dann rollten sie die letzten Windungen der Schlauchhaspel ab und legten sie als Reserve in Buchten auf das Treppenpodest. Auf ihrem Weg nach unten banden sie die auf der Treppe ausgelegten C-Schläuche an den Kupplungsstellen am Geländer fest – eine wichtige Maßnahme, da die Schlauchleitung nach Einschießen des Löschwassers ein enormes Gewicht aufweist, das gewaltig an den Schläuchen zerrt. Nachdem sie diese Arbeit erledigt hatten, meldeten sie sich bei ihrem Gruppenführer.

Die zweite Drehleiter war inzwischen ebenfalls in Stellung gegangen. Ihr Maschinist hatte die Pratzen ausgefahren und sein Gerät so geschickt platziert, dass er mit dem Leiterpark alle Fenster der rechten Gebäudeseite und der Rückseite erreichen konnte. Während sich der Trupp, den er nach oben fahren sollte, mit Atemschutzgeräten ausrüstete, beobachtete er, ob sich an irgendeinem der Fenster ein Mensch zeigte, der sich möglicherweise in Gefahr befand und seine Hilfe benötigte. Aber nirgendwo ließ sich jemand sehen. Auch auf der oberen gefährdeten Etage schien alles ruhig. Aber was war mit dem Dachgeschoss?, fragte er sich. Dort, wo es brannte, gab es nur einige kleine Gaubenfenster, aus denen dichter schwarzer Brandrauch quoll. Dann bekam er über sein Handsprechfunkgerät mit, wie sein Leiterführer vom Zugführer angesprochen wurde.

„Hör zu, von den Eltern haben wir erfahren, dass sich da oben noch ihr siebenjähriger Junge befinden soll. Also beeilt euch!“

Oh Gott, ein Kind. Hoffentlich bedeutete oben nicht ganz oben, dachte der Leitermaschinist, denn die Chance, den Jungen noch lebend aus dem brennenden Dachstuhl herauszuholen – das wusste er aus leidvoller Erfahrung –, war nicht besonders groß. Es ging also wieder einmal um jede Sekunde, deshalb schwenkte er den Leiterpark unverzüglich zur Seite und senkte ihn so weit, dass der Angriffstrupp sofort in den Rettungskorb einsteigen konnte. Der kam gerade angerannt. Rennen mit einem Pressluftatmer auf dem Rücken war wegen der damit verbundenen Unfallgefahr nicht gerade angesagt, aber angesichts der Lebensgefahr, in der ein kleiner Junge schwebte, scherte das im Moment niemand. Der Trupp stieg in den Rettungskorb und der Maschinist, der jetzt außen auf dem Leiterpodest auf seinem Maschinistensitz Platz genommen hatte, betätigte den Öldruckschalter und umfasste die rechts und links angeordneten Joysticks für die Fahrbewegungen mit beiden Händen. Aufrichten, Schwenken und Ausfahren des Leiterparks geschahen in einer einzigen fließenden Bewegung, dabei stand er mit seinen Kollegen im Korb in ständigem Funkkontakt. Ihr Ziel war eines der kleinen Dachgaubenfenster. Obwohl aus ihm dichter Brandrauch hervorquoll, wollte der Angriffstrupp dort eindringen, um so schnell wie nur irgend möglich zu dem Jungen zu gelangen. Obwohl sie ein mit Wasser unter Druck stehendes C-Rohr dabei hatten, dessen Leitung durch den Leiterpark bis zu dem Festanschluss im Rettungskorb automatisch mit hochgezogen wurde, würde es dennoch ein hoch riskantes Unterfangen werden, da bisher niemand sagen konnte, wie es um den brennenden Dachstuhl stand. Die Feuerwehrmänner wussten nur eins – dort oben musste es ziemlich heftig brennen, das bewiesen die Flammen, die an einer Stelle der bereits durchgebrannten Dacheindeckung hell in den dunklen Nachthimmel hinausschlugen.

Der ebenfalls eingetroffene B-Dienst stand neben dem Zugführer des zuerst eingetroffenen Löschzugs 4.

„Und, Werner, wie ist momentan die Lage?"

„Wir haben drei Trupps unter PA mit C-Rohren im Gebäude. Einer geht durch das Treppenhaus, der andere ist über die Leiter dort oben in das Erkerfenster eingestiegen, um von da in den Dachstuhl zu gelangen. Der dritte Trupp ist über die Leiter der Wache 5 auf der gegenüberliegenden Seite direkt in den Dachstuhl eingedrungen, weil wir davon ausgehen müssen, dass sich dort oben noch ein siebenjähriger Junge befindet."

„Mit Wasser am Rohr hoffe ich doch?"

„Selbstverständlich."

„Und, schon eine Rückmeldung?"

„Bis jetzt noch nicht. Die sind aber auch erst vor wenigen Sekunden durch ein Dachgaubenfenster eingestiegen."

„Und was ist mit den anderen Trupps?"

„Die im Treppenhaus kontrollieren zurzeit noch die Räume, die sich unterhalb des Dachstuhls befinden. Der zweite Trupp müsste eigentlich ... Moment mal, ich werde gerade angefunkt.“

Es war Brandmeister Uwe Hinrichsen, der als Angriffstruppführer mit Ernie als drittem Mann über die Drehleiter in das Erkerfenster der Villa eingestiegen war. „Wir sind jetzt im Dachstuhl. Es gibt mehrere Räume. Mittlere Verrauchung, aber noch kein Feuer, wir gehen weiter. Kommen.“

„Verstanden, Angriffstrupp 1/4. Angriffstrupp 1/5 ist ebenfalls oben. Suchen Sie vordringlich nach dem Jungen. Kommen.“

„Verstanden. Ich gebe Bescheid, sobald wir ihn haben. 1/4 Ende.“

„Ist das sicher, dass der Junge auch wirklich da oben ist?“, fragte der B-Dienst, der den Funkspruch mitgehört hatte.

Der Zugführer schüttelte den Kopf. „Kann ich nicht sagen. Die Info kam von einer der RTW-Besatzungen, die die Eltern des Jungen behandeln. Vermutlich Rauchgasintoxikation“, erklärte er auf den fragenden Blick seines Vorgesetzten.

„Dann sollten wir aber auch noch einen Notarzt kommen lassen“, erwiderte der B-Dienst.

„Ist bereits geschehen, das NEF habe ich schon angefordert.“

„Sehr gut, Werner. Was meinst du, soll ich vorsorglich noch Zug 7 und den Atemschutzgerätewagen kommen lassen?“

„Also ich denke, solange wir noch keinen genauen Überblick über das Brandgeschehen haben, können wir damit noch einen Moment warten.“

„Na gut“, nickte der B-Dienst und erklärte, einmal persönlich mit den Eltern des vermissten Jungen reden zu wollen.

„Ernie hockte mit Brandmeister Hinrichsen neben einer Tür, hinter der sie das Feuer vermuteten. Sein norddeutscher Kollege hatte zuvor einen Handschuh ausgezogen und über das Türblatt gefühlt – es war heiß. Ein kurzes Nicken, ein Blick der Verständigung zu seinem Angriffstruppmann, der mit dem Strahlrohr im Anschlag in Position gegangen war. Hinrichsen zog die Klinke herunter. Sofort schlug ihm die Türe entgegen. In dem Raum dahinter wütete das Feuer. Lange Flammen schossen aus ihm hervor. Gut, dass die Feuerwehrmänner vorsorglich Deckung genommen hatten. Der Angriffstruppmann riss den Hebel seines Hohlstrahlrohres nach hinten und drängte die Flammen mit einem breit gefächerten Wasserstrahl zurück. Unter dessen Schutz rückten die drei in den Raum vor, dabei gab der Angriffstruppmann immer nur kurze Sprühstrahlstöße ab, wobei er das Rohr von rechts nach links schwenkte.

„Halt auch mal da oben hin“, forderte ihn Hinrichsen auf der, nachdem sich der Brandrauch ein wenig verzogen hatte, bemerkte, dass die mit Holz vertäfelte Decke ebenfalls brannte.

Ernie sah sich in dem Raum um. Links standen die Reste zweier verkohlter Schränke mit verbrannter Kleidung. Rechts ein angebrannter Schreibtisch und das Gerippe von einem verbrannten Drehstuhl, daneben mehrere Kisten und Kartons mit nicht mehr zu identifizierenden Kram. Das meiste vollständig verbrannt. Von einem Jungen war nichts zu sehen.

„Das reicht! Weiter!“, forderte sie Hinrichsen auf. Der Angriffstruppmann schwenkte noch einmal über das kokelnde Brandgut und rückte dann weiter vor. Ernie zerrte an dem mit Wasser gefüllten Schlauch und folgte in den angrenzenden Raum, dessen Tür offen stand. Offensichtlich war hier das Zentrum des Brandes, denn hier wütete das Feuer mit noch größerer Macht. Es hatte bereits das Dach durchgebrannt, sodass der Brandrauch in den freien Himmel entweichen konnte. Diesem Umstand verdankten es die drei, dass sie in dem im Vollbrand stehenden Dachstuhl überhaupt etwas sehen konnten. Der Raum war mit Gerümpel vollgestopft, von dem das Feuer jedoch nicht mehr viel übrig gelassen hatte. Hochwertiges Mobiliar hatte es hier nicht gegeben, dafür jede Menge Regale, die unter der Einwirkung des Feuers zum größten Teil schon in sich zusammen gestürzt waren. Der glühende Brandschutt türmte sich teilweise einen halben Meter hoch.

„Halt mal ordentlich drauf und nimm dir die Knotenpunkte der Balkenkonstruktion vor! Nicht dass uns der ganze Dachstuhl hier noch zusammenbricht! Ernie!“

„Ja?“

„Da drüben ist noch ’ne Tür. Sieht aus wie ’n Einbauschrank. Sieh doch mal nach, ob sich der Junge da drin versteckt hat!“

Hoffentlich nicht, dachte Ernie, denn wenn das der Fall wäre, wäre der Junge höchstwahrscheinlich längst erstickt. Mit einem mulmigen Gefühl im Magen kämpfte er sich über die glühenden Schuttberge. Als er die angebrannte Tür öffnen wollte, fiel sie in sich zusammen. Ernie richtete den starken Strahl seines Handscheinwerfers in den dahinterliegenden Dachdrempel und atmete erleichtert auf. Gott sei Dank! Auch hier nur Gerümpel. Von dem Jungen keine Spur. Aber dann sah er etwas Fellartiges. Zuerst hatte er nur an ein Plüschtier gedacht, aber als er genauer hinsah, erkannte er in dem braunen Etwas einen kurzbeinigen Hund – einen Langhaardackel. Er war tot, vermutlich erstickt. Als er Hinrichsen von seinem Fund berichtete, musste der schlucken. Hoffentlich würde ihr nächster Fund kein kleiner toter Junge sein.

„Zugführer 4 für B-Dienst kommen!“

„Hört, kommen!“

„Sag mal Werner, wer hat dir eigentlich gesagt, dass es sich bei dem Vermissten um einen Jungen handeln soll?“

„Na hör mal, Hans-Werner dürfte ja wohl kaum ein Mädchen sein, oder?“

„Ne, ein Mädchen nicht, aber ein Hund!“

„Wie bitte? Kannst du das noch einmal wiederholen. Ich glaube, ich habe das Letzte nicht richtig verstanden!“

„Ein Hund! Ich sagte: ein Hund! Hast du verstanden? Die vermissen nicht ihren Sohn, sondern ihren Hund. Und der heißt Hans-Werner. Kommen!“

Für einen Moment herrschte danach vollkommene Funkstille, dann meldete sich der Zugführer zurück.

„Äh ... der Junge ist also ein Hund und der heißt wie ich. Verstehe ich das richtig? Kommen.“

„Genau so ist es, mein Lieber. Das Ehepaar hat zwar auch einen Sohn, genauer gesagt sogar zwei Stück, aber die sind in einem Internat. Kommen.“

Der Zugführer musste noch einmal tief durchatmen, ehe er wieder in sein Funkgerät sprach.

„An alle eingesetzten Trupps. Habt ihr die Nachricht vom B-Dienst mitgehört? Kommen!“

„Angriffstrupp 1/9 hat mitgehört. Wir haben soeben einen toten Dackel gefunden, kommen.“

„Was ist mit dem Feuer? Kommen.“

„Raum 1 gelöscht. Sind jetzt in Raum 2, wo wir den Dackel gefunden haben. Hier brennt es zwar noch, haben aber alles unter Kontrolle. Kommen!“

„Verstanden 1/4. 1/5, wie sieht es bei euch aus? Kommen.“

„Hier 1/5. Wir kämpfen auch noch gegen das Feuer, müssten aber gleich mit 1/4 zusammentreffen. Kommen.“

„Verstanden 1/5. 2/4, wie ist bei euch die Lage? Kommen!“

„Hier 2/4. Wir haben alle Räume unterhalb des Dachgeschosses überprüft. Bis jetzt kein Feuerdurchbruch, aber an einigen Stellen färbt sich die Tapete unter der Decke bräunlich. Vermutlich befindet sich darüber eine Holzbalkendecke. Wäre gut, das mal mit ’ner Wärmebildkamera zu kontrollieren. Kommen.“

„Verstanden 2/4. Ich komme selber hoch und sehe mir das gleich an. Wie sieht es aus mit Verrauchung? Kommen.“

„Hier auf der dritten Etage so gut wie gar nicht. Wir haben die Geräte deshalb auch noch nicht anschließen müssen.“

„Sehr gut. Bleibt oben, bis ich bei euch bin. Vielleicht müsst ihr einen der anderen Trupps ablösen. Zugführer Ende.“

Am nächsten Tag, Ernie und Bert hatten frei, erhielten sie schon früh morgens einen Anruf von ihrem Dienstgruppenleiter.

„Na ihr zwei Nordlichter, muss mich doch mal erkundigen, wie es euch geht. Und, schon was erlebt?“

„Das kannst du wohl laut sagen, Chef“, polterte Ernie los. „Gestern Nacht hatten wir einen Dachstuhlbrand. Ne Supervilla. Nachdem das Feuer gelöscht war, haben wir noch bis in die Morgenstunden geschuftet. Brandschutt runtertragen, Fußbodenkreissäge und so. Das volle Programm.“

„Aaah jaaa“, dehnte ihr Dienstgruppenleiter.

„Und dann gab es auch noch diesen toten Jungen“, schaltete sich Bert in das Gespräch ein. War allerdings kein Junge. Der hieß übrigens wie unser Zugführer hier, Hans-Werner. Wobei, der heißt nur Werner, ist aber sonst ganz in Ordnung. Chef ... bist du noch dran?“

„Ja“, kam die Antwort mit einiger Verzögerung. „Ich verstehe nur nicht ganz. Was war denn jetzt mit dem toten Jungen?“

„Sag ich doch. Der hieß Hans-Werner. War sogar adelig mit ’nem richtigen Stammbaum. Ich glaube vollständig hieß der Hans-Werner von Süderberg Teckelhausen“, kicherte Bert. „Oder so ähnlich zumindest. Stimmt doch Ernie, oder?“

„Also ich verstehe hier gar nichts“, sagte ihr Chef kopfschüttelnd und meinte: „Ihr habt doch nicht etwa getrunken?“

„Chef! Willst du uns beleidigen!?“

„Nein, natürlich nicht. Aber ich denke, vielleicht solltet ihr beide euch erst einmal ausschlafen. Habt ja schließlich die ganze Nacht gearbeitet. Ich rufe dann später noch einmal an.“

Erster Einsatz in Süddeutschland

Hauptbrandmeister Franz Winkelmoser öffnete ein Stück weit die Bürotür und steckte den Kopf hinein, gleichzeitig klopfte er gegen den Türrahmen.

„Xaver, die Neuen sind jetzt da. Hättest du kurz Zeit?"

Xaver Weidengerber, der Wachvorsteher von Feuerwache 2, schaute leicht irritiert von seiner Arbeit auf. „Jetzt schon? Mir hatte man doch gesagt, die Kollegen aus Norddeutschland kämen erst am späten Nachmittag."

„Tja ...", Winkelmoser zuckte die Schultern, „sind anscheinend gut durchgekommen, vermute ich."

„*Mit dem Auto?* Franz, bei der Strecke und den vielen Baustellen! Egal." Der Wachvorsteher winkte ab. „Wo sind sie jetzt?"

„Ich habe sie vorhin auf ihr Zimmer geführt. Die packen wohl gerade aus, aber wenn es dir passt, bringe ich sie zu dir runter. Halbe Stunde, wäre das in Ordnung?"

„Komm lieber sofort, ich habe nachher noch eine Besprechung mit dem B-Dienst."

Einige Minuten später traten Hogan und Tanner in das Büro des Mannes, der die nächsten zwei Monate ihr Chef sein würde. Weidengerber erhob sich bei ihrem Eintreten und kam um seinen Schreibtisch herum.

„So, ihr seid also die beiden Nordlichter", sagte er lächelnd und streckte seine Hand aus. „Na dann, herzlich willkommen." Er schüttelte beiden die Hand und bot ihnen anschließend zwei Stühle an. „Den Kollegen Franz habt ihr ja schon kennengelernt. Er ist nicht nur euer Dienstgruppenleiter, sondern in allen Belangen auch euer erster Ansprechpartner. Ihr könnt natürlich auch jederzeit zu mir kommen, wenn ihr Probleme habt. Ich bin hier der Wachvorsteher und heiße Xaver Weidengerber. Könnt aber gerne Xaver zu mir sagen, denn wie ihr sicher schon gemerkt habt, wir sind hier alle per Du. Also dann, ich bin der Xaver."

Er streckte den beiden noch mal die Hand entgegen.

„Ich bin der Jochen, Jochen Tanner."

„Und ich bin Paul Hogan. Aber ...", ergänzte er fast verlegen, „mich nennen alle nur Hulk."

„Verstehe", lächelte ihr neuer Chef mit einem respektvollen Blick auf Hogans muskelbepackten Körper: „Da gab es übrigens mal einen bekannten Ringer, war auch so'n Kraftpaket. Der hatte den Spitznamen ‚Kran von Schifferstadt'. Kennt ihr den noch?"

Beide schüttelten den Kopf.

„Na ja, ist ja wohl auch vor eurer Zeit gewesen.“ Der Wachvorsteher erhob sich. „Okay, ich denke, wir werden uns ja noch des Öfteren sehen. Ihr seid für die erste Tour eingeteilt, richtig?“

„Jau.“

„Und, ist euer Zimmer so weit in Ordnung?“

„Alles bestens, Chef“, nickte Tanner.

„Gut, dann seht euch ruhig noch ein wenig um und lernt die Wache kennen. Ab übermorgen beginnt eure erste Schicht. Alles klar so weit?“

„Jau.“

Nachdem die beiden gegangen waren, griff Weidengerber zum Telefonhörer und rief seinen norddeutschen Kollegen Herbert Köhler an. Er hatte Glück, Köhler befand sich gerade in seinem Büro.

„Grüß Gott, Herbert, hier ist Xaver.“

„Moin Xaver!“, grüßte Köhler zurück. „Was gibt's? Sind meine Männer schon bei dir eingetroffen?“

„Ja, die saßen bis eben noch bei mir im Büro. Aber hör mal ... dieser Hogan, der sieht ja wirklich zum Fürchten aus. Hast du etwa noch mehr von der Sorte?“

„Nein!“, lachte Köhler. „Das ist mein einziges Exemplar. Aber keine Sorge, der ist ganz harmlos.“

„Na das will ich doch hoffen. Ich frage mich allerdings, wo ich für den so schnell 'ne Uniform auftreiben soll. Der hat doch bestimmt eine Kleidergröße, die jenseits von Gut und Böse ist?“

„Auch darüber brauchst du dir deinen Kopf nicht zu zerbrechen, Xaver. Der Hulk hat vorsorglich seine Uniform von hier mitgenommen.“

„Ah, sehr gut. Ich dachte schon, wir müssten dem eine anfertigen lassen. Aber in den CSA passt der vermutlich nicht, oder?“

„In einen Chemikalienschutzanzug! Machst du Witze? Steck den bloß nicht da rein. Es sei denn, du brauchst dringend einen neuen.“

Andrej Horvat hatte die Grenze bei Wien passiert und fuhr jetzt auf der A1 in Richtung Salzburg. Für die 80 Kilometer von Bratislava bis Wien hatte er etwas über eine Stunde benötigt. Die Strecke Wien Salzburg war fast viermal so weit, laut seinem GPS exakt 296 Kilometer. Ob er jedoch auch diese in der angegebenen Zeit von 2:53 Stunden schaffen würde, bezweifelte er. Die A1 war ohnehin eine der am stärksten befahrenen Autobahnen – und um diese Zeit mischte sich auch noch der allmorgendliche Berufsverkehr in die Kolonne der Lkw-Fahrer. Horvat war mit dem Flaggschiff seiner Spedition unterwegs, einem MAN TGX D38 mit Reihensechszylinder und 15,2 Liter Hubraum. Die Fracht seines Sattelzugs bestand aus Maschinenteilen, die er gegen Mittag in München abliefern musste. Wenn alles glattging, würde er den Knoten Salzburg gegen 11.00 Uhr erreichen. Von da ging es dann über die A8 weiter. Nach GPS 145 Kilometer in 1:40 Stunden. Was die Lenk- und Ruhezeiten anging, so müsste er allerdings irgendwo zwischen Salzburg und Rosenheim noch die vorgeschriebene 45-minütige Ruhepause einlegen. Es würde also eng werden, aber trotzdem konnte er es schaffen. Wohlgemerkt, wenn alles glattging.

Die Wachbereitschaft der ersten Tour hatte sich zum Dienstantritt in der Fahrzeughalle eingefunden. Hauptbrandmeister Winkelmoser kam mit dem Dienstplan aus seinem Büro.

„Grüß Gott, Männer."

„Grüß Gott, Franz!", schallte es ihm aus 15 Männerkehlen entgegen. Zwei weitere Stimmen ließen dagegen zur Erheiterung aller ein knappes aber lautes „Moin!" vernehmen.

Der Feuerwehrmann, der neben Hogan stand, stieß ihn dezent in die Seite und zischte: „He, Hogan, hier bei uns in Bayern heißt das immer noch *Grüß Gott*."

„Aaah ja", dehnte Hogan und schaute auf seinen Nebenmann hinunter. „Und bei uns sagt man immer *Moin*, auch am Abend."

„Auch am Abend?"

„Ja, auch am Abend." Hogan hielt ihm die Hand entgegen. „Hier, schlag ein, Kollege. Und sag bitte Hulk zu mir, das machen die anderen auch." Sein Nachbar zögerte, denn das, was ihm sein neuer Feuerwehrkollege entgegenhielt, glich eher der gewaltigen Tatze eines Grizzly als einer menschlichen Hand.

„Der tut nix", flüsterte ihm Hogans Kollege Tanner ins Ohr. „Kannst ruhig einzuschlagen."

„Und, was dagegen, wenn ich jetzt den Dienstplan verlese?", sagte Winkelmoser leicht säuerlich.

„Sorry, Chef, ich wollte nur ..."

„Vergiss es, Max. Also HLF 1, Maschinist Huber, Angriffstrupp Seehofer und Moser, Wassertrupp Müller und Golling. Drehleiterführer Jakobs, Maschinist Franzen und heute als dritter Mann unser Gast Jochen Tanner." Nachdem der Dienstgruppenleiter noch die Besatzung des zweiten HLF und die des RTW verlesen hatte gab er noch einige Dinge zum Tagesgeschehen bekannt. „So, das wär's, Männer. An die Arbeit."

Hogan, der als Schlauchtruppmann dem zweiten HLF zugeteilt worden war, begab sich mit seinem Schlauchtruppführer zu ihrem Fahrzeug, einem HLF 20/16.

Das Hilfeleistungslöschfahrzeug war ein Mercedes-Benz Atego mit Iveco-Magirus-Aufbau Alu Fire 3.

„Gutes Fahrzeug“, bemerkte Hogan, „Fünf-Gang-Allison-Vollautomatik-Getriebe und ausgestattet mit einer Schaummittelzumischer-Anlage MRS Fire DOS 1000. Stimmt’s?“

„Du scheinst dich ja gut auszukennen. Bist wohl auch Maschinist, wie?“

„Maschinist eher weniger, aber wir fahren das gleiche Modell.“

Um diese Zeit war es noch kein Problem, einen Stellplatz zu finden. Vor den Wochenenden sah das ganz anders aus. Wer da nicht rechtzeitig einen Rastplatz oder Autohof anfuhr, hatte meist das Nachsehen. Das Gerangel um die freien Plätze war gnadenlos. Andrej Horvat wusste ein Lied davon zu singen. Es gab einfach zu viele Lkw und zu wenige Parkplätze. Bei Rosenheim lenkte er seinen Sattelzug auf den Autobahnrasthof Samerberg Nord, ging kurz zur Toilette und legte sich anschließend in seine Schlafkabine. Bis hierher war alles glatt gelaufen. Andrej konnte zufrieden sein, es hatte weder Unfälle noch Staus gegeben. Falls das bis München so bliebe, würde er, was keineswegs normal war, zur vorgesehenen Zeit seine Fracht abliefern können. Mit diesem beruhigenden Gedanken schloss er seine Augen. Falls er einschlafen würde, würde ihn sein Wecker in 40 Minuten aufwecken.

An Feuerwache 2 hatten sich die Feuerwehrmänner zum Frühstück im Speiseraum eingefunden. Bis jetzt war es ruhig geblieben, lediglich ihr RTW befand sich im Einsatz. Aber das war normal. Die höhere Einsatzhäufigkeit der Rettungsdienstfahrzeuge gegenüber den Alarmierungen der Löschzüge war – wie überall – auch im Freistaat signifikant, darin unterschied sich ihre Feuerwache in nichts von anderen Großstadtwachen im gesamten Bundesgebiet. Sicher, manchmal gab es auch Tage, da musste man vier-, fünfmal oder noch öfter ausrücken – aber dann gab es auch wieder Zeiten, da tat sich tagelang gar nichts. So etwas kam bei den Rettungsdiensten fast nie vor. Deren Fahrzeuge rollten rund um die Uhr – und nicht selten fuhr eine Besatzung während ihrer 24-Stunden-Schicht an die 20 oder mehr Einsätze.

Hulk und Jochen schlürften ihren heißen Kaffee und blickten skeptisch auf die Weißwürste, die ihre bayerischen Kollegen mit offensichtlichem Genuss verzehrten.

Hulk saß mit Frank Winkelmoser und einem weiteren Hauptbrandmeister an einem Tisch. Bhhh ... weiße gekochte Würste, die wie Albinos aussahen. Hulk fragte sich, ob so etwas wirklich schmecken konnte.

Und dann noch zum Frühstück. Ne, da blieb er doch lieber bei seinen Brötchen.

Der DGL schien dessen Gedanken zu erraten, spießte ein Würstchen auf seine Gabel und legte es auf Hulks Teller. „Hier, probier ruhig mal. Schmecken wirklich gut."

Hulk starrte auf seinen Teller, als hätte ihm jemand eine tote Maus daraufgelegt.

Der DGL schob ihm ein Töpfchen mit einer körnigen, grünlich-gelben Masse über den Tisch. „Schmeckt damit noch besser."

„Und was ist das?"

„Mostert. Bei euch sagt man wohl Senf dazu."

„Hm ... sieht aber gar nicht aus wie Senf."

„Jetzt probier schon. Ein Kerl wie du kann doch nicht von einer Semmel satt werden."

„Wenn du meine Brötchen meinst: Es waren drei", bekannte Hulk und biss verlegen in sein viertes, als ihn ein Feueralarm vor dem Weißwürstchen rettete.

„Einsatz für HLF 2! Brennender Müllcontainer vor der Kleingartenanlage Wiesenstraße, Ecke Grüner Weg."

„Ist das noch weit?", fragte Hulk, nachdem sie schon eine ganze Weile unterwegs waren.

„Die Wiesenstraße ist eigentlich nicht mehr unser Revier", erklärte ihm sein Wassertruppführer. „Schätze, dass sich die Kollegen im Einsatz befinden, sonst hätten die uns sicher nicht quer durch die Stadt fahren lassen."

Wie zur Bestätigung seiner Annahme hörten die Männer über Funk eine Rückmeldung der Feuerwache 5, in deren Revier sie gerade „wilderten".

„Zugführer 5 an Leitstelle!"

„Leitstelle hört. Kommen!"

„Kellerbrand gelöscht. Feuer aus. Aufräumungsarbeiten. Wir brauchen hier den Störtrupp E und die Kripo. Verdacht auf Brandstiftung. Kommen."

„Verstanden 5-46-1, Stadtwerke und Kripo werden informiert."

„Habt ihr viel mit Brandstiftung zu tun?", fragte Hulk.

„Hm, nicht mehr als in anderen Städten", entgegnete Max und fügte noch hinzu: „Idioten und Spinner gibt es überall."

Andrej Horvat hatte seine gesetzlich vorgegebene Ruhepause beendet und befand sich wieder auf der A8. Je näher er der Stadt kam, desto dichter wurde der Verkehr. Andrej war froh, dass er mit seiner Fracht nicht weit in die Stadt hineinfahren musste. Sein Ziel war ein weitläufiges Industriegebiet im äußeren Randbereich.

Der Papiercontainer war einer von vier Behältern, die nebeneinander auf einem kleinen Wiesendreieck vor dem Eingang der Kleingartenanlage standen. Der, der brannte, war für Papier und Pappe, die drei anderen für Glas. Der Boden unter ihnen war mit grauen Betonsteinplatten belegt.

Immer die gleiche Scheiße, dachte der Gruppenführer, als er den Brandrauch aufsteigen sah. Na wenigstens hatten die Idioten diesmal nur einen Container angezündet. „Okay Leute. Das Übliche! Ein C-Rohr, ein PA – und wenn nötig, kippen wir den Container um!“

Der Angriffstruppmann hatte auf der Anfahrt schon sein Atemschutzgerät angelegt und stieg als Erster aus dem Fahrzeug. Die anderen folgten sichtlich gelangweilt. Brennende Papiercontainer sind eben keine aufregenden Feuer – und solange kein Auto in seiner unmittelbaren Nähe parkte, kam es auch nicht auf besondere Schnelligkeit an. Hulk war zu der Fahrerseite gegangen, wo sich das Fach mit der Schnellangriffseinrichtung befand. Er hatte gerade die ersten Meter des formstabilen Hochdruckschlauchs von der Haspel abgezogen, da hielt ihn sein Truppführer zurück.

„Lass drin, Hulk! Für so'n Container nehmen wir immer nur einen Rollschlauch.“

„Also wieder aufrollen?“

„Ja. Komm, ich helfe dir.“

Während die beiden mit dieser Arbeit beschäftigt waren, stand der Angriffstruppmann vom Brandrauch umhüllt schon neben dem Papiercontainer und hielt sein Strahlrohr in die Einwurföffnung. „Fahr mal ordentlich Druck!“, rief er dem Maschinisten zu. „Sieht aus, als wäre da nicht viel drin! Vielleicht müssen wir das Scheißding dann nicht kippen!“

Der Maschinist hob die Hand zum Zeichen des Verstehens und fuhr den Druck um zwei Bar höher. Der Angriffstruppmann stellte sein Strahlrohr auf Vollstrahl und „rührte“ damit die nasse Pampe kräftig durch. Plötzlich gab es einen ohrenbetäubenden Knall und eine meterhohe Stichflamme schoss aus der Einwurföffnung des Containers. Dem Angriffstruppmann fetzte es die Atemschutzmaske vom Gesicht. Daran, dass er vor Schreck und Schmerz laut aufgeschrien hatte, sollte er sich nie mehr erinnern können. Er spürte nur noch einen gewaltigen Schlag und wie er nach hinten durch die Luft geschleudert wurde. Danach wurde es um ihn dunkel. Sein Angriffstruppführer, der zwei Meter hinter ihm stand und den Schlauch führte, war ebenfalls zu Boden gerissen worden.

Der Maschinist war erschrocken zusammengezuckt. Aber im Gegensatz zu Max und Hulk, die im Schutz des HLF gestanden hatten, hatte er einen Teil der Druckwelle abbekommen und ein Knalltrauma erlitten. Entsetzt starrte er auf seine beiden am Boden liegenden Kollegen. Dann sah er seinen Gruppenführer. Er kam von links angelaufen, wo er mit einem Passanten gesprochen hatte. Ihm war nichts geschehen. „Ruf den Notarzt!“, rief er seinem Maschinisten zu und bückte sich zu dem Angriffstruppmann, dessen Gesicht blutüberströmt war. Aber der Maschinist war unfähig, sich zu rühren – er stand unter Schock – und die Geräusche um ihn herum, auch die Aufforderung seines Gruppenführers, erstarben in watteartigem Rauschen.

Max und Hulk kamen um das Heck des HLF gerannt. Max schaltete sofort. „Hulk, schnell, den First-Responder-Rucksack!“ Hulk schob das Rollo hoch, hinter dem sich der Rucksack für medizinische Notfälle befand, derweil war Max schon in der Fahrerkabine und riss den Funkhörer aus seiner Halterung.

„Mayday! Mayday! Hier 2-44-1. Einsatzstelle Wiesenstraße. Schwere Explosion. Kollegen verletzt! Brauchen dringend Notarzt!“ Mit tränenerstickter Stimme wiederholte er seinen Notruf, dann sprang er aus dem Fahrzeug und eilte zu seinen am Boden liegenden Kollegen.

Dass sich Feuerwehrleute schwer verletzen, kommt trotz ihres bisweilen lebensgefährlichen Berufs nicht allzu häufig vor. Der Notruf ihres Kollegen setzte daher auch bei den Routiniers der Rettungsleitstelle eine gehörige Portion Adrenalin frei. Dennoch reagierte der Disponent, der den Notruf empfangen hatte, diszipliniert und souverän. Er schickte nicht nur den Notarzt, sondern auch noch zwei Rettungswagen und die Polizei zum Einsatzort. Außerdem informierte er umgehend den Inspektionsdienst, der sich ebenfalls unverzüglich auf den Weg machte. Innerhalb weniger Minuten wimmelte es danach an der Unfallstelle nur so von Blaulichtern.

Andrej Horvat trat auf die Bremse. Weiter vorne musste irgendetwas passiert sein, vermutlich ein Feuer, denn er sah jede Menge Polizei und Feuerwehr – und dunklen Rauch in den Himmel steigen. Ein Polizist mit einer Kelle trat an seine Fahrerseite. Andrej ließ die Scheibe hinunter.

„Sie müssen leider hier links abbiegen. Die Straße ist wegen eines Unfalls komplett gesperrt.“

Andrej nickte und lenkte nach links. Offensichtlich was Größeres, sagte er sich, sonst hätten sie die Straße bestimmt nicht komplett dichtgemacht. Sein Navi reagierte prompt.

„Bitte wenden. Bitte wenden.“

„Würde ich ja gerne, Lady“, sagte Andrej laut, „aber da hinten ist zurzeit kein Durchkommen.“

Nachdem er eine Weile notgedrungen von seiner ursprünglichen Richtung abgewichen war, schien sich die Navi-Dame wieder orientiert zu haben.

„In 100 Metern rechts abbiegen, bis zum Kreisverkehr weiterfahren und die dritte Ausfahrt nehmen.“

Hulk stand neben dem HLF, wo er einen der seitlichen Abgänge aufgedreht hatte und sich unter dem Wasserstrahl das Blut von den Händen wusch. Neben ihm stand Max und ein weiterer Feuerwehrmann, den er noch nicht kannte. Später erfuhr er, dass es der Fahrer des B-Dienstes war. Alle anderen, der Angriffstruppmann, der Angriffstruppführer und der Maschinist befanden sich auf dem Weg ins Krankenhaus. Am schlimmsten hatte es den Angriffstruppmann getroffen. Er war mit einem Helikopter in das Klinikum Harlaching geflogen worden. Sein unverletzt gebliebener Gruppenführer hatte ihn begleitet.

„Ich verstehe immer noch nicht, wie das passieren konnte“, sagte Max. „Wer macht denn so eine Scheiße und legt ein Propangasflasche in einen Papiercontainer.“

„Die Polizei meint ja, das wäre ein gezielter Anschlag“, sagte Hulk.

„Aber auf wen? Etwa auf uns?“, fragte der andere Feuerwehrmann. „Mann, wir sind die Feuerwehr. Das macht doch keinen Sinn.“

„Passiert ist es trotzdem“, sagte Hulk grimmig und warf einen Blick auf den Papiercontainer, der jetzt nicht mehr an derselben Stelle stand. Die Wucht des Druckgefäßzerknalls hatte ihn bis auf die Wiese geschleudert. Eine Schweißnaht war vollständig aufgerissen. Hulk mochte sich nicht ausmalen, wie es um seine Kollegen stehen würde, wenn der schwere Metallcontainer statt auf die Wiese gegen den Angrifftrupp geschleudert worden wäre. Aber auch so waren deren Verletzungen erheblich. Bei dem Angriffstruppmann mochte der Notarzt sogar innere Verletzungen nicht ausschließen.

Der Inspektionsdienst, der die letzten Minuten mit der Polizei gesprochen hatte, trat zu der Dreiergruppe. „So, Männer, hier ist so weit alles geklärt. Der Kollege Fischer wird euch jetzt zurück zur Wache fahren und ihr habt für den Rest der Schicht dienstfrei.“

„Aber ...“

„Kein aber, Max. Die Kollegen von Wache 3 springen für euch ein und ihr ruht euch aus. Das ist keine Bitte, sondern ein dienstlicher Befehl. Verstanden?“

Max nickte stumm.

„Noch eins. Ihr habt sehr umsichtig und gut gehandelt, danke.“ Der B-Dienst schüttelte Max und Hulk die Hand.

Als die drei Feuerwehrmänner ihr HLF bestiegen, sahen sie einen Abschleppwagen der den Container auf seine Ladepritsche hob. „Der geht garantiert in die KTU“, meinte der Fahrer des Inspektionsdienstes der jetzt ihr HLF steuerte.

Andrej war wieder auf dem richtigen Weg. Sein Ziel war ein anderes Industriegebiet weiter westlich. Hier sollte er eine neue Ladung erhalten, die ihn dann nach Slowenien zurückführen würde.

Der Mann am Seil

Eine Viertelstunde nachdem das HLF 2 mit seinem Kollegen Paul Hogan die Wache verlassen hatte, erhielt die Drehleiter, auf der Jochen Tanner als dritter Mann mitfuhr, ebenfalls einen Einsatz.

„Sie fahren Carl-Friedrich-Goerdeler-Straße 128, bei Pipenvogel. Hilflose Person auf Balkon."

„Pipenvogel ... was für ein bescheuerter Name. Möchtest du Pipenvogel heißen?"

Markus Franzen, ihr Maschinist, schüttelte den Kopf und lachte. „Wer so heißt, müsste doch eigentlich vom Balkon herunterfliegen können, was, Paul?"

„Mal den Teufel nicht an die Wand Markus", erwiderte sein Drehleiterführer Paul Jakobs. „Mit solchen Dingen sollte man nicht spaßen, oder was meinst du, Jochen?"

Jochen, der die Frage mit dem Namen aufgeworfen hatte, blies hörbar die Luft aus.

„Phhh! Also ich muss das nicht unbedingt haben. Dass einer springt, meine ich. Hatte ich vor Kurzem erst." Jochen drehte sein Gesicht zur Seite und schaute gedankenverloren aus dem Fenster. „War 'n junger Mann ... fast noch ein Kind."

„Und?"

„Liebeskummer. Hat sich vom Dach eines Hochhauses gestürzt. Genau, als wir ankamen. 19 Etagen. War sofort tot."

Franzen und Jakobs schwiegen betreten. Aber schon nach einer Weile sah Jochen seine Kollegen wieder an und meinte grinsend: „Der hieß übrigens Faller. Kein Scheiß, Jungs. Ich schwöre."

„Mann! Da erzählst du uns erst diese traurige Geschichte – und dann so was. Tanner, du bist vielleicht ein abgebrühter Hund."

Nein, ein abgebrühter Hund war Jochen Tanner nicht. Das wussten auch seine beiden neuen Kollegen. Sie alle hatten schon Ähnliches erlebt und wussten, wenn man als Feuerwehrmann nicht psychisch vor die Hunde gehen wollte, musste man solche Erlebnisse irgendwie verarbeiten. Nicht wenige begegneten der Tragik des Geschehens deshalb mit gespieltem Sarkasmus oder witzelten darüber. Tief in ihrem Inneren hinterließen die Ereignisse jedoch Wunden. Wunden, die zwar mit der Zeit verheilten, aber für immer Narben hinterließen.

Herbert wohnte über der 19-jährigen Beate Pipenvogel auf der sechsten Etage, und wenn er sich weit genug über die Betonbrüstung seines Balkons lehnte, konnte er mit etwas Glück sehen, wie sich seine Angebetete im Bikini im Liegestuhl rekelte. Vorausgesetzt, es war Wochenende und das Wetter war entsprechend. Oder Beate machte wieder einmal blau, so wie heute, wo die Sonne schon sehr früh in ihren Balkon knallte.

Herbert war 24, Sohn reicher Eltern, Dauerstudent und gerade mal wieder solo. Für Beate schwärmte er schon lange, allerdings hatte sie seinen diversen Annäherungsversuchen bisher immer nur die kalte Schulter gezeigt.

Herbert flezte sich, die Füße in ausgelatschten Cowboystiefeln auf dem niedrigen Couchtisch liegend, in seinem Lieblingssessel und kiffte, da wurde unter ihm die Balkontüre geöffnet. Das Geräusch kannte er, auch das, was er danach zu hören bekam – Beate, die scharfe Braut, klappte mal wieder ihren Liegestuhl auf. So weit war alles wie immer, doch dann hörte er sie plötzlich laut fluchen. „Oh nein! Das darf doch wohl nicht wahr sein!" Sofort war er aufgestanden und beugte sich über die Balkonbrüstung.

„Probleme! Kann ich dir vielleicht helfen?"

Beate blickte hoch. Oh Mann, der nervige Typ von oben. Doch dann erklärte sie Herbert, dass ihr die Balkontüre zugefallen sei.

„Na und? Kannst du die nicht wieder aufdrücken?"

„Nein, leider nicht", sagte Beate und schüttelte den Kopf. „Die klemmt mal wieder." Sie erklärte Herbert, dass sie das gleiche Problem schon mal hatte. „Wenn sie, so wie jetzt, festsitzt, bekommt man sie nur von innen wieder auf!"

Super! Das ist meine Chance, freute sich Herbert und schlug Beate vor, sie solle ihm ihren Schlüssel hochwerfen. Er käme dann runter und würde sie befreien. Das war natürlich eine bescheuerte Idee, die wohl nur seinem bekifften Gehirn zuzuschreiben war. Besser wäre es, eine Schnur hinunterzulassen, an der die Ausgesperrte ihren Schlüssel gebunden hätte. Aber Beate war zu aufgeregt und ging daher auf Herberts Vorschlag ein – mit dem Ergebnis, dass ihr Schlüsselbund 15 Meter tiefer im Gebüsch landete.

„Und jetzt?"

„Kein Problem, ich komme zu dir."

Beate ging davon aus, dass Herbert nach unten laufen würde, um den Schlüssel zu holen, aber der hatte einen anderen Plan – einen, der noch bescheuerter war als der mit dem Schlüssel. Wie gesagt – Herbert war bekifft. Er lief zurück in seine Wohnung und kramte aus einer Kiste ein altes Seil hervor. Was er damit vorhatte, war lebensgefährlich und sollte auch gründlich in die Hose gehen.

„Ach du Scheiße!“ Leiterführer Jakobs zeigte mit dem ausgestreckten Arm auf einen Mann, der zwischen dem sechsten und siebten Balkon an einem Seil hin und her pendelte.

„Also entweder ist der Kerl lebensmüde oder total irre“, konstatierte Jochen.

„Kannst du da vorne drüberfahren?“

„Wenn da Rasensteine verlegt sind, ja, ansonsten sinken wir in dem weichen Boden zu tief ein. Besonders, nachdem es letzte Woche so viel geregnet hat.“

„Okay, dann lass mich vorher aussteigen und nachsehen.“

„Alles klar.“

Jochen verließ ebenfalls die Leiter. Während der Leiterführer den Untergrund auf Befahrbarkeit für ihr 14 Tonnen schweres Rettungsgerät prüfte, rannte Jochen bis unterhalb der Stelle, wo der Mann in der Luft hängend wild zappelte.

„Hier spricht die Feuerwehr!“, rief er ihm durch ein Megafon zu, das er aus der Leiter mitgenommen hatte. „Bleiben Sie ruhig und bewegen Sie sich nicht! Wir kommen zu Ihnen!“

Leider hielt sich der Mann nicht an Jochens Anweisung. Anscheinend hing er fest. Hoffentlich riss das Seil nicht, denn er strampelte nach wie vor wie ein Irrer. Die Bikini-Schönheit auf dem Balkon darunter trug auch nicht gerade dazu bei, die Lage zu beruhigen. Im Gegenteil, mit ihrem hysterischen Gekreische hatte sie die halbe Nachbarschaft auf sich aufmerksam gemacht.

„Ganz ruhig bleiben!“, versuchte es Jochen noch einmal über das Megafon, aber auf den anderen Balkons schrien die Anwohner ebenfalls. Hatten diese Neunmalklugen vorher noch dem tollkühnen Seilartisten alles Mögliche zugerufen, so galt ihr Gebrüll jetzt der Feuerwehr. Zurufe wie: „Mann! Jetzt tu doch endlich was!“ oder: „He, du Pisser! Wo bleibt denn deine Leiter!?“ und: „He, Spacko, der Mann schmiert gleich ab!“, waren dabei nur die harmlosen Zurufe.

Jochen schaute nach rechts. Gott sei Dank, die Leiter kam. Es waren also doch Rasensteine verlegt. Er hatte sie nur nicht sehen können, da sie im Laufe der Jahre von Erde vollkommen bedeckt und zugewachsen waren. Aber jetzt war sie da, die DLK 23/12 NB, und Markus, ihr Maschinist, legte sofort das Nebengetriebe ein und fuhr die dem Gebäude zugewandten seitlichen Stützen aus.

„Jochen! Die Auffahrbohlen unter die Pratzen! Nicht dass wir da doch noch einsinken!“

„Mach ich!“

Nachdem Jochen die aus Aluminiumprofil bestehenden Auffahrbohlen unter die ausgefahrenen Pratzen gelegt hatte, senkte Markus sie ab. Die vier Stützen pressten sich gegen den Boden und hoben die Leiter aus den Federn, sodass sie starr stand und jetzt bestiegen oder mit dem angehängten Rettungskorb befahren werden konnte.

„Jochen, einsteigen!", rief Markus und setzte sich auf den außen angebrachten Maschinistensitz. „Ich fahr dich hoch!"

Jochen fragte erst gar nicht, wo ihr Leiterführer abgeblieben war. Vermutlich versuchte Jakobs, über das Treppenhaus zu dem Mann am Seil zu gelangen – und bestimmt hatte er auch längst eine Rückmeldung zur Leitstelle gefunkt und einen RTW oder sogar ein NEF angefordert.

Jochen stieg in den Rettungskorb und schaltete den Funk ein. „Okay, fahr mich hoch." Markus richtete den Leiterpark auf und schwenkte ihn gegen das Gebäude. Der Leiterpark schob sich auseinander. In Jochens Kopf wirbelten die Gedanken. Hoffentlich kamen sie nicht zu spät. Noch acht Meter, noch sechs, noch vier. Der Mann strampelte noch immer wie verrückt. Hoffentlich hielt das Seil. Hoffentlich würde der Notarzt nicht nötig sein. Jetzt waren es nur noch zwei Meter. Der Korb stoppte.

„Ab jetzt übernimmst du die Feinsteuerung", kam die Aufforderung von unten über die Funkverbindung.

„Alles klar, Markus."

Jochen betätigte den Öldruckschalter und griff die im Rettungskorb montierte Steuereinheit. Die Leiter reagierte sehr feinfühlig, sodass er den Korb zielgenau zwischen die beiden Balkone der sechsten und siebten Etage fahren konnte. Als er dort einschwenkte, verstummte die Bikini-Schönheit und wich respektvoll zur Seite.

Jochen lenkte den Korb exakt unter den am Seil hängenden Mann. Die Gefahr, dass er in die Tiefe stürzen könnte, war somit gebannt. Sollte das Seil jetzt reißen, würde ihm der Mann wie eine reife Frucht in den Korb fallen. Jochen fasste die zappelnden Beine des Mannes, der laut aufschrie.

„Ruhig, ganz ruhig. Sie sind jetzt in Sicherheit. Ihnen kann nichts mehr passieren. Ich bin jetzt bei Ihnen."

Eine letzte Fahrbewegung nach oben und er hatte den Mann im Korb.

„Sie haben doch nichts dagegen, oder?" Jochen wartete die Antwort erst gar nicht ab und durchtrennte das Seil mit dem Taschenmesser. Seine Frage war eh nur rhetorisch gewesen. Kaum vom Seil befreit, sank der junge Mann zu Boden, wo er wie ein Schlosshund heulte.

„Wie geht es ihm?", fragte die Bikini-Schönheit, als Jochen an ihr vorbei in die Tiefe fuhr.

„Machen Sie sich keine Sorgen. Ihrem Freund geht es so weit gut."

„Das ist nicht mein Freund!", rief Beate ihm hinterher, was Jochen aber nicht interessierte. Freund hin oder her, sagte er sich, Hauptsache, es war ihnen gelungen, den verrückten Typ zu retten und sicher nach unten zu bringen.

Jakobs hatte tatsächlich einen Notarzt angefordert.

„Sicher ist sicher", erklärte der seinen Kollegen, während der Mann im RTW medizinisch untersucht wurde. Kurz darauf trat der Notarzt zu ihnen.

„Also, ein Selbstmordkandidat ist euer Mann nicht, so viel kann ich mit Sicherheit sagen. Trotzdem, ein wenig meschugge ist das schon, sich an einem Seil da hinunterzulassen." Der Mediziner wedelte in einer bezeichnenden Geste vor seiner Stirne. „Mitnehmen muss ich ihn aber nicht. Wie die meisten Verrückten hat er noch mal verdammtes Glück gehabt. Allerdings wird er noch für längere Zeit schmerzhafte blutunterlaufene Striemen auf seiner Brust und unter den Armen zurückbehalten. Aber sonst ... wie gesagt. Ist nichts für mich. Ach ja, noch eins, der Typ hat gekifft."

„Ahhh", dehnte Jakobs, „das erklärt natürlich einiges."

„Und, braucht ihr mich hier noch?"

Drehleiterführer Jakobs schüttelte den Kopf.

„Gut, dann bin ich wieder weg."

„Und ich rede mal mit unserem Klettermaxe", sagte Jochen. „Möchte doch zu gerne wissen, welcher Teufel den geritten hat? So ein Idiot, sich von da oben abzuseilen."

„Mach das", nickte Jakobs und deutete auf zwei Polizisten, die gerade aus ihrem Fahrzeug stiegen. „Dann rede ich schon mal mit der Polizei. Schätze, der junge Mann wird denen gleich auch noch einige Erklärungen schuldig sein."

Während die beiden Feuerwehrmänner ihre Gesprächspartner aufsuchten, begab sich Leitermaschinist Franzen zu seinem Rettungsgerät, wo er den Leiterpark ablegte und die Pratzen wieder einfuhr. Als er danach die Auffahrbohlen verstauen wollte, kam Jochen in Begleitung des geretteten Mannes zu ihm.

„He Markus, hast du hier vielleicht irgendeinen Schlüsselbund gefunden?"

„Nein, wieso?"

Jochen erklärte ihm, was er soeben von dem jungen Mann erfahren hatte. Als er da ankam, wo sich das Seil verheddert hatte, verzog er das Gesicht.

„Na, dann lass uns mal suchen. Irgendwo hier muss das gute Stück ja schließlich liegen."

„Hab ihn!", rief er kurz darauf und hielt den Schlüsselbund hoch. Er hatte dicht vor dem untersten Balkon zwischen Sträuchern gelegen.

„Super, gib her!" Herbert, der vor wenigen Minuten noch heulend am Boden des Rettungskorbs gekauert hatte, kam angelaufen. Er schien schon wieder Oberwasser zu haben und wollte Markus den Schlüssel entreißen, aber der war schneller.

„Ne, ne, Freundchen, so nicht!"

„Aber ich muss doch ..."

„Du musst gar nix", betonte Markus und hielt den aufgebrachten Herbert mit dem freien Arm auf Distanz. Jochen kam ihm zur Hilfe. „Außer den beiden Herren hinter dir zu erklären, was deine ganze bescheuerte Aktion überhaupt sollte."

„Hä?" Herbert drehte sich um und blickte in die Gesichter der beiden Polizisten, die mit Jakobs dicht hinter ihn getreten waren.

„Na, dann wollen wir uns doch mal gemeinsam bei Ihnen umsehen", sagte der eine und fasste Herbert am Arm.

„Und den Schlüssel kannst du mir geben, Kollege", sagte der andere Polizeibeamte lächelnd und streckte die Hand aus. „Oder wolltest du die Bikini-Schönheit da oben etwa auch noch befreien?"

„Auf keinen Fall. Das macht ihr mal lieber", schaltete sich Jakobs ein. „Nicht dass das hübsche Mädel meinen Männern auch noch den Kopf verdreht." Und lachend fügte er hinzu: „Wohin das führen kann, habt ihr ja eben eindrucksvoll erlebt. Stimmt's, Jungs?"

Am Ende ist nur noch das Ende

Der Notruf, den der Wassertruppführer des HLF nach der Explosion des brennenden Papiercontainers gefunkt hatte, konnte zwar von allen im Stadtgebiet befindlichen Einsatzfahrzeugen empfangen werden, aber die Drehleiterbesatzung mit Jakobs, Franzen und Tanner befand sich in diesem Moment gerade außerhalb ihres Fahrzeugs. Daher wussten sie, als sie mit ihrer Drehleiter zur Wache zurückfuhren, noch nicht, was ihren Kollegen widerfahren war.

Die drei Feuerwehrmänner waren bester Laune.

„Junge, war das ein irrer Typ!“, rief Tanner. „Wie kann jemand nur so blöde sein!?“

„Na ja, bei dieser Pipenvogel. Also ehrlich, das war doch mal wirklich ein verdammt heißes Geschoss.“

„He, Jungs, ich muss doch sehr bitten, ja!“

„Was denn!? Eben hast du doch selber noch gesagt, dass die einem Mann den Kopf verdrehen kann.“

„Ja, einem Mann schon“, lachte Jakobs, „aber einem gestandenen und nicht so einem unreifen Burschen wie dir.“

„Ach, und der Typ war deiner Meinung nach also ein gestandener Mann?“

„Ne, aber der war ja auch bekifft.“

„Du hättest trotzdem uns hochgehen lassen können, anstatt die Polizisten zu schicken.“

„Ach weißt du, meine Entscheidung war, denke ich, schon richtig. Im Übrigen ... hast du nicht eine feste Freundin?“

„Was hat das denn damit zu tun?“

„Oooch, nur so. Und was ist mit dir, Jochen? Noch solo oder ...?“

„Ich?“ Jochen Tanner grinste verlegen. „Ich bin glücklich verheiratet.“

„Na bitte, sag ich doch, alles richtig gemacht.“

Die Drehleiterbesatzung hatte wieder ihre Wache erreicht. Die große Wanduhr in der Fahrzeughalle zeigte 11.06 Uhr an, die Zeit, in der sich die Feuerwehrmänner oft zu einer zweiten Tasse Kaffee zusammensetzten. Laut lachend platzten Jakobs, Franzen und Tanner in den Tagesraum hinein.

„He Leute, ihr glaubt ja nicht, was wir gerade erlebt haben!“

Aber als sie die düsteren Mienen ihrer Kollegen sahen und deren gedrückte Stimmung spürten, wussten sie, dass irgendetwas Schlimmes geschehen sein musste.

„Kommt, setzt euch erst mal“, forderte sie ihr Wachvorsteher auf. „Ich muss euch leider eine traurige Mitteilung machen.“

Andrej Horvat hatte das Industriegebiet in München vor einer guten Stunde verlassen. Seine neue Fracht bestand aus Europaletten mit sogenannter weißer Ware – hauptsächlich Waschmaschinen und Kühlschränke. Genauso zähflüssig, wie sich der Berufsverkehr morgens in die Stadt drängte, so quälte sich die Blechkarawane des Nachmittags wieder hinaus. Andrej steckte mittendrin und schaute genervt auf die Uhr. Vielleicht hätte er die Nacht doch besser auf dem Hof der Spedition bleiben sollen, um am nächsten Morgen gut ausgeruht auf die Strecke zu gehen. Aber er wollte unbedingt die Stadt hinter sich bringen und noch einige Kilometer schaffen, ehe er wieder die gesetzlich vorgeschriebene Ruhezeit einlegen musste. Vielleicht schaffte er es ja noch bis Samerberg, der Raststätte, auf der er schon auf der Hinfahrt pausiert hatte.

Nachdem er sich wieder auf der A8 befand, lief der Verkehr etwas flüssiger. Einige Kilometer später hatte er sich so weit entzerrt, dass Andrej sogar den Tempomat einschalten konnte. Dafür bereitete ihm jetzt etwas anderes Sorge. Am Horizont war eine dunkle Front aufgezogen, in der immer wieder grelle Blitze zuckten, und diese Front trieb genau auf ihn zu.

„Achtung! Hier ist die Leitstelle mit einer Wetterwarnung. An alle Feuer- und Rettungswachen. In der nächsten halben Stunde erwarten wir aus Südosten eine Schlechtwetterfront mit Starkregen und Orkanböen bis 120 Kilometer pro Stunde. Besonders betroffen sind die südlichen Stadtteile und die angrenzenden Autobahnen. Leitstelle Ende.“

Obwohl Andrej Horvat genau sah, was sich vor ihm zusammenbraute, hatte ihn das Tempo, mit dem ihn die Schlechtwetterfront einholte, doch überrascht. Von einer Sekunde auf die andere brach das Unwetter über ihn herein. Von heftigen Böen gepeitscht, klatschte der Regen wie aus Eimern gegen seine Windschutzscheibe. Andrej schaltete die Scheinwerfer ein und ließ die Scheibenwischer auf höchster Stufe laufen, dennoch konnten sie der über sie hereinbrechenden Fluten nicht Herr werden. Dazu umfing ihn eine Dunkelheit, in der die Rücklichter des vor ihm fahrenden Lkw im Nichts verschwanden. Nur wenn einer der grellen Blitze für einen Sekundenbruchteil die Autobahn erhellte, konnte Andrej schemenhaft den Schriftzug auf der Plane des vor ihm fahrenden Lkw erkennen.

Solch ein Unwetter hatte er schon lange nicht mehr erlebt. Besorgt verringerte er seine eh schon niedrige Geschwindigkeit von 40 auf unter

30 Stundenkilometer. Schneller getraute er sich in dieser Waschküche nicht zu fahren und das war auch gut so, denn plötzlich leuchteten wenige Meter vor ihm Bremslichter auf. Andrej reagierte sofort: bremsen, auskuppeln und die Warnblinkanlage einschalten, erledigte er wie automatisiert.

Das war verdammt knapp gewesen. So ein wie aus dem Nichts auftauchendes Stauende ist der Albtraum eines jeden Lkw-Fahrers. Andrej atmete tief durch. Nachdem er sein tonnenschweres Gefährt gerade noch rechtzeitig zum Stehen gebracht hatte, glaubte er der Gefahr eines Auffahrunfalls noch einmal entkommen zu sein und wischte sich mit dem Handrücken den Angstschweiß von der Stirn, da krachte ein 40-Tonner-Sattelschlepper ungebremst von hinten gegen ihn.

Andrej hörte nur den explosionsartigen Knall und das Kreischen von sich gewaltsam verbiegendem Metall. Die Wucht des Aufpralls verkürzte den Unterbau seines Lkw um fast die Hälfte – und die hölzerne Ladefläche zersplitterte wie morsche dürre Ästchen. Als sämtliche Zurrbänder rissen, hörte sich das an, als würden mehrere Pistolenschüsse zeitgleich abgefeuert. Danach wirbelten die nunmehr unbefestigten Paletten mit der weißen Ware wie Spielzeuge durch die Luft. Im gleichen Moment wurde Andrejs Kopf zunächst peitschenartig in den Nacken geschleudert. Sekundenbruchteile darauf wurde sein Brustkorb gegen den Lenkradkranz katapultiert, wobei seine Stirn mit voller Wucht auf das Armaturenbrett schlug. Ein höllischer Schmerz durchzuckte sein Gehirn, seine Knochen brachen, Blut spritze, dann wurde ihm schwarz vor Augen und er verlor das Bewusstsein.

Die Anweisung des I-Dienstes, sich den Rest der Schicht frei zu nehmen, war klar und deutlich gewesen. Max hatte sich daher noch vor der Mittagspause von seinen Kollegen verabschiedet und war nach Hause gefahren.

Paul Hogan, der ja zusammen mit Jochen Tanner auf der Wache wohnte, hatte – wie die meisten – aufgrund der traurigen Ereignisse zunächst lustlos in seinem Essen herumgestochert und sich dann auf sein Zimmer zurückgezogen. Dort lag er angezogen auf seinem Bett und starrte grübelnd gegen die Decke. Der letzte Einsatz ließ ihn nicht los. Die Explosion der Propangasflasche, die verletzten Kollegen, all das ging in seinem Kopf herum. Und immer wieder die Frage: War das nur Zufall – oder war das ein gezielter Anschlag auf sie, die Feuerwehrleute? Natürlich hatten sie genau diese Fragen auch vorhin schon immer und immer wieder durchgekaut, wobei den meisten vermutlich klar war, dass das nur ihnen gegolten haben konnte. Nur wirklich wahrhaben wollte das keiner.

Auch Hogan nicht, dabei lagen die Fakten klar auf dem Tisch. Erstens wirft niemand eine Propangasflasche in einen Papiercontainer. Zweitens: Da die Einwurföffnung für eine Flasche dieses Umfangs viel zu schmal war, musste derjenige, der das getan hatte, schon einen verdammt großen Aufwand treiben, um die Flasche im Inneren des Containers zu platzieren. Davon abgesehen hätte jeder halbwegs normale Mensch die Gasflasche, wenn er sie überhaupt loswerden wollte, einfach daneben gestellt. Wobei auch das ungewöhnlich gewesen wäre, da für solche Flaschen ein hohes Pfand bezahlt werden musste.

Nein, das war eindeutig geplant, sagte sich Hogan, und zwar von jemandem, der genau wusste, was er tat. Jemand, der den Container angezündet hatte und wusste, dass irgendwer die Feuerwehr rufen würde, um ihn zu löschen. Irgendwer, oder jemand ganz bestimmtes? Jemand also, der es auf sie abgesehen hatte. Oder vielleicht auch nur auf einen von ihnen? Auf einen, mit dem er richtig Zoff hatte? Aber dann müsste dieser jemand ja wissen, wer wann und mit welchem Fahrzeug ausrücken würde. Außerdem müsste er ihren Dienstplan kennen und ... nein, das war zu unwahrscheinlich, selbst für einen Insider. Schließlich hätten sie sich ja auch gerade in einem Einsatz befinden können, dann hätte die Leitstelle ein anderes Fahrzeug geschickt. Die Möglichkeit mit dem Hass auf eine bestimmte Person schied daher aus. Also blieb letztlich doch nur der gezielte Anschlag auf die Feuerwehr als Ganzes. Vielleicht war es jemand, der einen Hass auf Feuerwehrmänner im Allgemeinen hatte? Das musste dann aber schon ein verdammt großer Hass sein. Aber wer hasst schon Feuerwehrmänner, fragte sich Hogan? Schließlich waren sie doch die Guten.

Plötzlich wurde Hogan von einem Alarm aus seinen trüben Gedanken gerissen. Auf der A8 war es zu einem schweren Unfall gekommen. Ein Lkw war in ein Stauende gerast. Laut der Leitstellendurchsage waren etliche Fahrzeuge in den Unfall verwickelt und es gab wohl zahlreiche Verletzte.

Intuitiv sprang Hogan auf und rannte die Treppe hinunter. Auf dem Weg in die Fahrzeughalle wäre er fast mit seinem Kollegen Tanner zusammengestoßen, der ebenfalls in die Fahrzeughalle rannte.

„Eh, Hulk! Ich dachte du hättest für heute dienstfrei?“

„Na und? Jetzt bin ich eben wieder im Dienst. Was dagegen?“

„Ich nicht!“, betonte Tanner, „aber hoffentlich bekommst du keinen Ärger mit dem B-Dienst!“

Hogan sagte nichts dazu und riss die Tür zur Fahrzeughalle auf. Tanner rannte auf die Seite des HLF, wo er die von der Decke herabhängende Pressluftleitung und das Kabel für die Stromversorgung abzog, um sich danach auf den Maschinistenplatz zu schwingen.

„Wie? Du bist jetzt hier der Maschinist!?“, rief Hogan erstaunt.

„Klar, wieso auch nicht. Schließlich fahre ich bei uns das gleiche Fahrzeug. Und solange der Markus ...“ Tanner sprach den Satz nicht zu Ende und schwieg betreten. Inzwischen waren auch die anderen Feuerwehrmänner und ihr Gruppenführer eingestiegen. Xaver Weidengerber, der rechts vorne neben dem Maschinisten auf dem Platz des Zugführers Platz genommen hatte, drehte sich nach hinten und meinte erstaunt:

„Ich dachte, du hättest für heute dienstfrei, Hulk?“

„Und, was dagegen, wenn ich trotzdem mitfahre?“, knurrte der Angesprochene bissig, weil ihn die Frage langsam nervte.

„Ich? Im Gegenteil“, betonte Weidengerber. „Solange wir von den anderen Wachen noch keinen Ersatz bekommen haben, bin ich über jeden Mann froh, der mir im Einsatz zur Verfügung steht.“

„I-Dienst an alle Einsatzfahrzeuge, die unterwegs zur A8 sind! Ich erhalte soeben die Nachricht von der Polizei, dass sie die Vollsperrung beider Richtungsfahrbahnen vornehmen wird. Der Unfallschwerpunkt liegt circa zwei Kilometer vor dem Stauende. Bitte nähern Sie sich mit äußerster Vorsicht, es sollen sich Personen auf der Fahrbahn befinden. I-Dienst Ende.“

„Na toll!“, fluchte der Gruppenführer, nachdem er den Funkspruch gehört hatte. „Personen auf der Fahrbahn. Das fehlte uns gerade noch.“

„Mmm“, brummte sein Maschinist kopfschüttelnd und erklärte mit saurer Miene: „Und von hinten kommt auch schon wieder so ein Irrer angeflogen, der uns unbedingt noch überholen will.“ Unmittelbar darauf röhrte ein Sportwagen mit überdimensionalen Niederquerschnittsreifen trotz der immer noch miserablen Sichtverhältnisse an ihnen vorüber.

„Das kann doch wohl nicht wahr sein!“ Wütend riss der Gruppenführer den Funkhörer aus der Halterung und brüllte. „Drehleiter und TLF für Gruppenführer, kommen!“

„Hört, kommen!“, meldeten sich die beiden Fahrzeugführer der nachfolgenden Fahrzeuge.

„Wir machen den Laden dicht, sofort! Aufschließen und nebeneinander fahren. Kommen!“

„Drehleiter verstanden!“

„TLF verstanden!“

Unmittelbar darauf meldete sich die RTW-Besatzung. „Und was ist mit uns?“

„Ihr zieht vor!“, knurrte der Gruppenführer.

„Alles klar Chef!“, bestätigte der Teamführer des RTW und gab seinem Fahrer mit ausgestrecktem Arm das taktische Zeichen zum Überholen. Der reagierte mit einem breiten Grinsen, sah kurz in den Außenspiegel und betätigte, nachdem er sich davon überzeugt hatte, dass ihnen niemand zu nahe gekommen war, den Blinker. Dann lenkte er nach links auf die Überholspur. Sekunden später schob sich der Rettungswagen an den großen Löschfahrzeugen vorbei und setzte sich an deren Spitze. Hinter ihm zogen die Maschinisten der Drehleiter und des Tanklöschfahrzeugs nach und beschleunigten auf die gleiche Höhe wie ihr vorausgefahrenes Löschgruppenfahrzeug. Einer Phalanx gleich blockierten sie jetzt alle drei Fahrspuren, sodass sie von niemandem mehr überholt werden konnten – glaubten die Feuerwehrmänner zumindest, aber es sollte anders kommen, denn plötzlich kamen wie aus dem Nichts zwei Pkw auf dem Seitenstreifen mit hohem Tempo herangeflogen. Der rechts fahrende Leitermaschinist hörte ein laut aufröhrendes Motorengeräusch und schaute verdutzt in den Außenspiegel, da schoss auch schon der erste Raser an ihm vorbei. Intuitiv zog er nach links.

„Was zum Teufel ...!“, fluchte Tanner, der die mittlere Spur innehatte und nicht wusste, was sich rechts von ihm auf dem Seitenstreifen abspielte. Er sah nur, wie ihnen die Leiter urplötzlich gefährlich nahe kam und riss sein Lenkrad ebenfalls sofort herum. Durch die abrupte Lenkbewegung kam er wiederum dem links von ihnen fahrenden Tanklöschfahrzeug gefährlich nahe. Aus dessen Mannschaftsraum ertönte ein Aufschrei. Weidengerber zuckte erschreckt zusammen. Schon wollte er lospoltern, als neben der Leiter ein giftgrüner Sportwagen mit hohem Tempo hervorgeschossen kam. Ohne die Geschwindigkeit zu verringern, zog er quer vor ihnen auf die Mittelspur. Dem Gruppenführer verschlug es die Sprache. Mit offenem Mund starrte er dem Raser hinterher, da schoss auch schon der nächste, ein tiefer gelegter Golf mit Breitreifen und überdimensionalem Heckspoiler, an ihnen vorbei. Im aufgewirbelten Wasserschleier des vorweg rasenden Wagens querte er quasi im Blindflug ebenfalls auf die Mittelspur. Das Ganze dauerte nur wenige Sekunden, dann war der Spuk vorüber.

Weidengerber atmete tief durch und starrte seinen Maschinist fassungslos an.

„Irre, das waren Irre, Chef“, kommentierte Tanner trocken, wobei er seinen Blick angestrengt auf die Fahrbahn vor ihnen richtete, auf der die Sicht noch immer weniger als 50 Meter betrug.

„Irre!“, polterte Weidengerber lauthals. „Das waren keine Irren, das waren lebensmüde Wahnsinnige! Herrgott Sakra, wie kann man nur!?“

„Tja, Chef", konstatierte Tanner, „solche Arschlöscher gibt es leider immer wieder."

„Hm ...", knurrte sein Chef. „Meinetwegen sollen sich diese depperten Idioten doch um Kopf und Kragen fahren, aber bitte nicht auf unseren Autobahnen."

„Sehe ich genau so", nickte Tanner verbissen. „Schlimm ist nur, dass diese Raser immer wieder Unbeteiligte mit in den Tod reißen." Dann meinte er nachdenklich: „Und wenn ich an das Stauende vor uns denke, und dass sich dort Menschen auf der Fahrbahn befinden sollen ... Oh Mann, hoffentlich passiert da nicht noch was Schlimmes."

Weidengerber, dessen ganze Aufmerksamkeit wieder der vor ihnen liegenden Autobahn galt, warf seinem Maschinisten einen besorgten Blick zu. „Mensch, Tanner, mal den Teufel bloß nicht an die Wand."

Seine beiden Trupps, die hinten im Mannschaftsraum saßen, hatten von den Rasern nichts mitbekommen. Der Angriffstrupp, weil er eh mit dem Rücken zur Fahrtrichtung saß – und der Wassertrupp, weil ihm die Sicht nach vorne nur eingeschränkt möglich war. Die abrupte Lenkbewegung ihres Maschinisten hatte die vier Feuerwehrmänner aber heftig zusammenzucken lassen. Jetzt, nachdem die beiden Raser an ihnen vorbei waren, konnten sie sich aus den lauten Äußerungen der vorne Sitzenden schnell zusammenreimen, wie es dazu gekommen war. Obwohl ihr neuer Maschinist daran keine Schuld trug, hatte der Wassertruppmann das Bedürfnis, ihm seinen Unmut lauthals kund zu tun. Bevor er jedoch dazu kam, gellte die Stimme des Leiterführers aus dem Lautsprecher: „Habt ihr gerade die beiden Wahnsinnigen gesehen!? Von rechts kamen die! VON RECHTS! VOM STANDSTREIFEN! Das muss man sich mal vorstellen!"

Schweigen.

„Hallo! Hört ihr mich?"

Weidengerber, der sich selber fürchterlich aufgeregt hatte, zog den Funkhörer aus seiner Halterung und mimte den Gelassenen. „Ja klar hören wir dich, Jakobs. So, wie du gebrüllt hast, warst du ja kaum zu überhören. Aber jetzt beruhige dich mal wieder, die Irren sind ja schließlich auch wieder weg." Dann fügte er süffisant grinsend hinzu: „Und sag deinem Maschinisten, er soll ab jetzt gefälligst die Spur halten. Gruppenführer Ende."

Der Leitermaschinist, der die Worte natürlich mitgehört hatte und für bare Münze nahm, lief vor Ärger rot an. Am liebsten hätte er seinem Leiterführer den Funkhörer aus der Hand gerissen, um seinem Chef eine geharnischte Antwort zu geben, aber in diesem Moment riss über ihnen die

Wolkendecke auf und gab den Blick auf ein Szenario frei, bei dem nicht nur ihm der Atem stockte.

Hatte die Sicht gerade noch keine 50 Meter betragen, so konnten die Feuerwehrmänner jetzt, nachdem auch der Regen schlagartig ausgesetzt hatte, die drei vor ihnen liegenden Fahrspuren wieder überblicken. Die Autobahn lief hier schnurgeradeaus. Der Asphalt darüber dampfte. Einige hundert Meter voraus erkannten sie das angekündigte Stauende – eine schier endlos lange Blechlawine aus hunderten Pkw und Lkw, die alle Fahrspuren blockierten und deren Ende nicht absehbar war. Aber irgendetwas musste dort passiert sein, denn aus dem aufsteigenden Dampf stieg eine schwarze Rauchsäule kerzengerade in die Höhe. Die Raser, schoss es Weidengerber unwillkürlich durch den Kopf. Und tatsächlich, als sie näherkamen, erkannten sie die beiden Raserfahrzeuge. So, wie es aussah, waren ihre Fahrer ungebremst in das Stauende gerast. Durch den Unfall waren zwei Fahrzeuge in Brand geraten. Einer war der giftgrüne Sportwagen. Mehrere Pkw bildeten ein wirres Knäuel von ineinandergeschobenen Autos. Der Transportführer des vorausgefahrenen RTW hatte sofort eine Rückmeldung an die Rettungsleitstelle gegeben und Verstärkung angefordert. Zu der Frage, wie viele Verletzte es an der Unfallstelle gab, konnte er jedoch noch keine Angaben machen, aber dass es mehrere Verletzte sein mussten, war offensichtlich. Einige standen blutüberströmt zwischen den verunfallten Fahrzeugen, andere waren ihnen in Panik entgegengerannt.

Sekunden später trafen die drei Feuerwehreinsatzfahrzeuge ein. Aufgrund des erneuten Unfalls hatte für sie niemand mehr eine Rettungsgasse bilden können. Aber selbst wenn das möglich gewesen wäre, wären die Feuerwehrmänner natürlich nicht weitergefahren, da ihre Hilfe hier unverzichtbar und von höchster Dringlichkeit war. Weidengerber erteilte sofort seine Befehle.

Inzwischen hatte die Polizei die Autobahn zwischen der Auffahrt im Industriegebiet und der Raststätte Samerberg komplett sperren lassen, damit die zusätzlich alarmierten Rettungskräfte von beiden Seiten an die Unfallstellen heranfahren konnten. Diese Maßnahme war umso wichtiger geworden, nachdem es in der Richtungsfahrbahn Samerberg zu einem erneuten Unfall gekommen war, der den von dort anrückenden Einsatzfahrzeugen die Weiterfahrt zu ihrer ursprünglichen Unfallstelle versperrte. Die Rettungsleitstelle hatte daraufhin eine Freiwillige Feuerwehr alarmiert, die dieser Unfallstelle am nächsten lag und die als erste an der Einsatzstelle eintraf. Den Einsatzkräften bot sich ein Bild des Grauens. Ein

Sattelschlepper war ungebremst auf einen vor ihm stehenden Lastwagen gefahren. Die Aufprallgeschwindigkeit, mit welcher der 40-Tonner gegen den vor ihm stehenden Lkw gekracht war, hatte 14 weitere Fahrzeuge wie Spielzeuge zusammengeschoben.

Die ersten acht besaßen danach nur noch Schrottwert, aber auch die restlichen waren so stark beschädigt, dass sie aus eigener Kraft nicht mehr weiterfahren konnten. Die ganze Unfallstelle sah aus, als wäre hier eine Bombe eingeschlagen. Vor der Ladefläche des völlig demolierten LKW und neben den in Mitleidenschaft gezogenen Fahrzeugen lagen die herabgeschleuderten Waschmaschinen, Wäschetrockner und Kühlschränke – und überall Trümmerteile von nur noch schrottreifen Fahrzeugen –, zwischen denen Menschen blutend und schreiend umherirrten. Noch bevor der Chef der Freiwilligen Feuerwehr ausstieg, um sich einen genauen Überblick zu verschaffen, gab er eine erste Lagebeschreibung an die Rettungsleitstelle und forderte dringend weitere Hilfe an. Aufgrund seiner dramatischen Schilderung informierte der Leitstellendisponent, der diese erste Rückmeldung entgegengenommen hatte, unverzüglich seinen Lagedienstleiter, der wiederum den B-Dienst alarmierte, woraufhin dieser MANF auslösen ließ.

Das Einsatzstichwort „MANF" bedeutet einen Massenunfall von Verletzten oder Erkrankten und wird bei verschiedenen Großschadenereignissen ausgerufen. Infolge der vorgegebenen Alarm- und Ausrückeordnung wurden daraufhin der LNA (leitender Notarzt), der Orgl-Rett. (Organisationsleiter Rettungsdienst), eine SEG-Rett. (Schnell-Einsatz-Gruppe-Rettungsdienst), das Bayerische Rote Kreuz und die für solche Schadenereignisse zuständigen Notfallkrankenhäuser alarmiert.

Das Bayerische Rote Kreuz entsandte sofort mehrere Rettungswagen und Notarzteinsatzfahrzeuge zu dieser Großeinsatzstelle. Außerdem wurden zwei weitere Löschzüge sowie ein Rüstzug der Berufsfeuerwehr und zusätzliche Sonderfahrzeuge alarmiert. Unter ihnen befanden sich ein Kranwagen, ein Abrollbehälter Rettung – zum Aufbau eines Behandlungsplatzes von Verletzten vor Ort – und ein GKTW.

Im Folgegeschehen konnten mehrere eingeklemmte Personen aus ihren bis zur Unkenntlichkeit zerknautschten Fahrzeugen nur noch mit Hilfe von hydraulischen Scheren und Spreizern befreit werden. Insgesamt gab es weit über zehn schwer verletzte Personen, unter denen sich vier Kinder befanden, und weitere neun leichter Verletzte. Für Andrej Horvat jedoch kam jede Hilfe zu spät. Eine Feuerwehrfrau, die sich unmittelbar nach ihrem Eintreffen zu ihm in das völlig demolierte Führerhaus zwängte, konnte nur noch seinen Tod feststellen.

Inzwischen waren mehr als drei Stunden vergangen. Alle verletzten Personen waren mit Rettungs- und Notarztwagen in die umliegenden Notfallkliniken transportiert worden. Nachdem sich die Wetterlage so weit gebessert hatte, dass der RTH (Rettungstransporthubschrauber) wieder aufsteigen konnte, hatte die vor Ort eingesetzte Einsatzleitung mit der SAR-Leitstelle Kontakt aufgenommen und für zwei Schwerverletzte an beiden Unfallstellen Luftrettung angefordert. Einer der Schwerverletzten war der Fahrer des giftgrünen Sportwagen dessen Fahrzeug bei dem Crash in Flammen aufgegangen war.

Der gerade mal zwanzig Jahre alte Fahrer war in seinem Fahrzeug eingeklemmt worden und hatte sich aus eigener Kraft nicht mehr befreien können. Nachdem ihn zwei Feuerwehrmänner unter hohem persönlichen Risiko im letzten Moment aus dem brennenden Fahrzeug gerettet hatten, stellte sich heraus, dass er sich großflächige Verbrennungen zweiten und dritten Grades an beiden Beinen, der Brust und den Händen sowie ein lebensbedrohliches Inhalationstrauma zugezogen hatte. Da man hier – wie auch an der ersten Unfallstelle – ein Behandlungszelt zur medizinischen Erstversorgung der zahlreichen Verletzten aufgebaut hatte, wurde der nicht mehr ansprechbare Fahrer darin intubiert und für den Weitertransport in eine Spezialklinik vorbereitet. Ob er den Rettungsflug in diese Spezialklinik überleben würde, lag, nachdem die Notärzte alles Menschenmögliche getan hatten, in Gottes Hand.

Für die Unfallfahrzeuge, insgesamt waren es an dieser Unfallstelle neun Pkw und zwei Lieferwagen, standen mehrere Abschleppfahrzeuge bereit. Die ersten, nur noch schrottreifen Fahrzeuge – darunter befanden sich auch die beiden Fahrzeuge der Unfallverursacher, waren bereits abtransportiert worden und die Feuerwehrmänner waren nur noch mit den umfangreichen Aufräumungsarbeiten beschäftigt. Die noch verbliebenen Pkw und Lieferwagen, davon gingen Polizei und Feuerwehr aus, würden die Abschleppfahrzeuge in den nächsten ein bis anderthalb Stunden abtransportiert haben. Dennoch war an eine Öffnung der Autobahn noch lange nicht zu denken, denn an der ersten Unfallstelle sollten sich die Bergungsarbeiten noch stundenlang hinziehen. Grund hierfür waren die beiden ineinander verkeilten Lkw, die zeitaufwendig nur mit Hilfe des Feuerwehrrüstzuges getrennt werden konnten.

Erst weit nach Einbruch der Dunkelheit konnte die Polizei die Gegenfahrbahn und eine halbe Stunde später zumindest die erste der gesperrten Fahrspuren auf der Unfallseite für den Verkehr wieder freigeben. Für die hier eingesetzten Feuerwehrmänner war die Arbeit danach aber immer noch nicht beendet. Erst kurz vor Mitternacht räumten die letzten ihre benutzten Gerätschaften zurück in die Fahrzeuge. Allen standen die Anstrengungen der letzten Stunden deutlich in ihren Gesichtern geschrieben. Nachdem auch der Rüstzug und der Kranwagen den Einsatzort verlassen hatten, befanden sich außer zwei Polizisten, die hier auf die Autobahnmeisterei warteten, nur noch Weidengerber mit seinen Männern an der Unfallstelle. Jochen Tanner, der Maschinist des LF, schaltete soeben die Scheinwerferbrücke aus und ließ den am Heck ihres Fahrzeugs montierten Lichtmast wieder einfahren. Sofort versank die vormals hell erleuchtet Einsatzstelle in nächtlicher Dunkelheit. Bis auf etliche Trümmerteile, die auf dem seitlichen Grünstreifen lagen und von den Arbeitern der Autobahnmeisterei später noch beseitigt werden würden, erinnerte nur noch die mehrere Quadratmeter große Beschädigung auf dem Asphalt daran, dass sich hier ein spektakulärer Unfall mit zahlreichen Verletzten und einem ausgebrannten Pkw ereignet hatte.

„Okay Männer, aufsitzen!“, rief Weidengerber. Bevor er selber ins LF einstieg, verabschiedete er sich noch kurz von den beiden Polizisten. Auf dem Rückweg zur Wache waren seine Männer recht einsilbig, auch Hogan. Erfolgreiche Rettungen setzen bei Feuerwehrmännern normalerweise Glückshormone frei, aber hier ... Die Menge an Schwerverletzten und die hohe Wahrscheinlichkeit, dass vermutlich einige der Menschen, die sie an dieser Unfallstelle aus ihren Autowracks befreit hatten, den morgigen oder die darauffolgenden Tage nicht überleben würden, machte sie betroffen. Hogan und seine Kollegen hatten zwar keine Veranlassung, sich Vorwürfe zu machen – schließlich hatten sie alles getan, was in ihren Kräften stand und sogar mehreren Menschen das Leben gerettet. Dennoch haderten sie mit dem Ausgang dieses Einsatzes. Erfolgreiche Rettungen fanden sie, sollten anders enden. Es gab einfach zu viele Opfer und zu viel Leid, und das alles nur wegen zwei verantwortungslosen Rasern.

Etwas später befanden sie sich wieder auf ihrer Feuerwache. Bis zum regulären Wecken blieben ihnen nur noch drei Stunden. Eine Zeit, in der sich einige noch einmal gerne aufs Ohr gelegt hätten, aber noch gab es für sie keine Ruhe, denn zunächst galt es, die Einsatzbereitschaft ihrer Fahrzeuge wiederherzustellen. So mussten Schläuche ausgewechselt, Aggregate betankt, Gerätschaften gereinigt und auf Funktionalität kontrolliert werden. Tätigkeiten, die jede verantwortungsbewusste Feuerwehr erledigt, was allerdings nicht heißen soll, dass ihre Fahrzeuge beim Verlassen der Einsatzstelle nicht einsatzbereit gewesen wären. Die notwendigsten Dinge wie das Auffüllen des Löschwassertanks, oder das Auswechseln von im Einsatz genutzten Atemluftflaschen wurden natürlich schon an der Einsatzstelle vorgenommen.

Als Hogan mit dem Leiterführer Jakobs den Duschraum betrat, kamen ihnen die Kollegen Seehofer und Moser bereits fertig geduscht und umgezogen entgegen. Die beiden Feuerwehrmänner vom Angriffstrupp hatten bei den Löscharbeiten Atemschutzgeräte getragen und waren dementsprechend am stärksten verschmutzt. Deshalb durften sie auch als Erste unter die Dusche gehen. Was die Anzahl und den Platz unter den Duschen betraf, so hätten ohne Weiteres auch mehrere Feuerwehrmänner zeitgleich duschen können. Aus taktischen Erwägungen war das jedoch nicht angeraten. Schließlich konnte es zu jeder Zeit erneut alarmieren. Und dann die 90 Sekunden einzuhalten, also die Zeit, die ihnen von der Alarmierung bis zum Ausrücken zustand, war zumindest für diejenigen, die gerade eingeseift unter dem Wasserstrahl standen, kaum zu schaffen. Also wurde das Risiko minimiert, indem immer nur wenige zugleich duschen durften.

Unbeteiligten oder Neulingen mag diese Regelung vielleicht etwas übertrieben erscheinen, aber bei weit über 100.000 Einsätzen im Jahr ist solch eine Vorgabe durchaus sinnvoll und notwendig. Dennoch gab es immer wieder Feuerwehrmänner, die diese Sicherheitsbedenken mit einer lässigen Handbewegung abtaten und sich mit unter die Dusche stellten, obwohl ihre Vorgänger noch nicht fertig waren. So auch jetzt. Hogan stand noch unter der Dusche und spülte sich gerade erst den Schaum aus den Haaren. Jakobs war etwas schneller und trocknete sich bereits ab, da erschien Franzen, sein Leitermaschinist, splitterfasernackt im Duschraum. Jakobs warf dem Eintretenden einen missbilligenden Blick zu.

„Was!?“, maulte der, nachdem ihm der provokante Blick seines Leiterführers nicht entgangen war.

„Habe ich was gesagt?“, antwortete Jakobs spitz, so als wäre sein Blick nicht Sprache genug gewesen.

Sein Leitermaschinist reagierte gereizt. „Ne, gesagt nicht, aber geguckt.“

„Ach, darf man jetzt nicht einmal mehr gucken?“

„Gucken schon, aber nicht so.“

„Und wie hab’ ich deiner Meinung nach geguckt?“

„Tu nicht so scheinheilig, du weißt genau, was ich meine.“

„Und du weißt genau, dass es verdammt leichtsinnig ist, hier schon duschen zu wollen, obwohl wir noch nicht fertig sind.“

„Phhhh!“

Unbeeindruckt von der Warnung seines Leiterführers stellte sich Franzen direkt neben Hogan und drehte den Verschluss der Mischbatterie auf. Dabei stand er so, dass er seinen Leiterführer nicht mehr ansehen musste.

Der war sichtlich angefressen und suchte nun den Blickkontakt mit Hogan. Der hatte sich bewusst aus dem Gespräch herausgehalten und zuckte nur mit den Schultern. Dabei machte er ein möglichst unbeteiligtes Gesicht. In diesem Moment knackte der Lautsprecher. Jeder der drei Feuerwehrmänner wusste genau, was das bedeutete. Franzen drehte sofort das Wasser ab und griff hastig nach seinem Handtuch. Nachdem jedoch nur der Rettungswagen alarmiert wurde, atmete er erleichtert auf und grinste seinen Leiterführer an.

„Glücksritter", sagte Jakobs, wobei er sich ein leichtes Grinsen ebenfalls nicht verkneifen konnte.

„Und", meldete sich jetzt auch Hogan wieder zu Wort, „habt ihr zwei euer Kriegsbeil wieder begraben?"

Der Leitermaschinist stand schon wieder unter der Dusche. „Kriegsbeil? Was für ein Kriegsbeil?", frotzelte er und tat, als hätten sie sich nie gestritten. Jakobs winkte lachend ab und stieg in seine bereitgelegte Kleidung. Aber dann entglitten ihm die Gesichtszüge, denn in diesem Moment betraten gleich drei weitere Kollegen, bewaffnet mit Handtuch und Duschzeug, den Duschraum.

„He ihr lahmen Säcke!?", riefen die drei wie aus einem Mund. „Das kann doch wohl nicht wahr sein. Ihr seid ja immer noch nicht fertig!!"

Ein qualifizierter Dienstunfall

Die beiden Monate, in denen die vier „Austauschstudenten“ bei ihren jeweiligen Gastfeuerwehren ihren Dienst verrichtet hatten, waren vorüber. Ernesto Hofer und Berthold Zoll, alias Ernie und Bert, befanden sich wieder auf ihrer heimischen Feuerwache in München – und Paul Hogan, genannt Hulk, und sein Kollege Jochen Tanner waren ebenfalls wieder wohlbehalten auf ihrer Hamburger Feuerwache eingetroffen. Zu erzählen hatten alle vier jede Menge, leider nicht nur Gutes, da ihr Austausch vom tragischen Tod des Münchener Feuerwehrkollegen überschattet wurde. Markus T., der Angriffstruppmann, der bei dem Einsatz des brennenden Papiercontainers und dem dadurch ausgelösten Druckgefäßzerknall einer Propangasflasche lebensgefährlich verletzt worden war, war wenige Tage nach seiner Einlieferung durch den Rettungshubschrauber in das Klinikum Harlaching seinen multiplen Verletzungen erlegen.

Der Feuerwehrmann war nur 36 Jahre alt geworden und hinterließ eine Frau und zwei kleine Kinder – einen Jungen von fünf und eine Tochter von drei Jahren, die jetzt als Halbwaisen aufwachsen würden. Die Beerdigung hatte unter großer Anteilnahme stattgefunden. Unter den zahlreich in Uniform erschienenen Feuerwehrleuten befanden sich natürlich auch die Gastfeuerwehrmänner Hulk und Jochen. In gewisser Weise waren sie dem Toten sogar mehr verbunden als manche Münchener Kollegen, die mit ihm nie zusammen gearbeitet hatten, weil sie entweder auf einer anderen Feuerwache oder auf einer anderen Tour ihren Dienst verrichtet hatten. Paul Hogan und Jochen Tanner hatten darum gebeten, unter den Sargträgern sein zu dürfen.

Diesen ausdrücklichen Wunsch hatte man den beiden Hamburger Kollegen nicht verwehrt und so trugen sie mit vier anderen ihren verstorbenen Kameraden zu seiner letzten Ruhestätte. Den sechs, die in ihrem Berufsleben schon viel Leid zu sehen bekommen hatten, standen, genau wie vielen ihrer ebenfalls tief betroffenen Kollegen, Tränen in den Augen. Selbst Hulk, dem das Image des knallharten Feuerwehrmannes anhaftete und den angeblich nichts erschüttern konnte, liefen, als sie den Sarg in die ausgehobene Grube hinabließen, die Tränen hemmungslos über die Wangen.

Und auch jetzt noch, nachdem er und sein Kollege Tanner längst wieder zu Hause waren, musste er immer wieder an das herzzerreißende Bild denken, als Markus' Ehefrau, ihre beiden Kinder an der Hand haltend, am Grab ihres verstorbenen Mannes zusammengebrochen war. Ein älterer Herr, vermutlich ein naher Angehöriger, den er namentlich nicht kannte, hatte sie gerade noch rechtzeitig auffangen können, sonst wäre sie auf die um das frisch ausgehobene Grab ihres Mannes ausgelegten grünen Kunstrasenmatten gefallen. Den Anblick der beiden schluchzenden Kinder, die sich danach ängstlich an ihre Mutter klammerten, würde er wohl nie vergessen können.

Obwohl die Kleinen die ganze Tragweite des Geschehens noch nicht voll erfassen konnten, spürten sie doch, dass sich ihr Leben von nun an grundlegend ändern würde, ein Leben, das dieser jungen Familie wenige Tage zuvor noch vollkommene Sicherheit geboten hatte – eine trügerische Sicherheit, wie Hulk sich bitter eingestehen musste. Ausdruckslos starrte er aus dem Fenster in die Ferne und hing grübelnd trüben Gedanken nach. In München hatten sie für Markus' Familie Geld gesammelt. Ja, Geld. Hulk stieß verächtlich die Luft aus.

Was für eine Schande, dachte er, dass sie für die Familie ihres im Dienst verstorbenen Feuerwehrkollegen Geld sammeln mussten. Mussten sie natürlich nicht, aber sie hatten es getan, weil für Markus' Witwe und deren Kinder die finanzielle Situation alles andere als rosig aussah. Dass ihr Job nicht gerade zu den ungefährlichen zählte war Hulk sehr wohl bewusst. Schließlich setzen sich Feuerwehrmänner, besonders wenn es darum geht, Menschenleben zu retten, wissentlich großen Gefahren aus – und dass der Tod ein nicht zu unterschätzender Gegner ist, ist für sie auch kein Geheimnis.

Aber dass sie, wenn ihnen etwas zustieß, trotz ihres Beamtenstandes so schlecht abgesichert waren, das war Hulk bisher nicht klar – und vielen seiner Kollegen auch nicht. Dieser höchst bedenkliche Umstand wurde ihnen erst richtig bewusst, während sie das Geld eingesammelt und ihr DGL unverhohlen darüber gesprochen hatte, wie prekär die Situation für die Hinterbliebenen wäre, wenn man das Pech hätte, als Feuerwehrmann zu früh zu sterben.

„Was heißt denn hier zu früh", hatte Hulk daraufhin geantwortet – und lapidar hinzugefügt: „Zu früh sterben will schließlich keiner von uns."

Köhler hatte dazu zunächst geschwiegen. Nachdem dann ein anderer Feuerwehrmann allerdings ziemlich unbedarft gefragt hatte: „Und wieso prekär? Als Beamte sind wir doch bestens abgesichert ... oder etwa nicht?", hatte ihr DGL Herbert Köhler bitter aufgelacht und ihnen erklärt: „Von wegen bestens abgesichert. Leute, ich sag' euch, wenn einem von uns das gleiche passieren sollte wie da unten dem Markus in München ...", dabei fasste er einige seiner Männer scharf ins Auge und betonte, „wobei euch Jüngere das besonders betrifft, dann dürfen sich eure Familien aber warm anziehen."

„Moment, Moment, Moment ..." unterbrach ihn Hulk. „Das musst du mir jetzt aber mal genauer erklären. Also angenommen, ich wäre der Nächste, den es erwischt und ... **Was?**" Hulk sah in die Runde seiner teils verständnislos, teils vorwurfsvoll blickenden Kollegen und sagte entschuldigend: „Jaaa ... klar, toll fänd' ich das natürlich auch nicht. Aber ich will ja auch nur wissen, was *mein* Tod mit der finanziellen Absicherung meiner Familie zu tun hat? Ne komm, lass ...", Hulk hob abwehrend eine Hand. „Jetzt bitte keine blöden Sprüche wie, die können doch froh sein, dass sie dich los sind oder so. Ich will 'ne vernünftige Antwort."

„Du willst eine vernünftige Antwort? Die kannst du haben." DGL Köhler sah zuerst Hulk und dann die anderen eindringlich an und erklärte: „Fakt ist nämlich, wenn dir oder irgendeinem von uns in den ersten 20 Dienstjahren so was passiert, dann ist nix mehr mit sicherer Pension."

„Jaaa ...", dehnte Hulks Sitznachbar, der sich mit dem Thema anscheinend besser auskannte als die anderen, „das stimmt schon, aber der Markus ist schließlich nicht zu Hause bei der Gartenarbeit, sondern in Ausübung seines Dienstes gestorben. Dem steht deshalb schon die volle Pension zu."

„Irrtum, Kollege. Erstens bekommt **der** überhaupt nichts, **der** ist jetzt nämlich tot und ..."

„Ja ja, geschenkt. Das Geld bekommt natürlich seine Frau."

„Genau. Aber die volle Pension erhält sie nur bei einem qualifizierten Dienstunfall."

„Hä! Qualifizierter Dienstunfall? Was ist das denn für 'ne Scheiße? Wenn ich im Dienst von der Drehleiter falle und tot bin, ist das etwa nicht Qualität genug?"

„Eben nicht. Es sei denn, du wärst sofort tot. Außerdem solltest du nur von der Leiter fallen, während du eine lebensrettende Maßnahme durchführst. Sonst gilt der Unfall nämlich nicht als qualifiziert. Kapiert?"

„Ne!", sagte Hulk „Jetzt kapier ich überhaupt nichts mehr."

„Tja Männer, das ist jetzt ein wenig kompliziert."

„Was soll denn daran kompliziert sein? Tot ist schließlich tot, oder?", warf Brandmeister Hinrichsen ein.

Sein DGL wiegte den Kopf. „Eben nicht, zumindest nicht nach dem Gesetz."

„Wie, nach dem Gesetz?"

„Na ja, wenn du tatsächlich von der Leiter fällst, musst du schließlich nicht zwangsläufig tot sein. Zumindest nicht sofort ... richtig?"

„Hmmm."

„Nicht klar?"

„Ne, überhaupt nicht."

„Okay, dann erkläre ich es mal so. Nehmen wir also noch einmal an, du fällst von der Leiter, wärst zwar lebensgefährlich verletzt, stirbst aber erst später im Krankenhaus. **Das** wäre dann *kein* qualifizierter Dienstunfall."

„Wäre es nicht?"

„Nein, wäre es nicht. Als qualifiziert gilt er nur, wenn du unmittelbar nach dem Sturz noch an der Unfallstelle verstirbst. Die Betonung liegt auf unmittelbar, also nicht erst eine halbe Stunde später oder so."

„Das heißt im Klartext", sagte Hinrichens Sitznachbar lachend, wobei er ihm jovial die Hand auf die Schulter legte, „wenn wir der Frau unseres geschätzten Kollegen 'nen Gefallen tun wollten ... äh ... nichts für ungut, Uwe, aber dann sollten wir dir, falls du noch ein wenig zuckst, am besten noch an der Unfallstelle mit der Schaufel den Rest geben?"

„Harry, bitte! Das war jetzt mehr als geschmacklos und finsterster Sarkasmus und absolut unangebracht."

Einen Moment lang herrschte unter den Feuerwehrmännern betretenes Schweigen. Schließlich fuhr ihr DGL mit seiner Erklärung fort: „Der Unfall muss darüber hinaus, um überhaupt als qualifiziert angerechnet werden zu können, immer im Rahmen einer lebensrettenden Einsatzmaßnahme geschehen. Ansonsten zählt er lediglich als ganz normaler Dienstunfall."

„Das heißt, wenn ich einen umgestürzten Baum, der auf 'nem Hausdach liegt, mit der Kettensäge beseitigen muss und falle dabei von der Leiter ..."

„... dann ist das keine lebensrettende Maßnahme und dementsprechend auch kein ..."

„... qualifizierter Dienstunfall."

„Und in dem Fall bekäme die Ehefrau auch nur die Pension für die bisher anzurechnenden Jahre?"

„Ganz genau. Deshalb sagte ich ja auch, dass ihr Jüngeren besonders betroffen seid, weil ihr erst wenige Dienstjahre aufweisen könnt."

Hulk brummte missmutig: „Mit anderen Worten, ich darf also nur von der Leiter fallen, wenn ich ein Kind aus den Flammen retten muss, aber selber schon ein alter Sack bin."

„So ungefähr."

„Wie bescheuert ist das denn?", ereiferte sich die Mannschaft. „Tot ist doch schließlich tot, Chef."

„Tja Kollegen. Ich weiß, das ist bitter, aber so sieht es nun mal aus. Und wenn es nach mir ginge ...", Köhler zuckte bedauernd mit den Schultern, „aber ich habe die Gesetze nicht gemacht."

An diesem Abend brannte im Hamburger Hafen eine alte Lagerhalle. Dass das Feuer überhaupt gemeldet wurde, war einem Gassi gehenden Hundebesitzer zu verdanken, der geistesgegenwärtig sofort zu seinem Smartphone griff und die 112, die Notrufnummer der Feuerwehr, wählte. Während er noch mit dem Disponenten der Rettungsleitstelle sprach, betätigte dieser gleichzeitig einige Tasten auf dem Display seines Schreibtischs. Unmittelbar darauf ertönte der Löschzugalarm auf der Feuerwache, an der Hulk mit seinen Kollegen beim gemeinsamen Abendbrot zusammensaß.

Die seit Jahren verlassene Lagerhalle war den Feuerwehrmännern schon lange ein Dorn im Auge, weil es dort bereits mehrfach gebrannt hatte. Besonders ärgerte es sie, dass die Feuer bisher immer nachts ausgebrochen waren. Hulk und die meisten seiner Kollegen vermuteten Jugendliche hinter den Zündeleien, denn dass die dort „abhingen“, war allgemein bekannt.

„Es können aber doch genauso gut die Obdachlosen gewesen sein, die dort nachts pennen“, warf Peter, der Benjamin ihrer Truppe, ein.

„Blödsinn!“, erwiderte Hulk. „Wieso sollten die Obdachlosen denn ihre eigene Bleibe anzünden?“

„Na ja, eben im Suff oder aus Unachtsamkeit.“

„Leute, Leute!“, mischte sich ihr DGL Köhler in die Diskussion ein. „Das ist doch alles reine Spekulation, die nicht bewiesen ist, solange die Polizei den oder die Brandstifter nicht geschnappt hat.“

„Oder wir!“, rief Hulk.

„Genau, oder wir“, nickten andere beifällig, was ihrem DGL überhaupt nicht gefiel, obwohl er sich über diese nächtlichen Brände genauso ärgerte wie seine Mannschaft.

Die Feuerwehrmänner waren übrigens nicht die Einzigen, die sich über die Brände in der alten Lagerhalle und die damit verbundenen Einsätze ärgerten. Die Polizei, die bei solchen Einsätzen ebenfalls tätig werden musste, war darüber auch nicht gerade erfreut. Einer, dem das besonders sauer aufstieß, war der Polizeiobermeister Hanke. Der 56-Jährige mit dem mächtigen Schnauzbart konnte sich weit Besseres vorstellen, als das verwilderte Gelände um die verlassene Lagerhalle bei einbrechender Dunkelheit nach irgendwelchen Pennern absuchen zu müssen, denn dass sich hier Obdachlose herumtrieben war ihm und seinen Kollegen bestens bekannt.

Bekannt war ihnen auch, dass einige in dieser alten verlassenen Lagerhalle die Nächte verbrachten, was der Grund für seinen Kontrollgang war. Schließlich durften sie als Polizei nicht ausschließen, dass Penner, die hier nächtigten, sehr leicht vom Feuer überrascht werden konnten und somit gefährdet waren. Wobei die Polizisten zumindest offiziell gar nicht von *Pennern* reden durften. Der korrekte Terminus lautete *Obdachlose* oder *Personen ohne festen Wohnsitz*.

Polizeiobermeister Hanke, der zusammen mit einem jüngeren Kollegen den Auftrag erhalten hatte, das teils niedergetretene Dornengestrüpp am hinteren Ende der Lagerhalle abzusuchen, fluchte:

„So ein Schwachsinn! Als ob einer von diesen Pennern hier draußen sein Lager aufgeschlagen hätte. Die mögen zwar blöd sein, aber doch nicht so blöd ... hier draußen!" Polizeiobermeister Hanke war stehen geblieben und zeigte mit ausgestrecktem Arm auf die Rückwand der Lagerhalle, deren verwittertes fensterloses Mauerwerk wenige Meter neben ihnen in den dunklen Nachthimmel ragte. „Entweder pennen die Kerle da drinnen oder die haben sich, nachdem sie uns kommen gehört haben, längst verpisst."

„Mag ja sein", entgegnete sein Kollege, der sich für ein über dem Erdboden befindliches Loch in der Wand interessierte, vor dem er sich niedergekniete und mit seiner Taschelampe hineinleuchtete.

„Und, ist da drin irgendwas?"

„Ne, da ist nix", entgegnete der Kollege kopfschüttelnd und richtete sich wieder auf. „Aber du solltest besser nicht immer abfällig von Pennern reden. Du weißt doch ... wenn das unser Chef hört ..."

„Phhh! Sind trotzdem Penner", stieß Hanke trotzig hervor. Er war stehen geblieben und lauschte. Irgendwo hinter der Mauerwand drangen Motorenbrummen und Wortfetzen laut gerufener Befehle zu ihnen herüber. „Hörst du das auch, fragte er seinen jüngeren Kollegen.

Da dessen Gehör noch besser war, nickte dieser nur.

„Und, kannst du was verstehen?"

„Klar, hört sich an, als bereite die Feuerwehr gerade ihren Löschangriff vor."

„Also von mir aus könnten sie diese Dreckshalle ruhig abbrennen lassen", knurrte Hanke und stapfte missmutig weiter.

Die alte Fabrikhalle, die Polizeiobermeister Hanke lieber abgebrannt sähe, war schon vor Jahren von ihrem Besitzer aufgegeben worden. Seither lagerte hier nur noch Gerümpel und jede Menge wertloses Zeug. Das meiste davon war bei den vorangegangenen Bränden zu Schutt und Asche zerfallen, dennoch hatten sich die Abfallberge auf wundersame Weise immer wieder aufs Neue vermehrt, was offensichtlich an einigen zweibeinigen Zeitgenossen lag, die diese verlassene Halle als illegale, aber kostenlose

Müllkippe für jegliche Art ihres nicht mehr benötigten Hausrats missbrauchten. Sehr zum Ärger der Feuerwehrleute befanden sich in dem Unrat und Müll auch etliche alte Autoreifen, die für eine extreme Verqualmung sorgten.

Als die Feuerwache eintraf, war die Halle bis unter die Decke mit tief schwarzem Brandrauch gefüllt. Früher, als die Halle noch industriell genutzt wurde, hätten sich längst die im Dach eingebauten Rauchabzugshauben selbsttätig geöffnet, aber deren Mechanik war seit ihrem Leerstand nie mehr gewartet worden. Möglicherweise versagte ihre Funktion aber auch nur deshalb, weil man die Stromzufuhr abgeklemmt hatte, wobei Einsatzleiter Köhler bezweifelte, ob es irgendwo in der Halle überhaupt noch Strom gab.

Die Luft in der Halle war rußgeschwängert und so undurchsichtig, dass man die Hand kaum vor Augen sehen konnte. Zudem enthielt Brandrauch fast immer toxische Stoffe, von denen einige, wenn man sie einatmete, schwere gesundheitliche Folgen, wenn nicht gar den Tod nach sich ziehen konnten. Und selbst wenn dies hier nicht der Fall wäre (was Köhler jedoch auch ohne die Auswertung eines Gaschromatografen nicht in Betracht zog), durfte er seine Männer nur unter Atemschutz zum Löschen in die Halle schicken. Außerdem entschied er, die eingesetzten Trupps mit Wärmebildkameras vorangehen zu lassen. Unabhängig davon musste er, um die Sichtverhältnisse für seine Trupps so schnell wie möglich zu verbessern, vor allem für einen schellen Rauchabzug sorgen. Aus diesem Grund erteilte er Hulk und Rolf den Auftrag, die im Dach befindlichen Rauchabzugsöffnungen zu öffnen, falls nötig auch mit Gewalt. Gleichzeitig ließ er die benzinbetriebenen Hochleistungslüfter in Stellung bringen.

Während der erste Trupp unter Atemschutz mit Wasser am Rohr tief geduckt in die Halle vordrang, standen Hulk und Rolf, ausgestattet mit einer langen Brechstange und weiterem Aufbruchwerkzeug, im Rettungskorb der Drehleiter und ließen sich vom Leitermaschinisten zu der gut 18 Meter hohen Kante des Lagerhallendachs fahren. Kurz vor Erreichen der Dachkante übernahm Hulk die Korbsteuerung und manövrierte den Rettungskorb zentimetergenau an das geteerte Flachdach. Peter stieg als Erster hinüber. Hulk folgte. Das alte Dach machte auf Hulk keinen vertrauenerweckenden Eindruck.

Dieser Eindruck wurde noch verstärkt, weil von unten das typische Knistern und Prasseln des Feuers zu ihnen heraufdrang. Hulk warf daher einen mehr als skeptischen Blick über die trügerische Wegstrecke, die ihnen bevorstand, und hatte große Sorge, dass einige Bereiche schon morsch und brüchig sein könnten. Besonders kritisch erschienen ihm die

Stellen, an denen die Teerpappe auffallend dicke Blasen gebildet hatte – und davon gab es mehr als genug. Etliche waren aufgeplatzt und eingerissen. Aus ihnen kräuselten sich schwärzliche Rauchfahnen hervor. Hulk musste unwillkürlich an die Geschichte mit dem qualifizierten Dienstunfall denken. Er, den bisher so gut wie nichts hatte erschüttern können, fühlte sich danach überhaupt nicht mehr sicher und fluchte unter seiner Atemschutzmaske: „Scheiße, Mann! Sind wir eigentlich bescheuert? Unter uns knistert es munter – und wir Blödmänner sollen hier auf diesem morschen Dach herumspazieren, als wäre es die selbstverständlichste Sache der Welt."

Die beiden Feuerwehrmänner spazierten hier natürlich nicht herum, sondern befanden sich im Einsatz. Davon abgesehen sollte das Dach sicher sein, so stand es jedenfalls in dem Untersuchungsergebnis eines beauftragten Statikers, der die Halle nach dem letzten Feuer begutachtet hatte. Ein akuter Deckeneinsturz, wie Hulk ihn befürchtete, war demnach nicht zu erwarten, zumindest nicht im jetzigen Stadium des Brandes, ansonsten hätte sie ihr Einsatzleiter erst gar nicht dort hinaufgeschickt. Aber wie gesagt, in Hulks Kopf spukte der qualifizierte Dienstunfall herum und gaukelte ihm ein höchst bedenkliches Szenario vor. Dazu litt er, seit sie aus München zurück waren, an Kopfschmerzen. Etwas, was er zuvor nie gekannt hatte.

Anfänglich traten die Kopfschmerzen nur abends auf, aber seit etwa zwei Wochen quälten sie ihn auch schon morgens nach dem Aufstehen. Und sie kamen häufiger. So auch jetzt. Es war immer ein gleichförmig stechender Schmerz, der sich von seiner linken Schläfe bis hinter die Stirne ausbreitete. Wenn es ganz schlimm war, legte sich der Schmerz wie ein Schleier über seine Augen. Vor seinen Kollegen hatte Hulk nie darüber geklagt – passte nicht zu seinem Image als harter Kerl. Und seinen Vorgesetzten hatte er erst recht nichts gesagt, denn die würden ihn wegen dieser „Lappalie" vermutlich sofort zum Arzt schicken. Und was der mit ihm anstellen würde, darüber wollte Hulk erst gar nicht nachdenken. Möglicherweise würde er ihn sogar für ein MRT in die Röhre schicken und krankschreiben. *Ne ne. Das fehlte mir noch!*

Aber jetzt und hier beschlich ihn ein verdammt mulmiges Gefühl. *Vielleicht wäre es doch besser gewesen, wenn ich etwas gesagt hätte?* Denn seit er mit Rolf in den Rettungskorb gestiegen war, waren seine stechenden Schmerzen wieder aufgetreten. *Schöne Scheiße!* Und jetzt war da dieses verdammte Dach, aber für ein Umkehren war es zu spät. Sein vorausgehender Kollege schien das wesentlich lockerer zu sehen. Er steuerte bereits zielstrebig die ihm nächstgelegene Rauchabzugsöffnung an.

Ein kurzer Blick genügte und er hatte das Problem erkannt. Die für die Öffnung der Haube verantwortliche Mechanik war über die Jahre völlig verrostet. Mit Feingefühl war hier nichts mehr zu machen. Ein klarer Fall für ihre lange Brechstange – nur: die trug sein Kollege. Rolf drehte sich daher um und forderte Hulk mit einer ungeduldigen Geste zu einer schnelleren Gangart auf. Aber der schien irgendwie gehemmt. Übervorsichtig setzte er einen Fuß tastend vor den anderen. Da Rolf genau wie Hulk die das gesamte Gesicht bedeckende Atemschutzmaske trug, konnte er den besorgten, ja fast verängstigten Gesichtsausdruck seines Kollegen nicht erkennen.

„Hulk, du lahme Schnecke, jetzt komm endlich!"

Hulk wagte daraufhin tatsächlich einige schnellere Schritte.

„Mann!", schimpfte Rolf, nachdem er bei ihm stand, „was is'n los mit dir? Hast du etwa Schiss?"

Hulk schwieg zu dem Vorwurf. Irgendwo in seinem Inneren gab er seinem Kollegen sogar recht, dabei konnte er es sich überhaupt nicht erklären, warum er so ... *so ängstlich?* war. Ja, er war ängstlich, musste er sich in diesem Moment eingestehen – und dieser erschreckende Gedanke ängstigte ihn fast noch mehr als die Angst selber, denn so etwas kannte er von sich überhaupt nicht.

Rolf deutete auf den verrosteten Öffnungsmechanismus. „Schätze, den müssen wir aufbrechen. Was meinst du?"

Hulk nickte nur stumm.

„Na dann. Aber lass uns vorher die Lungenautomaten eindrehen. Wenn wir die Haube anheben, wird uns bestimmt jede Menge Brandrauch entgegenkommen."

Um die Hände freizubekommen, legte Hulk die Brechstange auf den Boden. Die beiden Feuerwehrmänner stellten sich daraufhin so zueinander, dass einer dem anderen den Lungenautomaten in das Rundgewinde seiner Atemschutzmaske eindrehen konnte. Nachdem sie zuvor schon die Ventile ihrer Pressluftflaschen geöffnet hatten, strömte die unter 200 Bar stehende Luft über eine Hochdruckleitung in den Druckminderer und von dort in ihre eingeschraubten Lungenautomaten. Ab jetzt atmeten sie nur noch die Luft aus den auf ihre Rücken geschnallten Atemluftflaschen.

Als Hulk sich bückte, um die Brechstange wieder aufzuheben, schien sich der Boden unter seinen Füßen zu bewegen. Wie in Zeitlupe richtete er sich danach wieder auf. Rolf hatte davon nichts mitbekommen. In dem Glauben, dass Hulk den verrosteten Mechanismus aufbrechen würde, immerhin hatte sein Kollege die Brechstange ja bereits in der Hand gehabt, richtete er sein Augenmerk schon auf die nächste Luke. Als er sich wieder umwandte, stellte er verwundert fest, dass Hulk immer noch so dastand und nichts unternommen hatte.

Rolf stieß ihn gegen die Schulter und zeigte auf die Brechstange. „Was ist? Willst du das Ding nicht mal langsam aufbrechen, oder brauchst du 'ne schriftliche Einladung?!"

Aber sein Kollege reagierte nicht. Er stand breitbeinig wie auf einem schwankenden Schiff und starrte ihn durch das Glas seiner Atemschutzmaske wie paralysiert an.

Rolf reagierte ungehalten, knurrte etwas Undefinierbares und stieß Hulk erneut an, diesmal jedoch etwas unsanfter. Nachdem dieser selbst darauf nicht reagierte, riss ihm Rolf verärgert die Brechstange aus der Hand.

Hulk blickte regungslos auf seinen Kollegen, der in gebückter Haltung mit der Brechstange hantierte. Der Boden unter ihm bewegte sich wellenförmig auf und ab. Hulks Magen verkrampfte sich und dann explodierte von einer Sekunde auf die andere der bislang nur dumpf empfundene Schmerz in seinem Kopf. Das Bild seines mit der Brechstange hantierenden Kollege versank in einem nebelartigen Schleier. Auf Hulks Stirne stand kalter Angstschweiß.

„Knack!"

Rolf hatte den Mechanismus aufgebrochen und forderte Hulk auf, mit anzupacken, aber der war unfähig, auch nur einen Finger zu rühren, denn jetzt drehte sich alles um ihn herum wie auf einem dahinrasenden Karussell.

„Dann eben nicht!", stieß Rolf verärgert hervor und wuchtete die schwere Abdeckung der Rauchabzugsöffnung alleine hoch. Sofort drang eine gewaltige Wolke Brandrauch aus der freigelegten Öffnung und hüllte beide Feuerwehrmänner komplett ein. Der Rauch war schwarz und rußig, eine Folge der tief unter ihnen brennenden Autoreifen. In diesem jegliche Sicht versperrenden Qualm sah Rolf nicht wie sich Hulk mit schmerzverzerrtem Gesicht mit beiden Händen an den Kopf fasste und hyperventilierte.

Er selbst atmete allerdings auch nicht mehr normal. Das Scheißding war nämlich verdammt schwer – viel schwerer als vermutet. Außerdem waren dessen Scharniere verrostet, was ihm die Arbeit auch nicht gerade erleichtert. „Hulk, du ... du Drecksack, du ...", keuchte er und japste nach Luft, „wieso lässt du mich das ... das schwere Ding hier ... ganz alleine heben?"

Endlich hatte er die Abdeckung so weit hochgewuchtet, dass sie fast senkrecht stand. Der rußig schwarze Brandrauch stieg jetzt kerzengerade in den dunklen Abendhimmel.

Rolf atmete noch einmal tief ein und aus, dann verpasste er der Abdeckung einen letzten kräftigen Schubs. „Uuund tschüss, du Mistding.“ In der nächsten Sekunde hörte er, wie sie den Gesetzen der Schwerkraft folgend auf der ihm abgewandten Seite auf das Teerdach krachte. Genau in dem Moment brach Hulk neben ihm zusammen.

Die erste wäre also geschafft“, ächzte Rolf. Bei der nächsten bist du aber dran. Hast du gehört Hulk? Die nächste machst du auf!“

Aber Hulk konnte ihn nicht hören. Er lag hart am Rand der nunmehr offenen Luke und rührte sich nicht.

Am Allgäuer Tor

Etwa zur gleichen Zeit fuhr Rupert Tiefenbach rund 800 Kilometer weiter südlich über die A7. Sein Fahrzeug war ein alter rostiger Ami-Pick-up mit Düsseldorfer Kennzeichen und einem höchst seltsamen Aufbau. Als Tiefenbach in Höhe des Allgäuer Tors die Autobahn verließ und in die gewundene Landstraße einbog, die zu Franz-Xaver Bergmeiers Schankwirtschaft führte, begann es bereits zu dämmern. Der Abend war lau und eine Gruppe verwegen aussehender Biker, die mit dem Wirt befreundet waren, saßen an dem lang gestreckten Holztisch vor dem ehemaligen Bauernhaus und unterhielten sich angeregt.

Ihr Gespräch verstummte jedoch schlagartig, als das in die Jahre gekommene Gefährt in ihrem Blickfeld erschien. Der Pick-up mit dem seltsamen Aufbau erregte ihre Aufmerksamkeit. Nachdem der Wagen mit verminderter Geschwindigkeit an ihnen vorbeigefahren war, stoppte er, immer noch in Sichtweite, auf einer kleinen Parkfläche unter einem weit ausladenden Kastanienbaum. Die ganz in schwarze Lederkluft gekleideten Biker sahen sich grinsend an.

„Boah Mann! Was war das denn für 'ne Rostlaube?"

„Und erst das komische Teil auf der Ladefläche", staunte ein anderer. „Der Trumm sah ja fast aus wie der alter Kranausleger von 'nem Lkw."

„Du meinst so'n Palfinger?"

„Genau. Nur ..." Der Biker zog die Augenbrauen hoch und tippte sich mit dem Zeigefinger gegen die Stirne, „so ein schwerer Ausleger auf so 'nem Pritschenwagen. Wie passt das denn?"

„Vielleicht transportiert der das Teil ja nur", erwiderte sein breitschultriger Sitznachbar, ein Mittvierziger, dessen untere Gesichtshälfte unter einem gewaltigen, tief schwarzem Vollbart verdeckt war. Immer noch starrten alle zu dem seltsamen Gefährt hinüber.

„Glaube ich nicht", warf ein anderer ein, der ebenfalls einen Vollbart hatte und schulterlanges Haar, das er zu zwei Zöpfen geflochten hatte – passend zu dem Wikingerhelm, der vor ihm auf dem Tisch lag.

„Was glaubst du nicht, Hägar?"

„Dass der den Trumm nur irgendwohin transportiert."

„Und wieso nicht?"

„Eh, Junge, wenn der das Hammerteil nur irgendwohin fahren müsste, würde er es bestimmt nicht aufrecht transportierten, sondern flach auf seine Ladefläche legen und verzurren. Sind aber keine Gurte zu sehen."

„Hmmm", brummte der bärtige Mittvierziger, der zwar anderer Meinung war, aber dennoch zugab: „Kann schon sein, dass du recht hast. Auf jeden Fall sieht das ziemlich bescheuert aus, zumal die rostige Karre für so'n Riesenteil viel zu klein ist."

„Sag ich doch. Das ist was für 'nen richtigen Lkw und nicht für so'n alten Amischlitten. Die popelige Karre besitzt ja nicht mal seitliche Stützen."

Die popelige Karre, wie der Biker den Wagen abfällig betitelt hatte, machte in der Tat nicht mehr viel her. Von dem ehemals chromblitzenden amerikanischen Pick-up war nicht mehr viel übrig geblieben, sondern er glich vielmehr dem heruntergewirtschafteten Kleintransporter eines Altmetallhändlers, der sich aus undefinierbaren Gründen den ausrangierten Uralt-Palfinger eines Lkw auf seine Ladepritsche montiert hatte.

Inzwischen war Tiefenbach, der Fahrer dieses ungewöhnlichen Gefährts, ausgestiegen. Er trug die typische orangefarbene Bekleidung eines städtischen Müllwerkers mit Reflexstreifen an Hosenbeinen und Jackenärmeln. Sein längliches Gesicht bedeckte ein schmutzig grauer Dreitagebart und unter seiner verbeulten Schirmmütze stachen einige lange ebenfalls graue Haarsträhnen hervor. Während er auf den Eingang der Schankwirtschaft zuging, war deutlich zu erkennen, dass er beim Gehen sein linkes Bein ein wenig nachzog. Die unverhohlen neugierigen Blicke, mit denen die Biker den näher kommenden Mann musterten, waren so provozierend, dass er einige Meter vor dem Tisch stehen blieb und sie anschnauzte: „Was!? Was glotzt ihr mich so an?"

„Na, na, na. Jetzt werd mal ja nicht frech, Alter!", rief ihm einer der Biker entgegen.

„Und wieso glotzt ihr dann so?"

„Jedenfalls nicht wegen dir", lachte ein anderer. „So interessant bist du nämlich nicht!"

„Und was ist dann der Grund, wieso du mich immer noch so anglotzt?", giftete Tiefenbach. „Donnerwetter, der Alte hat ja ganz schön Mumm", raunte der Angesprochene zu seinem Sitznachbarn. Dann wandte er sich erneut dem Fahrer des Pick-up zu und erklärte mit breitem Grinsen: „Aber weil du mich so schön gefragt hast, will ich es dir gerne sagen. Trotzdem merk dir eins, Männeken, ich glotze nicht. Kapiert! Und wenn überhaupt, dann nicht wegen dir, sondern höchstens wegen deiner komischen Rostlaube da."

„Was heißt denn hier komische Rostlaube!?", empörte sich Tiefenbach. „Hast wohl noch nie 'nen Lkw mit 'nem Palfinger gesehen?"

„Ha, Mann! Der war gut", mischte sich der bezopfte Hägar in das Gespräch ein und streckte seinen Arm zu dem Pick-up hinüber. „Also wenn dein lächerlicher Kinderwagen da 'n Lkw sein soll, dann ist meine Harley die Queen Mary."

Seine Kumpel lachten lauthals. Tiefenbach verzog daraufhin wütend sein Gesicht und verschwand, ohne einen weiteren Kommentar abzugeben, hinkend im Gasthaus.

Einige Minuten später trat Franz-Xaver aus der Tür. Die weiße Schürze des Gastwirts um die Lenden gewickelt, stellte er sich neben die Biker an den Tisch und fragte: „Na Jungs, was ist? Noch ein Bier?“

„Ne danke, Franz. Wir wollen schließlich nicht bei dir übernachten. Ab jetzt nur noch Wasser.“

„Oooch ... genug Zimmer hätte ich schon für euch“, schmunzelte der Wirt, wobei er mit Daumen und Zeigefinger unmissverständlich die Geste des Geldzählens machte. „Wirklich nur noch ’n Wasser?“

Der mit dem tiefschwarzen Vollbart nickte.

Franz-Xaver verschwand daraufhin im Haus und kehrte kurz danach mit einem Tablett und vollen Gläsern zurück. „Geht aufs Haus“, sagte er und forderte die Biker auf, etwas zusammenzurücken. Dann setzte er sich zu ihnen auf die Bank und sagte leise:

„Ein ziemlich komischer Kauz, der Typ, der da gerade angekommen ist. Was meint ihr?“

Die Biker, die Franz-Xaver schon länger kannten, nickten. „Und erst seine Karre. Hast du dir die schon mal genauer angesehen?“

„Na klar, aus dem Küchenfenster. Da frage ich mich doch allen Ernstes, wie man nur so bekloppt sein kann, sich so einen schweren Kranarm auf die Pritsche von so einem alten klapprigen Amischlitten zu montieren?“

„Du glaubst also auch, dass der Palfinger fest montiert ist?“

„Ja, aber nur, weil der Typ mir das vorhin selber gesagt hat.“

„Ahhh ...! Und hat er dir auch gesagt, wofür er den braucht?“

Franz-Xaver schüttelte den Kopf. „Das nicht. Ich denke, er hat mir das auch nur mitgeteilt, weil ich ihn gefragt hatte, ob das Ding nicht von der Ladefläche fallen könnte.“

Die Biker beugten sich vertraulich vor. „Und ... was hat er geantwortet? Jetzt erzähl schon.“

„Na ja, so wirklich gesprächig war der nicht. Hat lediglich geknurrt, dass das Teil ’n original Palfinger wäre und fest montiert sei. Ich wollte ihn nicht noch weiter ausfragen. Auf jeden Fall will er die Nacht hierbleiben und erst morgen weiterfahren.“

„Wohin?“

„Keine Ahnung. Kann mir aber auch egal sein.“

Hätte der Gastwirt Franz-Xaver Bergmeier, der ja auch Feuerwehrmann war, nur im Entferntesten geahnt, was für einen gefährlichen Gast er in dieser Nacht beherbergte, wären ihm dessen Reiseziele garantiert nicht egal gewesen.

Franz-Xaver Bergmeier hatte keine festen Angestellten. Er war es daher gewohnt, schon um halb sechs Uhr in der Früh aufzustehen, um den Frühstücksraum für seine Gäste selbst vorzubereiten. Lediglich an den touristisch starken Sommerwochenenden half ihm Lisbeth, eine junge Frau aus dem Nachbarort, die Gäste zu bedienen. Aber die kam immer erst um die Mittagszeit und fuhr am Abend wieder nach Hause. Er war also bei seinen morgendlichen Vorbereitungen alleine. Zurzeit nächtigten bei ihm nur vier Personen. Ein älteres Ehepaar auf der Durchreise nach Italien, ein Handelsvertreter aus Wien und der wortkarge Typ, der gestern am Abend noch angekommen war. Einer alten Gewohnheit entsprechend, warf Franz zunächst einen Blick aus dem Küchenfenster und rieb sich verwundert die Augen. Nanu, die Stelle, an der gestern Abend dessen ungewöhnliches Fahrzeug geparkt hatte, war leer. Franz beugte sich weit aus dem Fenster und schaute nach rechts und nach links, aber von dem Pick-up war weit und breit nichts mehr zu sehen. Sollte der Gast etwa schon abgereist sein? Hmm ... seltsam, dachte er, wo er doch die Übernachtung mit Frühstück bestellt hatte. Franz schüttelte den Kopf und rieb nachdenklich über die Bartstoppeln an seinem Kinn. Was für ein komischer Vogel. Na wenigstens hatte er im Voraus bezahlt.

Während der Wirt, der von seinen morgendlichen Tätigkeiten abgelenkt war, keinen Gedanken mehr an den „komischen Vogel" verschwendete, befand sich dieser längst wieder auf der Autobahn. Allerdings trug er heute nicht mehr die orangefarbene Arbeitskleidung, sondern eine Kombi, bestehend aus einer beigen Tuchhose und einem braunem Jackett – preiswerte Dutzendware, wie man sie in jedem größeren Kaufhaus bekam. Sein Ziel war zunächst Pfronten. Der bei Touristen beliebte Ort lag unmittelbar an der deutsch-österreichischen Grenze. Von dort wollte er weiter bis nach Reutte, wo Maximilian Sonntag, ein alter Bekannter aus Jugendzeiten, als Landmaschinenschlosser eine kleine Werkstatt betrieb. Bei ihm glaubte er, gefahrlos die dringend notwendigen Umbaumaßnahmen an seinem Pick-up durchführen lassen zu können. Mit Max hatte er bereits telefoniert und ihm eindringlich sein Problem geschildert.

„Äh ... wo bitte schön ist denn da das Problem?", hatte Max geantwortet und ihn danach mit leicht ironischem Unterton gefragt: „Und wieso kommst du dafür extra aus Düsseldorf zu mir? Junge, so was kann dir jeder halbwegs gute Schlosser in Deutschland doch genauso gut machen."

Tiefenbach schwieg. Was sollte er auch darauf antworten? Etwa, dass er kein Risiko eingehen wollte, eingehen durfte! Nein, das hätte seinen ehemaligen Jugendfreund höchstens dazu veranlassen können, weitere unnötige Fragen zu stellen. Aber irgendetwas musste er ihm schon sagen, etwas, was die Sache plausibel erscheinen ließ, damit er bloß keine weiteren Fragen mehr stellte.

„Rupert! Bist du noch dran?"

„Ja ja, der Empfang war gerade nur etwas schlecht", log Tiefenbach und ärgerte sich über sich selbst. Es hätte ihm doch klar sein müssen, dass Max ihn mit so einer Frage konfrontieren würde. Und jetzt saß er in der Klemme.

Plötzlich meldete sich Max wieder und frotzelte: „Komm, Mann, sei ehrlich. Das mit den Schlosserarbeiten war doch garantiert nur vorgetäuscht. In Wirklichkeit wolltest du mich einfach nur mal wieder sehen. Stimmt's?"

Tiefenbach druckste herum, „Na ja, nicht ganz. Ich hätte da schon noch etwas zu Schlossern. Aber zugegeben, du hast mich durchschaut. Weißt du, ich hatte hier ganz in der Nähe beruflich zu tun und ... äh ... ja ... also ... da kam mir der Gedanke ..."

„... besuche ich doch mal meinen alten Kumpel Maximilian."

„Genau", sagte Tiefenbach erleichtert, nachdem Max ihm diesen Ausweg eröffnet hatte.

„Und Rupert, wann kommst du?"

Kein qualifizierter Dienstunfall

Ungläubig starrte Rolf auf seinen am Boden liegenden Kollegen, dann kniete er sich neben ihn und schüttelte ihn am Arm. „Hulk, Mann! Was ist mit dir? Was hast du?“, aber Hulk regte sich nicht. „Mach keinen Scheiß, Junge!“, schrie Rolf, der jetzt doch leicht in Panik geraten war, zumal er sich nicht erklären konnte, wieso sein Kollege umgefallen und bewusstlos geworden war? Oder war er zuerst bewusstlos geworden und danach erst umgefallen? Oder war er vielleicht schon krank zum Dienst gekommen? Hulk krank? Ne, dann hätte er ihnen doch bestimmt etwas gesagt, ja sogar sagen müssen! Man kommt nicht krank zum Dienst, jedenfalls nicht als Feuerwehrmann. All diese Fragen schossen ihm spontan durch den Kopf, aber im Moment gab es verdammt Wichtigeres als diese Fragen, auf die er eh keine Antworten hatte. Absolute Priorität hatte jetzt die Kontrolle von Hulks Vitalfunktionen. Rolf, der nach wie vor neben seinem bewusstlosen Kollegen am Boden kniete, legte deshalb seine Hände auf dessen Brust- und Bauchbereich. Aber durch die dicke Einsatzjacke konnte er keine Atembewegungen ertasten. Und bei dem „Krach“, den sein eigener Lungenautomat verursachte, gelang es ihm auch nicht, die hoffentlich noch vorhandene Atmung seines Kollegen zu hören. Kurz entschlossen öffnete er den Kinnriemen seines Feuerwehrhelms, riss ihn vom Kopf und zerrte sich die Atemschutzmaske vom Gesicht. *Die Maske brauche ich eh nicht mehr, und falls ich Hulk hier oben beatmen muss ...* aber darüber wollte er lieber nicht nachdenken.

Rolf war von der körperlichen Anstrengung noch immer außer Atem. Trotzdem hielt er für einen kurzen bangen Moment die Luft an und lauschte angestrengt. Gott sei Dank! Sein Kollege atmete. Schwächer zwar als gewöhnlich, aber noch deutlich genug, dass er die typischen Ein- und Ausatemgeräusche von Hulks Lungenautomat hören konnte. Erleichtert funkte Rolf seinen Einsatzleiter an. Köhler mochte die schlimme Nachricht kaum glauben. Hulk? Der Mann, der vor Kraft nur so strotzte und der, solange er ihn kannte, noch nie krank gewesen war, soll oben auf dem Dach bewusstlos zusammengebrochen sein! Köhler war, gelinde gesagt, schockiert, dennoch behielt er die Fassung.

„Rolf, ihr bleibt wo ihr seid“, funkte er zurück. „Ich schicke euch sofort ein Rettungsteam hoch und alarmiere den Notarzt.“

Rolf, der sich inzwischen von seinem ersten Schreck erholt hatte, überlegte sich die nächsten Schritte. Als ausgebildeter Rettungsassistent wusste er natürlich, dass Menschen ohne Bewusstsein oft nur verminderte oder gar keine Schutzreflexe besitzen. In dieser kritischen Phase neigen sie zum Erbrechen. Wenn sie dann ihr Erbrochenes verschlucken, bedeutet das immer akute Lebensgefahr! Er musste seinem Kollegen deshalb als weitere Maßnahme zunächst die Atemschutzmaske vom Gesicht ziehen, seinen Mund-Rachenraum kontrollieren und ihn dann auf die Seite drehen. Hulks Atemschutzmaske konnte er allerdings nur entfernen, wenn er ihm zuvor seinen Feuerwehrhelm abnehmen würde.

Den Helm zu entfernen, bereitete keinerlei Schwierigkeiten, aber das anschließende Herunterziehen der Atemschutzmaske verursachte Hulk offensichtlich Schmerzen. Während Rolf die Kopfbänder löste, stöhnte Hulk plötzlich laut auf und machte eine unkontrollierte Abwehrbewegung bei der sein rechter Arm knapp über dem Kinnwinkel die Schläfe seines Kollegen traf. Hulk besaß außergewöhnliche Körperkräfte und obwohl sein Schlag weder gezielt noch beabsichtigt war, fiel er doch so heftig aus, dass Rolf das Gleichgewicht verlor und benommen über seinen am Boden liegenden Kollegen hinwegkippte.

Das alles wäre längst nicht so schlimm gewesen, wenn ihn der Schlag nicht unmittelbar neben der geöffneten Luke getroffen hätte. Aber nun wurde es dramatisch, denn Rolfs Oberkörper kippte genau in die rabenschwarze Öffnung. Vom Schlag noch völlig benommen, blickte er in einen bodenlosen Abgrund, aus dem heißer Brandrauch emporstieg. Verzweifelt versuchte Rolf, sich an irgendetwas festzuhalten, aber seine nach Halt suchenden Hände griffen nur ins Leere. Und da er kopfüber hing, rutschte ihm jetzt auch noch der schwere Pressluftatmer in den Nacken.

Rolf geriet in Panik. Unten in der schwärzlichen Tiefe loderte das Feuer. Die aufzuckenden Flammen schienen nur darauf zu warten, dass er endgültig abrutschte, um ihn dann als Beute verschlingen zu können, aber Rolf kämpfte. So wollte er auf keinen Fall sterben! Nicht so, nicht im Feuer verbrennen! Aber plötzlich bewegte sich Hulk und er rutschte noch ein Stück tiefer. „Oh nein! Bitte nicht!“ Rolf erstarrte zwischen Bangen und Hoffen. Bitte, bitte, lieber Gott, mach, dass sich mein Kollege nicht mehr weiter bewegt, sonst ...“ Er wagte den Gedanken nicht weiterzudenken und bäumte sich mit aller Kraft gegen sein schon besiegelt geglaubtes Schicksal auf, da bekam seine linke Hand den Schultergurt von Hulks Pressluftatmer zu fassen.

Rolf, der dem Tod schon ins Auge geblickt hatte, schöpfte neue Hoffnung und versuchte sich mit aller ihm noch zur Verfügung stehenden Kraft auf das rettende Dach zurückzuziehen, aber die Kräfte reichten nicht. Er hing mitten in dem aufsteigenden Qualm und atmete den heißen Brandrauch. Seine Augen und seine Lungen brannten wie Feuer. Lange würde er das nicht durchhalten können, nicht mit nur einem Arm. Wenn wenigstens sein schwerer Pressluftatmer nicht wäre, aber der drückte mit unverminderter Kraft weiter gegen seinen Nacken. *Der Pressluftatmer! Natürlich! Das ist es!* Wenn er den los wäre, glaubte er, sich retten zu können. Rolf wusste, mit nur einer freien Hand alleine würde er dessen Bebänderung jedoch nicht lösen können, trotzdem gab es eine Möglichkeit – seine kleine Rettungsschere! Wenn es ihm gelingen würde, diese aus seiner linken Brusttasche zu ziehen, hatte er eine Chance. Mit ihr könnte er die Bebänderung durchschneiden. Dann würde seine tödliche Last ganz ohne sein weiteres Zutun in die Tiefe stürzen und er ... Aber die Zeit wurde knapp. Sein linker Arm drohte schon fast zu erlahmen. Dass er überhaupt noch lebte, verdankte er einzig und allein dem Umstand, dass der Brandrauch sich verringert hatte und auch nur noch wenige der tief schwarzen rußigen Bestandteile enthielt. Trotzdem musste er schnell handeln, denn jeder weitere Atemzug konnte sein letzter sein. Möglicherweise blieben ihm nur noch wenige Sekunden.

Die Rettungsschere, die nach einem tödlichen Atemschutzunfall eines Kölner Kollegen von vielen Feuerwehren angeschafft worden war, war eine sinnvolle Alternative zu dem meist üblichen Taschenmesser. Sie ließ sich problemlos mit einer Hand bedienen und ihre kurzen Schneiden waren mit einer feinen Verzahnung versehen. Mit ihr konnte man sogar Draht durchtrennen, da sollten die Gurte seines Pressluftatmers wohl kein Problem darstellen. Problematisch wurde es dennoch, denn für den Feuerwehrmann Rolf, der ohne Sicht kopfüber im Brandrauch hing, wurden selbst die einfachsten Tätigkeiten zur Tortur. Während er nach seiner Brustasche tastete, musste er ständig husten und war bereits so benommen, dass er fast den Brustgurt seines Kollegen Hulk losgelassen hätte.

Du schaffst es!, du musst es schaffen!, schrie es in seinem Inneren, *denn wenn du es nicht schaffst, bist du tot!* Endlich hielt er die Schere in der Hand und positionierte sie so unter seinem Bauchgurt, dass er den ersten Schnitt ausführen konnte. Rolfs rechte Hand presste sich zusammen. Ohne sich zu verklemmen, schnitten die scharfen Schneiden in das solide Gewebe. Ein letzter Druck und er hatte den Bauchgurt durchtrennt. Sofort vollführte das nur noch in den Schultergurten hängende Atemschutzgerät einen Überschlag um 180 Grad, dabei stießen die Pressluftflaschen schmerzhaft gegen seinen Hinterkopf. Für ein zwei Sekunden war Rolfs nahe daran, sein Bewusstsein zu verlieren. Vor seinen Augen flimmerten helle Punkte und er glaubte, sein Schädel müsse zerplatzen. Aber er biss die Zähne zusammen und hielt sich mit der linken Hand eisern an seinem Kollegen fest. Nachdem er registriert hatte, dass es ihm tatsächlich gelungen war, den Pressluftatmer zumindest teilweise abzutrennen, stellte er entsetzt fest, dass er die Schere verloren hatte. Beim dem schmerzhaften Anprall der Stahlflaschen musste er sie fallen gelassen haben. Das war es also! Hier würde er enden. Tränen der Wut und Verzweiflung rannen aus seinen verquollenen Augen. Sein Schicksal war besiegelt. Jetzt ging es nur noch darum, ob er in seiner hilflosen Position ersticken oder wie seine Schere in die Tiefe stürzen und in den Flammen umkommen würde. *Die verdammte Schere, wieso hatte er sie nur nicht festgehalten!?* Rolf streckte seine rechte Hand aus, als wolle er seinen grausamen Grab entgegenwinken, da bekam er plötzlich seine Schere zu fassen. Freudig erregt zuckte er zusammen. *Ja klar, du Idiot! Wie konntest du das nur vergessen!?* Die Schere war mit einer elastischen Schnur versehen und im Inneren der Einsatzjacke festgeknotet, damit man sie eben nicht so leicht verlieren konnte. Und falls man sie im Dunkeln doch einmal fallen ließ, musste man nicht mühsam nach ihr herumtasten.

Die bereits sicher verloren geglaubte Schere in der Hand zu halten, gab Rolf neue Hoffnung. Fast schon euphorisch führte er die beiden letzten Schnitte aus und durchtrennte erst den rechten, dann den linken Schultergurt. Wie der Pressluftatmer in die Tiefe stürzte, konnte er nicht sehen. Es war ihm auch scheißegal, Hauptsache er war das schwere Ding los!

Rolfs Blutkreislauf war mit Adrenalin überschwemmt, sonst hätte er es wohl nicht geschafft, sich nur mit seinem linken Arm hochzuziehen.

Das Gesicht und die Hände genauso schwarz wie das Teerdach, kniete Rolf auf allen vieren neben Hulk. Er röchelte nur noch nach Luft. Dabei hustete er sich die Seele aus dem Leib, spuckte schwarzen Schleim und kotzte wie ein Reiher. Aus seiner Nase tropfte mit Blut vermischter rotziger Schleim und seine verquollenen geschlossenen Augen tränten ohne Unterlass, aber Rolf war überglücklich, noch am Leben zu sein. Nachdem er sich ausgekotzt hatte, lag er völlig entkräftet und schwer atmend neben dem ausgestreckten Körper seines bewusstlosen Kollegen. Das war verdammt knapp gewesen. Während er noch darüber nachdachte, wie schlimm die Sache für ihn ausgegangen wäre, wenn ihn jemand anderes, der nicht so groß und schwer war wie Hulk, auf das Dach der Halle begleitet hätte, riss ihn die Stimme seines Einsatzleiters aus seinen düsteren Gedanken.

„Rolf! Melde dich! Wie sieht's aus bei euch? Kommen."

„Alles klar so weit, Chef", heuchelte Rolf. Den gefährlichen Zwischenfall, bei dem er fast 18 Meter in die Tiefe gestürzt wäre, erwähnte er nicht. Von ständigem Hustenreiz unterbrochen, berichtete er lediglich, dass er Hulk den Helm und die Maske abgezogen hätte und erklärte: „Du weißt schon, wegen der Gefahr des Erbrechens ..."

„Schon klar“, unterbrach ihn sein Einsatzleiter. „Ich lasse gerade die Krankentragenhalterung am Rettungskorb befestigen und schicke dir Bauer und Gerber hoch. Kommen.“

„Danke Chef. Aber die sollen sich beeilen. Mir geht es nämlich auch nicht so gut.“

„Halt durch, Junge, die Kollegen sind in zwei Minuten bei dir.“

Nachdem Rolf so etwas wie „Na hoffentlich“ gehustet hatte, raffte er sich noch einmal auf und zerrte seinen bewusstlosen Kollegen einige Meter von der offenen Luke weg. Dort drehte er ihn erneut auf die Seite. Mehr konnte er für ihn hier oben nicht tun. Ab jetzt hieß es warten.

Dass das Warten verdammt lange werden kann, weiß jeder, der selber schon einmal händeringend auf Hilfe warten musste. Für gewöhnlich machen diese Erfahrungen alle Menschen, zu deren Rettung Feuerwehrmänner oder andere Einsatzkräfte alarmiert werden. Hier war es genau anders herum. Diesmal war der Retter selber derjenige, der auf Hilfe wartete. Für den Feuerwehrmann Rolf wurde das zu einer völlig neuen Erfahrung, eine die mächtig an seinen Nerven zehrte und ihm überhaupt nicht behagte, und schon gar nicht, nachdem er besorgt feststellen musste, dass die Atmung seines bewusstlosen Kollegen schwächer wurde.

„Was ist jetz'!?“, rief Köhler gereizt. „Habt ihr's bald!?“ Der Einsatzleiter war ungehalten, weil die beiden Feuerwehrmänner immer noch an der Montage der Krankentragenlagerung herumhantierten. Dabei hatte er ihnen den Auftrag, mit dem Rettungskorb der Drehleiter aufs Dach zu fahren, doch längst erteilt.

„Da klemmt was!“, rief einer der beiden entschuldigend zurück. „Aber wir sind gleich so weit!“, rief der andere.

Na hoffentlich, dachte Köhler, enthielt sich aber eines Kommentars, um die beiden nicht noch mehr unter Druck zu setzen, denn Stress hatten sie alle schon genug. Wenn ein eigener Kollege während eines Einsatzes in akute Gefahr gerät und die Hilfe der anderen benötigt, dann steigt bei allen Feuerwehrleuten der Stresspegel. Das ist nicht anders als bei jeder anderen Menschenrettung auch, allerdings mit dem gravierenden Unterschied, dass es hier eine persönliche Bindung gibt! Da steigt der Adrenalinspiegel besonders hoch. Bei einigen sogar so sehr, dass sie am liebsten alles stehen und liegen lassen und sofort losrennen würden, um ihrem gefährdeten Kollegen zur Hilfe zu eilen. Emotional lässt sich die Rettung eines Kollegen daher am ehesten noch mit der Rettung eines Kindes vergleichen, das sich in höchster Gefahr befindet. Liegt vermutlich in der Natur des Menschen, schließlich sind Kinder unsere Schutzbefohlenen.

Ähnlich ergeht es Einsatzkräften, aber auch Ärzten und Polizisten, wenn Familienangehörige oder ihnen nahe stehende Personen betroffen sind. In solchen Situationen können selbst professionelle Retter schon mal ihre Professionalität vergessen und zu rein emotional gesteuertem Handeln übergehen. Aber das ist meist gefährlich, weil man nicht mehr die notwendige Distanz wahrt, wodurch sich automatisch Fehler einschleichen können. Umso bedeutsamer war es für Köhler, in dieser angespannten Situation Ruhe zu bewahren und diese Rettungsaktion genauso zu leiten wie jeden anderen Einsatz auch. Keine leichte Aufgabe, aber eine ungemein wichtige, denn wenn **er** jetzt in Hektik verfiele, könnte sich das auf die gesamte Mannschaft übertragen, was im schlimmsten Fall den Erfolg ihrer Rettungsaktion infrage stellen würde.

Köhler warf einen erneuten Blick zu der nur wenige Meter entfernt stehenden Drehleiter. Seine Kollegen schienen jetzt startklar. Sie hatten die Krankentragenhalterung mitsamt Krankentrage und Vakuummatratze am Rettungskorb befestigt und stiegen soeben ein. „Fertig!?"

„Ja, fertig!"

„Dann hoch!"

Der Leiterpark mit dem an seiner Spitze angehängten Rettungskorb und der daran befestigten Krankentrage richtete sich auf und schob sich in die Höhe. Gebannt blickte Köhler seinen beiden im Korb stehenden Feuerwehrmänner nach, die sich Meter für Meter der Kante des Daches näherten. Was würde sie dort oben erwarten? Wie würden sie ihren bewusstlosen Kollegen vorfinden? Bange Fragen, die er in den nächsten Sekunden beantwortet bekäme. Als der Rettungskorb wenige Zentimeter vor der Dachkante zum Stehen kam, erreichte der vorsorglich von ihm alarmierte Notarztwagen mit zuckenden Blaulichtern das Gelände.

Wie aus weiter Ferne hörte Rolf jemand fragen: „Was glaubst du, wie lange er noch bewusstlos sein wird?" – „Nicht mehr lange", lautete die Antwort. „Seine Augenlider zucken schon." Danach spürte Rolf ganz deutlich, wie sich etwas immer fester um seinen linken Oberarm presste und er die Augen aufschlug. Als befände er sich in einem falschen Film, blickte Rolf verwundert um sich. Er hatte immer noch nicht registriert, dass er im Rettungswagen auf einer Krankentrage lag. Er inhalierte reinen Sauerstoff. Von der Decke tropfte eine Infusionslösung in seine rechte Armvene. Neben ihm standen sein Einsatzleiter und einer der beiden Rettungsassistenten, oder war es ein Notarzt? Den anderen konnte er nicht sehen. Köhler schaute besorgt auf ihn herunter. „Na Junge, wieder unter den Lebenden?"

Die Blutdruckmanschette um seinen linken Oberarm entspannte sich wieder. Rolf versuchte ein schmales Lächeln. Unter der Inhalationsmaske wirkte das aber gezwungenermaßen so komisch, dass Köhler ein Lachen unterdrücken musste. „Na wenn du jetzt schon wieder zu Faxen aufgelegt bist, scheint es dir ja schon besser zu gehen."

Rolf verstand nicht, er verstand aber auch so einiges andere nicht. Zum Beispiel, wie er hierhergekommen war und wieso er hier überhaupt lag? Und was war mit seinem Kollegen Hulk? Zu gerne hätte er seinen Einsatzleiter dazu befragt, aber er war einfach zu geschwächt.

Der Mann neben Köhler beugte sich zu ihm und sagte: „So, mein Freund, ich werde Ihnen jetzt etwas geben und dann werden Sie schlafen." Eine wohlig kribbelnde Wärme durchflutete seinen Körper. Seine Augenlider wurden schwer und sein Kopf schien sich mit Watte angefüllt zu haben. Danach spürte er nichts mehr.

Als er wieder aufwachte, befand er sich nicht mehr im Rettungswagen, sondern lag im Bett eines Krankenhauses. Aber diesmal fühlte er sich nicht mehr so orientierungslos und sah sich in dem Zimmer um. Sein Bett stand am Fenster. Rechts von ihm gab es ein weiteres Bett, aber das war unbenutzt. Er lag hier also alleine. Während er darüber grübelte, was auf dem Hallendach mit ihm geschehen war, klopfte es an der Tür.

„Ist offen!", rief er.

Und dann kamen sie herein – seine Kollegen, einer nach dem anderen, in voller Montur, den Helm in der Hand und ein breites Grinsen im Gesicht. Sie waren direkt von der Einsatzstelle hierhergefahren. Ein Wunder, dass man sie überhaupt eingelassen hatte, so verdreckt, wie sie aussahen.

„Eh Leute, das gibt's doch nicht. Und ihr kommt wirklich direkt von unserem Einsatz? Also dem Einsatz, bei dem ich ...?"

Seine Kollegen nickten. Und dann erfuhr Rolf alles – wie sie zuerst Hulk und dann ihn mit der Drehleiter vom Dach geholt hatten, wie der Notarzt beide an der Einsatzstelle behandelt hatte – und er aufgrund einer schweren Rauchgasintoxikation nach Hamburg-Eppendorf in das UKE gefahren wurde. „Ist noch keine fünf Stunden her", erklärte Klaus Haberkamp, der Drehleiterführer.

„Echt? Und ich hab angenommen, hier schon viel länger zu liegen."

„Tja, Rolle, so kann man sich täuschen", lachten sie.

Doch dann fragte Martin Bauer: „Aber eine Sache musst du uns unbedingt erklären. Die halbe Feuerwehr rätselt inzwischen schon darüber, wo dein Pressluftatmer abgeblieben ist."

„Ja, erzähl mal“, forderten ihn die anderen ebenfalls auf. „Man munkelt da ja so einiges. Unter anderem, dass du den da oben angeblich versenkt hättest – mit voller Absicht!“

„Also zuzutrauen wäre unserem Rolf das ja“, lachte Bauer und frotzelte: „Der Schlaueste war er ja noch nie gewesen.“

„Raus! Alle Mann sofort raus!“, entrüstete sich Rolf künstlich und schimpfte: „Ihr frechen Hunde! So mit einem kranken Mann zu reden.“

In diesem Moment öffnete sein Einsatzleiter die Tür. Er war etwas später gekommen, weil er noch mit dem Oberarzt gesprochen hatte.

„Freche Hunde? Wo sind hier freche Hunde? Ich sehe nur einen!“, lachte er und zeigte auf Rolf. Dann zog er sich einen Stuhl heran und Rolf erzählte ihnen, wie es ihm da oben auf dem Dach ergangen war. Alle hörten gebannt zu – und als er geendet hatte, blickten sie eine Weile sehr ernst, bis ihr Chef die Stille unterbrach. Er kannte bereits das meiste von dem, was Rolf ihnen gerade erzählt hatte, und wollte seine Männer nicht länger in dieser bedrückten Stimmung lassen. Er blickte Rolf lange in die Augen: „Tja, mein lieber Rolf. Das war wohl hart. Verdammt hart sogar.“ Dann atmete er tief durch und sagte bedeutungsvoll: „Aber das Schlimmste steht dir ja leider noch bevor.“

„Hä?“

„Na ja. Immerhin musst du in der Dienststelle ja noch den Bericht über den Verlust deines PA schreiben.“

Rolf, der nicht kapierte, was die anderen längst erkannt hatten, stöhnte gequält auf: „Och neee! Chef, muss das wirklich sein?“

„Leider“, nickte er und erklärte mit bedenklicher Miene: Du weißt aber schon, dass so ein PA schweinisch viel Geld kostet, da möchte ich nicht in deiner Haut stecken.“ Dann wandte er sich den anderen zu und betonte grinsend: „Also, wie unser Kollege das begründen will ...?“

Während des darauffolgenden Gelächters fiel auch bei Rolf der Groschen.

Die gelöste Stimmung hielt leider nicht lange an, denn Köhler berichtete jetzt, wie er sich vorhin bei dem Oberarzt nach ihrem Kollegen Hulk erkundigt hatte.

„Und ...“, wollten die anderen sogleich wissen, „was sagt er?“

Köhler schüttelte den Kopf und deutete mit bezeichnendem Blick auf Rolf, den er mit einer weiteren Krankengeschichte nicht noch zusätzlich belasten wollte. Außerdem schien Rolf der Besuch seiner vielen Kollegen angestrengt zu haben, denn er hielt seine Augen jetzt geschlossen. Köhler, der bemerkt hatte, dass Rolf wieder eingeschlafen war, legte den Zeigefinger an seine Lippen und erhob sich leise. Mit einem stummen

Wink forderte er die anderen auf, das Krankenzimmer mit ihm zu verlassen. Draußen auf dem Flur blieb er kurz stehen und sagte ernst: „Tja Männer, bei unserem Kollegen Hulk sieht es leider nicht so gut aus. Laut Auskunft des Oberarztes ist seine Erkrankung weit schlimmer, als ich angenommen hatte. Wir werden die nächste Zeit wohl ohne ihn auskommen müssen."

Die Kollegen reagierten mit betretenem Schweigen, bis Bauer zögerlich fragte: „Und ... jetzt sag schon. Was hat er?"

„Erzähle ich euch später auf der Wache", wehrte Köhler die Frage seiner Männer ab. Dann machte er auf dem Absatz kehrt und marschierte los, ohne auf deren Protest zu reagieren.

Rekonvaleszent

Gerda Bilicic klopfte an die Tür von Nummer 26. Ein mögliches *Herein* oder *Ja, bitte* nicht abwartend, öffnete sie und betrat forsch das Krankenzimmer von Franziska Dorfmeister. Die junge Feuerwehrfrau lag in einem bequemen Trainingsanzug auf dem Bett.

„Blau oder rot?", überfiel die Physiotherapeutin ihre Patientin. „Na ... sag schon. Für welche Farbe entscheidest du dich?"

Die letzten Wochen hatte sie fast jeden Tag mit Franzi geübt, dabei hatten sich die etwa gleichaltrigen Frauen angefreundet. Gerda kam immer um die gleiche Zeit, immer morgens, so wie jetzt, und sie hatte immer ein freundliches Lächeln für ihre Patienten. Heute erschien Franzi ihr Lächeln jedoch so geheimnisvoll wie das der Sphinx.

„Ehhh ... was bitte schön bedeutet blau oder rot?", fragte sie verdattert.

Aber statt einer erklärenden Antwort begegnete Gerda Franzis Frage mit einer Gegenfrage. „Du weißt wirklich nicht, wovon ich rede?"

Franzi schüttelte den Kopf. „Ne ... echt ... keine Ahnung."

„Na gut", lachte Gerda freudestrahlend, „dann will ich mal nicht so sein und dich nicht länger auf die Folter spannen. Ich rede von den Gehhilfen, die du heute bekommen sollst. Und ... du darfst wählen. Entweder du nimmst die blauen oder die roten. Ist deine Entscheidung."

Franzi hatte sich natürlich für die roten entschieden – rot ist die Farbe der Feuerwehr.

Das war vor nunmehr zwei Tagen gewesen. Seitdem befand sie sich in der hoch über dem Tal der Ruhr gelegenen Reha-Klinik von Essen-Kettwig.

Die langen Krankenhauswochen zuvor waren für sie alles andere als leicht gewesen. Dazu kam die nicht unbegründete Angst, aufgrund ihrer schweren Verletzungen ihren heiß geliebten Feuerwehrberuf vielleicht nie mehr ausüben zu können. Das und der, wie sie fand, schleppende Heilungsverlauf hatten Franziska Dorfmeister psychisch sehr belastet. In dieser schwierigen Phase war ihr Gerda Bilicic eine wichtige Stütze gewesen. Mit ihrer Engelsgeduld hatte die Physiotherapeutin Franzis Motorik so weit hinbekommen, dass sie jetzt wieder selbstständig an Krücken laufen konnte. Okay, als Krücken sollte sie die Dinger ja nicht bezeichnen. „Wir nennen sie Gehhilfen", hatte Gerda sie jedes Mal korrigiert, genauso wie sie ihre eigenen Bemühungen korrigiert hatte. „Du musst das so machen und nicht so. Aber mach bitte nicht zu viel, Franzi", warnte sie auch und erklärte, dass ein Zuviel nämlich genauso schädlich sei wie zu wenig. Nur hatte sich Franzi trotz Gerdas Warnungen von dem Zuviel nicht abbringen lassen, denn sie wollte unbedingt wieder in ihren Beruf zurück. Ich will wieder auf meine Feuerwache! Ich will wieder mit meinen Kollegen in den Einsatz fahren! Von solchen Gedanken getrieben, übte sie, immer wenn sie alleine war, wie verbissen, obwohl es oft so sehr schmerzte, dass es ihr die Tränen in die Augen trieb.

Jetzt also der nächste Schritt – die Reha. Vier Wochen waren dafür zunächst angesetzt, mit der Option auf eine Verlängerung. Eine Option, die sie, so hoffte sie, nicht brauchen würde. Dafür hoffte Franzi hier auf ähnlich nette Physiotherapeuten wie Gerda zu treffen.

Ja, nett waren sie alle, mit denen sie es zu tun bekam, aber auch fürchterlich kompetent, was sich in der konsequenten Umsetzung ihrer Übungen zeigte. Franzi, die vor ihrem schlimmen Unfall Halbmarathon gelaufen war und daher geglaubt hatte, fit zu sein, wurden hier sehr schnell ihre Grenzen aufgezeigt. Völlig außer Puste hatte sie nach ihrer zweiten Stunde Jürgen, das war einer der Physiotherapeuten – und zwar der mit den unwahrscheinlich kräftigen Händen –, gefragt: „Ganz ehrlich, Jürgen, werden bei euch alle so hart ran genommen wie ich?“

Jürgen hatte, ohne seine Arbeit zu unterbrechen, wie beiläufig geantwortet: „Nö, nicht alle. Aber wenn wir schon mal so ’ne junge dynamische Feuerwehrfrau auf dem Tisch haben, die, das hast du selber betont, unbedingt in ihren Beruf zurückwill, dann legen wir eben schon mal ’n Schüppchen mehr drauf.“

Franzi, der längst der Schweiß aus allen Poren rann, ächzte: „’n Schüppchen!? So etwas nennt ihr hier ein Schüppchen? Mann, das ist ’ne ganze Baggerschaufel!“

„Na, na, na Fräuleinchen. Du wirst doch jetzt nicht schon schlapp machen!“, drohte Jürgen mit erhobenem Zeigefinger, dabei grinste er Franzi diebisch an und betonte: „Nur noch zwei kleine Übungen, dann hast du es für heute geschafft.“

Die Übungen hatten sie zu sehr angestrengt, als dass sie den Weg bis zu ihrem Zimmer mit ihren Gehhilfen geschafft hätte. Eine viertel Stunde später lag Franzi erschöpft auf ihrem Bett, enttäuscht darüber, dass sie sich von einer Pflegekraft im Rollstuhl hatte schieben lassen müssen. In den darauffolgenden Tagen und Wochen wurden die Übungen immer anspruchsvoller. Gleichzeitig wurde Franzi aber auch immer beweglicher – und als Jürgen ihr eines Morgens mitteilte, dass er inzwischen deutlich spürten konnte, wie sich ihre verkümmerte Muskulatur zurückbildet hatte, spürte Franzi auch etwas – nämlich eine unbändige Freude, dass sie es fast geschafft hatte.

Die Woche darauf wurde sie entlassen. Ihr Vater, der es sich natürlich nicht hatte nehmen lassen, seine geliebte Tochter persönlich abzuholen, erwartete sie bereits voller Ungeduld in der Eingangshalle. Und dann sah er sie, aufrecht, auf beiden Beinen gehend, die Krücken, die sie nicht mehr benötigte, in der linken Hand, den Griff ihres auberginefarbenen Rollkoffers in der anderen. Als sie ihren Vater sah, ließ sie alles fallen und lief ihm freudestrahlend entgegen. „Papa! Papa!"

„Meine arme Kleine", flüsterte Werner Dorfmeister mit erstickender Stimme, als sich ihm seine Tochter in die weit ausgebreiteten Arme warf. „Ich bin so glücklich und erleichtert, dich endlich nach Hause holen zu dürfen." Zärtlich strich er ihr über das inzwischen schulterlang gewachsene Haar. Dann sah er gerührt in ihre tränenfeuchten Augen und beide mussten schluchzen.

Bereits einige Wochen vor der jungen Feuerwehrfrau Franziska Dorfmeister war der Feuerwehrmann Paul Hogan, besser bekannt als Hulk, aus dem UKE in Hamburg-Eppendorf entlassen worden. Genau wie Franzi wurde auch er abgeholt, aber nicht von seinem Vater, denn der war schon vor etlichen Jahren gestorben. Und da Hulk weder eine liebende Ehefrau noch eine Verlobte und zurzeit auch keine Freundin hatte, rechnete er auch nicht damit, von jemandem am Krankenhaus abgeholt zu werden. Umso größer war sein freudiges Erstaunen, als er sah, dass ihn seine Feuerwehrkollegen mit einem direkt vor dem Eingangsportal geparkten Löschgruppenfahrzeug erwarteten. Es war kurz nach drei Uhr nachmittags. Vor dem Portal herrschte ein reges Kommen und Gehen.

„Aaachtung! Männer! Stramm gestanden!", kommandierte Brandamtmann Taller so laut, dass sich sämtliche Leute umdrehten und neugierig schauten, was die Feuerwehr hier veranstaltete. Nach seinem Kommando hatte sich Taller zwischen Hulks Dienstgruppenleiter Köhler und vier weiteren Feuerwehrmännern eingereiht. Unter ihnen befand sich Rolf Vogt. Rolf, der oben auf dem Dach fast abgestürzt wäre, hatte sich relativ schnell von seiner Rauchgasintoxikation erholt und befand sich längst wieder im Dienst. Wie seine Kollegen hatte auch er für diesen Anlass extra seine Ausgehuniform angezogen. Alle Augen waren auf Hulk gerichtet, der jetzt direkt auf sie zuging. Allerdings war von seiner ehemals kraftstrotzenden Erscheinung nicht mehr viel übrig geblieben. Die Kleidung schlotterte ihm geradezu um den Leib und die Augen über seinen eingefallenen Wangen lagen, von dunklen Schatten umgeben, tief in ihren Höhlen. Aber als sie seine Kameraden erblickten, die für ihn wie einst in der Grundausbildung hinter dem Heck des LF Aufstellung genommen hatten, huschte ein schwaches Lächeln über sein ausgemergeltes Gesicht. Von der Freude überwältigt, wurden ihm plötzlich die Knie schwach.

Hulk wankte. Wären Taller und Hinrichsen nicht sofort zu ihm geeilt, um ihn zu stützen, wäre ihr von der Krankheit gezeichneter Kamerad vermutlich umgekippt.

Jetzt saß er zwischen seinen Kollegen im LF und die machten bereits wieder Späße.

„Eh, Hulk, du weißt ja, dass du mir noch 'ne Revanche im Armdrücken schuldig bist. Wir könnten das nachher auf der Wache nachholen. Was hältst du davon?"

„Geht leider nicht", konterte Hulk, „für heute bin ich leider schon verplant. Ironman auf Hawaii."

„Nicht schlecht, Junge, nicht schlecht. Na ja, dann eben ein anderes Mal."

„He Leute!", rief der Maschinist Jochen Tanner. „Bevor ihr noch weitere dämliche Vorschläge macht, erklärt ihm lieber, wo wir jetzt hinfahren."

Hulk sah die mit ihm im Mannschaftsraum sitzenden Kollegen verwundert an. „Äh ... ich dachte es geht auf die Feuerwache?"

Die schüttelten wie auf Kommando ihre Köpfe.

„Nicht auf die Feuerwache?"

„Nein, nicht auf die Feuerwache."

„Und wohin bringt ihr mich dann? Nach Hause?"

„Nach Hause! Hulki, wie langweilig! Nein, sieh dich doch an, Junge. Du fällst ja fast vom Fleisch. Wir fahren mit dir zu *Maredo*, Steak essen!"

„Echt?"

„Na klar, Mann. Du musst doch wieder zu Kräften kommen."

„Genau. Damit du gegen mich beim Armdrücken 'ne Chance hast!"

Brüllendes Gelächter.

„Und du bezahlst!"

„Ähhh ..."

„Quatsch, das war 'n Scherz. *Du* doch nicht. *Du* bist natürlich eingeladen."

„Und nicht nur du. Wir sind alle eingeladen!", posaunte Tanner von vorne.

„Und darf man fragen von wem?"

„Klar darf man. Natürlich von dem, der hier das dickste Portemonnaie hat. Dreimal darfst du raten, wer das ist?"

Brandamtmann Taller, dem die Wendung des Gesprächs unangenehm wurde, fiel den Männern ins Wort: „He! Ihr dahinten! Schwatzt nur weiter so dummes Zeug und ich ziehe meine Einladung zurück. Kapiert!?"

Schlagartig kehrte Ruhe ein.

Später bei Maredo kam das Gespräch zwangsläufig, auch wenn Hulk das lieber vermieden hätte, auf seine Krankheit zu sprechen.

„Mensch, Hulki, da hast du ja noch mal richtig Glück gehabt."

Hulk, der sich gerade genüsslich ein großes Stück Steak in den Mund geschoben hatte, blieb der Bissen im Halse stecken. „Glück", würgte er. „Du findest also, dass meine Subarachnoidalblutung ein Glücksfall war?"

„So habe ich das nicht gemeint."

„Und wie hast du es gemeint?", fragte Hulk nachdem er den Bissen runtergeschluckt hatte.

„Na ja, immerhin sterben 30 bis 50 Prozent der Betroffenen an solch einer Hirnblutung, und du hattest nicht einmal neurologische Ausfälle."

Diese Aussage brachte dem Feuerwehrmann einen vernichtenden Blick seines DGL ein.

„Was denn? Hab ich im Internet gelesen", sagte er entschuldigend und wollte noch weitere Details vortragen, doch da schnitt ihm Brandamtmann Taller das Wort ab. „Okay, ich denke das reicht. Wir sind schließlich nicht hier, um über die überstandene Krankheit unseres Kollegen Hogan zu fachsimpeln, sondern um seine Rekonvaleszenz zu feiern."

„Rekon... was?", raunte Peter seinem Sitznachbarn ins Ohr. Der Benjamin war der einzige in der Runde, der noch kein Rettungsassistent war.

„Rekonvaleszent ist Latein, du ungebildeter Jungspund, und bedeutet so viel wie Genesender."

„Aha. Und wieso sagt er das nicht gleich?"

„Oh Mann", stöhnte Hinrichsen. „Halt einfach deine Klappe und iss."

In der Werkstatt

Während Maximilian Sonntag tief am Boden vor seinem Schutzgasschweißgerät hockte, lehnte Rupert Tiefenbach lässig an dem massiv metallenen Schweißtisch und beobachtete, wie sein Jugendfreund die leere Argongasflasche gegen eine gefüllte austauschte. „Dein Betrieb scheint wohl nicht sonderlich viel abzuwerfen“, spottete er, wobei er auf Max’ verwaschenen Blaumann deutete, der ganz offensichtlich schon zig Mal geflickt worden war.

„Ist klar!“, lachte Max laut auf. „Das sagt genau der Richtige! Kommt selbst mit so ’nem vergammelten Amischlitten daher und glaubt meinen Betrieb einschätzen zu können, nur weil mein alter Overall einige Flicken aufweist.“

„Heee! Das war doch nur ironisch gemeint.“

„Weiß ich doch“, erwiderte Max, der die Flasche mit dem Schutzgas jetzt eingeschraubt hatte und sich wieder aufrichtete. „Aber jetzt mal im Ernst, Rupert. Dein Wagen macht ... na ja ... vorsichtig ausgedrückt, wirklich keinen guten Eindruck mehr. Also bei dem Rost. Und du willst wirklich, dass ich dir da noch seitliche Stützen einschweiße?“

„Hat ja keinen Rost an tragenden Teilen, sondern nur außen an der Karosserie.“

„Ja schon, aber ...“

Tiefenbach reagierte verschnupft. „Was, aber ...?“

„Na ja“, gab Max zu bedenken, „ich weiß doch, wie hundertprozentig bei euch der TÜV ist. Und wie ich deiner Plakette entnehmen kann, hast nicht mal mehr ein halbes Jahr bis zur nächsten HU.“

„Na und. Wo ist das Problem?“

„Das Problem fragst du! Das Problem? Das will ich dir gerne sagen, mein Freund. Wenn ich die Stützen so anbringen soll, dass der deutsche TÜV sie nicht beanstandet, dann müsste ich eigentlich zwei zusätzliche Traversen einziehen. Das ist das Problem.“

„Ja und“, knurrte Tiefenbach trotzig, „dann mach das doch.“

„Geht leider nicht. Erstens fehlt mir dafür der Platz und zweitens ...“ Max winkte genervt ab. „Aber das verstehst du eh nicht.“

„Hmm ... und wenn du das ohne diese zusätzlichen Dinger machst? Das ginge doch sicher auch, oder?“

„Ja schon.“ Max hob genervt die Arme. „Nur, das bringt doch nichts. Schau Rupert, wenn ich dir schon keinen Arbeitslohn berechne, muss ich dir trotzdem ’ne Menge Geld für das Material abknöpfen – für Material, das du in einem halben Jahr garantiert wieder runterreißen musst.“

Max schüttelte den Kopf. „Ne, Junge, das macht einfach keinen Sinn."

„Mach's trotzdem. Bitte."

„Bist du dir da wirklich sicher?"

„Ja, absolut. Ich brauche den Wagen eh nur noch für kurze Zeit. Danach kann er meinetwegen in die Schrottpresse."

Max zog verwundert die Augenbrauen hoch: „Und dafür der ganze Aufwand? Ist es da nicht besser, wenn du dir ein entsprechendes Fahrzeug leihen würdest?"

„Daran hab ich natürlich auch schon gedacht, aber mein Auftrag ist zu speziell. Das geht einfach nicht. Ich ... brauche ... diesen Wagen."

„Jetzt machst du mich aber neugierig. Erzähl mal. Scheint ja 'ne verdammt lukrative Sache zu sein, oder?"

„Darüber darf ich leider nicht reden", wich Tiefenbach aus und tat geheimnisvoll. „Mein Kunde ist nämlich eins von den ganz hohen Tieren. Du verstehst?"

Ne, Max verstand nix. Aber jetzt, nachdem sein Freund ihm unverblümt ins Gesicht gesagt hatte, dass er mit ihm nicht darüber reden wollte, reagierte er sauer. „Alles klar. Ich verstehe. Du bist also in Wirklichkeit doch nicht wegen mir gekommen, sondern nur deshalb, damit ich Blödmann dir deine bescheuerten Stützen hier umsonst anfertige und einbaue. Wahrscheinlich, weil das bei euch sonst doch keiner machen würde. Ein schöner Freund bist du! Ein schöner Freund."

„Meeensch Max! Jetzt sei doch nicht gleich beleidigt. Versteh das doch. Ich darf wirklich nicht darüber reden. Aber ich verspreche dir hoch und heilig, wenn ich den Auftrag erledigt habe, komme ich noch einmal zurück – und dann erzähle ich dir alles. Meinetwegen kannst du den Wagen dann sogar geschenkt haben. Na, ist das ein Wort?"

Vier Stunden später hatte Max zwei mit Drehtellern versehene Stützen angefertigt und knapp vor der Hinterachse ein dickwandiges Vierkantrohr unter die Bodenplatte von Tiefenbachs Pick-up eingeschweißt. Dabei hatte er penibel darauf geachtet, dass das Rohr auf beiden Seiten keinen Millimeter hervorstand.

„So, das war's", sagte er laut zu sich und klappte das schwarze Schutzglas seines Schweißerhelms nach oben. Tiefenbach, der die ganze Zeit dabeigeblieben und zugesehen hatte, guckte etwas irritiert. „Wie, das ist schon alles."

„Ja was hast du denn erwartet?", erwiderte Max, zog den Helm vom Kopf und wischte sich mit dem Ärmel den Schweiß von der Stirn. „Etwa, dass ich dir hydraulische Stützen einbauen würde?" Weil Tiefenbach keine Reaktion zeigte, tätschelte Max selbstzufrieden über das eingeschweißte Vierkantrohr und erklärte: „Das hier, mein Freund, ist das Maximum des Möglichen. Mehr geht nicht.“

Tiefenbach zog daraufhin enttäuscht die Mundwinkel nach unten. Er hatte irgendwie mehr erwartet als nur ein Vierkantrohr. Was genau, konnte er zwar selbst nicht sagen, aber auf jeden Fall etwas anderes. Na gut, sagte er sich schließlich, was soll's? – und deutete auf die am Boden liegenden Stützen. „Und was ist mit den Dingern? Wie funktionieren die?“

„Mensch, Rupert! Bist du wirklich so blöd oder tust du nur so?“ Max hob eine der beiden rechtwinkelig gearbeiteten Stützen auf und steckte sie in ein offenes Ende des seitlich herausragenden Vierkantrohrs. „Ganz einfach. So! Geht auf der anderen Seite natürlich genauso. Ist ganz simpel“, grinste er und betonte: „Das schaffst sogar du.“

Tiefenbach war klug genug, Max ironische Anspielung zu ignorieren und die Arbeit seines Freundes nicht noch weiter zu kritisieren und schlug deshalb einen versöhnlicheren Ton an. „Stimmt. Simpel, aber zweckmäßig.“

„Genau. Und noch ein Vorteil“, hob Max hervor. „Wenn du deinen Schlitten doch noch länger fahren willst und zum TÜV musst, wird dort niemand das Vierkantrohr beanstanden.“

„Und die Stützen?“

„Die lässt du natürlich weg. Und deinen vorsintflutlichen Palfinger rate ich dir, ebenfalls unbedingt vorher zu demontieren. Verstehe sowieso nicht, wieso du dir kein neueres Modell gekauft hast. Den PC 900 Compact zum Beispiel. Der hat ein manuelles Schwenkwerk, 'nen Hubarm mit 'ner Seilwinde für 450 Kilo, Kabel-Funksteuerung – und wiegt nur knapp 75 Kilogramm. Genau das Richtige für eine kleine Ladepritsche. Aber der Trumm, den du da montiert hast, ist viel zu schwer für deinen Pick-up und garantiert nicht zugelassen. Wieso hast du den überhaupt gekauft?“

„Hab ich ja nicht. Den hab ich von ... von jemandem geschenkt bekommen. Und zum TÜV fahre ich nicht mehr. Das hab ich dir vorhin aber schon mal gesagt“, entgegnete Tiefenbach schon fast feindselig.

„Ist ja gut, ist ja gut!“ Max hob beschwichtigend die Hände. „Ich wollte es ja auch nur für den Fall erwähnt haben, dass du vielleicht doch ... Nein? Na gut, dann eben kein TÜV.“

So wie Tiefenbach jetzt mit vor der Brust verschränkten Armen vor Max stand und ihn angiftete, spürte dieser, dass die Atmosphäre zwischen ihm und seinem Jugendfreund, wodurch auch immer, vergiftet war. Aber konnte er diesen Mann, den er schon so viele Jahre nicht mehr gesehen hatte, überhaupt noch als seinen Freund bezeichnen? Zumindest benahm er sich nicht so. Im Gegenteil, statt ihm für seine Arbeit zu danken, erntete er nur Kritik und Beschimpfungen. Na ja, zumindest unfreundliche Worte.

Während Max seine Werkzeuge wieder einräumte, herrschte zwischen den beiden Männern eisiges Schweigen und Max fragte sich, ob die Verstimmung an ihm liegen konnte? War Rupert vielleicht auf ihn sauer, weil er es versäumt hatte, ihm zum Tod seiner Schwester und seiner Nichte zu kondolieren? Eher unwahrscheinlich, denn erstens war das jetzt schon einige Monate her und zweitens hatte er die schlimme Nachricht nicht einmal von Rupert selbst, sondern von jemand anderem erfahren. Trotzdem entschloss sich Max, ihn auf den tragischen Tod seiner engsten Angehörigen anzusprechen. Er wusste nur noch nicht, wie er es anstellen sollte.

Etwas später, sie saßen bei einer Tasse Kaffee in seinem wohnlich eingerichteten Büro, fasste sich Max ein Herz: „Du, Rupert, was ich dir eigentlich schon seit Längerem sagen wollte ... das mit deiner Schwester und deiner kleinen Nichte tut mir unendlich leid."

„Danke."

„Weißt du, ich hätte mich ja schon längst bei dir gemeldet, aber ..."

„Ist schon gut", sagte Tiefenbach mit versteinerter Miene und wechselte, als hätte Max diesen schmerzlichsten Punkt in seinem Leben überhaupt nicht angesprochen, einfach das Thema. „Und, hast du schon die Materialkosten berechnet? Ich würde dir das Geld jetzt nämlich gerne geben und muss dann auch wieder."

Nach dieser brüsk abweisenden Reaktion fühlte sich Max wie vor den Kopf gestoßen. Schweigend ging er an seinen Schreibtisch, zog sich seinen Tischrechner heran, tippte einige Zahlen ein und ließ das Ergebnis ausdrucken. Den Ausdruck reichte er seinem Freund. „Hier."

Tiefenbach warf nur einen kurzen Blick darauf, zückte seine Brieftasche und hielt Max drei Scheine hin. „Stimmt so."

Stimmt so!? Max verschlug es die Sprache. Irritiert nahm er das Geld und legte es auf seinen Schreibtisch. Als er sich wieder umdrehte, erhob sich Rupert, streckte ihm die Hand entgegen und sagte allen Ernstes: „Max, es war schön, dich wiedergesehen zu haben. Also dann, Tschüss und bis zum nächsten Mal."

Maximilian Sonntag stand noch immer nachdenklich in seinem Büro, da fuhr Rupert Tiefenbach in seinem heruntergekommenen Amischlitten bereits aus der Werkstatt. Max verstand die Welt nicht mehr. *Was sollte das denn jetzt?*, fragte er sich und starrte dem in einer mächtigen Staubwolke entschwindenden Wagen verstört hinterher.

Rupert Tiefenbachs Gesicht war wutverzerrt. Er trat das Gaspedal bis zum Anschlag durch, als könne es ihm gar nicht schnell genug gehen, die Werkstatt und den Hof seines alten Jugendfreundes Maximilian möglichst weit hinter sich zu bringen. *Ha, Jugendfreund, von wegen. So ein Arschloch!* Hätte er auch nur den Hauch einer Ahnung davon gehabt, dass *sein* Max ebenfalls einer von diesen war ... keine zehn Pferde hätten ihn in seine Werkstatt gebracht! Denn wenngleich sich andere mit ihrer Zugehörigkeit brüsteten, hatte Max nie ein Sterbenswörtchen darüber verloren. *So ein verlogener Hund!*

Der erste Verdacht war Tiefenbach gekommen, als ihm ein aufgenähtes Ärmelabzeichen an Max verwaschenem Overall aufgefallen war. Dessen Farbe war allerdings, vermutlich durch die vielen Waschgänge, so verblichen, dass er es nicht richtig erkennen konnte. Zur Gewissheit wurde ihm sein Verdacht erst, nachdem er bei seinem Freund in dessen Büro gesessen hatte und er mehrere, an der Wand hinter dem Schreibtisch hängende Urkunden erblickte. Max, der Scheißkerl, war also ein Mitglied der Freiwilligen Feuerwehr von Reutte – ein Unterbrandmeister zwar nur, aber trotzdem ein verfluchter scheiß Feuerwehrmann.

Am liebsten wäre Tiefenbach dem Drecksack gleich an die Gurgel gegangen, besonders, nachdem Max ihm sein Bedauern über den Tod seiner geliebten Schwester und seiner kleinen Nichte vorgeheuchelt hatte. Aber in dieser Situation jetzt und hier Rache zu nehmen, wäre ein schlimmer Fehler gewesen – ein Fehler, der sein gesamtes weiteres Vorhaben gefährdet hätte. Nur deshalb hatte er sich mit äußerster Mühe zusammengerissen und so getan, als hätte er nichts bemerkt. Jedoch hielt es ihn danach keine Sekunde länger mehr bei diesem Mann, den er ab sofort als Stellvertreter für das, wie er glaubte, katastrophale Versagen einiger Feuerwehrleute abgrundtief hasste.

Tiefenbach, der schon immer anfällig für globale Verschwörungstheorien gewesen war, machte nämlich die Düsseldorfer Feuerwehr für den Tod seiner Schwester und seiner Nichte verantwortlich. Aufgrund gezielter Falschinformationen die ihm Menschen absichtlich gesteckt hatten, die selber nicht gut auf die Feuerwehr zu sprechen waren, hatte sich in seinem kranken Hirn der Gedanke manifestiert, dass die Feuerwehrleute absichtlich viel zu spät an der Einsatzstelle eingetroffen seien. Danach glaubte er auch der Kriminalpolizei nicht mehr, die behauptete, dass der Hausmeister, der bei dem Brand ebenfalls ums Leben gekommen war, die Explosion durch eine absichtliche Manipulation an der Gasleitung angeblich selbst ausgelöst hätte. Nein, die logen doch alle! Die Schuldigen waren ganz klar diese Feuerwehrmänner, die aufgrund der Gasausströmung zu feige gewesen waren, sich in das einsturzgefährdete Miethaus zu begeben. Obwohl das natürlich nicht der Fall gewesen war, war Tiefenbach allen gegenteiligen Beweisen zum Trotz bei seiner Meinung geblieben, hatte aber mit niemandem darüber gesprochen. Stattdessen hatte er sich in seinem unsäglichen Schmerz vor aller Welt verkrochen, war nicht mehr zur Arbeit gegangen und hatte jegliche Kontakte zu Freunden und Bekannten abgebrochen.

Nachdem die Gerichtsmedizin die Leichen seiner Schwester und seiner Nichte zur Beerdigung freigegeben hatte, verschickte er keine Einladungskarten und lud auch niemand persönlich zu der Trauerfeier ein. Das war der Grund, weshalb auch Maximilian Sonntag die Todesnachricht erst sehr spät nach dem Begräbnis von einem Verwandten Tiefenbachs erhielt, der selber auch nur über Dritte davon erfahren hatte. Die Beerdigung hatte daher ohne die sonst üblichen Trauergäste stattgefunden. Lediglich ein Pfarrer und Tiefenbach selbst waren anwesend gewesen. An diesem Tag geschahen drei Dinge, die maßgeblich ausschlaggebend für Tiefenbachs späteres Handeln waren: So sprach der Pfarrer am offenen Grab über eine menschliche Tragödie von unsäglichem Leid, welche die Feuerwehrleute, obwohl sie bei diesem Einsatz sogar ihr eigenes Leben riskiert hätten, nicht mehr hatten verhindern können. „So stehen wir heute fassungslos am Grab unserer geliebten Schwester Cornelia Bergmann, geborene Tiefenbach, und ihrer kleinen Tochter Angelika, die noch ihr ganzes Leben vor sich hatte, und bitten dich oh Herr: Nimm sie auf in dein Reich und tröste uns und alle, die sich hier versammelt haben, in unserer Trauer."

Als Rupert Tiefenbach das hörte stieg in ihm die kalte Wut hoch. *Was erdreistet sich dieser Kirchenvertreter, die feigen Drecksäcke, die meine Schwester und meine Nichte auf dem Gewissen haben, als Helden darzustellen! Und was heißt hier ... die wir uns hier versammelt haben? Hier hat sich niemand versammelt Blödmann, also was laberst du für 'nen Scheiß, du dämlicher Pfaffe!*

Am liebsten hätte er dem Pfarrer in diesem Moment was aufs Maul gegeben oder – besser noch – ihn gleich mit in das offene Grab gestoßen und wütend hinterhergerufen: *Fahr zur Hölle, du Lügner!* Aber natürlich hatte er nichts dergleichen getan, sondern die Faust in der Tasche geballt. Die ihm anschließend vom Pfarrer entgegengestreckte Hand hatte er ignoriert. Nachdem dieser gegangen war, stand Tiefenbach alleine vor dem Grab und starrte noch eine ganze Weile auf die nebeneinander liegenden Särge hinunter. Dann warf er den mitgebrachten Rosenstrauß in die Tiefe und schwor, ihren Tod an all jenen zu rächen, die er dafür verantwortlich machte.

Als er sich zum Gehen umdrehte, sah er zwei von jenen, denen er gerade Rache geschworen hatte, in geringer Entfernung abseits des Weges stehen. Die beiden trugen ihre dunkelblauen Uniformen und hielten einen mit weißen Nelken bestückten Kranz in ihrer Mitte. *Wagt es ja nicht!*, schrie Tiefenbach in seinem Inneren, traute sich aber nicht, den beiden Feuerwehrmännern entgegenzutreten, um ihnen den Weg zu verwehren. Ohne sie eines weiteren Blickes zu würdigen, eilte er an den zweien, die sich während der gesamten Trauerfeier dezent im Hintergrund gehalten hatten, hastenden Schrittes vorüber. Nachdem er einige Meter zurückgelegt hatte, hielt er aber doch kurz inne und drehte sich neugierig um. Die frechen Hunde hatten, wie von ihm vermutet, tatsächlich die Unverfrorenheit besessen und waren zum Grab seiner Angehörigen gegangen, um dort den Kranz abzulegen.

„Das werdet ihr mir büßen, ihr Schweine", murmelte Tiefenbach und prägte sich ihre Gesichter genau ein.

Eine Viertelstunde später stieg Tiefenbach in den 54er, den Bus, der genau vor dem Haupteingang des Friedhofs hielt und ihn bis in die Nähe seiner Wohnung fahren würde. Auf dem Weg dorthin hatte er das dritte zentrale Erlebnis – ein am Straßenrand ausgebrannter Papiercontainer. Die Feuerwehr hatte ihn umgekippt, woraufhin sich eine schwärzlich breiige Pampe über Teile des Gehwegs ergossen hatte, die die faulen Schweine natürlich nicht beseitigt hatten. Tiefenbach ärgerte sich maßlos darüber, doch dann sah er plötzlich alles ganz klar und wusste, was er zu tun hatte – im Feuer sollten sie umkommen, sollten höllische Schmerzen verspüren und genauso elendig krepieren wie seine Schwester und seine Nichte.

Tiefenbach raste mit unverminderter Geschwindigkeit durch das österreichische Reutte. Die Erinnerungen daran, wie er seinen Rachefeldzug gestartet, wie er den ersten Papiercontainer in München präpariert hatte, hatten ihn innerlich total aufgewühlt. Die bayerische Landeshauptstadt hatte er ganz bewusst gewählt. Zum einen, weil er sich dort gut auskannte, und zum anderen, was ihm noch viel wichtiger war, weil München weit genug von Düsseldorf entfernt lag. Im Übrigen war dieser erste Container ja auch nur ein Test gewesen, quasi die Generalprobe, ob wirklich alles so funktionieren würde, wie er es sich ausgedacht und vorgestellt hatte.

Die Ampel vor ihm zeigte Gelb. Als sie auf Rot schaltete, bretterte er über die Kreuzung und wäre fast mit einem von rechts kommenden Opel zusammengestoßen. Dass dessen Fahrer für ihn eine Vollbremsung machen musste und deshalb gegen die Bordsteinkante knallte, hatte Tiefenbach gar nicht mitbekommen.

Später, nachdem er auch Füssen wieder hinter sich gelassen hatte und der A7 näherkam, war seine anfängliche Wut längst einer euphorischen Hochstimmung gewichen.

„Ja!“, jubelte er laut, sein Plan war perfekt aufgegangen. Alles war genau so gekommen, wie er es sich vorgestellt hatte – und jetzt befand er sich auf dem Weg zurück nach Düsseldorf, wo er erst richtig loslegen würde.

Über sein Gesicht huschte ein diabolisches Grinsen. *Aber wieso eigentlich bis Düsseldorf warten? Was sprach dagegen, hier noch ein zweites Mal zuzuschlagen, besonders, wo er sich noch in der Gegend befand?*

Vielleicht sollte er es sogar noch einmal in München machen. „Wieso eigentlich nicht?“, sagte er zu sich selbst. Schließlich hatte es das erste Mal doch hervorragend geklappt, warum also sollte es ihm nicht noch ein weiteres Mal gelingen? Dennoch hegte Tiefenbach etliche Bedenken. Abwägend wog er seinen Kopf hin und her. Zwei Mal das gleiche in derselben Stadt abziehen, barg schließlich auch erhöhte Risiken. So könnte ihn zum Beispiel jemand wiedererkennen dem sein ungewöhnliches Gefährt schon beim ersten Mal aufgefallen war. Hmm ... auf jeden Fall müsste ein zweiter Papiercontainer, in dem eine Propangasflasche explodierte, sogar den Feuerwehrtrotteln auffallen. Na und wenn schon, sagte er sich. München ist groß und hatte viele Feuerwachen. Er würde eben einfach in einem anderen Stadtteil zuschlagen.

Je länger er darüber nachdachte, desto verlockender erschien ihm der Gedanke – und als das Hinweisschild auftauchte, nach dem er, um nach München zu fahren, bei Memmingen von der A7 auf die A96 wechseln müsste, stand seine Entscheidung fest – er würde die Deppen der Münchener Feuerwehr erneut aufmischen!

In München steht ein Hofbräuhaus

„Was denn, mein Schlaffi, schon aus der Puste?“, spottete Ernie, der seinen Kollegen kurz mit einem skeptischen Seitenblick bedachte. „Wohl in letzter Zeit einige Jogging-Runden geschwänzt?“

„Ich geb’ dir gleich, *mein Schlaffi*!“, keuchte Berthold Zoll, der Mühe hatte, neben seinem Busenfreund und Kollegen Ernesto Hofer Schritt zu halten. Die beiden Feuerwehrmänner befanden sich im Brandeinsatz und eilten in voller Montur hinter zwei weiteren Kollegen sowie ihrem DGL durch das Treppenhaus eines Wohngebäudes nach oben. Das Feuer war auf der 21. Etage ausgebrochen, was bedeutete, dass sie noch immer acht Etagen vor sich hatten. Acht weitere Etagen zu Fuß, weil dieses Hochhaus keinen Feuerwehraufzug besaß und die Benutzung der „normalen“ Aufzüge für sie tabu war. Das geht an die Substanz – auch für trainierte Feuerwehrmänner, deren persönliche Schutzausrüstung, ihr auf den Rücken geschnalltes Atemschutzgerät mit eingerechnet, über 30 Kilogramm wiegt. Ernie wäre daher besser beraten gewesen, seine Puste zu sparen, statt sie für spottende Äußerungen zu vergeuden, zumal sein Kollege Bert dennoch fit genug war, es bis auf die Depotebene zu schaffen.

Die Depotebene nennen Feuerwehren das Geschoss, das sich aus strategischen Überlegungen meist zwei Etagen unterhalb des Brandgeschosses befindet. Hier würden sie den nicht sofort benötigten Teil ihres mitgeführten Equipments zunächst ablegen, um dann unverzüglich die weitere Erkundung und – falls nötig –Menschenrettung mit einem ersten Löschangriff vorzutragen. Und dann, das wusste jeder einzelne von ihnen schon jetzt, würden sie sich nichts sehnlicher wünschen, als dass die nachfolgenden Trupps, die ihnen mit weiterem Gerät folgten, möglichst schnell hochkämen, um sie abzulösen.

Nachdem sie die 14. Etage erreicht hatten, wurde über ihnen eine Tür zum Treppenhaus geöffnet und eine Gruppe junger Männer und Frauen kam ihnen laut lachend entgegen. Die jungen Leute, von denen einige noch Teenager waren, hatten anscheinend keine Ahnung davon, dass weiter oben ein Feuer ausgebrochen war. Die Mädel trugen allesamt Dirndl und die jungen Burschen die landesüblichen kurzen Lederhosen mit den in klassischen Farben gehaltenen karierten Hemden. Als sie die Feuerwehrleute in ihrer schweren Feuerschutzbekleidung erblickten, stießen sie sich gegenseitig an und kicherten.

„Ja mei, wer kummt denn doa die Stiege nauf!?“, rief der vorderste erstaunt. Im Gegensatz zu den anderen Burschen trug er eine reich bestickte Trachtenlederhose, dazu ein blütenweißes Hemd mit dazu passender

Weste und einem auffälligen Halstuch. Die Lederhose, die seinerzeit sicherlich ein kleines Vermögen gekostet hatte, hatte der Bursche mit dem lustigen Oberlippenbärtchen von seinem Großvater geerbt. Er war kaum älter als zwanzig. Genau wie die anderen war er stehen geblieben und machte große Augen. Dann drehte er sich um und stimmte das Lied *In München steht ein Hofbräuhaus* an. Dazu hob er wedelnd die Arme, als wolle er die anderen dirigieren. Die stimmten auch sogleich mit ein. Nachdem die nicht minder erstaunten Feuerwehrmänner schwer bepackt weiter nach oben stiefelten, tänzelte die lustige Gruppe der jungen, luftig sommerleicht bekleideten Leute weiter singend die Stufen hinunter. Das unerwartete Zusammentreffen mit ihnen hatte die Feuerwehrmänner ein wenig erheitert, besonders, weil aus der Tiefe noch ihr *Oans, zwoa, gsuffa!* schallte.

Kurz darauf erreichten Ernie, Bert und die anderen ihr Zwischenziel, die Depotebene auf der 19. Etage. Zeit zum Verschnaufen gab es deshalb jedoch nicht. Die Aufgabenverteilung war jedem einzelnen bereits vorher bekannt, dennoch erteilte ihnen DGL Winkelmoser noch einmal seine Befehle: „Ernie, Bert! Ihr zwei kommt mit mir. Wir erkunden die Lage und nehmen lediglich den P12 und Aufbruchwerkzeug mit. Max, Ludwig! Wandhydrant anschließen und erste C-Leitung nach oben verlegen!“

Während Max und Ludwig unverzüglich den nächstgelegenen Wandhydranten aufsuchten, stiegen Ernie und Bert zusammen mit ihrem DGL weiter nach oben. Was genau sie dort erwarteten würde, konnte keiner von ihnen sagen. Von der Straße aus hatte man Qualm hinter den geschlossenen Fenstern erkennen können. Und die wenigen Informationen, die sie bisher erhalten hatten, ließen nur Spekulationen zu. Von angebranntem Essen bist zum ausgedehnten Wohnungsbrand war also alles möglich.

Winkelmoser stand in ständigem Funkkontakt mit seinem Vorgesetzten, der unten vor dem Gebäude die Aktivitäten weiterer eingetroffener Feuerwachen koordinierte und sich sofort meldete, als ihn der DGL anfunkte. „Wir haben die Depotebene erreicht. Ich gehe jetzt mit dem Angriffstrupp auf die Brandetage. Kommen.“

„Verstanden. Melde dich, sobald ihr die Lage erkundet habt oder Menschenrettung nötig wird. Kommen.“

Franz Winkelmoser bestätigte und dann standen sie auch schon vor der Wohnung, in der es brennen sollte. Bert kniete neben der Tür. Er hatte einen Handschuh ausgezogen und fühlte, ob sich das äußere Türblatt erhitzt hatte. „Ist noch kalt“, sagte er und sah seinen DGL an. „Was ist, aufbrechen?“

„Noch nicht“, entgegnete Winkelmoser. „Klingel erst mal. Die paar Sekunden Zeit müssen wir uns schon nehmen. Man weiß ja nie ...“

Bert drückte den Klingelknopf. Nachdem nichts zu hören war, klopfte Winkelmoser mehrmals kräftig gegen die Tür.

Keine Reaktion von innen.

„Also dann. PA anschließen und Tür aufbrechen!“

Gegen die langstielige stählerne Feuerwehraxt hatte die einfache Wohnungstür keine Chance. Unter lautem Krachen brach der Schlosskasten komplett aus dem Türblatt. Noch ein letzter kräftiger Tritt von Ernies Feuerwehrstiefel – und die beschädigte Tür schwenkte nach innen. Durch das gewölbte Sicherheitsglas ihrer Atemschutzmasken blickten die drei in einen länglichen Flur, von dem fünf geschlossene Türen abgingen. Zwei befanden sich auf der rechten Seite, zwei auf der linken und eine am Ende. Von Brandrauch war keine Spur zu sehen, dennoch waren die drei Profis genug, sich von dem harmlos wirkenden Eindruck nicht täuschen zu lassen. Bereits während ihrer Ausbildung hatte man ihnen eingeschärft, dass sie sich als künftige Feuerwehrmänner nie von einer vermeintlich harmlosen Situation zu leichtsinnigem Handeln verleiten lassen dürften, sondern immer mit allem, selbst mit dem unmöglich Erscheinenden, rechnen sollten.

Ernie und Bert wurden angewiesen, die Räume hinter den ersten beiden Türen nacheinander zu überprüfen.

„Nichts!“, rief Ernie, nachdem er den ersten Raum auf seiner Seite kontrolliert hatte.

Kurz darauf meldete Bert: „Bei meinem ist auch alles in Ordnung!“

„Okay“, signalisierte Winkelmoser, „dann die nächsten zwei.“

Nachdem Ernie und Bert auch hinter diesen Türen weder ein Feuer brennen, noch das kleinste Qualmwölkchen entdecken konnten, kamen Winkelmoser Zweifel, ob sie hier überhaupt richtig waren. Hoffentlich hatten sie nicht die falsche Wohnung aufgebrochen. Sollte er sicherheitshalber noch einmal über Funk nachfragen? Nein, immerhin blieb ihnen ja noch der Raum hinter der fünften Tür. Und solange sie den nicht überprüft hätten ...

Der Raum hinter der fünften Tür befand sich ganz hinten am Kopfende des Flurs. Schon wollte Ernie die Klinke hinunterdrücken, da griff Bert nach seinem Arm und hielt ihn zurück.

„Was!?“

Statt einer Antwort deutete Bert stumm auf eine stümperhaft angebrachte Dichtung aus zusammengeklebten Fahrradschläuchen, die sich um den gesamten Bereich zwischen Rahmen und Türblatt zog. Für Bert lies die provisorische Dichtung nur einen Schluss zu: Sie solle die Türe gegen irgendetwas abdichten. Entweder gegen etwas, was von außen nicht nach innen hineindringen sollte, oder, was ihm wahrscheinlicher erschien, für etwas, was von innen auf keinen Fall nach außen dringen sollte.

„Und was, bitte schön, soll das sein?", fragte Ernie, nachdem er ihm seine Gedanken mitgeteilt hatte.

Bert zuckte mit den Schultern. „Keine Ahnung, Ernie. Schätze, das ist die Eine-Million-Euro-Frage."

„Na dann sehen wir doch einfach mal nach", entgegnete Ernie und versuchte sich von Berts Griff loszureißen, aber der hielt seinen Arm weiter eisern fest.

„Mann, jetzt lass schon los!", rief Ernie und sah Bert verärgert an. Während sich ihre Blicke ineinander bohrten, hatte Ernie das Gefühl, in Berts Augen förmlich ablesen zu können, dass sein Freund und Kollege um nichts in der Welt bereit war, diese Tür auch nur einen Spalt breit zu öffnen. Er trat daraufhin einen Schritt zurück und stemmte die Hände demonstrativ in die Seiten. „Und jetzt? Was schlägst du vor? Etwa hier so lange stehen und warten, bis die von selbst aufgeht?"

„Lassen wir das den Chef entscheiden", entgegnete Bert trocken und winkte Winkelmoser, der sich schon wunderte, warum die beiden die Tür noch immer nicht geöffnet hatten.

Rupert Tiefenbach war von der A7 auf die A96 gewechselt. Unmittelbar mit Erreichen der neuen Autobahn hatte er sich über die ungewöhnlich hohe Zunahme des Verkehrs gewundert. Dann sah er das aufgespannte Banner über der Autobahnbrücke:

Willkommen zum 184. Münchner Oktoberfest,
dem größten Volksfest der Welt, vom 16. September bis 3. Oktober 2017

„Ach du Scheiße", murmelte Tiefenbach, der sich fragte, inwieweit das nun gut oder schlecht für ihn war. Wohl eher schlecht, denn jetzt würde es nicht nur auf der Theresienwiese, sondern in der gesamten Stadt wegen der Besuchermassen, vor allem aber wegen der internationalen Gäste, von Polizisten bestimmt nur so wimmeln. Und jetzt? Sollte er sein Vorhaben dennoch durchführen, oder sollte er das Ganze lieber abblasen? Tiefenbach war unschlüssig, wie er sich entscheiden sollte. Entschied er sich weiterhin dafür, die Sache durchzuziehen, ging er zweifellos ein verdammt hohes Risiko ein. Wenn das hier schiefging, konnte das nicht nur seine noch ausstehende Mission in Düsseldorf gefährden, möglicherweise wäre es auch sein Ende und damit das Ende aller seiner Pläne. War das die Sache wirklich wert?

Zum wiederholten Mal zeigte ein großes blaues Hinweisschild den Autobahnring an, auf dem man den Großraum München umfahren konnte. Noch 1.500 Meter bis zur Abfahrt – noch 800 Meter – noch 200 Meter. Er musste sich **jetzt** entscheiden, ansonsten würde ihn die A96 direkt in die Stadt hineinführen.

„Hä ... was ist das denn?“, staunte DGL Winkelmoser, als er die primitive Dichtung aus Fahrradschläuchen betrachtete. „Und wofür soll das gut sein?“

„Genau das habe ich mich auch gefragt, Chef“, betonte Bert, für den feststand, dass sich hinter dieser Tür irgendetwas befinden musste, was verdammt gefährlich sein konnte.

Ernie spottete: „Kollege Bert glaubt wohl, dass sich in den Raum ein Hochsicherheitslabor befindet.“

„Brauchst gar nicht so überheblich zu tun, Ernie. Ich sag nur eins: Wer solch eine Dichtung ...“

„Dichtung! Das nennst du ’ne Dichtung!“, fiel ihm Ernie ins Wort.

„... wer so eine Dichtung anbringt“, setzte Bert seinen Satz unbeirrt fort, „macht das schließlich nicht ohne einen triftigen Grund.“

„Oder er ist ein Spinner.“

„Mag sein“, sagte Winkelmoser nachdenklich. „Trotzdem gebe ich Bert insofern Recht, dass wie hier nicht vorschnell handeln sollten.“

„Du teilst also seine Meinung?“, fragte Ernie erstaunt.

„Kommt drauf an, was seine Meinung ist“, erwiderte Winkelmoser, woraufhin Bert sofort auftrumpfte:

„Na dass dahinter irgendwer irgend eine Scheiße herstellt, die den Raum nicht verlassen darf.

„Ja klar“, kicherte Ernie. „Und dieser Irgendwer ist ein gefährlicher Terrorist mit ’nem Hang zu Türdichtungen aus Fahrradschläuchen.“

„Es reicht, Ernie!“, wies ihn sein Chef zurecht und entschied: „Ich werde das jedenfalls nicht auf die leichte Schulter nehmen und du solltest das auch nicht. Möglicherweise hat Bert ja recht.“

Winkelmoser nahm sein Funkgerät zur Hand und erklärte: „So, ich lasse jetzt zwei Kollegen in Chemikalienschutzanzügen hochkommen, die die Tür öffnen werden, und so lange bleibt sie zu.

E R N I E ! Lass die Finger von der Klinke. He! Das war ein Befehl. Die Tür bleibt zu!“

Seit mehreren Kilometern bewegte sich die Blechkarawane nur noch im Zeitlupentempo voran. Tiefenbach, der mit nur wenigen Metern Abstand hinter einem offenen Cabrio auf der rechten Fahrspur dahinzuckelte, sah zum wiederholten Male dessen Bremslichter aufleuchten und trat ebenfalls auf die Bremse. Die Fahrzeuge auf den Spuren links von ihm rollten im Schneckentempo noch einige Meter weiter, um dann ebenfalls zum Stehen zu kommen.

Tiefenbach sah sich von einer Flut von Autofahrern umzingelt, die offensichtlich alle nur ein Ziel kannten – den Festplatz auf der Theresienwiese. Natürlich würde kein einziger von ihnen dieses Ziel mit dem eigenen Fahrzeug erreichen, da man sie schon weit vorher auf riesige Parkflächen leitete. Dort standen Pendelbusse für sie bereit, die den Weitertransport des nicht endenden Stroms von Besuchern zum Festplatz übernahmen.

Während Tiefenbach das nur schleppende Vorankommen mächtig auf den Zeiger ging, schienen die Leute in dem Cabrio vor ihm bester Laune zu sein.

„Jaaa, mir san mit'm Radl da!", erklang es da plötzlich rechts neben ihm. Die Fahrzeuge der Mittelspur waren wieder angefahren, stoppten nach wenigen Metern aber bereits wieder. Der Wagen mit den sangesfreudigen Insassen hielt jetzt genau neben dem Cabrio. Sie winkten. Die im Cabrio winkten zurück. Dann erhoben sich zwei junge Frauen und ein junger Bursche von der Rückbank, setzten sie sich auf das Heck und stimmten schunkelnd in den Gesang ein. Andere Autofahrer, die sich von dieser Fröhlichkeit anstecken ließen, hupten und riefen laut *Huchhu!*.

Tiefenbach empfand nur Verachtung für das affige Verhalten dieser Menschen. Im Übrigen war grundloses Hupen verboten – und Sitzen oben außerhalb des Fahrzeugs sowieso. Abgesehen davon war das gefährlich und überhaupt ...

Wie pervers seine Gedanken gegenüber diesen fröhlichen unbeschwerten Menschen waren, schien ihm überhaupt nicht in den Sinn zu kommen – und das angesichts der Tatsache, dass er sich in diesem Moment auf dem Weg befand, unschuldigen Menschen absichtlich den Tod zu bringen.

Zwanzig Minuten später atmete Tiefenbach erleichtert auf. In 400 Metern sollte seine Ausfahrt kommen. Dass die Bescheuerten vor und neben ihm immer noch mit'm Radl unterwegs waren, obwohl sie im Auto saßen, hatte er ja noch zähneknirschend hingenommen; aber nachdem sie ihm zum x-ten Mal auch noch vorgrölten, dass in München ein Hofbräuhaus stünde, raubte ihm das den letzten Nerv. Hätte er noch länger dieses Lied hören müssen, dann wäre er vermutlich ausgerastet.

Nachdem Winkelmoser seinen Vorgesetzten angefunkt hatte, er solle ihm zwei Kollegen in Chemikalienschutzanzügen hochschicken, hatte der natürlich den Grund dafür wissen wollen und nach kurzem Überlegen zurückgefunkt: „Hör zu, Franz, falls deine Befürchtungen zutreffen, müssen wir hier möglicherweise ein größeres Kaliber auffahren. Aber bevor ich das ganz große Fass aufmache, will ich zunächst Gewissheit haben. Ich werde also deinem Wunsch nachkommen und dir die zwei Männer hochschicken, aber nicht zu Fuß, sondern im Aufzug. Hast du verstanden? Kommen."

„Ähh ... hast du wirklich gerade *im Aufzug* gesagt? Kommen."

„Ja, habe ich. Ich kann die beiden ja schlecht 19 Etagen im CSA hochrennen lassen. Kommen."

„Vorschlag. Dann leg einfach nur zwei CSA in den Aufzug. Wir nehmen die hier in Empfang und zwei von meinen Männern können die dann hier oben selber anziehen. Was hältst du davon? Kommen."

„Nein, es bleibt dabei. Besser sogar, ich schicke dir gleich einen Dreiertrupp mitsamt Explosimeter, Gasmessgerät und einem Überdrucklüfter. Damit sorgst du mir dafür, dass nichts von dem Zeug aus dem Raum in das Gebäude gelangt."

„Ich weiß doch bis jetzt noch nicht einmal, was sich da drinnen befindet", warf Winkelmoser ein.

„Na vermutlich doch irgendein Giftzeug. Auf jeden Fall möchte ich, dass ihr da oben ganz auf Nummer sicher geht! Verstanden?"

„Alles klar, verstanden."

„Ah, noch etwas. Die Männer bringen auch noch die Strahlenmessgeräte mit."

„Na übertreibst du es jetzt nicht?"

„Das lass man getrost meine Sorge sein, Franz. Du weißt doch, *Nichts ist unmöglich**."

Winkelmoser hatte sich mit Ernie und Bert wieder in den Bereich außerhalb des Flurs zurückgezogen. „Oh Mann", stöhnte Ernie, der genau wie Bert das Funkgespräch ihrer Vorgesetzten mit anhören konnte. „So etwas versteht unser I-Dienst also unter *kein* Fass aufmachen. Dann würde ich ja gerne mal wissen, wie das aussieht, *wenn* er ein Fass aufmacht."

„Wünsch dir das lieber nicht", sagte Winkelmoser, „denn wenn das wirklich geschehen sollte, kannst du davon ausgehen, dass die Kacke hier oben aber mal so richtig am Dampfen ist."

---

* Feuerwehrmänner und Feuerwehrfrauen sollten den Satz *Nichts ist unmöglich* deshalb nicht dem Werbeslogan eines asiatischen Autoherstellers überlassen, sondern bei ihren Einsätzen Aussagen wie: *Das gibt es nicht* oder *Das ist völlig unmöglich* am besten ganz aus ihrem sprachlichen Vokabular streichen! Zu dieser Erkenntnis gelangte der Autor aufgrund eigener langjähriger Einsatzerfahrung.

„Na ja, wenn der uns jetzt schon das Explosimeter und sogar den Kasten mit den Strahlenmessgeräten hochschickt."

„Vorsorglich, Ernie! Noch ist das alles nur vorsorglich."

Bert hatte, während sich sein Kollege mit ihrem DGL weiterunterhielt, die ganze Zeit über geschwiegen. „He Bert, du sagst ja gar nichts mehr."

„Mmm", brummte Bert und erklärte in seiner stoischen Art: „Es reicht ja wohl, wenn zwei von uns schwatzen. Ich habe lieber nachgedacht."

„Oh! Der Herr hat nachgedacht. Und, dürfen wir vielleicht erfahren, ob dabei was Gescheites herausgekommen ist?"

„Allerdings", betonte Bert, der bislang nur mit Ernie gesprochen hatte. Jetzt wandte er sich seinem DGL zu und teilte ihm seine Überlegungen mit. „Die Sache ist doch die, wenn sich in dem Raum tatsächlich irgendwelche giftigen Stäube oder Gase befinden, dann dürfen wir die doch nicht einfach so zum Fenster hinausblasen."

„Da stimme ich dir zu, Bert. Aber von unten sah man ja, dass sie geschlossen waren. Und solange wir sie nicht öffnen ..."

„Richtig, aber wenn wir den Überdrucklüfter anschmeißen, müssen wir sie öffnen und dann fliegt die ganze Scheiße möglicherweise den Menschen, die darüber oder darunter wohnen, wieder durch deren Fenster rein, falls die rein zufällig offen stehen."

„Verdammt!", stieß Winkelmoser hervor und schlug sich mit der Hand gegen die Stirne, beziehungsweise vor die Stelle seiner Atemschutzmaske, hinter der sich seine Stirne befand. „Bert hat vollkommen recht. Wie konnten wir das nur übersehen? Ich muss sofort den I-Dienst informieren."

Tiefenbach hatte sein auffälliges Fahrzeug abseits von allen anderen in der hintersten Ecke des Autohofs geparkt. Hier, unter den weit überhängenden Ästen einiger hochgeschossener Haselnusssträucher glaubte er sich relativ unbeobachtet. Hatten doch die meisten Autofahrer, auch die, die mit ihm in die Ausfahrt abgebogen waren, entweder sofort die Zapfsäulen der Tankstelle angesteuert oder das daneben befindliche Fastfood-Restaurant aufgesucht.

Nachdem Tiefenbach ausgestiegen war, bemerkte er ein junges schwarz-weißes Kätzchen, das ihn neugierig beäugte. „Miez-Miez-Miez-Miez", lockte er und tatsächlich kam es sogleich auf seinen samtenen Pfoten mit grazilen Tippelschritten zu ihm, den Schwanz steil in die Höhe gerichtet. Das weiche Fell eng an Tiefenbachs Hosenbeine schmiegend, strich das Kätzchen schnurrend um ihn herum.

„Jaaa, das gefällt dir, nicht wahr?", sagte Tiefenbach mit einschmeichelnder Stimme und fuhr dem Tier sanft massierend mit den Fingerspitzen vom Kopf über den Rücken. Dabei sah er sich unauffällig um, ob er von jemandem beobachtet wurde. Zufrieden stellte er fest, dass das nicht der Fall war. Sehr gut. Die nächsten Fahrzeuge standen verlassen und außerdem weit genug entfernt. In seiner Nähe parkte lediglich ein knatschbuntes Wohnmobil, vor dem ein verliebtes Pärchen jedoch nur mit sich selbst beschäftigt war und an ihm keinen Blick verschwendete.

Passt ja hervorragend, freute sich Tiefenbach und erwischte das Kätzchen genau in dem Moment, als es sich entschlossen hatte, ihn wieder zu verlassen. Mit einem schnellen Griff packte er es gerade noch rechtzeitig am Genick. „Nein, nein, nein", flüsterte er mehr zu sich selbst. „Du bist mein Glücksfall. Du bleibst schön bei Papa." Mit diesen Worten steckte er das völlig überrumpelte Tier in einen Katzenkäfig, den er im Fußraum vor seinem Beifahrersitz stehen hatte. Anschließend schaute er auf die Uhr. Sie zeigte exakt 15:23 Uhr an. Von Reutte bis hierher hatte er also gerade mal 2:35 Stunden benötigt. Nicht übel für eine Strecke von etwa 140 Kilometern, und das, obwohl er die letzten Kilometer im Stau mehr gestanden hatte, als er gefahren war. Tiefenbach überlegte. Sein Plan war, erst in den frühen Abendstunden zuzuschlagen. Er hatte bis dahin also noch jede Menge Zeit. Hmm, *vielleicht sollte ich mir ein kleines Nickerchen genehmigen, oder ...* Sein Blick fiel auf das verliebte Pärchen. Anscheinend hatten die beiden erkannt, dass Knutschen alleine nicht satt macht, denn jetzt marschierten sie Händchen haltend in Richtung Fastfood-Restaurant.

Gute Idee, dachte sich Tiefenbach, der spürte, wie ihm der Magen knurrte. *Ich glaube, da werde ich jetzt auch mal hingehen. Erst 'n Happen essen, danach ein kleines Nickerchen und dann in aller Ruhe die letzten Vorbereitungen treffen.*

Eine halbe Stunde später stieg er wieder in seinen Wagen. Nach dem Verzehr von zwei fetten Hamburgern und einem Becher Cola ließ er sich mit einem satten Bäuerchen in den Fahrersitz fallen, senkte die Rückenlehne nach hinten und schloss die Augen. Zum Schlafen kam er jedoch nicht. Immer und immer wieder kreisten seine Gedanken um das, was er heute noch vorhatte. Und dabei stellte er sich immer wieder die eine quälende Frage: Bin ich vielleicht doch ein Mörder, obwohl ich nur den Tod meiner Schwester und meiner Nichte an den Schuldigen räche? *Also, bin ich das? Bin ich ein Mörder – oder bin ich es nicht?* Die quälenden Selbstzweifel waren ihm schon nach seinem ersten Anschlag gekommen, immer abends, wenn er zu Bett gegangen war und ihn die Dunkelheit umfangen hatte. Seither mehrten sich auch die anklagenden Stimmen in seinem Kopf und ließen ihn nicht zur Ruhe kommen. So auch jetzt. *Mör-*

der! Mörder! Mörder!, schrie es wieder in seinem Kopf. Verstört blickte er um sich und zuckte bei jedem *Mörder* schmerzhaft zusammen, als würde er von jemandem, der sich mit ihm im Fahrzeug befand, Schläge bekommen. Tiefenbach war daraufhin wie ein Häufchen Elend auf seinem Sitz in sich zusammengesunken. Beide Arme schützend über den Kopf hebend, wimmerte er „Nein, nein, nein, ich bin kein Mörder." Nachdem die Stimme in seinem Kopf dennoch nicht verstummte, reckte er einen Arm in die Höhe, klappte hastig die Sonnenblende herunter und tippte wie von Sinnen auf einen mit Klebestreifen befestigten Zettel. „Da, lies selbst!", heulte er. „Da steht es doch: *Wer Menschenblut vergießt, dessen Blut soll auch durch Menschen vergossen werden*. Siehst du, ich bin also kein Mörder. Die anderen, die Feuerwehrmänner, das sind die Mörder. Nicht ich. Also warum schlägst du mich!? Ich befolge doch nur das Gebot Gottes."

Diese Stelle aus dem Alten Testament hatte Tiefenbach aus dem ersten Buch Mose, Kapitel 9, Vers 6 gescannt und unter der Rubrik „Eigene Dateien" in seinem Computer abgespeichert. Anschließend hatte er den Satz vergrößert und ausgedruckt. Dieser Ausdruck klebte jetzt auf der Innenseite seiner Sonnenblende und diente ihm quasi als Legitimation für sein kriminelles Vorhaben. Einen weiteren Zettel, der sich auf Gottes Rechtsordnungen bezog, trug er in seiner Brieftasche mit sich herum. Die Passage steht im 2. Buch Mose, Kapitel 21, Vers 23 bis 25 und lautet: *Entsteht ein dauerhafter Schaden, so sollst du geben Leben um Leben, Auge um Auge, Zahn um Zahn, Hand um Hand, Fuß um Fuß, Brandmal um Brandmal, Wunde um Wunde ...* Dieser Satz hatte sich wie kein zweiter in seinem kranken Hirn festgesetzt, wobei es ihm die Stelle, an der es hieß *Brandmal um Brandmal*, besonders angetan hatte. In seinen Wahnvorstellungen lag darin nicht nur die Legitimation, sondern sogar die Aufforderung für sein rachsüchtiges Handeln. Und diese Aufforderung kam nicht von irgendwelchen Menschen, sondern von Gott dem Allmächtigen höchst persönlich! Wie also konnten die Stimmen in seinem Kopf behaupten, dass er ein Mörder sei!?

Tiefenbach hatte lange gebraucht, bis die kräftezehrenden Dämonen wieder aus seinem Kopf verschwunden waren. Danach war er erschöpft eingeschlafen und erst wieder aufgewacht, als es schon stramm auf 18.00 Uhr ging. Wenn er seinen Zeitplan noch einhalten wollte, musste er sich jetzt aber ranhalten.

„Mieze! Bei dir so weit alles in Ordnung?", rief er, als sei überhaupt nichts vorgefallen und klopfte mit der Hand gegen den immer noch im

Fußraum stehenden Käfig. Nachdem von der Katze keine Reaktion kam, beugte er sich zu ihr hinunter und warf einen Blick durch die vorderseitig angebrachte Gittertür. Das verängstigte Tier hatte sich an der hinteren Wand der Transportbox zusammengekauert und starrte ihn aus großen Augen an.

Davon unbeeindruckt begann Tiefenbach mit seinen Vorbereitungen, die, wie er nicht einmal zu Unrecht annahm, ihm bei seinem schändlichen Vorhaben äußerst hilfreich sein konnten. Und nicht nur das, sie gaben ihm auch eine gewisse Sicherheit, die ihn über jeden Zweifel erhaben machte. Und dabei konnte ihm das Kätzchen möglicherweise noch von großem Nutzen sein. *Ha, das Kätzchen! War das nicht der wohlwollendste Beweis des Schicksals? Wenn nicht zum Gelingen seines Plans, wieso sonst hätte die göttliche Macht dieses Tier in seine Hände gegeben? Nein, ich bin kein Mörder. Ich bin der Racheengel Gottes!*

Es war gegen 19.30 Uhr, als Rupert Tiefenbach den Parkplatz des Autohofs verließ und seinen Pick-up in Richtung Innenstadt lenkte. Die bisherigen Kennzeichen hatte er gegen gefälschte ausgewechselt und beide Türen sowie die Heckklappe seines Pick-ups mit Aufklebern versehen, die ihn als ein Fahrzeug der Tierrettungsorganisation PETA ausweisen sollten. Die Aufkleber, von denen er sich in einem Copyshop gleich mehrere hatte anfertigen lassen, entsprachen in Form und Farbe täuschend echt dem Original. Alle besaßen den Schriftzug: *PETA stoppt Tierquälerei* sowie die schriftliche Aufforderung *Helfen Sie, Tierquälerei zu stoppen* – mit dem daneben abgebildeten Kopf einer Katze.

Tiefenbach hatte sein Aussehen ebenfalls verändert, indem er sein strähnig graues Haar mit einer farbgebenden Substanz zunächst etwas gedunkelt und danach mit einem Haargel bestrichen und streng gescheitelt nach hinten gekämmt hatte. Komplettiert wurde seine Maskerade durch eine Hornbrille, die, weil er im normalen Leben keine Brille benötigte, lediglich leicht getöntes Fensterglas besaß. In Kombination mit einem angeklebten falschen Oberlippenbart hatte er sich zumindest optisch in einen völlig neuen Menschen verwandelt. Außerdem trug er jetzt einen Overall, auf dessen Brust ebenfalls der Schriftzug *PETA* prangte. Der gleiche Schriftzug befand sich auch auf dessen Rückenseite, wobei hier in großen Buchstaben zusätzlich *„Tierretter im Einsatz"* zu lesen war.

Tiefenbach hatte sein Ziel fast erreicht. Der Papiercontainer, den er sich ausgesucht hatte, stand abseits einer verkehrsreichen Hauptstraße in einem ruhigen Wohnviertel. Die nächstgelegene Feuerwache, das hatte er natürlich ebenfalls vorher in Erfahrung gebracht, befand sich – optimal für sein Vorhaben – nur wenige Kilometer entfernt.

Bevor er jedoch in die entsprechende Straße einbog, fuhr er zunächst den näheren umliegenden Bereich ab und vergewisserte sich, ob sich nicht zufällig ein Polizeifahrzeug in der Nähe befand. Sicher ist sicher. Schließlich konnte man nie vorsichtig genug sein. Unabhängig davon war sich Tiefenbach sehr wohl bewusst, dass sein Vorhaben einige unberechenbare Faktoren enthielt, an denen sein schöner Plan sehr leicht scheitern konnte. Dabei zählten unliebsame Zuschauer noch zu den harmloseren Übeln. Bei dem Gedanken an etwaige Zuschauer betrachtete er sein Konterfei im Rückspiegel und lobte sich selbst. Seine Tarnung war perfekt, um nicht zu sagen genial. Etwaige naive Neugierige dürfte sein Auftritt als Tierretter davon abhalten, Verdacht zu schöpfen. Nein, Zuschauer stellten keine ernsthafte Gefahr dar. Der kritischste Moment kam erst, wenn er die Propangasflasche aus dem Wagen holen und in das Innere des Containers platzierten musste. Klar würde er nicht so blöd sein, die auffällige Gasflasche offen zu zeigen. Trotzdem, wenn er sich bei dem kleinen Taschenspielertrick, den er sich extra dafür ausgedacht hatte, nicht geschickt anstellte, könnte er möglicherweise doch auffliegen, und dann würde ihm auch seine ganze schöne Tarnung nichts mehr bringen. Und dann gab es ja leider auch noch diese Unwägbarkeiten den zeitlichen Ablauf betreffend: So konnte er zum Beispiel nicht präzise berechnen, wie lange die Feuerwehr von seinem Anruf bis zum Eintreffen am Container benötigte. Jedes Schadenfeuer, das hatte er einmal in einer Fachzeitschrift gelesen, entwickelte angeblich immer eine nie genau vorhersehbare Eigendynamik. Wenn diese Aussage stimmte, und er hatte keinen Grund, daran zu zweifeln, dann konnte er auch nicht sicher sein, dass seine im Container platzierte Propangasflasche nicht schon verfrüht von selbst hochging.

Der Gedanke, die Explosion über den per Funkimpuls gesteuerten Fernzünder dann nicht mehr selber auslösen zu können, quälte ihn, seit er diesen Bericht gelesen hatte. Auch jetzt musste er wieder daran denken und das machte ihn noch nervöser, als er sowieso schon war. *Ruhig, ganz ruhig, Junge. Das klappt schon. Außerdem bist du diesmal wesentlich besser vorbereitet als beim ersten Mal.*

Mit solchen und ähnlichen Sätzen versuchte Tiefenbach, sich selbst zu beruhigen. Aber trotz all seiner Beteuerungen, wie perfekt er doch alles durchgeplant hatte, steigerte sich seine Nervosität. Vorhin auf dem Parkplatz war er noch völlig relaxed. Aber jetzt, wo die Zeit des Handelns immer näher rückte, wirkte sich die nervliche Anspannung auch körperlich aus. Tiefenbach spürte, wie sich seine Nackenmuskeln verkrampften –

und diese Verkrampftheit verstärkte sich noch mehr, nachdem er in die richtige Straße eingebogen war und der Papiercontainer in seinem Sichtfeld auftauchte. Er atmete tief durch und wischte sich den Schweiß von der Stirne. Wenigstens waren auf der Straße keine Menschen zu sehen. Ein für ihn günstiger Umstand, der seine enorme Anspannung ein wenig verringerte.

Tiefenbach fuhr betont langsam die Straße entlang, immer ein wachsames Auge auf die Hauseingänge gerichtet. Perfekt, alles blieb ruhig. Jetzt trennten ihn nur noch wenige Meter von dem Container, deshalb lenkte er den Pick-up auf die gegenüberliegende Straßenseite und stoppte auf gleicher Höhe unmittelbar neben ihm. Ein kurzer abschätzender Blick aus dem Seitenfenster. *Ja ... die Entfernung müsste stimmen.* Tiefenbach atmete noch einmal tief durch, dann stieg er aus. Perfekt! So, wie er stand, konnte er den Container mit dem Palfinger problemlos erreichen und anheben.

DGL Winkelmoser hatte seinen Vorgesetzten auf die Gefahr einer möglichen Kontamination weiterer Wohnungen hingewiesen.

„Gut, dass ihr daran gedacht habt, Franz. Das bedeutet allerdings auch, dass wir umgehend dafür sorgen müssen, dass alle Bewohner ihre Fenster schließen, beziehungsweise geschlossen halten. Und, Franz, solange das noch nicht gewährleistet ist, dürft ihr den Hochdrucklüfter da oben auf keinen Fall einsetzen."

„Versteht sich. Und was jetzt? Du erwartest doch wohl nicht von mir, dass ich mit meinen paar Männern alle Etagen abklappere und an sämtliche Türen klopfe. Das können wir unmöglich schaffen."

„Müsst ihr auch nicht, Franz. Ihr dürft den Bereich, wo ihr euch momentan befindet, eh nicht verlassen. Zumindest nicht, bevor die Jungs im CSA euch nicht gecheckt haben. Du verstehst?"

„Ach du Scheiße!", entfuhr es Winkelmoser. „Du vermutest doch nicht etwa, dass wir uns hier oben schon kontaminiert haben."

„Ich vermute gar nichts, Franz. Aber wenn wir aus Sorge vor einer möglichen Kontaminationsausbreitung alle Fenster schließen lassen, dann müssen wir bei uns selber auch so konsequent sein."

„Da muss ich dir leider recht geben", knurrte Winkelmoser, dem die neue Situation überhaupt nicht schmeckte. „Und, was sollen wir deiner Meinung nach so lange tun?"

„Ihr drei bleibt, wo ihr seid, und macht erst mal gar nichts. Und deine anderen Männer, also die, die sich noch auf der Depotebene befinden, informierst du und ..."

„Hab ich schon."

„Um so besser. Aber hast du denen auch den Auftrag erteilt, dass sie darauf achten sollen, dass keiner mehr zu euch hochkommt?“

„Ähhh ... lasst ihr denn unten noch Leute durch?“

„Natürlich nicht. Aber es könnten ja auch welche aus ihren Wohnungen nach oben gehen. Und das können wir eben nicht vermeiden.“

„Verstehe. Ich gebe das sofort weiter. Sonst noch was?“

„Für euch ist das vorerst alles, Franz. Nur ich ...“, bekannte der I-Dienst gequält, „... ich habe jetzt die unangenehme Aufgabe, den ABC-Zug anzufordern und Alarmstufe drei auszurufen.“

DGL Winkelmosers Mitgefühl für seinen Vorgesetzten, der zu diesem frühen Zeitpunkt nun doch schon das „Fass aufmachen“ musste, hielt sich in Grenzen. Allerdings hatte *er* sich diesen Einsatzverlauf auch anders vorgestellt.

Ernie und Bert, die das gesamte Funkgespräch ihrer Vorgesetzten mit anhören konnten, waren über ihre neue Situation ebenfalls alles andere als erfreut. Hier oben untätig ausharren zu müssen, während sich hinter dieser ominösen Tür Gott weiß was abspielten konnte, empfanden sie viel schlimmer, als sich einer Gefahr entgegenstellen zu müssen. Trotz ihres Frusts hatte keiner der beiden die Entscheidung mit auch nur einem einzigen Wort kommentiert. Aber manchmal sagen Blicke mehr als tausend Worte. Genau dieses Empfinden hatte Winkelmoser, als Ernie und Bert ihn nur stumm ansahen. In diesem Moment glaubte er nämlich zu wissen, was in den Köpfen seiner Männer gerade vorging. Und deshalb hielt er es für angebracht, sicherheitshalber eine Warnung auszusprechen, denn er befürchtete, dass zumindest einer der beiden sich doch noch zu eigenmächtigem Handeln hinreißen lassen könnte.

„Chef!“, entrüstete sich Bert, „hast du wirklich angenommen, wir würden uns über die Anordnung des I-Dienstes hinwegsetzen!? Ernie, jetzt sag du doch auch mal was.“

Ernie reagierte auf die Aufforderung seines Freundes und Kollegen, indem er die Augen verdrehte und danach betreten zu Boden zu blickte. Als DGL Winkelmoser das bemerkte, fand er sich bestätigt, seine Warnung zu recht ausgesprochen zu haben, verlor aber kein Wort darüber.

Jetzt nur keine unnötige Zeit verlieren, ermahnte sich Tiefenbach und leuchtete mit dem Strahl seiner Taschenlampe in die Einwurföffnung des Containers. Ah, hervorragend. Besser konnte es gar nicht sein. Der Container enthielt ziemlich genau die richtige Menge an Papier und Pappe, um lange genug zu brennen. Zu viel wäre für ihn auch nicht gut gewesen, denn schließlich war er kein offizieller Entsorger, der den ganzen Papierberg in eine dafür vorgesehene Lkw-Mulde laden konnte. *Er* musste den kompletten Inhalt zunächst auf den Gehweg kippen und den ganzen Papiermist anschließend wieder einfüllen. Na ja, vielleicht nicht jedes Fitzelchen. Schließlich stellten die ach so feinen Bürger jede Menge ihres Wohlstandsmülls ja auch außerhalb des Containers ab, wodurch manche dieser Sammelstellen eher wilden Müllkippen glichen. Ihm konnte das letztlich egal sein, trotzdem war das Wiederbefüllen zeitraubend. Es ließ sich aber leider nicht vermeiden, da er nach dem Anheben des Containers den Klappenmechanismus öffnen musste, um die Propangasflasche in seinem Inneren platzieren zu können.

Tiefenbach warf einen letzten prüfenden Blick nach rechts und nach links. Sehr gut. Die Luft schien rein. Nirgendwo war jemand zu sehen. Weder ein dummes Blag, das auf seinem Fahrrad die Straße entlanggondelte, noch irgend so ein Scheißköter, dessen Herrchen oder Frauchen mit ihm Gassi gehen musste. Lediglich von einem der gegenüberliegenden Häuser drangen Musik und gedämpftes Lachen auf die Straße. Das sollte ihn jedoch nicht daran hindern, sein schändliches Vorhaben auszuführen. Vermutlich feierte da jemand ein Gartenfest, dachte Tiefenbach, denn heute war ein warmer Spätsommerabend – und ein föhniger Wind trieb den typisch würzigen Geruch von gegrilltem Fleisch zu ihm hinüber. Tiefenbach sog genüsslich die Luft ein und grinste diabolisch. Na dann passt mal gut auf, Freunde, ihr werdet gleich noch etwas ganz anderes zu riechen bekommen.

Mit diesem euphorisierenden Gedanken hob er eine seiner neu erworbenen Stützen von der Ladepritsche und steckte sie auf die seitliche Öffnung des eingeschweißten Vierkantrohrs. *Passt!* Tiefenbach nickte zufrieden, nachdem sich die erste Stütze problemlos in das eingefettete Rohr schieben ließ. *Max, du bist zwar ein Arschloch, aber das hier ... perfekt.* Schon wollte er sich auch noch die zweite Stütze holen, da entschied er sich dagegen. „Hm ... eine sollte eigentlich genügen. Schließlich hatte es beim ersten Mal sogar ohne funktioniert“, sagte er zu sich selbst und griff stattdessen nach der Fernbedienung des Palfingers. Kurz darauf hing der Papiercontainer an dessen Haken. Tiefenbach hob ihn nur wenig an und betätigte dann den Auslösemechanismus. Sofort öffnete sich die Bodenklappe und der gesamte Inhalt rauschte auf den Gehweg. Der Berg aus Zeitungen, Verpackungsmüll, Pappkartons und anderem Zeugs, das da eigentlich nicht hineingehörte, war doch weit größer, als er angenommen hatte. Egal, jetzt rasch die Propangasflasche holen und nix wie rein mit dem Ding. Tiefenbach fuhr den Container noch etwas höher, um darunter besser arbeiten zu können. Gleichzeitig schwenkte er ihn ein Stück zur Seite damit er nicht auf dem Papierberg stehen musste. Dann kletterte er auf die Ladepritsche.

Die Propangasflasche lag gut verwahrt in einer Reisetasche aus blauem Segeltuch und diese wiederum befand sich in einer verschlossenen Aluminiumkiste, eine große, wie sie Bauhandwerker und Gärtner oft auf ihren Fahrzeugen mitführen. Jetzt, nachdem er mit der eigentlichen Arbeit begonnen hatte, schien Tiefenbachs Nervosität wie weggeblasen. Trotzdem zitterten seine Finger, als er den Schlüssel, den er an einer dünnen Kette um seinen Hals trug, von dem silbrig glänzenden Karabinerhaken löste.

Bevor er jedoch die Tasche aus der Alukiste hob, sah er sich noch einmal möglichst unauffällig nach allen Seiten hin um. Mist. Vier Häuser weiter öffnete gerade ein Mann seine Haustür und kam durch den Vorgarten auf die Straße. Tiefenbach war in die Hocke gegangen und verharrte regungslos, gebannt schauend, wohin der Mann sich wenden würde. Sehr gut. Der Mann entfernte sich mit schnellen Schritten in die entgegengesetzte Richtung. Er hatte nicht einmal zu ihm hingesehen. Sicherheitshalber wartete Tiefenbach noch zwei, drei Sekunden. Nachdem der Mann keine Anstalten machte, noch einmal umzukehren, hob er die Tasche aus der Kiste und stellte sie an das Ende der Ladepritsche, deren Klappe er zuvor geöffnet hatte. Dann sprang er selber hinunter, griff sich die Tasche und erreichte mit wenigen Schritten den immer noch leicht hin- und herpendelnden Container. Tiefenbach brauchte sich nur ein wenig zu bücken – und er stand genau unter dessen Öffnung. Die Tasche zu öffnen und die Propangasflasche mit der von ihm eigens daran befestigten Halterung im Containerinneren einzuhängen war das Werk weniger Sekunden. Geschafft. Tiefenbach, der für diese Arbeit mit seinem gesamten Oberkörper in dem Sammelbehälter verschwunden war, bückte sich und stand danach, als ob nichts geschehen sei, wieder auf dem Gehweg. Sofort eilte er zurück zu der Ladefläche seines Pick-ups, auf der er die Fernbedienung des Palfingers abgelegt hatte.

„Uff!“ Tiefenbach atmete erleichtert durch. Bis hierhin war alles super gelaufen. Jetzt musste er nur noch den Container abstellen und eine ausreichende Menge von dem Papierberg wieder einfüllen. Dann konnte er sich vom Acker machen – oder, um es präziser auszudrücken, in eine der nächstgelegenen Straßen fahren. Dort würde er seinen Pick-up abstellen, über das eigens dafür angeschaffte Prepaid-Handy die Feuerwehr anrufen und denen einen brennenden Papiercontainer melden – *seinen* Papiercontainer, dessen Brandsatz er, wie genial, über einen ebenfalls eingebauten Fernzünder mithilfe eines kleinen Senders via Funkimpuls nur noch auslösen musste. Das wäre dann allerdings nur die erste Zündung, die lediglich dazu dienen sollte, das Papier in Brand zu setzen. Die zweite, also die weitaus wichtigere Zündung, würde die Propangasflasche zur Explosion bringen. Die würde er natürlich erst dann auslösen, wenn die Feuerwehrmänner ganz dicht neben dem Container stünden, um den Brand zu löschen. Um den Zeitpunkt hundertprozentig zu gewährleisten, musste er das Geschehen allerdings auf Sichtweite beobachten. Das hieß, er würde noch einmal in die Straße zurückkehren müssen. Dann natürlich zu Fuß, ansonsten hätte es ja auch keinen Sinn ergeben, sein auffälliges Fahrzeug einige Straßen weiter abzustellen.

Soweit der Plan, aber bevor Tiefenbach seinen Wagen wegfahren konnte, musste er zunächst den Container wieder absetzen und ihn vom Haken seines Palfingers lösen. Und dann hatte er jede Menge Papier einzufüllen. Tiefenbach schaute auf die Uhr an seinem Handgelenk. Es war genau sechs Minuten vor halb neun. Da bisher alles reibungslos geklappt hatte, war er früher fertig geworden als vermutet. Umso besser, sagte er sich, und griff nach der Fernbedienung des Palfingers.

In diesem Moment rief von der gegenüberliegenden Straßenseite eine Männerstimme: „Na Meister, das war wohl nix mit dem Papiercontainer, wie!?“

Tiefenbach zuckte erschrocken zusammen und drehte sich nach dem Rufer um. Vor dem Haus, in dem er das Gartenfest vermutet hatte, erblickte er einen Mann, der in lässiger Haltung an einem gemauerten Pfosten neben dem dazugehörigen Gartentürchen lehnte. Der Mann trug eine reich bestickte Trachtenlederhose, dazu ein weißes Hemd mit Weste und Halstuch. Trotz der inzwischen einsetzenden Dämmerung glaubte Tiefenbach, in ihm einen noch jungen Mann von höchsten zwanzig Jahren zu erkennen. An dieser Einschätzung vermochte auch dessen kleines Oberlippenbärtchen nichts zu ändern.

„Verdammt!“, fluchte Tiefenbach, nachdem hinter diesem jetzt auch noch ein zweiter, ähnlich gekleideter Mann erschien und neugierig zu ihm hinüberstarrte. Er fragte sich, wie lange der junge Bursche da drüben wohl schon gestanden und ihn bei seinem Tun beobachtet haben mochte? *Hoffentlich noch nicht so lange, sonst habe ich ein Problem.* Bei dem Gedanken, dass der unliebsame Zuschauer mitbekommen haben könnte, wie er die Propangasflasche in den Container gehangen hatte, biss er sich auf die Unterlippe. *Ach du Scheiße, jetzt kommen die beiden Trachtenheinis auch noch zu mir herüber.*

Tatsächlich hatten die beiden jungen Männer ihre Beobachterposition verlassen und schlenderten gemächlichen Schrittes über die Straße.

Und jetzt? Tiefenbach kochte vor Wut. *Verdammt! Wieso mussten diese Idioten genau jetzt hier auftauchen? Bisher war alles so gut gelaufen. Ohhh Mann! Wieso, wieso?*

Tiefenbach verfluchte die beiden und hätte sie am liebsten auf den Mond geschossen, aber er musste sich beherrschen und jetzt das Beste aus der Situation machen. Also riss er sich gewaltig zusammen und versuchte ruhig zu bleiben. Immerhin hatte er ja noch seine Tarnung als Tierretter. Ob sie jedoch hielt, was er sich von ihr versprach, würde sich gleich zeigen, denn jetzt waren die Männer da.

„Grüß Gott, der Herr", sagte der mit der bestickten Trachtenlederhose, dabei zeigte er auf den Papierhaufen. „Macht's ihr hier *versteckte Kamera* oder was?"

Tiefenbach verstand nicht.

„Na dös da. Warum kippt's denn sonst das ganze Gelumpe auf den Gehweg?"

Jetzt fiel bei Tiefenbach der Groschen. „Nein, nein", beeilte er sich zu sagen. „Das ist hier nicht die Sendung *Die versteckte Kamera*. Ich bin von der Tierrettung PETA. Hier, sehen Sie." Er zeigte auf den Schriftzug auf seinem Overall.

„Ah, PETA. Ja, dös kenn i. Ihr seid's doch die, die für die armen Viecherln eintreten, richtig?"

„Richtig", nickte Tiefenbach, „genau die."

„Und?", lachte der andere junge Mann, der weiter bis zu dem Papierberg gegangen war und sich nach einem Schokoladenpapier gebückt hatte, das er jetzt hochhielt. „Hast's wohl die lila Kuh hier retten wollen, wie?"

Tiefenbach lächelte gequält. „Nein, die nicht, aber ein kleines Kätzchen, das jemand in den Container geworfen hat."

„A Katzn?", meinte daraufhin der erste und tat, als würde er sich umsehen. „I seh hier aber nirgendwo a Katzen."

„Ich hab das arme Tier ja auch schon befreit", erklärte Tiefenbach. „Es ist jetzt bei mir im Auto. Möchten Sie es einmal sehen?"

Die beiden jungen Männer sahen sich an, dann nickten sie wie zwei brave Schuljungen und folgten Tiefenbach zu seinem Wagen. „Hier, wie Sie sehen", er zeigte mit dem Finger auf den nicht zu übersehenden Aufkleber mit dem Peta-Schriftzug, „ich arbeite hier in ganz offizieller Mission."

Die beiden jungen Männer schienen beeindruckt, und sollten sie doch noch einen letzten Zweifel an der Legalität seines Handelns gehabt haben, so schwand dieser endgültig, nachdem Tiefenbach die Beifahrertür öffnete und ihnen die Transportbox mit dem darin befindlichen Kätzchen präsentierte. Dass das Kätzchen dabei total verängstigt aussah, machte die Sache für die beiden jungen Männer sogar noch glaubhafter. Schließlich hatte jemand, zweifellos ein Tierquäler, das bedauernswerte Tier brutal in diesen Papiercontainer geworfen, da konnte es ja wohl kaum glücklich dreinschauen. Wie gut, dachten die beiden, dass es Menschen wie diesen braven Mann hier gab, der sich um solche armen geschundenen Kreaturen kümmerte und sie rettete. Das verdiente ihren Respekt und ihre Anerkennung – und ihren Dank, weshalb sich die beiden jungen Männer auch gleich erboten, ihm beim Befüllen de Papiercontainers behilflich zu sein. Tiefenbach tat bescheiden und lehnte ihre Hilfe mit dem Hinweis auf ihre gute Kleidung – und weil er ihnen ja auch keine Arbeitshandschuhe anbieten könne – höflich ab. Nachdem sich die beiden jedoch nicht von ihrem Vorhaben abbringen ließen, fügte sich Tiefenbach in das Unvermeidliche. Während er jetzt mit tatkräftiger Unterstützung dem Papierberg zu Leibe rückte, warf er immer wieder einen unauffälligen Blick zu der gegenüberliegenden Straßenseite und hoffte, dass keiner die jungen Männer vermissen würde und nicht noch weitere Leute kämen, um nachzusehen, wo ihre Freunde so lange blieben. Gott sei Dank schien sie niemand zu vermissen, zumindest ließ sich niemand anderes von dem Gartenfest hier blicken.

Eine Viertelstunde später bedankte sich Tiefenbach artig bei seinen beiden Helfern und stieg erleichtert darüber, dass doch noch alles glatt verlaufen war, in seinen Wagen. Kurz darauf parkte er den Pick-up in einer Seitenstraße, die er sich zuvor ausgesucht hatte. Nachdem er den Motor abgestellt hatte, beugte er sich zum Beifahrersitz hinüber und nahm das Prepaid-Handy aus dem Handschuhfach. Mit einem diabolischen Grinsen tippte er die Notrufnummer der Feuerwehr ein: 1-1-2.

„Städtische Feuerwehr München“, meldete sich eine volltönende Männerstimme, der man es anhören konnte, dass sie dergleichen Anrufe gewohnt war. „Sie sprechen mit Roman Leopold. Was kann ich für Sie tun?“

„Äh ... ja ... ich ...“, stotterte Tiefenbach mit verstellter Stimme. Obwohl innerlich vollkommen ruhig, mimte er gekonnt den aufgeregten Bürger. Einfach nur *Guten Abend* zu sagen und *Hier in der Straße brennt ein Papiercontainer* das war ihm viel zu profan. Nein, er zelebrierte dieses Telefonat – und er genoss es. Solch ein kleines zusätzliches Intermezzo fand er, gab dem Anruf doch weit mehr Reiz und war so ganz nach seinem Geschmack. Schließlich war er nicht umsonst Mitglied in einer Laienspielgruppe und sah sich als großen Schauspieler.

„Bleiben Sie ganz ruhig“, soufflierte Leitstellendisponent Leopold mit routinierter Stimme. „Nennen Sie mir bitte Ihren Namen und erzählen Sie mir einfach was geschehen ist.“

„Mein Name ist Hauser, Sepp Hauser“, log Tiefenbach. „Kommen Sie schnell. Hier brennt ein Papiercontainer.“

„Herr Hauser, wo steht der Container? Können Sie mir die Straße nennen?“

„Die Straße ... ach herrje die Straße, wie heißt die denn noch? Warten Sie mal das ist ... das ist ... ah jetzt fällt es mir wieder ein. Es ist der Fohltalerweg.“

„Verstanden, Fohltalerweg“, wiederholte der Leitstellendisponent mit der Bassstimme, bedankte sich bei dem Anrufer und bat ihn, dort auf das Eintreffen der Feuerwehr zu warten. „Wir werden Ihnen unverzüglich ein Löschfahrzeug schicken.“

DGL Winkelmoser hatte sich so postiert, dass er die Aufzugstüre und den Treppenaufgang ständig im Blick hatte. Ernie und Bert lehnten gelangweilt, weil zur Untätigkeit verdammt, vier Meter entfernt neben ihm am Geländer. „Ah! Sie kommen“, rief Winkelmoser.

Ernie stöhnte erleichtert auf. „Na endlich. Das wurde aber auch Zeit.“ Die Warterei hatte ihm gewaltig gestunken. Bert sah das Ganze wesentlich gelassener. Ihm hatte das Warten zwar auch nicht geschmeckt, aber er glich eben nicht nur optisch, sondern auch mental seinem Pendant aus der Sesamstraße.

Sie waren zu viert gekommen und alle trugen den silbrig glänzenden Chemikalienschutzanzug mit goldverspiegelten Visieren. In diesem Outfit wirkten sie, als wären sie soeben aus einer fernen Galaxie kommend ihrem Raumschiff entstiegen – und nicht dem profanen Aufzug eines auf der Erde befindlichen Hochhauses. Der vordere schritt betont langsam auf Winkelmoser zu, streckte dabei seinen Arm aus als wolle er ihm zurufen: *Hallo Erdling. Wir grüßen dich. Wir kommen in Frieden.* Zu diesem Bild passte es, dass die ihm Nachfolgenden keine todbringenden Laserwaffen, sondern feuerwehrtechnische Strahlenmess- und Gasspürgeräte mit sich führten.

Der ausgestreckte Arm des Voranschreitenden war demnach auch kein Wink des Grüßens, sondern ein „vorantastendes“ Messen mit dem Dosisleistungsmesser auf etwaige hier oben vorhandene Radioaktivität. Nachdem sein Gerät jedoch kein akustisches Warnsignal abgab, hielt er es dicht vor sein verspiegeltes Visier und warf sicherheitshalber auch noch einen prüfenden Blick auf dessen beleuchtetes Display. Beruhigt darüber, dass auch visuell keine Radioaktivität angezeigt wurde, gab er den mit einigen Metern Abstand folgenden Kollegen ein taktisches Zeichen und beschleunigte seinen zuvor langsamen Gang. Unter ihren hermetisch dicht schließenden Chemikalienschutzanzügen trugen die neu angekommenen Feuerwehrmänner Langzeitpressluftatmer. Damit waren sie in der Lage, ihre notwendigen Messungen sowie etwaige anfallende Arbeiten in Ruhe vorzunehmen. Anders sah es bei Winkelmoser, Ernie und Bert aus. Die drei trugen zwar auch Pressluftatmer, aber ihr Luftvorrat hielt längst nicht so lange und würde bald zur Neige gehen, was bedeutete, dass sie schon innerhalb der nächsten Minuten den Rückzug antreten mussten. Es sei denn, sie könnten gefahrlos ihre Atemschutzmasken wieder abziehen. Aber um das herauszufinden, mussten ihre neu angekommenen Kollegen zunächst einige wichtige Messungen durchführen.

Auf keinen Fall gab es Zeit zu vertrödeln, also begannen die Neuen nach einer kurzen Lagebesprechung mit Winkelmoser direkt mit den ersten Messungen. Zunächst im Flur der betroffenen Wohnung, dann in dem Raum vor der seltsamen Türdichtung und schließlich im unmittelbaren Nahbe reich der gesamten umlaufenden Dichtung. Winkelmoser war von dem Gruppenführer der „Marsmenschen" angewiesen worden, solange draußen vor der Wohnung zu warten, bis seine Männer ihm ein wie auch immer geartetes Ergebnis liefern würden. Für Ernie, der schon gehofft hatte, jetzt doch noch aktiv werden zu dürfen, bedeutete das eine herbe Enttäuschung, besonders, nachdem er erfuhr, dass sie nur noch so lange hier oben bleiben durften, bis feststand, ob die Wohnung vor dem noch zu öffnenden Raum frei von irgendwelchen Schadstoffen war. Ansonsten, so wurde ihnen gesagt, dürften sie die Etage und das Gebäude nur nach einer vorherigen Dekontamination verlassen. „Dekontamination!", hatte er sich daraufhin ereifert. „Die haben ja wohl ein Rad ab. Planen die für uns hier etwa noch ein Duschzelt aufzubauen oder wie stellen die sich das vor?"

„Ganz ruhig Ernie, ganz ruhig." Winkelmoser versuchte, seinen Hitzkopf zu beschwichtigen, aber einmal so richtig in Rage geraten, war Ernie kaum zu bremsen und schimpfte weiter. Das ging so lange, bis der neue Gruppenführer von seinen Männern die Nachricht erhielt: „Alles clean! Du kannst die Kollegen nach unten schicken."

Da die Nachricht über Funk kam, konnten die Betroffenen das ebenfalls hören. DGL Winkelmoser verständigte sich mit seinem Gruppenführerkollegen darauf, zunächst nur bis auf die Depotebene zu gehen und dort zu warten, bis sie andere Order erhielten. „Vielleicht werden wir ja doch noch gebraucht." Anschließend forderte er Ernie und Bert auf, mit ihm den Rückzug anzutreten.

„Und warum können wir nicht hier warten?", maulte Ernie, der nur zu gerne mitbekommen hätte, was sich hinter der Tür mit der ominösen Dichtung befand.

„Weil unser Luftvorrat gleich zu Ende geht, deshalb!“, sagte Winkelmoser mit Nachdruck.

„Aber die haben hier doch keine Schadstoffe gemessen“, warf Ernie ein und betonte: „Da könnten wir doch unsere Atemschutzmasken ausziehen und wieder normal atmen.“

„MANN ERNIE! Ich muss dir doch wohl nicht erklären, dass, wenn die Tür geöffnet wird, sich die Situation ganz schnell verändern kann. Also, Schluss jetzt. Wir ziehen uns zurück und gehen runter.“

Nach seinem erfolgreich verlaufenen Telefonat mit der Münchener Rettungsleitstelle zündete Rupert Tiefenbach über einen Funkimpuls den im Papiercontainer platzierten Brandsatz. Tiefenbach sah auf seine Armbanduhr. Wenn seine Berechnungen stimmten, würde die Feuerwehr in wenigen Minuten dort eintreffen. Wenn er noch rechtzeitig vor ihrem Eintreffen seinen Beobachtungsposten beziehen wollte, was unabdingbar für das Gelingen seines Plans war, musste er sich jetzt sputen. Bevor er jedoch seinen in der Seitenstraße abgestellten Pick-up verlassen konnte, um sich zu Fuß auf den Weg zu machen, veränderte er in aller Eile noch einmal sein Äußeres. Man konnte ja nie wissen. Nicht dass er noch einem der Partyleute begegnete, die sich dann fragen könnten, wieso er sich immer noch hier aufhielt. Natürlich hatte Tiefenbach auch für diesen Fall eine Ausrede parat. So könnte ihm zum Beispiel das Kätzchen ausgebüxt sein – oder irgendetwas in der Art. Besser erschien es ihm jedoch, solch eine Situation zu vermeiden. Nur beeilen musste er sich.

Das Entfernen seines falschen Oberlippenbärtchens war das Werk weniger Sekunden, den Overall auszuziehen dauerte ihm hingegen zu lange, da musste es reichen, dass er einfach seine neutrale dreiviertellange Jacke darüber anzog. Jetzt nur noch die Hornbrille abgesetzt, den alten Filzhut auf und schon hatte sich Rupert Tiefenbach in Sepp Hauser, eine vollkommen andere Person verwandelt, in der sicherlich niemand mehr den vorherigen Tierretter erkennen würde.

Einige Minuten später hatte Tiefenbach seinen Beobachtungsposten erreicht und sondierte die Lage. Dabei registrierte er erleichtert die dichten schwarzen Rauchwolken, die sich aus den Einwurföffnungen des Papiercontainer wälzten. Perfekt, sein Brandsatz hatte gezündet. Rasch blickte er noch einmal um sich, aber anscheinend war der Containerbrand bislang noch niemandem aufgefallen, denn nirgendwo war jemand zu sehen. Also nichts wie rein in das Versteck. Das Gebüsch, in dessen dichtem Blattwerk er seinen Beobachtungsposten bezog, war geradezu ideal für sein Vorhaben: nah genug, um alles, was sich gleich an dem Container abspielen würde, noch mit bloßem Auge verfolgen zu können – dabei trotzdem weit genug entfernt, um nicht bemerkt zu werden, wenn er sein Versteck wieder verlassen würde. Wobei die Gefahr des Letzteren ihm eh sehr unwahrscheinlich erschien, denn wenn die Feuerwehr erst einmal hier eingetroffen wäre, würden etwaige Zuschauer sowieso nur noch Augen für deren Tätigkeit haben. Und wenn er dann auch noch die Propangasflasche zur Explosion gebracht hätte, gäbe es garantiert ein Chaos, in dessen heillosem Durcheinander er sein Versteck ganz sicher unbemerkt verlassen konnte.

Ernie moserte immer noch, als er zwischen Bert und seinem DGL die Treppe hinunterstieg. Winkelmoser hörte das zwar, reagierte darauf aber nicht mehr und ging, ohne sich auch nur einmal umzudrehen, weiter Stufe um Stufe hinunter. Er kannte seinen quirligen Mitarbeiter nun schon seit vielen Jahren und wusste, dass er sich auch wieder beruhigen würde, denn wenn er ihm auch einiges vorwerfen konnte, so doch nicht, ein schlechter Feuerwehrmann zu sein. Im Gegenteil, dieser Ernie war einer, auf den man sich blind verlassen konnte. Trotzdem, heute hatte er sich gründlich verrannt, dabei gab es zu Winkelmosers Entscheidung, den sofortigen Rückzug anzutreten, keine Alternative. Zum einen trugen sie nicht – wie ihre neu hinzugekommenen Kollegen – den hermetisch dichtenden Chemikalienschutzanzug, sondern lediglich ihre HuPF-Bekleidung.

Sicher, in Verbindung mit einem Umluft-unabhängigen Atemschutzgerät und vorschriftsmäßig angelegt, bot sie ihnen zwar einen hohen Schutz, vornehmlich gegen Flammeneinwirkung. Sie war aber nicht für extreme Kontaminationen mit bestimmten chemischen Substanzen gedacht – zumindest nicht, wenn diese konzentriert und länger auf sie einwirken konnten. Davon abgesehen galten auch für sie die Regeln des Atemschutzes, und eine davon lautete nun mal, die doppelte Zeit, die man für den Anmarschweg benötigt hatte, für den Rückweg einzuplanen. Das war sogar eine der wichtigsten Regeln, genau wie die, dass sich ein Trupp unter Atemschutz niemals trennen sollte. Trotzdem hatte es in der Vergangenheit immer wieder Feuerwehrleute gegeben, die gegen diese Einsatzgrundsätze verstoßen hatten, und einige hatten dafür einen hohen Preis zahlen müssen.

Dass Ernie sich bei diesem Einsatz so uneinsichtig zeigte, schrieb Winkelmoser dessen aus Spanien stammenden Mutter zu, deren südländisches Temperament manchmal bei ihm durchbrach. Unmittelbar mit Erreichen der 19. Etage, auf der sie ihr Depot eingerichtet hatten und von wo aus sie die Brandbekämpfung vortragen wollten, begann Ernies Pressluftatmer durchdringend zu pfeifen. Diesen Pfeifton hatten schon manche fälschlicherweise als Rückzugssignal gedeutet, obwohl es dann, wenn er ertönte, für einen sicheren Rückzug meist schon zu spät war, da dem Geräteträger jetzt nur noch für wenige Atemzüge Luft zur Verfügung stand. Atemschutzgeräteträger sind daher gut beraten, ihr Druckmanometer von Zeit zu Zeit immer wieder zu kontrollieren (was übrigens auch Teil der vorgeschriebenen Atemschutzüberwachung ist).

„Mein Gerät hatte schon beim Anlegen weniger Luft als normal“, verteidigte sich Ernie, nachdem er sich die Atemschutzmaske vom Gesicht gezogen hatte.

„Hab ich was gesagt?“, entgegnete Bert mit breitem Grinsen, ohne seinen Kollegen anzusehen.

„Gesagt nicht, aber geguckt!“

„Wie geguckt? Ich hab dich doch gar nicht angesehen.“

„Mich nicht, aber unseren DGL“, stieß Ernie verärgert hervor. „Das hab ich genau gesehen.“

„So, hast du. Und, darf ich unseren DGL jetzt nicht mehr ansehen?“

„Du weißt genau, wie ich das meine, Bert.“

„Ja, und wenn du die ganze Zeit nicht so rumgestänkert hättest, hättest du auch nicht so viel Luft verbraucht und dein PA würde jetzt nicht pfeifen.“

„Boah, Bert!“, spottete Ernie, „das war ja ’ne richtig lange Rede. Wie gut, dass du die erst jetzt gehalten hast, sonst würde dein Gerät bestimmt auch pfeifen.“

Winkelmoser ging dazwischen. „So ihr zwei, ich denke das reicht. Anstatt hier weiter sinnlos rumzustreiten, solltet ihr euch eure Puste lieber für unseren neuen Einsatz aufsparen.“

„Neuer Einsatz? Was denn für ein neuer Einsatz? Geht es jetzt also doch schon wieder nach oben?“

Der DGL schüttelte den Kopf. „Nicht nach oben, sondern nach unten, und zwar zackig, wenn ich bitten darf.“

Ohne sich weiter zu erklären, eilte Winkelmoser den anderen Kollegen hinterher, die bereits über ihren neuen Einsatz informiert worden waren.

„Treppe oder Aufzug?“, rief Ernie, der sich, genau wie Bert, immer noch nicht von der Stelle gerührt hatte.

„Treppe natürlich! Was denkst du denn!?“

„Was denkst du denn?“, äffte Ernie die Worte seines DGL nach, da wurde er heftig von Bert am Arm gepackt und mitgerissen. „Jetzt komm schon, oder willst du hier Wurzeln schlagen?“

Rupert Tiefenbach hockte in seinem Versteck und wurde immer unruhiger. Ständig schaute er auf seine Armbanduhr. Inzwischen waren schon über vier Minuten vergangen und die Feuerwehr war immer noch nicht da. *Verdammt! Wo bleiben die denn nur?* Er konnte sich nicht erklären, warum die so lange brauchten. „Scheiße Mann!", fluchte er beinahe zu laut und redete mit sich selbst: „Ich verstehe das nicht, die Feuerwache ist doch nur ein paar Kilometer entfernt. Wieso brauchen die denn nur so lange?"

Der Gedanke, dass sich die Feuerwehrleute dieser Wache in einem anderen Einsatz befanden und der Disponent von der Rettungsleitstelle deshalb ein wesentlich weiter entferntes Löschfahrzeug alarmieren musste, kam ihm dabei nicht in den Sinn.

Wie gebannt starrte er zum wiederholten Male auf den Sekundenzeiger, der unerbittlich weitertickte. Jetzt waren es schon über fünf Minuten. „Verdammt! Das gibt es doch nicht." Tiefenbach lauschte angestrengt, ob sich nicht wenigstens das Martinshorn eines Feuerwehrfahrzeuges hören ließ. Aber alles blieb still. Das einzige Geräusch, das an sein Ohr drang, war ein seltsames Rauschen, ausgelöst vom brennenden Papiercontainer, aus dem weiterhin dichter schwarzen Rauch hervorquoll. Aber dieses Geräusch machte ihn nur noch nervöser, besonders, weil er mit ansehen musste, wie sich die Farbe des vormals weißen Containers schwärzlich verfärbte und vermehrt Blasen bildete. Der beunruhigende Gedanke, dass seine schöne Propangasflasche aufgrund der hohen Temperatur frühzeitig von selbst explodieren konnte, zehrte gewaltig an seinen Nerven. Da! Endlich vernahm Tiefenbach das leise Tatütata eines Feuerwehrfahrzeugs. Noch schien es weit entfernt, aber es kam eindeutig näher, denn jetzt war die Sirene schon deutlicher zu hören. Tiefenbach atmete erleichtert auf und schickte ein stummes Stoßgebet zu Himmel. *Gott sei Dank! Das mussten sie sein.* Es darf wohl stark angezweifelt werden, dass sein Gebet ernst gemeint war. Schließlich hatte er – mit Ausnahme der Bibelsprüche aus dem Alten Testament, mit denen er seine schändlichen Taten zu rechtfertigen versuchte – jeden Glauben an einen Gott verloren. Aber das Böse, das von Tiefenbach Besitz ergriffen hatte, war längst nicht mehr aufzuhalten. Allerdings sollte es völlig anders kommen, als er es in seinen finsteren Gedanken geplant hatte, denn jetzt rief von irgendwo jemand laut: „He Leute! Kommt schnell raus! Drüben auf der Straße brennt der Container!"

Tiefenbach zuckte zusammen. Dann sah er den Rufer. Es war der junge Mann von vorhin, mit der Trachtenlederhose, der ihn eben schon so genervt hatte, als er mit seinem Kumpel vom Gartenfest rübergekommen war. Ausgerechnet der war jetzt schon wieder auf die Straße gekommen – und hinter ihm erschienen sogar noch weitere Personen. Egal, was soll's, sagte sich Tiefenbach. Gaffer gibt es schließlich immer. Wahrscheinlich hatten die jungen Leute die anrückende Feuerwehr gehört und waren aus

Neugier vom Garten auf die Straße gelaufen. Aber dann passierte etwas, mit dem er überhaupt nicht gerechnet hatte. Einer aus der Gruppe löste sich und rannte quer über die Straße. „Ach du Scheiße!“, fluchte Tiefenbach. „Was soll das denn jetzt? Ist der Typ denn total bescheuert!? Der zieht ja einen Gartenschlauch hinter sich her! Verdammt! Das darf doch wohl nicht wahr sein.“ Tiefenbach starrte auf die unfassbare Szene. „NEIIIN, ich fasse es nicht!!! Dieser Idiot will doch nicht etwa mit seinem bescheuerten Gartenschlauch den Container löschen.“

Doch, genau das hatte er vor. Und jetzt war er dem Container schon so nahe gekommen, dass er dessen extrem hohe Wärmestrahlung zu spüren bekam. Einen Arm schützend vor sein Gesicht hebend, wich er mehrere Schritte zurück, was die angetrunkene Meute, die auf dem Gehweg zurückgeblieben war, zu lautem Gegröle inspirierte. Worte wie „Was bist du für ein Großmaul! Traust dich wohl doch nicht, du Feigling!“ hallten über die Straße.

Den Feigling wollte der Mann dann doch nicht auf sich sitzen lassen, denn er drehte sich um und schrie zurück: „Von wegen Feigling! Los, dreht das Wasser auf!“

Tiefenbach, der das Geschehen mit Entsetzen verfolgte, sah, wie daraufhin eine junge Frau aus der Gruppe zurück zum Haus lief, wahrscheinlich, um den Wasserhahn zu öffnen. Dann hörte er, wie jemand rief: „Das Wasser kommt!“ Trotz dieser Zusage schien kein Wasser im Schlauch zu sein, denn der Mann drehte vergeblich an der Düse. Nachdem all seine Bemühungen nichts brachten, ließ er den Schlauch fallen und fuchtelte genervt mit den Armen durch die Luft. Dabei schrie er: „Da kommt ja nix!“

Ja, da kommt nix, du Idiot, dachte Tiefenbach und hoffte, der Mann würde sich deshalb wieder zurückziehen. Aber weit gefehlt, denn jetzt rannte auch noch ein zweiter über die Straße. Tiefenbach stöhnte auf und verfluchte die Feuerwehr, die immer noch nicht hier war. Dabei musste sie schon ganz nah sein, denn die anfeuernden Rufe der jungen Leute wurden jetzt von dem durchdringenden Ton des Martinshorns übertönt, sodass Tiefenbach nicht mehr verstehen konnte, was sie ihren Freunden zuriefen.

Denen war es endlich gelungen, die Düse zu öffnen. Der pisselige Wasserstrahl war allerdings alles andere als geeignet, um damit einen im Vollbrand stehenden Papiercontainer zu löschen. Trotzdem wagten sich die beiden leichtsinnigen jungen Männer so weit vor, bis ihr Strahl den Container erreichte. Genau in diesem Moment rauschte das Löschgruppenfahrzeug mit eingeschaltetem Martinshorn an Rupert Tiefenbachs Versteck vorüber. Mit der Möglichkeit, dass die Feuerwehr ja auch von der rückwärtigen Seite in die Straße einfahren konnte, hatte er überhaupt nicht gerechnet. Völlig überrascht und vom Lärm der urplötzlich zugeschalteten Pressluftfanfare erschreckt, zuckte Tiefenbach heftig zusammen.

„Was denkst du, Bert? Ob unsere Kollegen die Tür schon aufgebrochen haben?“

„Hmm“, brummte Bert, ohne eine wirkliche Antwort zu geben, was Ernie schon wieder ärgerte.

„Ist das etwa alles, was du dazu zu sagen hast?“

Wieder keine Antwort.

„He Bert! Ich rede mit dir!“, ereiferte sich der Ungeduldige. Interessiert es dich denn gar nicht, was hinter der Tür ist?“

„Na ein Zimmer, was denn sonst?“, antwortete Bert jetzt in seiner stoischen Art.

„Ein Zimmer! Hört ihr das, ein Zimmer!“, rief Ernie dem ihm gegenübersitzenden Wassertrupp zu. Und wieder zu Bert gewandt: „Was anderes fällt dir dazu wohl nicht ein, wie?“

„Nö“, entgegnete Bert trocken. „Wie denn auch, schließlich bin ich ja jetzt hier im LF und nicht mehr da oben.“

Ernie verschlug es nach dieser Antwort die Sprache. Sein Schweigen hielt jedoch nicht lange an, denn schon wenige Sekunden später nervte er Bert erneut: „Zu dumm, dass wir wegen so ’nem blöden Papiercontainer abgezogen wurden. Findest du nicht auch, Bert?“

Bert stöhnte ergebungsvoll auf. „Ernie, du redest zu viel. Sieh lieber zu, dass du fertig ausgerüstet bist, wenn wir gleich an der Einsatzstelle ankommen.“

Da er und sein Freund Ernie den Angriffstrupp bildeten, saßen beide mit dem Rücken zur Fahrtrichtung gegen ihre in Halterungen befestigten Atemschutzgeräte. Dabei handelte es sich natürlich nicht um die alten Pressluftatmer, die sie während des Hochhauseinsatzes getragen hatten, sondern um komplett neue Geräte mit vollen Atemluftflaschen.

Während Ernie noch darüber grübelte, ob er Bert für diese Zurechtweisung rügen sollte, stülpte der sich bereits seine im Treppenhaus abgezogene Atemschutzmaske erneut übers Gesicht. Als Ernie das sah, tat er es seinem Freund gleich und verzichtete lieber auf einen weiteren Kommentar. Und nachdem er die Kopfbänder seiner Maske stramm gezogen hatte, war ihm die Lust, Bert weitere Fragen zu stellen, vergangen. Längere Gespräche unter der Atemschutzmaske zu führen, ist nämlich anstrengend. Also beschränkte man sich lieber auf kurze und notwendige Fragen, auf die man aus dem gleichen Grund meist auch nur ebenso kurze Antworten erhielt.

„Jungs, wir sind gleich da!“, rief ihr DGL.

Winkelmoser, der wie immer seinen Platz rechts neben dem Maschinisten eingenommen hatte, drehte sich nach hinten zum Mannschaftsraum. „Angriffstrupp fertig ausgerüstet?“

Für Ernie und Bert, die nur nickten, übernahm der Wassertruppführer die Antwort. „Alles klar, Chef. Die Zwei von der Sesamstraße sind fertig zum Verheizen!“

Bert schien die Äußerung seines Kollegen eher zu belustigen, aber Ernie konnte sich einen bissigen Kommentar nicht verkneifen. Er schimpfte: „Ich geb' dir gleich was von wegen *Sesamstraße* und *verheizen*!“

Der Wassertruppführer lachte nur und winkte lässig ab. Seinem DGL hingegen war in dem Moment gar nicht zum Lachen zumute. Sie waren nämlich soeben in die ruhige Anwohnerstraße eingebogen, in der sich ihre Einsatzstelle befinden sollte. Da die Straße schnurgerade verlief, sah er den brennenden Papiercontainer sofort. Er stand circa 100 Meter weiter voraus auf dem rechten Gehweg. Und noch etwas sah er, nämlich wie zwei Männer mit einem quer über der Straße verlegten Gartenschlauch das Feuer zu löschen versuchten. Ihre Absicht mochte ja löblich sein, aber sich ohne Schutzbekleidung so nahe an den brennenden Container heranzuwagen, war im höchsten Maße fahrlässig, zumal die beiden leichtsinnigen Burschen nicht wie die Feuerwehr über Atemschutz verfügten und vom Brandrauch umhüllt wurden.

Nachdem ihr Fahrzeug noch ein Stück näher gekommen war, erkannte Winkelmoser an ihren Bewegungen, dass die beiden jungen Männer heftig husteten. Ganz offensichtlich hatten sie schon viel zu viel des giftigen Brandrauchs eingeatmet. Da half es auch nichts, dass sie sich Taschentücher vor den Mund hielten.

„Mein Gott!“, rief er, „was sind das nur für Idioten!?“ Als sich ihr Löschfahrzeug fast auf gleicher Höhe mit dem Gebüsch befand, in dem Tiefenbach versteckt seinen Beobachterposten bezogen hatte, schaltete Winkelmoser ihre extrem laute Pressluftfanfare zu dem bereits laufenden Martinshorn an. „Mal sehen, ob ich die Schwachköpfe damit wegscheuchen kann.“

Die Reaktion der beiden jungen Männer mit dem Gartenwasserschlauch war jedoch nicht die erhoffte. Statt sich zurückzuziehen, um der Feuerwehr Platz zu machen, spritzte der eine mit dem pisseligen Wasserstrahl unvermindert weiter gegen den Container, während der andere ihnen wie ein Verrückter zuwinkte, als wolle er sagen: *Hierher! Ihr müsst hierher kommen!*

„Fahr langsam“, wies Winkelmoser seinen Maschinisten mit einem bezeichnenden Wink auf die Gruppe der anderen jungen Leute an. „Da sind noch mehr Verrückte. Nicht dass dir einer von denen noch vor den Wagen läuft.“

„Keine Sorge, Franz“, beruhigte ihn sein Maschinist und bremste das tonnenschwere Löschfahrzeug auf unter 30 Stundenkilometer ab. Winkelmoser erschien das immer noch zu schnell und warnte: „Sei bloß vorsichtig. Ich hab den Eindruck, die sind alle mit Alkohol abgefüllt. So, wie die sich aufführen.“

In der Tat benahmen sich die jungen Leute ziemlich auffällig. Sie sprangen und hüpften – und einige rannten beim Näherkommen der Feuerwehr sogar vom Gehweg auf die Straße. Das machte das Anfahren an den brennenden Container noch gefährlicher. Winkelmoser hatte das Martinshorn und auch die Pressluftfanfare wieder ausgeschaltet. Jetzt liefen nur noch ihre Blaulichter deren zuckendes Licht bizarre Schatten auf den Hauswänden erzeugten. Der DGL drehte sich noch einmal zu seinen Leuten um und rief. „Angriffstrupp! Schnellangriff vornehmen! Der Rest geht sofort mit raus und hält mir die Leute fern! Die führen da ja den reinsten Veitstanz auf!“

Sein letzter Befehl hatte den Männern vom Wassertrupp gegolten.

Die Entfernung zu dem Container betrug höchsten noch dreißig ... dann zwanzig ... dann nur noch zehn Meter. Die meisten der jungen Leute hatten inzwischen den Gehweg verlassen und tanzten auf der Straße. Angesichts des herannahenden Feuerwehrfahrzeugs schienen sie geradezu auszuflippen, was den Maschinist dazu zwang, das LF aus Sicherheitsgründen weiter abzubremsen. Letztlich stoppte er, da die Menge keinerlei Anstalten machte, ihnen den Weg frei zu geben. Winkelmoser stand der Frust darüber deutlich ins Gesicht geschrieben, er musste sich aber in das Unvermeidliche fügen und rief: „Also los Männer! Auf geht's!“ Dabei drückte er die Beifahrertüre auf und sprang mit einem Satz auf die Straße. Seine Stiefel hatten noch nicht ganz den Boden berührt, da geschah es. Ein ohrenbetäubender Knall ließ die Luft erzittern und eine gewaltige Druckwelle riss ihm die Fahrzeugtür aus der Hand, die anschließend gegen seinen Helm krachte.

Der Anprall war so heftig, dass der DGL schwarze Punkte vor seinen Augen flimmern sah und er zu Fall kam. In der gleichen Sekunde verwandelte sich der brennende Papiercontainer in einen riesigen Feuerball, der alles, was sich in seiner unmittelbaren Nähe befand, in seinem gleißenden Lichtblitz verschluckte. Ernie und Bert, die unmittelbar hinter ihrem DGL im Vollschutz und mit geschulterten Pressluftatmern aus dem LF gestiegen waren, erstarrten. Vom Lichtblitz geblendet und von dem ohrenbetäubenden Knall benommen, standen sie sekundenlang regungslos, ehe ihnen klar wurde, dass sie gerade Zeuge einer gewaltigen Explosion geworden waren. Wie viel Glück sie dabei gehabt hatten, wurde ihnen allerdings erst bewusst, nachdem der Feuerball in sich zusammengefallen war und aus dem sich verziehenden Rauch der aufgerissene Metallkörper des Containers zu sehen war. Sie sahen aber auch noch etwas anderes, und das war weitaus schlimmer. Die Körper der beiden jungen Männer, die sich so leichtsinnig mit ihrem Gartenwasserschlauch an den brennenden Papiercontainer herangewagt hatten, lagen brennend und grässlich entstellt mehrere Meter entfernt regungslos am Boden.

Die bei der Explosion entstandene Druckwelle hatte sie bis unter ihre gerade noch tanzenden Freunde geschleudert, von denen die meisten zu Fall gekommen waren. Die wenigen, die sich noch auf den Beinen halten konnten, standen zunächst starr vor lähmendem Entsetzen. Dann erblickten sie ihre grässlich entstellten Freunde und rannten in Panik schreiend davon. Niemand von ihnen dachte daran, den anderen, von denen mehrere blutend am Boden lagen, zur Hilfe zu kommen. Zu groß war das Entsetzen, zu groß der Schock des Erlebten, als dass auch nur einer von ihnen in der Lage gewesen wäre, klar zu denken, geschweige denn sich um die Rettung anderer zu kümmern. Weg, nur weg von diesem Ort des Grauens, schien die Devise. Aber durch die soeben stattgefundene Explosion, die die zigfache Wirkung einer Blendgranate hatte, benötigteten selbst die Feuerwehrmänner Sekunden, ehe sie wieder klar denken und professionell handeln konnten.

Die ersten, denen das gelang, waren die Männer des Wassertrupps. Sie hatten zwar auch den ohrenbetäubenden Knall mitbekommen, aber da sie hinter dem Angriffstrupp als Letzte aus dem LF gestiegen waren, waren sie nicht von dem gleißenden Feuerball geblendet worden. Ihr erster Blick galt ihrem am Boden liegenden DGL. Gott sei Dank rappelte der sich gerade wieder auf. Zwar noch etwas benommen auf den Beinen, war er doch schon wieder in der Lage, erste wichtige Befehle zu erteilen. Sein Maschinist, der ebenfalls mit einem blauen Auge davon gekommen war, da er auf der Fahrerseite, also der der Explosion abgewandten Seite, ausgestiegen war, stand bereits am LF und startete die Feuerlöschkreiselpumpe, denn Löschwasser zählte in diesem Moment mit zu dem Wichtigsten, was sie benötigten.

Die Explosion hatte den Inhalt des Containers teilweise herausgeschleudert. Im Umkreis von mehreren Metern lagen brennende Papier- und Kartonfetzen. Das meiste Altpapier befand sich aber noch in dem aufgerissenen Container, wo es mit hellen Flammen weiter vor sich hin brannte. Diese Flammen galt es natürlich zu löschen, aber weit wichtiger war es, sich zunächst um die Menschen zu kümmern, von denen etliche verletzt und zwei sogar mit brennender Kleidung am Boden lagen. Während der Wassertrupp sofort den Schnellangriffsschlauch abrollte und einen ersten Sprühstrahl Wasser über die zwei wie Holzscheite brennenden Männer ergoss, hatten sich auch Ernie und Bert wieder soweit gesammelt, dass sie in das Geschehen eingreifen konnten. Das war auch dringend nötig, denn dem Wassertrupp alleine war es, obwohl ihm ihr Maschinist zur Hilfe kam, einfach nicht möglich, den vielen Verletzten gleichzeitig adäquate Hilfe zu leisten. In solchen Situationen, wo jede helfende Hand dringend von Nöten ist, fiel es dem DGL Franz Winkelmoser besonders schwer, sich nicht aktiv an der Hilfe beteiligen zu können. Aber er musste unbedingt zunächst ins LF zurück, um über das fest installierte Funkgerät Kontakt mit der Rettungsleitstelle aufzunehmen, da seine Florentine bei seinem Sturz beschädigt worden war und nicht mehr funktionierte.

Der Leitstellendisponent, der seinen Notruf entgegennahm, alarmierte umgehend die nächstgelegene Feuerwache sowie mehrere Rettungswagen und zwei NEF. Außerdem informierte er die Polizei und seinen Lagedienstleiter, der seinerseits den Inspektionsdienst in Kenntnis setzte, der daraufhin mit seinem Fahrer in die Fahrzeughalle eilte.

„Mit Sondersignalen?“, fragte sein Fahrer, ein altgedienter Feuerwehrmann, der, bevor er diesen Job erhalten hatte, viele Jahre als Maschinist auf einer anderen Wache tätig gewesen war und sich daher in der Stadt bestens auskannte. „Und?“, hakte er nach, nachdem er hinter dem Lenkrad Platz genommen und seinen Sicherheitsgurt angelegt hatte, „fahren wir mit Sondersignalen?“ – „Unbedingt“, nickte sein Vorgesetzter. Wenige Sekunden danach verließen nicht nur sie, sondern auch ein weiteres LF und mehrere Rettungsfahrzeuge mit eingeschalteten Blaulichtern und Martinshorn die Feuerwache.

Von seinem Versteck aus verfolgte Rupert Tiefenbach mit atemloser Spannung, welche Szenen sich nur wenige Meter vor ihm abspielten. Bevor seine weit aufgerissenen Augen das unfassbar grausame Geschehen jedoch verfolgen konnten, hatte er sich zunächst wieder aufrappeln müssen. Dass er im Gebüsch hockend rücklings umgefallen war, lag allerdings nicht an der Druckwelle der Explosion. Dafür befand er sich dann doch zu weit entfernt, als dass deren Wirkung ihn hätte erreichen und umwerfen können. Nein, er war aufgrund des extrem lauten Knalls und des damit einhergehenden Feuerballs vor Schreck auf den Rücken gefallen. Tiefenbach war noch immer geplättet. Dass seine Propangasflasche solch eine gewaltige Wirkung hervorrufen würde, hatte er in seinen kühnsten Träumen nicht für möglich gehalten, zumal die Explosion des ersten von ihm in die Luft gejagten Papiercontainers bei Weitem nicht so spektakulär ausgefallen war. Also zumindest nicht optisch. Was die Wirkung betraf, so hatte sie ihn natürlich vollkommen zufriedengestellt, denn sein Wunsch, damit Feuerwehrleute zu schädigen, war ihm, im Gegensatz zu hier, hervorragend gelungen. Ja, hier war trotz all seiner perfekten Vorbereitung einiges gründlich schiefgelaufen, und nicht nur das. Es waren Menschen zu Schaden gekommen, die mit seiner Rache absolut nichts zu tun hatten und das setzte ihm mächtig zu. Warum waren die blöden Feuerwehrmänner auch nur so spät gekommen? Verdammt! Eine Minute nur ... nur eine einzige lächerliche Minute früher und sein perfekter Plan wäre aufgegangen. Stattdessen lagen da jetzt zwei völlig Unbeteiligte, und, soweit er das erkennen konnte, deutete alles darauf hin, dass sie nicht mehr am Leben waren. Scheiße! Das war einfach nur Scheiße!

Inzwischen waren aus den umliegenden Häusern weitere Schaulustige auf die Straße gekommen und weideten sich an dem Grauen. Da alle ihr Augenmerk nur auf die Arbeit der Feuerwehrmänner richteten, schien für ihn jetzt der ideale Zeitpunkt gekommen zu sein, sein Versteck ungesehen zu verlassen. Er bog auch schon die Zweige des Gebüschs auseinander, um auf den Gehweg zu treten, da hörte er die Martinshörner weiterer Einsatzfahrzeuge, die sich ihm näherten und er zog sich vorsichtshalber noch einmal zurück.

„Phhhu, das war knapp“, sagte Rupert Tiefenbach zu sich selbst. Ein erster Rettungswagen bog bereits in die Straße ein und fuhr an ihm vorüber. Weitere folgten im Sekundentakt. Das auf- und abschwellende Heulen der Martinshörner verstummte, und nachdem er keine weiteren Einsatzfahrzeuge kommen hörte, huschte er ungesehen aus seinem Versteck. Auf dem Weg zu seinem Pick-up begegnete ihm dann doch noch ein weiteres Einsatzfahrzeug – ein Polizeiwagen. Tiefenbach senkte den Kopf, zog seinen Hut tief in die Stirne und spürte, dass es höchste Zeit war, sich aus dem Staub zu machen.

Der brennende Inhalt des durch die Explosion aufgerissenen Papiercontainers war gelöscht und die Verletzten waren von den Besatzungen der Rettungsfahrzeuge in umliegende Krankenhäuser gefahren worden. Bei denen, die von der Druckwelle zu Boden gerissen worden waren, konnte man innere Verletzungen nicht ausschließen. Sie mussten auf jeden Fall in einer Klink untersucht werden. Die meisten waren jedoch mit leichteren Blessuren wie Hautabschürfungen und Verstauchungen noch einmal glimpflich davongekommen. Inwieweit sie jedoch auch noch ein nicht zu unterschätzendes Knalltrauma erlitten hatten, würde sich erst nach einer eingehenden Untersuchung durch einen Ohrenarzt herausstellen. Für die beiden jungen Männer, die vorne am Gartenwasserschlauch gestanden hatten, kam jedoch jede Hilfe zu spät. Sie waren aufgrund der Schwere ihrer Verletzungen noch an der Unfallstelle verstorben. Jetzt lagen ihre Leichen unter Einmallaken aus dem Fundus der Rettungswagen zugedeckt auf dem Gehweg. Ihr Abtransport sollte erst dann erfolgen, nachdem ein Pathologe sie begutachtet und fotografiert hatte.

Überhaupt hatte die Polizei die gesamte Einsatzstelle zu einem Tatort erklärt und bis zum Eintreffen der angeforderten Kriminaltechniker mussten auch Winkelmoser und seine Männer hier solange warten. Ausschlaggebend für diese Entscheidungen waren zwingende Hinweise auf ein Verbrechen. Dafür sprachen nicht nur der aufgerissene Metallkörper des Papiercontainers sowie eine darin gefundene und ebenfalls zerfetzte Propangasflasche, sondern auch die Schilderungen der Augenzeugen zu dem Geschehen. Besonders bei den Feuerwehrmännern drängte sich der Verdacht auf, dass es sich hierbei nicht um die Verkettung unglücklicher Umstände handeln konnte. Immerhin war dies in München schon der zweite Containerbrand, in dessen Inneren es zu einem Druckgefäßzerknall mit einer Propangasflasche gekommen war.

„Äh ... wieso sprechen Sie hier von einem Druckgefäßzerknall?", wurde DGL Winkelmoser von einem Kriminalbeamten gefragt. „Ich dachte, es handelte sich hier um eine Explosion?"

„Meinetwegen nennen Sie es ruhig so, aber Druckgefäßzerknall wäre der richtig Terminus für das explosionsartige Zerplatzen einer unter erhöhtem Druck stehenden Gasflasche", erklärte der DGL.

„Also doch eine Explosion."

„Auf jeden Fall ist die Wirkung ziemlich die gleiche."

„Stimmt", bekräftigte der hinzugetretene Oberbeamte der Feuerwehr, wobei er auf die zwei zugedeckten Leichen deutete und mit bitterer Stimme sagte: „Heute hat es diese beiden unschuldigen jungen Männer erwischt, aber nach diesem weiteren Zwischenfall glaube nicht nur ich, das dies ein gezielter Anschlag war, der unseren Leuten gegolten hat." Bei seinen Worten schaute er den DGL an und fragte: „Du siehst das doch sicher genauso, oder Franz?"

Als der Kriminalbeamte sah, wie Winkelmoser bestätigend nickte, zog er die Augenbrauen hoch. „Wie kommen Sie darauf?"

„Ganz einfach. Wir hatten vor nicht allzu langer Zeit schon einmal solch einen Fall. Auch ein Einsatz zu einem brennenden Papiercontainer mit einer ebenfalls darin platzierten Popangasflasche. Bei den Löscharbeiten ist, genau wie hier, die Propangasflasche hochgegangen und einer unserer Männer ist dabei ums Leben gekommen. Die Duplizität der Fälle erscheint mir doch eindeutig. Also wenn das keine Absicht war."

Ernie, Bert und die anderen Feuerwehrmänner standen nur einige Meter abseits, hatten das Gespräch aber aufmerksam verfolgt. Der Oberbeamte des Inspektionsdienstes winkte sie näher zu sich und fragte: „Wenn ich mich recht entsinne, war das doch eure Wache, die auch diesen ersten Einsatz durchgeführt hat, oder?

Die Männer nickten stumm.

„Und, war vielleicht einer von euch persönlich dabei gewesen?"

Jetzt schüttelten die Männer den Kopf und Ernie erklärte: „Das war zwar unsere Tour, aber andere Kollegen."

„Ach so."

„Ja, aber ich habe da noch etwas anderes."

„Ja?"

„Ich glaube, einen von den Toten da kennen wir."

„Wie kommst du darauf?", fragte Winkelmoser erstaunt.

„Na, kennen ist vielleicht ein wenig zu viel gesagt. Aber ich glaube, das ist der Mann, der uns ganz zu Anfang in dem Hochhaus, als wir die Treppe hinaufgingen, entgegengekommen war. Na, ihr wisst doch, der mit dem Lied *In München steht ein Hofbräuhaus*."

„Bist du dir sicher?"

„Ganz sicher nicht, aber wenn ich mir den Mann noch einmal ansehen dürfte?"

„Darf er?", fragte Winkelmoser.

„Von mir aus", erwiderte der Kriminalbeamte. „Ich wüsste allerdings nicht, wozu das gut sein sollte. Aber wenn Ihr Mann sich das unbedingt antun will, bitte schön. Ich könnte auf solch einen unschönen Anblick gerne verzichten."

Ernie ging daraufhin zu den zugedeckten Leichen und lüftete zunächst das Laken des einen, um dann auch noch unter das des anderen zu sehen.

„Ja!", rief er nach einem längeren eingehenden Blick. „Komm mal her, Bert, und schau dir den Mann auch noch mal an! Ich glaube wirklich, das ist er!"

Aber Bert winkte dankend ab. Wieso sollte er sich eine Leiche ansehen, zumal eine, die solche grässlichen Brandverletzungen aufwies. Da konnte der Mann zuvor tausend Mal *In München steht ein Hofbräuhaus* gesungen haben.

Wieder im Dienst

Seit den geschilderten Ereignissen waren etwas über zwei Wochen vergangen. Die polizeilichen Ermittlungen gingen immer noch in alle Richtungen, was nichts anderes bedeutete als: *Wir haben noch keine heiße Spur.* Hinweise aus der Bevölkerung gab es zwar jede Menge, aber keiner hatte bislang auch nur im Ansatz zu einem irgendwie verwertbaren Ergebnis geführt. Die Befragung der jungen Leute, die bei dem Brand des Papiercontainers verletzt worden waren, hatte auch nichts Brauchbares ergeben – und die beiden einzigen Zeugen, die die Polizei auf die richtige Spur hätten bringen können, konnten nicht mehr befragt werden, da sie an der Einsatzstelle zu Tode gekommen waren.

Unter den Münchener Feuerwehrleuten herrschte seitdem große Unsicherheit. Ein toter Kollege und zwei tote Zivilisten bei zwei nahezu identischen Einsätzen, das gab vielen zu denken. Aber nicht nur in München hatten sich die tragischen Ausgänge dieser Einsätze herumgesprochen. Sogar das renommierte *Feuerwehr-Magazin* hatte darüber berichtet und im Internet kursierten schon bald die abstrusesten Theorien, warum, wer und wie und weshalb jemand diese Anschläge (denn als etwas anderes wurden sie längst nicht mehr bezeichnet) verübt haben könnte. Auffällig war auch, dass in einigen Regionen die Zahl der brennenden Papiercontainer seitdem sprunghaft angestiegen war. Das konnte natürlich Zufall sein, aber für viele ließ das nur einen Schluss zu, nämlich den, dass es noch weit mehr Idioten in unserem Land gab, die sich anscheinend daran erfreuten, die Einsatzkräfte in Angst zu versetzen. Wie viele Feuerwehrleute tatsächlich Angst hatten, ließ sich zahlenmäßig natürlich nicht ermitteln, aber dass sehr viele zu diesen Containerbränden jetzt mit einem höchst mulmigen Gefühl ausrückten, dürfte wohl nur zu verständlich sein. Selbst wenn die Polizei den Brandstifter von München dingfest machen würde (was alle hofften), mussten sie damit rechnen, dass jederzeit irgendwelche Trittbrettfahrer als Nachahmer in Erscheinung treten könnten. Bislang war das zwar noch nicht geschehen, aber die Gefahr lastete wie ein Damoklesschwert über allen Feuerwehrleuten, die zu weiteren Papiercontainerbränden gerufen wurden.

Diese Befürchtung teilte auch Franziska Dorfmeister, die junge Brandmeisterin von der Düsseldorfer Berufsfeuerwehr. Nachdem sie den ausführlichen Bericht im *Feuerwehr-Magazin* gelesen hatte, war sie zunächst ins Grübeln geraten und fragte sich, was einen Menschen wohl dazu antrieb, solch schlimme Taten zu begehen? Sie hatte keine Antwort darauf, zumindest keine plausible. Unwillkürlich fiel ihr Blick auf die Krücken mit den roten Griffen, die vor einigen Wochen für sie noch unverzichtbar gewesen waren. Der Anblick der Gehhilfen erinnerte sie schmerzlich an ihren schlimmen Unfall in der Tiefgarage. Der Fahrer des Autos, der sie damals einfach über den Haufen gefahren hatte, war auch so jemand gewesen wie dieser Brandstifter – ein gewissenloser Mensch, der ihr Ableben billigend in Kauf genommen hatte. Sie hatte damals keine Chance gehabt, den Unfall zu vermeiden. Der Feuerwehrkollege in München auch nicht, aber die beiden zivilen Opfer schon. Na ja, zumindest, wenn sie nicht betrunken gewesen wären. Denn, so sagte sich Franzi, welcher Mensch, der bei klarem Verstand war, würde ohne jeglichen Schutz und nur mit einen Gartenwasserschlauch ausgestattet, einem im Vollbrand stehenden Papiercontainer zu Leibe rücken? Keiner! Wirklich keiner? Oder irrte sie sich? Immerhin hatte es ja auch schon Menschen gegeben, die angenommen hatten, ihren brennenden Weihnachtsbaum mit einem Eimer Wasser löschen zu können. Und sogar solche, die anstatt sofort ihre brennende Wohnung zu verlassen, lieber ihr Leben riskierten, weil sie vorher unbedingt noch einige Habseligkeiten zusammenraffen mussten. Diese und auch noch einige weitere Überlegungen bewegten Franzi dazu, ihre gerade erst gefasste Meinung noch einmal zu korrigieren.

Nein, auch die zwei Männer mit dem Gartenschlauch hatten keine Chance. Alkohol hin oder her, sie traf keine wirkliche Schuld, sie waren Opfer. Schuld hatte nur derjenige, der sich diese teuflisch-tödliche Feuerfalle ausgedacht hatte.

Ob die Kollegen auf ihrer Wache das wohl genauso sahen? Franzi nahm sich fest vor, sie zu fragen: morgen, denn morgen hatte ihre Tour wieder Dienst, ihre erste 24-Stunden-Schicht seit ihrer Entlassung aus der Reha.

Einer, der ebenfalls aus seiner Reha entlassen worden, aber immer noch nicht fit genug war, um seinen Dienst wieder regelmäßig anzutreten, war der Hamburger Feuerwehrmann Paul Hogan. Seine Genesung schritt zwar voran, aber die Entfernung eines gutartigen Tumors aus seinem linken Schläfenlappen hatte den zuvor muskulösen „Herkules“ zu einem Schatten seiner selbst werden lassen. Dank einer gesunden und reichhaltigen Ernährung sowie eines gezielten Muskelaufbautrainings – für beides hatten ihm seine behandelnden Mediziner und Physiotherapeuten einen detaillierten Plan ausgearbeitet – sah er aber jetzt schon fast wieder wie vor seiner Einlieferung in das UKE aus. An den Einsatz auf dem Dach der stillgelegten Fabrikhalle, wo er mit seinem Kollegen Rolf für den Abzug des Brandrauchs sorgen sollte, erinnerte er sich noch sehr genau, aber an seinen Zusammenbruch und daran, wie ihn seine Kollegen in das Universitätsklinikum gebracht hatten, besaß er keinerlei Erinnerung mehr.

Das wäre jedoch keine retrograde Amnesie, wie man sie nach einem Schädeltrauma bekommen kann, sondern eine Gedächtnislücke, und die sei schlicht und ergreifend auf seine Bewusstlosigkeit zurückzuführen. Soweit die Einschätzung der behandelnden Mediziner. *Schlicht und ergreifend*, hatte er damals gedacht. Na die Ärzte waren ja lustig, dabei fand er seinen Zustand überhaupt nicht lustig. Und überhaupt, was konnte an einem diagnostizierten Gehirntumor schlicht sein. Heute sah er die damalige Äußerung der Ärzte aus einer ganz anderen Perspektive und wusste, wie sie tatsächlich gemeint worden war. Und er war den Ärzten unendlich dankbar, dass sie ihm durch ihren professionellen Eingriff das Leben gerettet hatten. Nach seiner Subarachnoidalblutung hatten sie in einer aufwendigen Operation den Tumor entfernen können. Anschließend wurde ihm in Aussicht gestellt, dass er, wenn auch erst nach einer längeren Zeit, möglicherweise wieder als Feuerwehrmann arbeiten könne.

Wirkliche Freude war bei ihm danach aber nicht aufgekommen. Zu vage empfand er ihre Wortwahl von *möglicherweise* und *in Aussicht stellen*. Diese Aussagen erschienen ihm doch eher wie plumpe, lediglich tröstende Sätze, die ihn als Patienten schonen und nicht mit der wahren Realität konfrontieren sollten. Aber ... die Ärzte hatten die Wahrheit gesagt, und das wusste er seit heute, denn heute war ein besonderer Tag. Heute würde er eine erste, sein Chef nannte es „eine Schnupperschicht", auf seiner alten Feuerwache machen dürfen. Zwar nur eine halbe und auch noch ohne Einsätze unter Atemschutz, aber immerhin. Das ging natürlich nur, nachdem ihm der Amtsarzt dazu sein Okay gegeben hatte. „Wenn Sie einem Bürojob bei der Feuerwehr nachgingen, Herr Hogan", hatte der Arzt angedeutet, „dann hätte ich auch keinerlei Bedenken, Sie schon jetzt wieder für voll arbeitsfähig zu erklären. Aber nicht als Feuerwehrmann im Alarmdienst."

„Ein Bürojob ist absolut nichts für mich", hatte Hogan daraufhin mit solcher Überzeugung gesagt, dass der Arzt, der schon einen diesbezüglichen Vorschlag machen wollte, lieber darauf verzichtete. „Na gut, dann sprechen Sie doch mal mit Ihrer Direktion, ob es für Sie nicht eine andere Lösung gibt. Ich werde Ihnen ein diesbezügliches Schreiben ausstellen."

Das Gespräch und das Schreiben des Amtsarztes hatten letztlich dafür gesorgt, dass Paul Hogan eine erste „Schnupperschicht" antreten durfte. Wenn die glatt verlief, so hoffte er, würde er bestimmt sehr schnell auch wieder seinen regulären Dienst aufnehmen können.

Strategien und durchkreuzte Pläne

Die erste Tour der Feuerwache 3 in Düsseldorf hatte sich für die heutige Schicht wie üblich in der Fahrzeughalle versammelt. Und wie jeden Morgen, wenn Richard Franken ihr Dienstgruppenleiter war, trat er vor seine Mannschaft und verlas von einem Papier die Positionen, die jeder Einzelne während dieser 24 Stunden zu übernehmen hatte.

Die Zuordnungen waren zuvor zwar schon am Schwarzen Brett ersichtlich gewesen, aber der allmorgendliche Ritus hatte ja auch noch weitere Funktionen zu erfüllen. So wurden unter anderem jetzt schon erste Aufgaben verteilt, wie sie, unabhängig von den Einsätzen, auf jeder Feuerwache anfielen.

Davon abgesehen gefiel es Franken, jedem Einzelnen zu Dienstbeginn einmal in die Augen sehen, wenngleich das auch keinen wirklichen Einfluss auf das Tagesgeschehen haben konnte. Es sei denn, sie hatten die Neujahrsschicht oder die Schicht an Karneval, wo der eine oder andere ihn bei der Wachablösung schon mal mit etwas glasigen Augen ansah. Solche Kollegen bat er dann für gewöhnlich zu einem kurzen Gespräch unter vier Augen in sein Büro. Was dort gesprochen wurde, drang jedoch nie nach außen, erfüllte aber fast immer seinen Zweck.

Heute hatte niemand glasige Augen, das wäre ja auch noch schöner, da sie weder Neujahr noch Karneval hatten. Aber ein Augenpaar fiel ihm dennoch auf. Es gehörte Franziska Dorfmeister, denn sie hatte getuschte Wimpern. „Ah, Franziska! Dich begrüße nicht nur ich, sondern wir alle natürlich ganz herzlich. Schön, dich wieder bei uns zu sehen. Am besten kommst du gleich, nachdem wir hier fertig sind, einmal zu mir ins Büro.“ Franziska nickte und Franken verlas den Dienstplan. Danach verteilte sich die Mannschaft auf die ihnen zugewiesenen Fahrzeuge, um diese und sämtliche Geräte auf Vollständigkeit, Funktion, aber auch auf Sauberkeit zu prüfen.

„Na Franzi, du hast doch hoffentlich nicht gestern die Nacht durchgezecht?“, zwinkerte ihr Stefan Weber zu.

„Wie kommst du denn auf so etwas?“, entrüstete sich Franzi.

„Na ja, heute ist dein erster Tag und schon zitiert dich unser DGL in sein Büro.“ Vinc wedelte bedenklich mit der Hand, „Oh oh, wenn das mal nichts heißen will.“

„Mensch Vinc, du denkst wohl, du kannst mich verschaukeln.“

„Okay, durchschaut.“ Vinc, der vom Alter her locker Franzis Vater sein konnte, gab sich geschlagen. „Dann komm her zu mir, meine absolute Lieblingsschülerin. Lass dich umarmen und willkommen heißen.“

Franzi musste daraufhin herzhaft lachen. „Vinc! Was heißt denn hier ‚meine absolute Lieblingsschülerin'? **Du** hattest nie eine Schülerin. Also kann ich auch nie deine Lieblingsschülerin gewesen sein."

Vinc machte eine betrübte Miene. „Aber du musst doch zugeben, dass ich dir einiges beigebracht habe, was man euch auf der Feuerwehrschule nicht gelehrt hat. Oder?"

„Ja, das ist richtig und dafür bin ich dir auch sehr dankbar Vinc", lenkte Franziska ein und deutete zu der großen Wanduhr. „So, jetzt muss ich aber zum Chef."

„Und was ist mit meiner Umarmung?"

„Kannst meinetwegen ja den Klaus oder den Manni umarmen, aber nicht mich." Franzi grinste schelmisch: „Sonst müsste ich dich nachher noch wegen sexueller Belästigung am Arbeitsplatz verklagen." Mit diesen ironisch gemeinten Worten drehte sie sich um und ließ Vinc stehen. Dessen Kollege Manni, bekannt auch als *der* Geschichtenerzähler der Wache, war heute Maschinist auf dem ersten Fahrzeug. Er hatte das Gespräch der beiden mitangehört und rief jetzt so laut, dass es alle anderen Kollegen hören sollten: „Vinc'lein mein Schatz! Ich komme gleich zu dir. Muss nur noch schnell das LF durchchecken!"

Daraufhin erfüllte brüllendes Gelächter die Fahrzeughalle.

Das Gespräch, das DGL Richard Franken in seinem Büro mit seiner jungen Brandmeisterin Franziska Dorfmeister führte, hatte einen wesentlich ernsteren Charakter. Zunächst ging es ihm darum, zu erfahren, wie sie sich nach ihrem schweren Unfall fühlte.

„Gut", sagte Franziska völlig unbefangen. Bei diesem *Gut* lächelte Franziska ihn so offen und freundlich an, dass er davon überzeugt war, dass die junge Frau ihm nichts vormachte. Dennoch hegte er einige Bedenken. Wie würde sie sich wohl geben, wenn sie wieder einen Tiefgarageneinsatz bekämen? Würde sie dann auch noch die notwendige Professionalität an den Tag legen – oder würden die alten Ereignisse in ihr wieder hochkommen und sie hemmen oder gar gefährden? Das war die Frage, die ihn beschäftigte, und deshalb legte er ihr noch einmal nahe: „Schön, Franziska. Ich freue mich wirklich, wenn du wieder ganz die Alte bist. Dennoch, und das sage ich dir ohne irgendwelche Vorbehalte: Solltest du bei einem Einsatz, egal bei welchem, spüren, dass du Probleme bekommst ... nein bitte, las mich erst ausreden. Also wenn das der Fall sein sollte, ich betone, sein sollte, dann kannst du jederzeit zu mir kommen."

„Danke Chef. Das ist überaus freundlich gemeint, aber wirklich nicht nötig. Ich bin fit. Ehrlich."

„Gut. Trotzdem noch ein letztes Wort und dann lasse ich dich wirklich in Ruhe."

Franziska sah ihren Vorgesetzten fragend an.

„Falls du jetzt vielleicht denken solltest, man sollte in so einer Situation lieber nicht mit dem eigenen DGL oder überhaupt mit irgendeinem Vorgesetzten sprechen ... wir haben da ja auch noch unser OPEN-Team. Das weist du doch, oder?"

„Ja, das weiß ich", entgegnete Franziska und hoffte, dass ihr DGL dieses Thema nun wirklich abhaken würde.

Das tat er, denn jetzt sagte Franken: „Und, gibt es von deiner Seite vielleicht noch irgendwelche Fragen, die du gerne geklärt haben möchtest?"

Franziska dachte einen Moment darüber nach, ob sie ihm von ihren Überlegungen erzählen sollte, die sie sich bezüglich der Containerbrände in München gemacht hatte. Und welche Schlüsse sie daraus gezogen hatte, wie man künftig besser mit solchen Einsätzen umgehen könnte, damit es nicht noch mehr tote Feuerwehrleute gab. Aber aus Sorge, dass er, der erfahrene Hauptbrandmeister, über ihre Ansichten lächeln würde, unterließ sie es vorerst, nahme sich aber vor, ihre Ideen bei einer anderen Gelegenheit vorzustellen.

Rupert Tiefenbach hatte München auf dem schnellsten Weg verlassen und war, ohne auch nur eine einzige Pause einzulegen, bis Düsseldorf durchgefahren. Das Kätzchen hatte er zuvor wieder laufengelassen. Es war weit nach Mitternacht, als er seinen Pick-up auf einen abgelegenen Hinterhof lenkte, wo er ihn in einer eigens dafür angemieteten Remise unterstellten konnte. Der Hof gehörte zu einem ehemaligen Dachdeckerbetrieb und die dort befindliche Remise war hoch genug, weil der Dachdecker sie für seinen Transporter extra höher gebaut hatte. Für Tiefenbachs Pick-up war das ideal, denn dadurch konnte er selbst mit aufgerichtetem Palfinger dort hineinfahren. Außerdem besaß die Remise ein nachträglich angebrachtes Tor. Na ja, Tor war eigentlich eine zu hochtrabende Bezeichnung für den aus rohen Brettern zusammengezimmerten Flügel. Aber so vergammelt dieser auch schon aussah, bot er immerhin doch den Vorteil, das ungewöhnliche Fahrzeug vor unerwünschten Blicken zu schützen.

Tiefenbachs eigentliche Wohnung, ein kleines Apartment in einem mehrgeschossigen Mietshaus, befand sich in einem anderen Stadtteil. Nachdem er die Taxe bezahlt und zu Fuß auf die zweite Etage gestiegen war, hatte er seine Wohnungstüre sorgfältig hinter sich abgeschlossen. Anschließend hatte er sich nur noch entkleidet und war, obwohl er seit

Mittag nichts mehr gegessen hatte, todmüde auf sein Bett gefallen. Obwohl er erschöpft von den Anstrengungen der letzten Tage, der nervlichen Anspannung und der nächtlichen Rückfahrt war, konnte er dennoch nicht einschlafen. Den Blick durch die Dunkelheit grübelnd gegen die Decke gerichtet, musste er immer wieder daran denken, was alles schiefgelaufen war. Erstaunlicherweise schien ihn der Tod der beiden jungen Männer, die bei seiner letzten Aktion ums Leben gekommen waren, jetzt überhaupt nicht mehr zu berühren. Selber schuld. *Wieso mussten sich die zwei Idioten auch einmischen?* Viel lieber hätte er es allerdings gesehen, wenn dabei zwei Feuerwehrmänner ums Leben gekommen wäre. Aber, so tröstete er sich, was in München diesmal nicht so richtig funktioniert hatte, das würde ihm hier in Düsseldorf garantiert gelingen. Er musste eben alles nur noch sorgfältiger planen und noch präziser ausführen. Und er wusste auch schon wie. Mit diesem beruhigenden Gedanken schlief er endlich doch noch ein.

Bei ihrer nächsten Dienstschicht hatte Franziska das *Feuerwehr-Magazin* mitgebracht und ihren Kollegen während der Frühstückspause präsentiert. „Hier. Seht euch das einmal an. Das müsst ihr lesen! In München hat es schon wieder zwei Tote beim Brand eines Altpapiercontainers gegeben."

„Etwa wieder welche von uns?"

Franziska schüttelte den Kopf. „Nein, diesmal nicht. Diesmal hat es zwei zivile Opfer gegeben, aber es hätte auch ganz leicht welche von uns treffen können."

Sogleich griffen mehrere gierige Hände nach dem aufgeschlagenen Fachmagazin. „Zeig mal her!", riefen sie, aber Franziska war schneller. „Finger weg! Ihr sollt mir nicht gleich das Heft zerreißen, sondern nur den Bericht durchlesen. Ist ja schlimm!"

„Dann will ich es aber zuerst lesen."

„Nein ich!"

„Nein, gib es mir."

„Wieso denn dir? Los Franzi, gib es mir."

„Männer", stöhnte Franziska auf. „Ihr benehmt euch ja schlimmer als kleine Kinder. Vielleicht sollte ich den Bericht besser kopieren, damit jeder einen bekommt."

„Mensch, Franzi, jetzt zeig schon endlich. Ich will mir eh nur die Fotos ansehen."

„Sind aber keine Fotos dabei."

„Wie ... keine Fotos?", sagte Manni sichtlich enttäuscht. „Fotos sind doch das Wichtigste."

„Tja Manni", spottete Vinc, „es sind eben leider nicht immer Reporter zur Stelle, wenn so etwas passiert." Vinc, der annahm, bei Franzi ein gewisses Vorrecht zu genießen, streckte seinen Arm über den Tisch und sagte süffisant:„Komm, gib's rüber, Franzi, der Manni kann eh nicht lesen."

„Ha! Ha! Ha!", lachte der Verhöhnte, „aber du."

„Wisst ihr was, Jungs? Bevor ihr euch noch die Köpfe einschlagt, lese ich euch den Bericht lieber vor. Einverstanden?"

Die „Jungs" waren einverstanden. Franzi war eine gute Vorleserin. Alle hörten aufmerksam zu. Nachdem sie geendet hatte, sahen sich ihre Kollegen mehrere Sekunden betroffen an, dann entstand unter ihnen eine lebhafte Diskussion darüber, was sie mit so einem Typen machen würden, wenn sie ihn beim Zündeln erwischen würden.

„Ich glaube, ich würde mich nicht beherrschen können", sagte Manni, wobei er ein möglichst grimmiges Gesicht machte und mit der geballten Faust in die geöffnete Hand klatschte.

„Ist klar! Besonders du. Mensch, Manni, du kannst doch keiner Fliege was zuleide tun!"

„Phhh!"

„Also wenn ihr mich fragt", polterte Peter los, „ich sag' nur, rein mit dem Kerl in den Mannschaftraum und dann gib ihm!"

„Und ich sage, nichts würdet ihr machen. Gar nichts! Das wäre ja noch schöner. Ihr seid schließlich Beamte der Feuerwehr und kein wild gewordener Mob und auch keine Richter." DGL Franken hatte unbemerkt den Tagesraum betreten, stellte sich hinter Franzi, die das aufgeschlagene Feuerwehrmagazin immer noch vor sich liegen hatte, und schaute seine Männer eindringlich an. „Oder ist einer von euch tatsächlich anderer Meinung? Dann wäre er hier nämlich an der falschen Stelle. Na ... was ist? Nur immer heraus damit."

Betretenes Schweigen.

DGL Franken, der eigentlich nichts anderes erwartet hatte, verschwand in der angrenzenden Gemeinschaftsküche und kehrte mit einer Tasse Kaffee und zwei belegten Brötchen zurück. Dann setzte er sich zu seiner Mannschaft und erklärte mit versöhnlichem Ton: „Die Vorfälle von München sind mir natürlich auch nicht unbekannt. Nach dem zweiten Anschlag, und wir sprechen hier wirklich von einem Anschlag, sind inzwischen alle Feuerwehren angehalten, bei solchen Containerbränden höchste Vorsicht walten zu lassen. Unsere Direktion hat dazu ein entsprechendes Schreiben an alle Wachen verschickt."

„Na toll, was können die schon vorschlagen? Etwa aus Entfernung so lange zuzusehen, bis der Container ausgebrannt ist, oder was?"

„Von dir hätte ich eigentlich etwas Konstruktiveres erwartet, Peter“, sagte Franken missmutig. „Manchmal habe ich echt den Eindruck, du glaubst wirklich den Quatsch, den du in letzter Zeit so von dir gibst.“

„Na ist doch wahr“, verteidigte sich der Gerügte. „Die Herren da oben sind doch alle nur noch Sesselpupser, die von der Arbeit an der Basis längst keine Ahnung mehr haben und ...“

„So, jetzt reicht's aber!“ Franken schlug ernsthaft verärgert mit der Hand auf die Tischplatte. „Wer hier keine Ahnung hat, das dürfte ja wohl klar sein. **Mann!** Und im Übrigen möchte ich nicht mehr hören, dass du weiterhin so despektierlich von unseren Kollegen im höheren Dienst redest. Du tust ja gerade so, als seien das alles Dummköpfe und nur du hättest die Weisheit mit Schöpflöffeln gegessen.“

Erneut betretenes Schweigen. Dann neigte sich Peter Manni zu und flüsterte ihm etwas ins Ohr.

„Was gibt es denn da zu grinsen, Manni?“, rief Franken ungehalten. „Na los, rück schon raus mit der Sprache!“

Vermutlich hätte Manni nichts gesagt, aber dann erhielt er von Peter einen Stoß mit dem Ellenbogen in die Seite, um nur ja zu schweigen. Das hätte er besser nicht getan, denn Manni starrte Peter daraufhin wütend an und zischte: „Selber schuld.“ Dann posaunte er: „Der Blödmann wollte von mir wissen, was *despektierlich* bedeutet.“

Nach dieser Erklärung sah Franken die beiden Männer völlig perplex an, dann brach er in lautes Gelächter aus. Seine Heiterkeit steckte die anderen an, die nun ebenfalls lachten. Einzig Peter lachte nicht, denn er hatte sich soeben selbst zum Affen gemacht und war nun der Gelackmeierte.

Eigentlich hatte Rupert Tiefenbach vorgehabt, so lange zu warten, bis sich der Medienrummel über seine Münchner Anschläge wieder gelegt hatte. Aber aus irgendeinem Grund war ein findiger Reporter auf die Idee gekommen, noch einmal mit der Feuerwehr über den ersten Anschlag zu sprechen, bei dem einer der ihren ums Leben gekommen war. Dieser Beitrag war daraufhin auch außerhalb Bayerns von mehreren Fernsehsendern wie dem WDR, dem SWR und dem NDR zur besten Vorabendzeit ausgestrahlt worden.

Damit war das Thema plötzlich wieder in aller Munde. Tiefenbach hatte sich darüber maßlos geärgert, weil die Feuerwehrleute in diesem Bericht geradezu als Helden dargestellt wurden. In seiner Wut beschloss er, nicht länger zu warten, sondern schon jetzt zuzuschlagen. Es würde sein letztes Gefecht werden, das war ihm klar. Aber dafür sollte es diesmal ein viel gewaltigeres Feuerwerk geben – ein flammendes Inferno – ein Paukenschlag, bei dem so viele Feuerwehrleute wie nur irgendmöglich ums Leben kommen sollten. Lange hatte er darüber nachgedacht, wie er seinen Plan in die Tat umsetzen konnte. Schließlich wollte er sich diesmal nicht mit nur einem Container begnügen. Nein, diesmal sollten gleich mehrere gleichzeitig hochgehen und dabei möglichst viele Feuerwehrmänner in den Tod reißen. Aber das musste sorgfältig geplant und minutiös koordiniert werden, und er musste beim Einkauf der benötigten Materialien sehr vorsichtig sein, um keine auffälligen Spuren zu hinterlassen.

Aus diesem Grund fuhr er in den darauffolgenden Tagen in umliegende Städte, um bei verschiedenen Baumärkten immer nur eine einzige Propangasflasche zu kaufen. Für diese Fahrten benutzte er auch nicht seinen in der Remise untergestellten Pick-up, sondern einen unauffälligen Pkw, den er sich von einem Bekannten ausgeliehen hatte. Das Material zur Herstellung der Zünder bestellte er sich bei verschiedenen Anbietern im Internet. Gut, diese Spur konnte verfolgt werden, aber das juckte ihn nicht. Bevor man ihm auf die Schliche käme, wäre es längst zu spät. Und was danach passieren würde, war ihm eh egal. Sollten sie ihn seinetwegen ruhig schnappen. Er hatte mit seinem Leben ohnehin abgeschlossen.

Nach der Fernsehsendung hatten einige Städte ernsthaft in Erwägung gezogen, keine öffentlichen Papiercontainer mehr aufzustellen. Wie man jedoch mit den bereits aufgebauten verfahren sollte, darüber bestand Uneinigkeit. Während einige Ratsmitglieder dafür plädierten, sie vorerst einfach nicht mehr leeren zu lassen, schließlich wären ja auch die Fahrer der Entsorgungsgesellschaften gefährdet, hielten andere dagegen. Sie sprachen sich dafür aus, die aufgestellten Container sogar schnellstens entleeren zu lassen, um sie anschließend solange auf den städtischen Betriebshöfen zu deponieren, bis der Brandstifter gefasst worden wäre.

Unsinn, sagten andere und sprachen von reiner Panikmache. Sie prognostizierten, dass nach der Entfernung der Container wilde Müllkippen, von denen es jetzt schon genug gäbe, wie Pilze aus dem Boden schössen. Letztlich geschah gar nichts und alles blieb wie es war. Das Gros der anständigen Bürger warf seine Papierabfälle weiterhin in die aufgestellten Container. Und Firmen, die die Container zuvor schon als kostenlose Entsorgungsstellen für ihre Papier- und Papp-Abfälle angesehen hatten, missbrauchten sie weiterhin. Und all jene, denen die Sauberkeit ihrer Städte egal war, warfen jeglichen Mist einfach dazu oder stellten ihn gedankenlos daneben.

Für die Feuerwehren hatte sich allerdings etwas geändert. Zum einen war die Zahl der brennenden Papiercontainer nach dem TV-Bericht noch einmal sprunghaft angestiegen, was ihnen mehr Einsätze bescherte, auf die sie gerne verzichtet hätten. Insbesondere, weil die Brandstifter meist nachts oder zumindest bei einbrechender Dunkelheit zuschlugen. Zum anderen änderten einige ihre Löschtaktik, weil der beunruhigende Gedanke, dass sich so etwas wie in München ja auch bei ihrem Container ereignen könnte, bei ihnen präsent war.

Es gab daher Feuerwehren, die es für angebracht hielten, sich den brennenden Containern vorsichtshalber nicht mehr zu nähern. Sie setzten deshalb nur noch B-Rohre ein und fluteten die Container aus gebührender Entfernung. Unter dem Strich kamen sie mit dieser Methode zwar auch zum Ziel, benötigten aber wesentlich mehr Wasser, weil die Einlassöffnungen des Containers nicht so einfach zu treffen waren. Andere waren da cleverer. Sie stiegen auf das Dach ihrer Löschfahrzeuge. Von ihrer erhöhten Position aus konnten sie die Einlassöffnungen mit dem Wasserstrahl ihres vorgenommenen C- oder B-Rohres natürlich viel leichter treffen. Und wieder andere, die über ein TLF verfügten, fluteten die brennenden Container von ihrem Dachmonitor aus. Gegen den armdicken Wasserstrahl von 1.000 Litern pro Minute hatte jeder Containerbrand verloren.

Aber für welche Methode sie sich auch entschieden, eines war allen gleich: Sie mussten sich nicht in den Gefahrenbereich des Containers begeben. Trotzdem gingen die meisten Feuerwehrleute weiterhin konventionell vor, also unter Atemschutz ganz dicht ran an den Container und das C-Rohr direkt und solange in die Einlassöffnung gehalten, bis die Flammen gelöscht waren. Anschließend wurde der Container oft noch mit vereinten Kräften umgekippt. Das gab zwar eine riesige Schweinerei, aber nur so konnte man sicher sein, auch noch die letzten Glutnester abzulöschen, damit man nicht eine halbe Stunde später schon wieder hier „antanzen“ musste.

Die um Richard Franken versammelte Mannschaft hatte sich ebenfalls Gedanken gemacht, wie sie ab jetzt vorgehen könnten, ohne sich der Gefahr einer Explosion auszusetzen. Franziska hatte den Vorschlag gemacht, die Container beobachten zu lassen, sodass niemand darin eine Propangasflasche oder einen anderen Sprengkörper platzieren konnte. Sie erntete dafür schallendes Gelächter.

„Mensch, Franzi! Wie soll das denn gehen? Weißt du überhaupt, wie viele Container es in Düsseldorf gibt?“

„Und wer bitte schön soll das machen? Etwa wir in unserer Freizeit?“

„Wieso denn wir?!“, rief Manni in die Runde. „Vielleicht meint unsere schlaue Franzi ja auch, dass so eine Überwachung ’ne neue Stelle für Bufdis werden könnte!?“

„Oh Mann! Auf so ’ne Schnapsidee kann auch nur eine Frau kommen.“

Nachdem das Lachen und die Kritik nicht enden wollten, platzte Vinc der Kragen. Er schlug mit der geballten Faust auf den Tisch und schimpfte: „Jetzt reicht’s! Glaubt ihr etwa, eure Vorschläge wären besser? Ich weiß ja auch nicht, wie die Franzi sich das vorgestellt hat, aber wir könnten sie ja wenigstens mal ausreden lassen.“

„Vinc hat recht“, mischte sich jetzt auch ihr DGL ein. Er hatte bislang zu allen Vorschlägen geschwiegen und nur still zugehört, aber jetzt forderte er seine junge Brandmeisterin auf: „Los Franzi, erzähl mal. Wie hast du dir das vorgestellt?“

Nachdem Franziska den anderen ihre Überlegungen konkretisiert hatte, erntete sie zunächst ungläubige Blicke. Franziska war zwar längst von ihren männlichen Kollegen als Feuerwehrfrau akzeptiert und anerkannt worden, aber so viel Scharfsinn hatten ihr die meisten dann doch nicht zugetraut. Auch ihr DGL staunte und fragte sich insgeheim, warum er nicht selber auf solch eine Idee gekommen war. Allerdings ließ ihr Vorschlag noch einige Fragen offen – und mit denen stürmten die Kollegen jetzt auf die junge Frau ein.

„Okay Franzi, du sagst also, dass man nur ganz bestimmte Container überwachen müsste, richtig?“

„Genau. Ich habe euch ja schon erklärt, dass der Mann ...“

„Oder die Frau!“

„Ja, meinetwegen auch die Frau. Also der- oder diejenige wählt immer einen Papiercontainer in der Nähe einer Feuerwache aus, weil er ...“

„Er oder sie!“

„Mann, Peter, du nervst!“

„Ich meine ja nur.“

„Rede weiter, Franzi“, forderte sie ihr DGL auf. „Und du, Peter, hältst jetzt bitte mal den Schnabel.“

„Also“, fuhr Franziska fort: „Der Mann braucht einen Container in der Nähe einer Feuerwache. Die näheren Gründe dazu habe ich euch ja schon erklärt, oder muss ich noch mal ...“

„Nein, alles klar. Erzähl weiter.“

„Wir haben insgesamt zehn Wachen, wobei ich glaube, die Feuerlöschbootstation im Hafen können wir getrost ausklammern. Also konkret neun.“

„Und was ist mit den Wachen unserer Freiwilligen Feuerwehren?“

„Die befinden sich nicht in der Innenstadt“, warf Franken ein. „Und unser Mann scheint es ja genau auf die abgesehen zu haben. Stimmt’s, Franzi?“

Franziska nickte. „Das denke ich auch. Und ich denke, falls er noch einmal zuschlagen sollte, dann wird er es wieder nur abends machen. Wir können uns also auf die Container in Wachnähe und in den späten Stunden konzentrieren."

„Und woher wollen wir wissen, ob er überhaupt noch mal zuschlägt?"

„Ja genau. Und wieso gerade hier bei uns in Düsseldorf und nicht wieder in München?"

Drauf, das musste Franziska zugeben, hatte sie leider auch keine Antwort, doch da kam ihr Richard Franken zur Hilfe. „Zwei durchaus berechtigte Fragen, Kollegen. Wieso hier bei uns und wieso überhaupt? Und genau dazu komme ich jetzt. Hier!" Franken zog das bereits angesprochene Rundschreiben der Direktion aus seiner Brusttasche, faltete es auf und las den Text vor.

„Donnerwetter!", rief Vinc, „na das nenne ich mal 'nen echten Kracher. Und woher wissen die, dass der Kerl jetzt hier bei uns zuschlagen wird?"

„Woher die Informationen stammen, vermag ich auch nicht zu sagen", erklärte Franken. „Aber man hatte uns bei der letzten Dienstgruppenleiterbesprechung gesagt, dass die Hinweise sehr konkret und ernst zu nehmen seien. In diesem Zusammenhang finde ich Franzis Vorschlag sehr gut und werde mich deshalb nach der Frühstückspause umgehend mit der Direktion in Verbindung setzen."

Angesicht dieses Lobs wurde Franziska rot bis unter die Haarspitzen. Aber sie war auch ein wenig stolz, besonders nachdem sogar ihr nörgelnder Kollege Peter ihr seinen Respekt gezollt hatte.

Rupert Tiefenbach hatte sich für den kommenden Tag noch einmal den Wagen seines Bekannten ausgeliehen. Die Propangasflaschen, die er sich zuvor schon in den unterschiedlichen Baumärkten besorgt hatte, standen inzwischen wohlverwahrt bei seinem Pick-up in der Remise. Außerdem war gestern zu seiner Freude auch das letzte Päckchen seiner Internet-Bestellungen eingetroffen.

Jetzt fehlte ihm nur noch eine Katze und er bedauerte es, dass er das ihm zugelaufene Kätzchen wieder freigelassen hatte. Aber diesmal wollte er diese Tarnung nicht dem Zufall überlassen. Diesmal würde er sich eine Katze ganz legal aus dem Tierheim holen und keinesfalls ein Tier auf der Straße einfangen. Nein, so blöd war er nicht. Das Risiko, dabei gesehen zu werden, war viel zu hoch.

Eine halbe Stunde später befand er sich auf dem Weg nach Düsseldorf-Rath. Wie bei so vielem hatte er sich auch hier zunächst im Internet schlau gemacht und dabei erfahren, dass das Tierheim montags bis samstags von

12.00 Uhr bis 16.00 Uhr geöffnet hatte. Weiter war dort zu lesen: Alle unsere Katzen sind entwurmt, geimpft, gechipt und kastriert. Und dass eine einzelne Katze 95 Euro und ein Katzenpaar 150 Euro kosten würden. Nachdem er weiter las, dass ein Meerschweinchen oder ein Kaninchen schon für 40 Euro zu haben waren und als Paar gerade mal 60 Euro kosten sollten, kam er für einen Moment ins Grübeln. Schließlich täte es ein Meerschweinchen ja genauso. Aber dann dachte er daran, wie hervorragend es mit dem zugelaufenen Kätzchen funktioniert hatte. Gut, das zweite Ding in München war zwar trotzdem in die Hose gegangen, aber dafür konnte das Kätzchen ja nichts. Im Gegenteil, es hatte seine Sache sogar noch glaubwürdiger gemacht, und deshalb würde er sich heute auch wieder so einen Stubentiger besorgen. „Oder“, sagte er laut, „vielleicht sollte ich doch lieber gleich zwei nehmen?“ Ja, ein Paar wäre besser. Wer weiß, wozu ein zweites Kätzchen noch gut sein konnte.

Es war jetzt kurz nach halb zwölf. Von seiner Wohnung bis zu dem Tierheim in der Rüdigerstraße brauchte er nicht allzu lange. Früher war er oft berufsbedingt mit der Straßenbahn von Düsseldorf nach Ratingen fahren. Die damalige Linie 12 führte genau oberhalb an diesem Tierheim vorbei, sodass er immer einen kurzen Blick auf das tiefer unten gelegene Gelände werfen konnte. Mehr als einige vergitterte Käfige, vermutlich waren es die Hundezwinger, hatte man allerdings nicht erkennen können.

Tiefenbach war daher gespannt, als er heute zum ersten Mal das Tierheim betrat. Eine Tierpflegerin führte ihn zunächst an den Hundezwingern vorüber. Die Hunde, die darin eingesperrt waren, stimmten sofort ein lautes Gebell an und einige sprangen wie wild geworden an den Gitterstäben hoch. Andere verhielten sich dagegen vollkommen still, lagen wie apathisch am Boden und sahen ihn aus traurig blickenden Augen an. Arme Schweine, dachte Tiefenbach bei ihrem Anblick.

Er, der sonst keine Skrupel kannte, fühlte Mitleid mit den Hunden und musste unwillkürlich daran denken, dass ihm möglicherweise schon bald ein ähnliches Schicksal drohte – ein Leben hinter Gittern. Er war daher froh, als sie die Hundezwinger verließen und das Katzenhaus erreichten. Hier sah alles schon viel freundlicher aus. Die Katzen, die er zu sehen bekam, hatten nicht wie die Hunde Einzelgehege, sondern befanden sich gemeinschaftlich in einem großen Raum. Darin gab es mit Sisal umwickelte Kratzbäume und Klettergestelle mit kuscheligen Wohnhöhlen, künstliche Fellmäuse und jede Menge anderem Zeugs, wie er es auch schon im Schaufenster eines Zoofachgeschäfts gesehen hatte.

„Könnte ich vielleicht auch zwei Kätzchen bekommen?“ Tiefenbach gab sich bescheiden und erklärte: „Eine gute Bekannte, die selber auch

Kätzchen hat, hat mir nämlich erklärt, dass Katzen, die in der Wohnung gehalten werden, nicht gerne alleine sind und lieber Gesellschaft haben."

„Da hat ihre Bekannte vollkommen recht. Müssen Sie die Tiere denn lange alleine lassen?"

„Nun ja, ich muss schließlich arbeiten. Aber ...", fügte er noch schnell hinzu, „meine Frau ist natürlich zu Hause."

„Na dann passt es ja. Aber wäre Ihre Frau auch damit einverstanden, wenn Sie zwei Kätzchen mit nach Hause brächten?"

„Jaaa, auf jeden Fall", log der unverheiratete Tiefenbach und betonte: „Wissen Sie, meine Frau liebt Katzen nämlich über alles."

Die Frühstückspause war zu Ende. Während die Feuerwehrleute den täglichen Routinearbeiten nachgingen, saß ihr DGL hinter dem Schreibtisch seines Büros und wählte die Nummer von Stefan Bonner. Nachdem Franken mehrmals vergeblich durchläuten ließ, wollte er schon wieder auflegen, da meldete sich der B-Dienst-Mann doch noch: „Bonner."

„Guten Morgen, Stefan, ich bin's, Richard."

„Ah, Richard. Was gibt's? Ich hoffe, nur Gutes."

„Na ja, wie man's nimmt. Hast du einen Moment?"

„Hmm. Ich war eigentlich schon auf dem Weg zum Chef. Große Besprechung. Du weißt schon, wegen dieser Sache in München."

„Du redest von dem Papiercontainer mit den zwei Toten?"

„Genau."

„Ja und genau darüber wollte ich auch gerade mit dir reden", sagte Franken und erklärte: „Zuerst wollte ich ja die Direktion sofort anrufen, aber dann hielt ich es doch für angebrachter, die Angelegenheit erst einmal mit dir zu besprechen ... Stefan, bist du noch dran?"

„Ja ja, erzähle weiter, ich höre. Du machst es ja ziemlich spannend."

„Ist es auch." Und dann berichtete Franken von den Überlegungen seiner jungen Brandmeisterin. Die Antwort seines Vorgesetzten fiel jedoch nicht so aus, wie er sie sich vorgestellt hatte. „Ich weiß nicht Richard. Abgesehen davon, dass ich es nicht gut finde, wenn unsere Leute Detektiv spielen ..."

„Nicht im Dienst!", unterbrach ihn Franken, „die würden das natürlich nur in ihrer Freizeit machen."

„Jaaa, trotzdem. Mir gefällt das gar nicht und ganz ehrlich, wenn ich an deiner Stelle wäre, würde ich der Direktion besser nicht anrufen."

Franken, der über die Aussage Bonners sichtlich enttäuscht war, wollte sich dennoch nicht entmutigen lassen und entgegnete: „Heißt das jetzt, du bist strikt dagegen, oder rätst du mir nur ab?"

„Meine Güte, Richard, mach es doch nicht so dramatisch. Wenn ich dich richtig verstanden habe, wolltest du doch nur meine Meinung hören und die habe ich dir gesagt. *Ich* würde unserem Chef jedenfalls nicht damit kommen, aber wenn du das anders siehst, dann ruf ihn in Gottes Namen an. Tut mir leid, wenn du etwas anderes von mir hören wolltest. So, und jetzt entschuldige mich bitte. Ich habe schon viel zu lange geredet und muss jetzt aber wirklich in die Besprechung." Mit diesen Worten beendete der B-Dienst das Telefonat und Franken sah, den Telefonhörer immer noch in der Hand haltend, nachdenklich aus dem Fenster. Schließlich straffte sich sein Körper, er hatte einen Entschluss gefasst – einen, der zwar recht unkonventionell war, aber voll seinem Naturell als heißblütiger Feuerwehrmann entsprach, der er in jüngeren Jahren gewesen war.

„Warum nicht!?", sagte er laut und betätigte die Taste der Rundspruchanlage. Er bestellte zunächst seinen Hauptbrandmeister Martin Bauer zu sich. Danach telefonierte er mit der Leitstelle und rief anschließend das Büro des Direktors an.

Wie gewöhnlich meldete sich auch diesmal dessen Sekretärin: „Ah, Herr Franken. Um es vorwegzusagen, falls Sie den Chef sprechen möchten, der ist momentan nicht zu erreichen."

„Ich weiß, er ist in einer Besprechung, aber genau darum geht es."

„Aha, und was kann ich dabei für Sie tun?"

Eine Viertelstunde später hatte Franken alles geregelt. Von der Sekretärin hatte er erfahren, dass die Besprechung im großen Sitzungssaal stattfand und von der Leitstelle hatte er grünes Licht für seine Fahrt bekommen. Falls es während seiner Abwesenheit alarmieren sollte, würde sein Hauptbrandmeister Martin Bauer seine Position übernehmen. Zusammen mit dem C-Dienst, den er natürlich in sein Vorhaben einweihen musste, befand er sich in dessen Dienstfahrzeug auf dem Weg zur Feuerwache 1.

„Ah der Herr Franken", wurde er begrüßt, als wäre er von den im großen Sitzungssaal anwesenden Feuerwehrbeamten bereits erwartet worden. Franken suchte daraufhin den Blickkontakt zu Bonner. Der zuckte mit den Schultern, als wolle er damit ausdrücken: Ich habe nichts gesagt. Klar hatte er gequatscht, glaubte Franken zu wissen, besonders weil der nun seinem Blick auswich.

„Herr Franken", sagte jetzt sein Direktor, „ich darf annehmen, dass Sie nicht ohne einen triftigen Grund in unsere Sitzung kommen."

„Allerdings, Herr Direktor. Und deshalb bitte ich mein unangemeldetes Erscheinen höflich zu entschuldigen. Wenn Sie mir freundlicherweise einen Moment zuhören möchten?"

„Gerne“, entgegnete der Direktor mit einer unmissverständlichen Handbewegung. „Bitte setzen Sie sich doch.“

Tiefenbach saß an seinem Küchentisch, der ihm aktuell als Werkbank diente. Unmittelbar vor ihm stand eine große, an einer gusseisernen Halterung befestigte Leuchtlupe. Auf dem oberen Teil der Tischplatte hatte er die im Internet bestellten elektronischen Bauteile ausgebreitet – alle penibel nach Größe und Zugehörigkeit sortiert. Zu seiner rechten Hand lagen, wie mit dem Lineal ausgerichtet, griffbereit seine Werkzeuge: Seitenschneider, Kombizange, Spitzzange und diverse Schraubendreher, dazu ein elektrischer Lötkolben nebst einer Rolle Lötdraht und Isolierband. Auf der gegenüberliegenden Seite befanden sich mehrere Blätter mit handschriftlichen Aufzeichnungen sowie ein aufgefalteter Bauplan zur Herstellung von Bomben.

Tiefenbach war gerade damit beschäftigt, seine Zünder selber herzustellen und warf dazu immer wieder einen Blick auf den mit Heftzwecken befestigten Bauplan. Hoch konzentriert und ganz auf seine Tätigkeit fokussiert, hatte er keine Ahnung davon, dass sich zur gleichen Zeit im großen Sitzungssaal der Feuerwache 1 die Spitzenbeamten der Düsseldorfer Feuerwehr zusammengefunden hatten, um seine Pläne (auch wenn sie diese nicht konkret kannten) zu durchkreuzen. Dabei sollten die Vorschläge, die ihnen der DGL der Feuerwache 3 unterbreitete, später noch eine Rolle spielen.

„Interessant, Herr Franken, wirklich interessant, was Sie uns da gerade berichtet haben“, hatte ihn sein Direktor anschließend gelobt – und er, Franken, hatte befürchtet, dass *interessant* nur eine freundlichere Bezeichnung für *„Vergessen Sie das Ganze“* war. Die Bestätigung seiner Befürchtung erhielt er, nachdem sein Direktor mit den Worten fortfuhr: „Sehen Sie, Herr Franken. Wir erachten es natürlich als überaus lobenswert, dass Sie und Ihre Mitarbeiter sich auf der Wache intensiv mit dem Thema auseinandergesetzt haben, zumal dabei ja auch ein bemerkenswertes Ergebnis herausgekommen ist. Aber ...“, betonte er und hielt kurz inne. Aha dachte Franken, jetzt kommt also der Pferdefuß.

Der Direktor hatte den Faden wieder aufgenommen und betonte: „Sehen Sie, Herr Franken, wir können eine solche Aktion schon aus dem Grund nicht gutheißen, weil wir für unsere Kolleginnen und Kollegen eine Fürsorgepflicht haben. Aber das dürfte Ihnen als Dienstgruppenleiter ja wohl klar sein, nicht wahr?“ Nach dieser mit einem mahnenden Unterton ausgesprochenen rhetorischen Frage machte er eine ausladende Handbewegung und sagte nachdrücklich: „Stellen Sie sich nur einmal vor, wenn bei dieser ... na wie auch immer zu bezeichnenden Tätigkeit, einem Ihrer Leute etwas zustoßen würde. Nicht auszudenken."

In den Mienen der ernst blickenden Führungskräfte war eine deutliche Zustimmung zu lesen.

DGL Franken musste schlucken. *Wie hatte er diesen wichtigen Aspekt nur übersehen können? An seine Fürsorgepflicht als Vorgesetzter hatte er überhaupt nicht gedacht, dabei lag es doch so nahe.*

„Nur um das klarzustellen, Herr Franken", meldete sich jetzt die Beigeordnete, die dieser Besprechung ebenfalls beiwohnte, zu Wort. „Das gilt natürlich nicht für alles und jedes, was Ihre Leute in ihrer Freizeit planen und machen, aber in solch einem Fall schon."

Das musste Franken einsehen, und er sah es ein. Gleichzeitig ärgerte er sich aber auch gewaltig darüber, dass er nicht selber darauf gekommen war. Jetzt saß er hier und hatte das Gefühl, sich zum Deppen gemacht zu haben. Sein Direktor, der die Gedanken, die ihm gerade durch den Kopf gingen, möglicherweise erriet, sagte daher in wohlwollendem Ton: „Mein lieber Franken, ich hoffe Sie nehmen sich unsere Absage nicht zu sehr zu Herzen. Und vielleicht tröstet es Sie ein wenig, wenn Sie noch einen Blick auf folgende Grafik werfen. Herr Bonner, schalten Sie doch bitte einmal den Overhead-Projektor ein mit dieser Grafik, die wir von der AWISTA erhalten haben." Kurz darauf erschien das gesamte Stadtbild – aus der Vogelperspektive betrachtet – auf einer aufgespannten Leinwand. Ähnlich *Google Earth* zeigte es sämtliche Gebäude und Straßenzüge in stilisierter Form, wobei zahllose Stellen mit kleinen roten und blauen Fähnchen markiert waren. „Alle diese Fähnchen, die Sie dort sehen", erklärte der Direktor, „stehen für einen Container. Die blauen für Altglas und die roten für Papier. Ist 'ne ganz schöne Menge, nicht wahr, Herr Franken?"

In der Tat. Der DGL war erstaunt. Mit solch einer großen Anzahl hatte er nicht gerechnet.

„Und wenn Sie sich jetzt noch ansehen, wie viele allein in dem infrage kommenden Umfeld unserer Feuerwachen platziert sind, dürft es wohl außer Frage stehen, dass wir, selbst bei größtem Wohlwollen, nicht in der Lage sind, alle diese Container zu überwachen. Oder sehen Sie das anders?"

Nein, das sah er nicht anders. Davon abgesehen hatte er sich auch schon vor dem Betrachten dieser grafischen Darstellung von *seinem* Plan verabschiedet. Von seinem Plan? Es war ja nicht einmal sein Plan, wenn gleich er ihn vor einer halben Stunde noch sehr gerne dafür ausgegeben hätte.

Inzwischen befand er sich wieder auf dem Rückweg zu seiner Feuerwache.

„Und, wie ist es gelaufen?“, hatte ihn der C-Dienst gefragt. Franken winkte nur ab und sagte frustriert: „Glattweg abgeschmettert. Na ja. Wenn ich es mir richtig überlege, hätte ich mir das eigentlich auch selber denken können.“

Stimmt, dachte der C-Dienst. Und wenn ich es gewollt hätte, hätte ich dir das auch sagen können. Aber er hatte es unterlassen, weil er seinen alten Lehrgangskollegen nur zu gut kannte. Denn wenn der sich erst einmal was in den Kopf gesetzt hatte, das war schon früher so gewesen, dann war er davon kaum abzubringen. Also hatte er lieber geschwiegen und ihn gewähren lassen.

Ein weiteres Gespräch wollte nicht aufkommen. Beide Männer hingen ihren Gedanken nach. Während der C-Dienst darüber nachdachte, wo er mit seiner Frau das verlängerte Wochenende verbringen sollte, trauerte Franken der verpassten Chance nach. Dabei hatte er sich in Gedanken schon alles so schön ausgemalt. Wie er mit seinen Leuten den Brandstifter auf frischer Tat überführen würde, wie sie ihn festgenommen und anschließend der Polizei übergeben hätten, und wie sie am nächsten Tag für ihre heldenhafte Tat im Rathaus vom OB eine Belobigung bekommen hätten. Franken stieß einen langen Seufzer aus. Ein Traum. Es war halt nur ein Traum gewesen, aber warum sollte ein Feuerwehrmann nicht auch einmal träumen dürfen?

Was weder er noch der für den Rest der Fahrt stumm neben ihm sitzende C-Dienst wussten, war, dass Teile von Frankens, respektive Franziskas Vorschlägen bei einigen aus der obersten Führungsebene sehr wohl Gehör und sogar Zustimmung gefunden hatten. Es wurde nun eifrig darüber diskutiert, ob diese Anregungen in abgewandelter Form umzusetzen seien.

Das letzte Gefecht

Tiefenbach hatte in der Nacht kaum ein Auge zugemacht. Zu angespannt waren seine Nerven, zu groß die Sorge, vielleicht doch irgendein wichtiges Detail übersehen zu haben. Schließlich hatte er sein Bett verlassen, war aufgestanden und zunächst ziellos in der Wohnung umhergelaufen. Irgendwann in den frühen Morgenstunden hatte ihn die Müdigkeit dann doch übermannt. Die wenigen ihm verbliebenen Stunden hatten ihm jedoch keinen erholsamen Schlaf gebracht. Von Albträumen geplagt, hatte er sich in seinem Bett ständig hin- und hergewälzt, bis er schließlich schweißgebadet aufgewacht war. Völlig zerschlagen und ohne das Licht einzuschalten, war er daraufhin im Halbdunkel ins Badezimmer geschlappt. Nachdem er dort fast zehn Minuten lang unter der heißen Dusche gestanden hatte, fühlte er sich wieder halbwegs wie ein Mensch. Trotzdem steckte ihm die schlimme Nacht noch immer in den Knochen.

Um seine Lebensgeister zu wecken, füllte Tiefenbach an diesem Morgen eine wesentlich größere Menge Kaffeepulver als gewöhnlich in die Filtertüte und brühte sich einen extrem starken Kaffee auf. Bei jemandem wie ihm, der seinen Kaffee sonst immer nur schwach und mit sehr viel Milch trank, verfehlte das schwarze Gebräu seine Wirkung nicht. Im Gegenteil, schon nach der zweiten Tasse glaubte Tiefenbach die aufputschende Wirkung des Koffeins zu spüren. Sein Puls beschleunigte sich, er schwitzte und fühlte sich wie ein aufgedrehtes HB-Männchen. Beunruhigt fragte sich, ob das wirklich nur an dem starken Kaffee lag, oder ob er sich nicht erkältet hatte.

Die Nacht war nämlich empfindlich kalt gewesen und er war die ganze Zeit nur im Schlafanzug durch die Wohnung getigert. Tiefenbach drückte seinen Handrücken gegen seine Stirn. Vielleicht hatte er ja Fieber? „Hmm?“, war die nun heiß, oder liegt es doch nur an meiner Aufgeregtheit? Ja, es musste wohl die Aufregung sein, sagte er sich, denn schließlich war es heute endlich so weit. Heute war der Tag der Abrechnung, der Tag, dem er schon so lange entgegengefiebert hatte. Der Tag, an dem er Rache nehmen würde an jenen, die den Tod seiner geliebten Schwester und seiner kleinen Nichte auf dem Gewissen hatten. Aber so beschissen, wie er sich im Moment fühlte, sah er sich außerstande, sein Vorhaben durchzuführen. Wenn er seine Arme ausstreckte und seine gespreizten Finger betrachtete, die zitterten, dann machte ihm das Angst. Er hatte noch niemals zuvor so ein Zittern gehabt. „Scheiß Brühe!“, fluchte er, kippte den restlichen Kaffee in die Spüle und wischte sich den Schweiß von der Stirn. Vielleicht hätte er sich besser einen Tee kochen sollen. Gut, dass er seine geplante Aktion erst am Abend starten wollte. Bis dahin, so hoffte er, würde es ihm bestimmt wieder besser gehen.

Einige Tage vor diesen Ereignissen fand die Münchener Polizei endlich eine erste heiße Spur. Ein Zeuge, ein alter Mann von über neunzig Jahren, hatte von seinem Wohnzimmerfenster aus beobachtet, wie ein Pick-up mit einem Arm, der wie ein Kranausleger ausgesehen hätte, den Papiercontainer auf der gegenüberliegenden Straßenseite angehoben hatte. Der Alte hatte sich noch darüber gewundert, weshalb der das Papier zunächst ausgekippt und danach wieder in den Container zurückgefüllt hatte. „Eigentlich kommt da ja sonst so ein riesiger Lkw", hatte er den Polizisten gesagt, „und der nimmt das ganze Zeug ja auch immer mit, aber der ..." Er schüttelte verständnislos den Kopf.

„Wieso haben Sie uns das denn nicht schon früher gemeldet", fragte ihn einer der Polizisten.

„Warum? Tja, warum? Wäre das denn wichtig gewesen?"

„Allerdings", betonte der Polizist.

„Na dann war es ja gut, dass ich doch noch mit meiner Nachbarin darüber gesprochen habe", bekannte der Alte und gestand: „Wissen Sie, wenn die nicht so darauf gedrängt hätte, dass ich das unbedingt der Polizei mitteilen müsste, hätte ich Sie bestimmt nicht angerufen. Und, werde ich jetzt dafür bestraft?"

„Nein, natürlich nicht", beruhigten ihn die Polizisten. „Sie haben sich völlig korrekt verhalten und alles richtig gemacht. Noch schöner wäre es natürlich, wenn Sie sich auch noch das Nummernschild des Fahrzeugs gemerkt hätten. Und, haben Sie?"

„Ha, junger Mann. Ohne meine Brille! Na Sie sind mir vielleicht einer."

„Schade. Aber können Sie uns nicht wenigstens den Wagentyp nennen? War es ein Ford, war es ein VW, oder ...?"

Der Alte schüttelte den Kopf. „Keine Ahnung. So einen habe ich zuvor noch nie gesehen. Aber ...", betonte er, „der hatte hinten so eine Art Kran auf seiner Ladefläche."

„Ja, das sagten Sie bereits. Und, ist Ihnen an dem Fahrzeug vielleicht sonst noch irgendetwas anderes aufgefallen? Ein Firmenschild zum Beispiel, ein Aufkleber oder ein großes Logo?"

„Hmmm ... jetzt wo Sie es sagen. Ich meine, da stand auf der Seite was geschrieben."

„Ja? Und was stand da?"

„Tut mir leid. Das habe ich nicht lesen können. Die Brille wissen Sie. Ohne meine Brille ..."

„... können Sie leider nichts lesen. Ich verstehe. Und außer dem Schriftzug war da sonst nichts weiter?“

„Doooch! Natürlich. Da war ja dieser große Katzenkopf. Und daneben stand so was wie *Pater* oder *Peter* oder so.“

„Dann haben Sie das also doch lesen können.“

„Ja, aber nur dieses eine Wort“, nickte der Alte treuherzig und beteuerte: „Das andere nicht. Das war zu klein.“

DGL Franken hatte sich, nachdem ihn der C-Dienst auf seiner Feuerwache abgesetzt hatte, sofort in sein Büro verzogen und Martin Bauer über die Rundspruchanlage ausrufen lassen. Kurz darauf betrat der Hauptbrandmeister Frankens Büro. „Und, wie ist es gelaufen?“ Franken schüttelte nur missmutig den Kopf und deutete auf einen Stuhl. „Setz dich erst mal.“

Oh je, dachte Bauer, dem bei Frankens Gesichtsausdruck Schlimmes schwante. Aber bevor ihm sein Vorgesetzter berichtete, wie es ihm auf der Direktion ergangen war, erkundigte er sich zunächst nach dem Stand der Dinge. „Und, gab es während meiner Abwesenheit irgendwas Wichtiges?“

Diesmal schüttelte Bauer den Kopf und sagte belanglos. „Wichtig? Oooch, nicht wirklich. Wir hatten lediglich einen Papiercontainer mit ’ner winzig kleinen Explosion. Aber sonst ... nö, eigentlich nix.“

Franken musste im ersten Moment schlucken, aber dann polterte er los. „Martin, du Arsch! Das macht dir wohl Spaß, mich auch noch aufzuziehen, wie?“

Martin Bauer grinste schief, antwortete aber nichts.

„Ja, schweig nur“, bejammerte Franken sich selbst. „Ich hab’s ja auch nicht anders verdient. Mann! Wie blöd kann man sich nur anstellen, die Hirngespinste dieser Franziska auch noch zu unterstützen.“

„Hirngespinste?“ Martin Bauer schaute Franken irritiert an. „Wieso sollen das denn jetzt auf einmal Hirngespinste sein, Richard?“

Der Angesprochene atmete tief durch. „Weil keiner von uns daran gedacht hat, dass wir eine Fürsorgepflicht für unsere Leute haben. Deshalb, Martin, deshalb.“

„Auha!“

„Ja, auha, das kannst du wohl laut sagen. Leider habe ich Trottel mir das erst von unserem Direktor sagen lassen müssen ... und zwar vor allen Häuptlingen.“

„Echt. Vor allen?“

„Ja, und vor unserer Beigeordneten. Die war nämlich ebenfalls dabei.“

„Ach du je! Na jetzt verstehe ich, warum du so ein Gesicht ziehst. Und jetzt?“

„Jetzt trommelst du die gesamte Mannschaft zusammen und ich werde denen sagen müssen, dass aus unserer schönen Idee nix wird.“

„Wie? Jetzt ist es also doch wieder eine schöne Idee? Gerade eben sagtest du noch ...“

„Raus!“

Tiefenbach war es gelungen, im Vorfeld sein System zu verbessern. Ihm war nämlich nach längerem Nachdenken eine geniale Idee gekommen. Wenn er herausbekäme, wann die Papiercontainer offiziell geleert werden, würde das seine Arbeit gewaltig vereinfachen, denn dann müsste er nur noch seine Propangasflaschen in die geleerten Container platzieren. Das bedeutete, er brauchte deren Inhalt nicht erst auszukippen, um ihn anschließend mühsam wieder einzufüllen. Im Prinzip musste er danach einfach nur abwarten, bis die Container wieder genügend Papierabfälle enthielten und dann ... **Bamm!**

Und es gäbe noch einen weiteren Vorteil. Wenn er nach dieser Methode vorginge, könnte er im Vorfeld gleich mehrere Container an verschiedenen Stellen der Stadt präparieren, die er dann auf einen Schlag zünden könnte. Oder noch besser, er würde sie zeitlich versetzt zur Explosion bringen, um so gezielt noch mehr Feuerwehrmänner in den Tod zu reißen. Tiefenbach war so begeistert von seiner Idee, dass er beschloss, sie sofort in die Tat umzusetzen.

Bereits am nächsten Tag hatte er ein entsprechendes Telefonat geführt, bei dem er sich als Ratsmitglied ausgab und sich darüber beschwerte, dass der Papiercontainer in seiner Straße überquellen würde. „Hier rennen schon Ratten herum“, hatte er gelogen und gedroht: „Wenn Sie den nicht schnellstens entleeren lassen, werde ich mich bei höherer Stelle zu beschweren wissen.“

„Das tut mir sehr leid, mein Herr“, sagte der Mann und versuchte ihn mit den Worten – „Der Altpapiercontainer in Ihrer Straße wird natürlich genauso regelmäßig geleert wie alle anderen auch“ – zu vertrösten.

„Und wann ist das bitte schön?“, giftete Tiefenbach weiter.

„Äh ... warten Sie bitte einen Moment. Ich werde nachsehen.“ Sichtlich eingeschüchtert meldete er sich kurz darauf wieder und meinte: „Also nach unserem Plan müsste das übermorgen sein.“

Perfekt. Mit dieser Aussage hatte Tiefenbach sein Ziel schon fast erreicht. Jetzt musste er sich nur noch auf die Lauer legen und abwarten, dass der Container geleert würde. Anschließend wollte er dem Lkw hinterherfahren, um so die Standorte weiterer frisch geleerter Container in Erfahrung zu bringen.

Alles war genau so gekommen, wie er es sich erhofft hatte. Noch in derselben Nacht war er mit seinem Pick-up zu dem ersten geleerten Container gefahren und hatte ihn mit dem Palfinger angehoben. Nachdem er die Propangasflasche mit dem daran befestigten Sprengsatz darin platziert hatte, war er gleich zum nächsten Behälter gefahren. Da er jetzt kein Papier mehr einfüllen musste, benötigte er für jeden Container nur wenige Minuten. Alles lief reibungslos. Das Beste dabei war, dass es in dieser Nacht in Strömen regnete. Tiefenbach wurde zwar nass bis auf die Haut, aber der Regen hatte dafür gesorgt, dass nicht einmal mehr die sonst Gassi gehenden Hundebesitzer sich draußen blicken ließen.

Seine geglückten Vorbereitungen hatten dazu geführt, dass Tiefenbach jetzt vor der komfortablen Frage stand, was er mit den verbleibenden Stunden anfangen sollte? Etwa noch 'ne Currywurst essen? Nein, auf keinen Fall. Die eine lag ihm schon schwer genug im Magen. Nach dem Desaster mit dem Kaffee heute Morgen hatte er eigentlich beschlossen, gar nichts mehr zu essen. Aber dann hatte er sich gesagt, dass es nicht gut wäre, den ganzen Tag hungrig herumzulaufen. Schließlich war er zu dieser Imbissbude gegangen, wo er sich die besagte Currywurst mit Pommes rot-weiß bestellt hatte. Und ein alkoholfreies Bier. Die Wirkung des Kaffees war zu dem Zeitpunkt längst verflogen, aber dafür hatte er sich jetzt das Problem mit dem Magen eingehandelt. Tiefenbach verzog das Gesicht und presste beide Hände fest gegen seinen Bauch. Boah, geht's mir dreckig! Vielleicht hätte ich doch nicht die extra scharfe Variante bestellen sollen. Und jetzt? Unschlüssig, was er tun sollte, schaute er auf die Uhr. Mist, erst halb zwei.

Irgendwie musste er die Zeit rumkriegen, nur wie? Er könnte natürlich wieder nach Hause gehen und sich einfach in seinem Bett verkriechen. Vielleicht wäre das sogar das Vernünftigste, aber dann sah er den Mann mit dem Blumenstrauß und hatte eine Idee. Eine Dreiviertelstunde später stieg er aus dem Bus und betrat den Nordfriedhof. Weitere zehn Minuten später stand er vor dem Grab seiner Schwester und seiner Nichte, zog die verwelkten Blumen aus der Steckvase und stellte die mitgebrachten hinein. Anschließend setzte er sich auf eine Bank, von der er das Grab gut sehen konnte. Dort verbrachte er über eine Stunde, ehe er sich wieder erhob und nachdenklich dem Ausgang zustrebte. Der Friedhofsbesuch hatte ihn trübsinnig gemacht. All die Gräber, die vielen Engelfiguren und aufwendig gestalteten Kreuze. Und wozu das alles? Da wird man geboren, nur um irgendwann wieder zu sterben. Und war man erst einmal tot, dann veranstalten die Lebenden solch einen Kult um ihre Toten, anstatt sich vorher um sie zu kümmern. Welchen Sinn hatte das alles? Machte das überhaupt Sinn, das Leben? Und wenn ja, wozu braucht es dann auch noch einen Gott? Gab es den überhaupt, *den* Gott? Früher hatte er mal an ihn geglaubt, aber seit seine Schwester mit ihrer kleinen Tochter in diesem Feuer umgekommen war, war Gott für ihn gestorben.

Tiefenbach erinnerte sich daran, wie er seine neugeborene Nichte zum ersten Mal in seinen Armen gehalten hatte. Dieses unschuldige kleine Wesen, das noch nicht einmal am Leben gerochen hatte und dann so einen qualvollen Tod erleiden musste. Er wischte sich eine Träne aus dem Auge. Wenn es diesen Gott, von dem die Kirche sagte, er sei ein gnädiger und barmherziger Gott, also wenn es den wirklich gäbe, wie konnte er dann so etwas Grausames zulassen? Tiefenbachs Gesichtszüge verhärteten sich. Nein, auf so einen Gott konnte er gerne verzichten. Der konnte ihm gestohlen bleiben!

Im Gegensatz zu den meisten ihrer männlichen Kollegen hatte die Feuerwehrfrau Franziska Dorfmeister die schlechte Nachricht, die ihnen ihr DGL verkündet hatte, mit erstaunlicher Gelassenheit aufgenommen. Ganz anders Manni. Er schimpfte wie ein Rohrspatz und verkündete vollmundig: „Phhh! Die da oben können mich mal. Was ich außerhalb meiner Dienstzeit tue, geht die doch gar nichts an."

„Sehr richtig!", trompetete sein Kollege Peter in das gleiche Rohr. „Das ist schließlich unsere Freizeit." Nachdem einige andere Kollegen beifällig nickten, hielt es ihr DGL für angebracht, ebenfalls ein paar passende Worte fallen zu lassen. „Jetzt hört mir mal gut zu, ihr Maulhelden. Erstens können *die da oben* sehr wohl bestimmen, was ihr in eurer Freizeit macht ... Ja ja, da könnt ihr noch so hübsche Gesichter ziehen. Natürlich wird und darf sich keiner unserer Chefs in euren Alltag einmischen, aber ... Männer, ihr seid Beamte! Beamte, hört ihr. Und wenn ihr in eurer Freizeit Dinge tun wollt, die in diesem Fall sehr wohl etwas mit unserem Dienst zu tun haben, dann dürfen *die* das schon."

„Na toll. Vor einigen Stunden hast du aber noch ganz anders geredet."

„Genau! Da hast du uns sogar noch gut zugeredet und selber Vorschläge gemacht, wie wir das organisieren könnten."

Franken sah sich in die Ecke gedrängt und lief rot an. Scheiße, die hatten ja recht. Aber durfte er sich deshalb jetzt von seinen Leuten unterkriegen lassen? Auf keinen Fall! Immerhin war er ihr Dienstgruppenleiter. Wenn er jetzt klein beigab, würde er garantiert jeglichen Respekt verlieren. Die Order seines Direktors war eindeutig. Er musste ihnen unmissverständlich klarmachen, dass sie diesen Plan aufgeben mussten.

Als Richard Franken am Morgen der nächsten Dienstschicht vor seine in der Fahrzeughalle angetretene Mannschaft trat, um den Dienstplan zu verlesen, spürte er sofort, dass immer noch dicke Luft herrschte. Aber im Gegensatz zu der unglücklich verlaufenen letzten Schicht konnte er heute ein Bonbon anbieten, mit dem er hoffte, wieder Boden gutmachen zu können.

Die Positionen waren zugewiesen und die Mannschaft wollte sich schon verteilen, da forderte Franken sie auf, noch einen Moment zu bleiben. „Es gibt da noch ein Schreiben, das ich euch vorlesen möchte."

„Etwa wieder so'n blöder Wisch von der Direktion?"

„Ja, von der Direktion kommt es allerdings. Aber es ist weder ein Wisch, noch ist es blöd", sagte Franken scharf, ohne weiter auf den bissigen Zwischenruf des Kollegen einzugehen. Dann las er das Schreiben vor. Seine Mannschaft hörte ihm mit wachsendem Erstaunen zu. „So Leute", sagte er, als er geendet hatte, „wie ihr seht, hat man in gewisser Weise also doch noch Gefallen an unserem Vorschlag gefunden. Sorry, ich wollte natürlich *an deinem Vorschlag* sagen, Franzi. Und", wandte er sich jetzt wieder an alle, „jetzt zufrieden?"

Franken erntete beifälliges Nicken.

„Das heißt also, wir werden jetzt jeden Abend Patrouille fahren?"

„Das ist der Plan, Manni", bestätigte Franken.

„Und wie lange soll das so gehen?"

„Du hast wohl schon jetzt keine Lust mehr, was?"

„Quatsch! So war das nicht gemeint."

„Wie war es denn dann gemeint?"

„Na ja, heißt das, wir fahren jetzt jeden Abend mit dem kompletten Zug raus oder ...? Und was machen die anderen Wachen? Beteiligen die sich auch?"

„Ja, die anderen Wachen machen ebenfalls mit", bestätigte Franken, und dann erklärte er seinen Leuten, wie genau man sich das in der Direktion vorgestellt hatte, und auch wieso es überhaupt zu dieser neuen Entscheidung gekommen war.

„Die Polizei geht davon aus, dass ein Anschlag in Düsseldorf unmittelbar bevorsteht."

„Ich frage ich mich nur, woher die das alles wissen?", sagte Vinc laut.

„Tja, Vinc, ich denke, dass würden wir alle gerne wissen. Fakt ist jedenfalls, dass wir besonders nach einem Pick-up mit Kranarm, vermutlich einem Palfinger, Ausschau halten sollen. Auf mindestens einer Seite des Wagens soll ein Katzenkopf abgebildet sein und sich der Schriftzug *Pater* oder *Peter* oder so was ähnliches befinden. Die Polizei ist sich ziemlich sicher, dass das das Fahrzeug sein muss, mit dem unser Mann unterwegs ist.“

„Ganz schön clever. Mit dem Palfinger hebt der also den Container an, um dann von unten durch die geöffnete Klappe die Propangasflasche hineinzulegen.“

„Mm ... ist klar, Mann. Und der ganze Papierscheiß liegt dann draußen. Wie blöd ist das denn?!“

„Wieso denn blöd? Finde ich nicht. Blöd ist nur, dass er das Papier anschließend wieder in den Container stopfen muss.“

„Sag ich doch, blöd, der Typ ist einfach nur blöd.“

„Meine Güte! Habt ihr es bald!“, rief Franziska genervt. „Es ist doch vollkommen egal, ob der nun blöd oder superschlau ist. Ausschlaggebend ist doch nur, dass der Menschen auf dem Gewissen hat und wir vielleicht die Chance haben, ihn zu stoppen!“

„Sehr richtig, Franzi“, bekräftigte ihr DGL, „und deshalb werden wir heute Abend auch unsere erste Patrouille fahren. So, und jetzt darf ich die Dame und die Herren an die Arbeit bitten. Wir haben schließlich noch andere Aufgaben zu erfüllen, als einem Sprengmeister von Altpapiercontainern hinterher zu jagen.“

Der, den man zu jagen gedachte, bereitete sich gerade auf seinen großen Showdown vor, denn inzwischen war es später Nachmittag geworden – und damit Zeit für ihn, aufzubrechen. Dank seiner guten Vorarbeit konnte er diesmal auf seinen Pick-up verzichten und mit dem wesentlich unauffälligeren Wagen seines Bekannten fahren. Während er den ersten von ihm präparierten Container ansteuerte, bedauerte er es dennoch, nicht in seinem Amischlitten zu sitzen. Irgendwie war der Nervenkitzel darin viel größer gewesen. Na ja, tröstete er sich, dafür würde zumindest sein Ergebnis heute alles Vorherige in den Schatten stellen.

Trotzdem erschien ihm das, was er gerade vorhatte, geradezu langweilig zu sein. Ihm fehlte einfach das gewisse Etwas. Details wie sein Auftritt als Tierretter, seine Maskerade und, Tiefenbach lachte kurz auf, ja, er vermisste sogar die Kätzchen, die er sich doch noch extra aus dem Rather Tierheim besorgt hatte. So lächerlich ihm das alles auch selber vorkam, das hier heute Abend war einfach nicht mehr dasselbe – das war nur noch ... ja was eigentlich? Nur noch das Zünden? Nur noch das Mitansehen der bei der Sprengung hoffentlich in Fetzen gerissenen Feuerwehrleute? Oder was war es sonst? Tiefenbach wusste es in diesem Moment selber nicht. Er wusste nur eins, er würde das Ding jetzt auf jeden Fall durchziehen – auch ohne Kätzchen.

An diesem Tag hatte die Düsseldorfer Polizei mehr Zivilbeamte als sonst im Einsatz. Ihr besonderes Augenmerk galt Nebenstraßen, in denen Altpapiercontainer aufgestellt waren. Natürlich war es ihnen nicht möglich, alle infrage kommenden Straßen zu überwachen. Man hatte sich deshalb auf solche Straßen konzentriert, von denen man annahm, dass der Brandstifter sich für eine von ihnen entscheiden könnte, um ihn dort möglichst auf frischer Tat zu überführen und dingfest zu machen. Das Ganze glich allerdings mehr einem Lotteriespiel als einer auf gesicherten Fakten beruhenden Aktion.

Inzwischen war es Abend geworden. Solange die Menschen die Straßen noch bevölkerten, fielen die Zivilbeamten niemandem auf. Sie tauchten einfach in der Menge unter. Aber so nach und nach wurde es, besonders in den Nebenstraßen, zunehmend ruhiger. Das erschwerte ihre Aufgabe, denn jetzt galt es, sich noch unauffälliger zu bewegen, um ja nicht aufzufallen.

Ebenso waren Feuerwehrleute von jeder der über das Stadtgebiet verteilten Wachen in ähnlicher Mission unterwegs. Anders als die eingesetzten Polizisten trugen sie ihre Uniformen und hatten strengste Order erhalten, lediglich zu beobachten, aber auf keinen Fall einzugreifen. Auf diese Vorgehensweise hatten sich Polizei- und Feuerwehrführung nach einer kontroversen Diskussion schließlich verständigen können.

Draußen dämmerte es bereits. Die meisten Pendler hatten Düsseldorf wieder verlassen, sodass der Verkehr inzwischen merklich nachgelassen hatte. Tiefenbach, der mit seinem geliehenen Wagen unterwegs war, konnte das nur recht sein. Kurz vor Erreichen der nächsten großen Kreuzung betätigte er den Blinker, bremste kurz ab und vergewisserte sich, ob von rechts kein Radfahrer kam, dann bog er in die Tempo-30-Zone ein, in der der erste von ihm präparierte Container stand.

Tiefenbach hielt sich exakt an die vorgeschriebene Geschwindigkeit. Zu dieser vorgerückten Stunde rechnete er zwar nicht mehr mit einer Geschwindigkeitskontrolle, aber in seiner Situation konnte man nie vorsichtig genug sein. Die Straßenbeleuchtung hatte sich bereits eingeschaltet und erzeugte lange Schatten. Tiefenbach beschlich ein ungutes Gefühl. Irgendetwas schien ihm hier nicht zu stimmen. Betont langsam rollte er an parkenden Fahrzeugen vorüber. Bis zu dem Container, der hinter der nächsten Biegung stehen müsste, hatte er höchstens noch 50 Meter zu fahren. Tiefenbach wurde immer nervöser und suchte mit wachsamen Augen die Gegend ab, aber außer einem Mann, der auf dem Gehweg mit seinem Hund Gassi ging, war niemand weiter zu sehen.

Tiefenbach fuhr noch langsamer und schaute zu dem Mann hinüber, der jetzt stehen geblieben war, weil sein Hund mit gekrümmtem Rücken auf dem Gehweg hockte. Dann sah er, wie der Mann in seine Jackentasche griff. Vermutlich wollte er eine Plastiktüte hervorholen, mit der er die Hinterlassenschaft seines Hundes entfernen würde. Auf jeden Fall schien er ihn und seinen Wagen überhaupt nicht zu beachten. Tiefenbach atmete erleichtert auf. Für einen Moment hatte er schon befürchtet, dass es sich bei dem Mann nicht um einen Gassi gehenden Anwohner handeln könnte, sondern um einen ...

„Scheiße, Bullen“, fluchte er Sekunden später. Hinter der Biegung hatten seine Scheinwerfer ein Pärchen erfasst, das ihm eng umschlungen den Rücken zudrehte. Unter der hochgezogenen Jacke des Mannes hatte er deutlich dessen Pistole erkennen können. *Also doch!* Ohne die beiden auch nur eines Blickes zu würdigen, fuhr Tiefenbach an ihnen vorüber. Das Risiko, dass sie ihn dabei auch ansehen und möglicherweise später wiedererkennen könnten, war ihm einfach zu hoch, dabei hätte er den beiden nur zu gerne in ihre Gesichter gesehen. Unmittelbar darauf befand er sich auf gleicher Höhe mit dem Container und es kostete ihn mächtig Überwindung dort ebenfalls nicht hinzusehen. Stattdessen sah er in den Rückspiegel und erkannte, wie einer der beiden irgendetwas notierte. *Verdammt! Hoffentlich nicht sein Autokennzeichen.* Nachdem er die Straße verlassen hatte, war er noch etliche hundert Meter weiter gefahren und hatte dann angehalten.

Und was jetzt?, fragte er sich. Natürlich konnte er sich ja auch irren und die Polizisten waren gar nicht wegen ihm dort gewesen, aber das erschien ihm doch ziemlich unwahrscheinlich. Seine Aktion konnte er auf jeden Fall vergessen und er fragte sich, wie die ihm nur so schnell auf die Spur gekommen waren? *Aber waren sie das wirklich?* Er musste sich unbedingt Gewissheit verschaffen. Und das würde ihm am ehesten gelingen, indem er die Straßen, in denen seine anderen präparierten Container standen, aufsuchte und zwar jetzt. Sein persönliches Risiko schätzte er dabei als relativ gering ein. Schließlich war er ja nicht mit seinem auffälligen Pick-up unterwegs, sondern in diesem ganz normalen Pkw. Falls die Bullen ihm also tatsächlich auf den Fersen sein sollten, dann, so vermutete er richtig, bestimmt wegen seines Pick-ups. Und wenn das stimmte, und davon ging er aus, dann hielten sie garantiert auch nur nach solch einem Fahrzeug Ausschau.

Nachdem ihm dieser Zusammenhang logisch erschien, fühlte sich Tiefenbach ein wenig erleichtert und fuhr wieder an. Eine knappe Viertelstunde später erreichte er die Straße mit dem nächsten Container. „Okay“, sagte er leise zu sich selbst, „im Gegensatz zu euch Bullenschweinen weiß ich ja jetzt, wonach ich Ausschau halten muss.“ Langsam fuhr er die Straße entlang, doch diesmal konnte er niemanden erblicken. Am Liebsten wäre noch einmal in entgegengesetzter Richtung zurückgefahren, aber das, so riet es ihm seine Vorsicht, sollte er besser unterlassen. Vielleicht hatte sich ja doch irgendwo ein Bulle versteckt auf die Lauer gelegt, den er übersehen hatte. Vernünftiger erschien es ihm, auch noch einen dritten Container anzufahren. Und wenn er da auch keine verdächtigen Personen antraf, dann war das in der ersten Straße vielleicht wirklich nur ein Zufall gewesen.

Bis zu dem dritten Container benötigte er diesmal nur zehn Minuten. Die Straße, in der überwiegend Ein- und Zweifamilienhäuser standen, besaß an ihrem Ende einen Wendeplatz, auf dem in einer Ausbuchtung neben einem Glas- auch der bewusste Papiercontainer stand. Als Tiefenbach sich dem Wendeplatz näherte, glaubte er aus dem Augenwinkel zu erkennen, wie sich in dem Vorgarten rechts von ihm eine Person hinter einen Busch duckte. *Scheiße! Also doch.*

In diesem Moment kam ihm ein roter VW-Bus entgegengefahren. Die beiden Blaulichter auf seinem Dach sprangen ihm sofort ins Auge. *Auch das noch. Die Feuerwehr!* Das konnte kein Zufall mehr sein. Trotzdem galt es jetzt, die Nerven zu behalten. Dumm war nur, dass er sich in einer Sackgasse befand. Er musste also denselben Weg wieder zurückfahren und das konnte auffallen. Egal, es gab keine andere Möglichkeit, oder doch? Was er vorhatte, war zwar riskant, aber längst nicht so riskant, wie wenn er hier einfach so wieder umgedreht hätte. Den extrem langsam fahrenden VW-Bus der Feuerwehr unauffällig über den Rückspiegel im Auge behaltend, stoppte er vor dem beiden Containern. Der VW-Bus stoppte ebenfalls. Tiefenbachs Herzschlag beschleunigte sich. Trotzdem stieg er eiskalt aus, öffnete die Kofferraumklappe, hob die Weinkiste mit den leeren Flaschen heraus und warf sie in den Glascontainer. Danach stellte er die leere Kiste wieder zurück, setzte sich in seinen Wagen, startete und fuhr an dem wartenden Feuerwehrfahrzeug vorüber.

Nach dieser Nacht, in der er Blut und Wasser geschwitzt hatte, beschloss Rupert Tiefenbach, die restlichen Tage der Woche lieber nichts mehr zu unternehmen. Vielleicht Anfang der neuen Woche, wenn sie ihn bis dahin noch nicht geschnappt hätten.

Der Samstag kam und verging, der Sonntag ebenso und sie hatten ihn bisher nicht geschnappt. Die eingesetzten Polizisten, die sich die bisherigen Nächte vergeblich um die Ohren geschlagen hatten, waren genauso frustriert wie die Feuerwehrleute, von denen einige schon nach der zweiten Nacht keine Lust mehr hatten, Polizei zu spielen.

Heute begann die zweite Woche und als die Dienstgruppenleiter ihre Leute für die abend- und nächtlichen Patrouillen einteilen wollten, streikten die meisten. Anders sah es bei der Mannschaft von Richard Franken aus. Weder er noch Vinc, Manni oder einer der anderen Kollegen wollten jetzt schon aufgeben. Und Franziska, die sich das Ganze ausgedacht hatte, sowieso nicht. Selbst Peter, der ihren Vorschlägen anfänglich so skeptisch gegenübergestanden hatte, erklärte sich bereit, an diesem Abend wieder Patrouille zu fahren.

„Aber genau wie letzte Woche immer nur zu zweit“, bestimmte Franken. „Mehr Leute kann ich auf der Wache nicht entbehren. Und immer schön den Funk mithören. Falls wir hier nämlich einen Alarm bekommen, müsst ihr von dort sofort abrücken und zu uns stoßen. Verstanden!?“

„Klar, Chef.“

Zwei Stunden später kehrte die erste Schicht auf ihre Feuerwache zurück. „Und“, fragte Peter, der mit Franziska schon auf sie gewartet hatte. „Irgendwas Besonderes?“

„Nix. Alles ruhig“, entgegnete Manni und schüttelte den Kopf. „Ich vermute, der Typ hat längst keine Lust mehr auf Container.“

Hier irrte der Feuerwehrmann Manni, denn der Typ, wie er ihn nannte, hatte sehr wohl noch Lust auf Container. Und er war fest entschlossen, sich an diesem Abend von nichts und niemandem mehr aufhalten zu lassen.

Für sein Gelingen hatte sich Tiefenbach eine neue Strategie einfallen lassen. So plante er, zunächst einen oder vielleicht auch zwei von ihm nicht präparierte Container in Brand zu setzen und anschließend die Feuerwehr zu alarmieren. Damit hoffte er, etwaige Polizisten von den eigentlichen Zielcontainern wegzulocken. Danach wollte er erneut bei der Feuerwehr anrufen, um dann, wenn die Feuerwehrleute nah genug an den Behältern waren, alle Propangasflaschen gezielt hochgehen zu lassen. Dabei, und das war der Clou des Ganzen, konnte er allen Explosionen gleichzeitig zusehen, weil er in der Nähe seiner präparierten Container Spionagekameras angebracht hatte.

Tiefenbach klappte das Display seines Empfangsgeräts auf und aktivierte die Spionagekameras über einen Funkimpuls. Zunächst erschien nur ein dunkles Flimmern, aber nach kurzem Warten bekam er ein Bild, auf dem deutlich einer seiner präparierten Container zu erkennen war. Zufrieden mit dem Resultat schaltete er weiter zu den anderen Containern. Alle Kameras arbeiteten einwandfrei und lieferten ihm genau das gewünschte Ergebnis. Als Letztes testete er die wichtigste Funktion. Sofort teilte sich das Monitorbild in vier gleich große Felder, in denen jeweils ein Container erschien. „Perfekt", jubelte Tiefenbach leise und ballte die Hand zur Faust. Die Zeit des Handelns war gekommen.

Der Container, in den er den ersten Brandsatz werfen wollte, stand an einer tagsüber viel befahrenen Straße. Tiefenbach hatte sich extra für diesen Standort entschieden, weil er befürchtete, dass die in den Nebenstraßen platzierten Behälter womöglich wieder von Polizisten bewacht werden könnten. Mit dieser Überlegung lag er vollkommen richtig, denn nur 500 Meter Luftlinie von ihm entfernt beobachtete ein Zivilpolizist aus seinem Versteck einen Papiercontainer, der als potentielles Anschlagsobjekt galt. Es war jetzt kurz nach 22.00 Uhr und der Autoverkehr hatte inzwischen stark nachgelassen.

Tiefenbach hatte sich dafür entschieden, an diesem Abend noch einmal seine Verkleidung anzulegen. Mit Brille, falschem Bart, die Hände in den Manteltaschen verborgen und den breitkrempigen Hut tief in die Stirn gezogen, schritt er ohne jegliche Hast auf den Container zu. Dabei behielt er seine Umgebung fest im Auge. Außer einigen wenigen vorbeifahrenden Autos sah er nur zwei Personen auf der gegenüberliegenden Straßenseite. Aber die waren so weit entfernt, dass sie für ihn keine Gefahr darstellten. Bevor er den Brandsatz in den Container warf, drehte er sich noch einmal um. Niemand war zu sehen. Rasch zog er die Plastikflasche mit dem flüssigen Brandbeschleuniger aus seiner Manteltasche und ließ sie unauffällig in die Einwurföffnung fallen. Zwei Minuten später saß er wieder in seinem Wagen und fuhr zu einem weiteren Container. Nachdem er seinen zweiten Brandsatz dort genauso problemlos platzieren konnte, rieb er sich zufrieden die Hände. Dann holte er sein Handy hervor und wählte die Notrufnummer der Feuerwehr.

Eingehende Anrufe von besorgten Bürgern, die brennende Papiercontainer meldeten, waren für die Disponenten auf der Rettungsleitstelle nichts Besonderes. An diesen Tagen aber schon, konnte es sich bei jedem dieser Brände doch um die gefürchtete Feuerfalle handeln. Und jetzt kamen fast zeitgleich zwei Anrufe über Container rein, die in verschiedenen Stadtteilen brennen sollten. Die Disponenten alarmierten sofort die zuständigen Feuerwachen und gaben die Meldungen auch an die Polizei weiter.

Um exakt 22.36 Uhr ertönte auf der Feuerwache 4 der Alarmgong und in der Fahrzeughalle, in sämtlichen Räumen und auf allen Fluren schaltete sich das automatische Alarmlicht ein. Unmittelbar darauf erfolgte aus zahllosen Lautsprechern die Durchsage der Leitstelle: „Einsatz für Feuerwache 4! Brennender Papiercontainer, Kögelhauser Straße in Höhe 248! Es rücken aus: LF 4-46-1 und der RTW 4-83-1!"

Kaum hatten das LF und der RTW von Feuerwache 4 mit eingeschaltetem Martinshörnern und zuckenden Blaulichtern ihre Wache verlassen, da erfolgte auch schon die gleiche Alarmierung für die Feuerwache 3 – nur lautete hier die Einsatzstelle: Am Lohbach 85.

Für Tiefenbach galt es nun zunächst abzuwarten, wie sich die Feuerwehrmänner dem brennenden Container nähern würden. Aus den Medien hatte er erfahren, dass einige Wehren, die durch seine in München verursachten Sprengungen aufgeschreckt waren, Containerbrände nur noch aus der Entfernung fluteten. Hoffentlich waren die Düsseldorfer nicht auch solche Hasenfüße und löschten das Ding nach wie vor in konventioneller Weise – also ganz dicht ran an die Einfüllöffnung und rein mit dem Schlauch. Ansonsten hätte er ein neues Problem. Auf jeden Fall waren die hier verdammt schnell. Nach nicht einmal zwei Minuten kamen sie schon mit ihrem Löschfahrzeug angebraust. Tiefenbach saß in seinem Wagen und beobachtete das Geschehen aus einer sicheren Entfernung. Die Fensterglasbrille in die Stirne geschoben, hielt er ein Fernglas dicht gegen die Augen gepresst.

Aha, Schiss haben die hier also auch, dachte er, denn anstatt das Feuer zu löschen, standen die Einsatzkräfte zunächst abwartend hinter ihrem Fahrzeug und unternahmen nichts. Außerdem hatten sie einen Rettungswagen dabei, was, wie er wusste, bei einem popeligen Containerbrand nicht üblich war. „Na los, jetzt macht endlich was", sagte er ungeduldig. Fast hätte er meinen können, telepathische Fähigkeiten zu besitzen, denn kaum dass er seinen Gedanken zu Ende gesprochen hatte, kam Bewegung in die Gruppe. Ein Feuerwehrmann mit Atemschutzgerät zog einen Schlauch hinter sich her und näherte sich tief geduckt dem brennenden Container. Als Tiefenbach das sah, konnte er ein abfälliges Lachen kaum unterdrücken und flüsterte: „Mann Junge, kannst du von Glück reden, dass dieser Behälter keiner von meinen speziellen ist. Wenn ich bei dem nämlich auf meine Fernbedienung drücke, kannst du dich noch so tief gebückt anschleichen. Es würde dir trotzdem nichts mehr nutzen."

Der Feuerwehrmann hockte jetzt unmittelbar vor dem Container. Eigentlich müsste er sich jetzt aufrichten und den Schlauch in die Einwurföffnung halten. Gespannt wartete Tiefenbach darauf, ob dies geschehen würde, da zuckte er zusammen. Er hatte sich so auf seine Beobachtung konzentriert, dass er das Polizeifahrzeug erst bemerkte, als es bereits an seinem parkenden Wagen vorbeigeschossen war. Und plötzlich wimmelte es auf einmal nur so von blitzenden Blaulichtern. *Ach du Scheiße! Wo waren die denn auf einmal hergekommen?* Er hatte zwar genau das bezwecken wollen – die Polizei mit diesem Containerbrand von seinem eigentlichen Szenario wegzulocken. Aber dass die so massiv auftreten würden, damit hatte er nicht gerechnet, und er fragte sich, ob es bei seinem anderen angezündeten Container wohl genauso aussah? Tiefenbach hatte es plötzlich ganz eilig. Die massive Präsenz der Polizei behagte ihm nicht, trotzdem warf er noch einen letzten Blick auf den Feuerwehrmann. Der stand tatsächlich von Brandrauch umhüllt neben dem Container und hielt das Strahlrohr seines C-Schlauchs in die Einwurföffnung. Das war genau das, was er zu sehen gehofft hatte.

Die junge Brandmeisterin Franziska und der ältere Oberbrandmeister Peter beobachteten den von einer Straßenlaterne nur spärlich beleuchteten Container seit etwa 15 Minuten. Knapp 50 Meter entfernt in ihrem VW-Bus sitzend, glaubte Peter zum wiederholten Male etwas Verdächtiges gesehen zu haben. „Da!", rief er und fasste seine junge Kollegin an den Oberarm. „Hast du das gesehen, Franzi? Da war was."

„Wo denn? Ich seh nix."

„Trotzdem. Diesmal bin ich mir ganz sicher. Da war wirklich was."

„Das warst du dir vorhin auch", sagte Franziska und meinte: „Und da war auch nix."

„Aber diesmal doch", beharrte Peter.

„Na dann geh doch mal hin und sieh nach", forderte sie ihn auf.

„Das hättest du wohl gerne?"

„Klar, wo du dir doch sooo sicher bist", stichelte sie, aber ihr Kollege ließ sich nicht verleiten. „Du weißt genau, dass wir nur beobachten dürfen, aber nicht selber eingreifen."

„Ja, ja", sagte Franziska gelangweilt. „Nur zuschauen. Und wenn der Typ wirklich hier zuschlagen würde, würdest du dann etwa auch nur zuschauen?"

Peter blieb ihr die Antwort schuldig, da seine Aufmerksamkeit gerade etwas ganz anderem galt. Über Funk kam nämlich eine Meldung herein, die beide elektrisierte. Die Meldung galt zwar der Leitstelle, konnte aber von jedem, der sein Funkgerät eingeschaltet hatte, ebenfalls empfangen und mithört werden. Sie lautete: „4-46-1 und 4-83-1 aus zum Containerbrand Kögelhauser Straße in Höhe 248."

„Verstanden Feuerwache 4“, bestätigte der Leitstellendisponent und funkte zurück: „Zu Ihrer Information, es sind mehrere Polizeifahrzeuge zu Ihnen unterwegs.“ Danach folgte die Aufforderung: „Wenn Sie eingetroffen sind, geben Sie umgehend Rückmeldung. Leitstelle Ende.“

„Was meinst du Franzi“, fragte Peter, „ob das unser Mann ist?“

Franziska zuckte mit den Schultern und wollte ihm schon antworten, da hielt sie inne. „Du, ich glaube, du hattest doch recht. Da hinten war was. Gerade habe ich es auch gesehen.“

„Sag ich doch, da schleicht irgendjemand herum. Ich denke, ich rufe lieber die Polizei an.“

Peter hatte schon sein Handy hervorgeholt, da hielt ihn Franziska zurück. „Nein, warte noch.“

„Wieso?“

„Weil ich denke, dass da gar kein Mensch ist.“

Peter sah seine Kollegin verwundert an. „Wie kommst du denn darauf?“

„Ha! Guck selbst. Deshalb.“

Hinter dem Container war ein ziemlich großer Hund aufgetaucht, der suchend am Boden schnüffelte. Dann hob er ein Hinterbein und pinkelte ungeniert gegen den Altpapiercontainer.

„So viel zu deinem Brandstifter, Peter“, lachte Franziska. „Und, willst du den jetzt etwa wegen Wildpinkeln festnehmen lassen?“

„Ne, höchstens wegen Erregung öffentlichen Ärgernisses“, lachte Peter ebenfalls. Doch dann blieb beiden das Lachen im Halse stecken, als sie über Funk hörten, dass es noch einen weiteren brennenden Container gab, zu dem ihre eigene Wache unterwegs war.

„Ach du Scheiße!“, rief Franzi. „Glaubst du an Zufälle?“

„Nein, du?“, entgegnete Peter und riss den Funkhörer aus seiner Halterung.

„Was hast du vor?“

„Na hör mal, der Chef hat doch ganz klare Anweisung gegeben, dass wir, wenn unsere Wache alarmiert wird, sofort zu dieser Einsatzstelle kommen sollen.“

„Ja, aber doch nicht, wenn lediglich das erste LF alarmiert wird. Deren Mannschaft ist doch komplett. Was sollen wir denn dann da noch? Etwa Däumchen drehen?“

„Mensch, Franzi! Denk doch mal nach. Wenn das der von dem Brandstifter präparierte Container ist und das Ding explodiert, was meinst du, wie dringend die dann weitere Einsatzkräfte brauchen?“

„Das ist doch reine Spekulation“, maulte Franziska, woraufhin Peter konterte: „Hör zu, Mädel. Da ich hier der Dienstranghöhere bin, habe ich auch das Sagen. Und deshalb melde ich mich jetzt bei der Leitstelle. Basta!“

„Ob Sie an der Einsatzstelle benötigt werden oder nicht, vermag ich von hier nicht zu sagen“, bekam er zur Antwort. „Sprechen Sie 3-46-1 direkt an und erkundigen Sie sich selbst. Leitstelle Ende.“

„Na dann“, sagte Peter mehr zu sich selbst und nahm Kontakt zu ihrem ersten LF auf. Während er sprach, saß Franziska mit vor der Brust verschränkten Armen auf dem Fahrersitz und schmollte.

„Wir sollen zurück zur Wache fahren“, sagte Peter, nachdem er das Funkgespräch mit ihrem Gruppenführer beendet hatte.

„Hab ich gehört“, entgegnete Franziska bissig.

„Mensch, Franzi, jetzt krieg dich wieder ein. So sind nun mal die Spielregeln. Wer den höheren Dienstgrad hat, hat automatisch mehr zu sagen und bestimmt nun mal, was Sache ist.“

„Ja, das mag schon sein, aber der Ton macht die Musik. Ich bin schließlich nicht irgend’ne dumme Tussi, sondern ...“

„Weiß ich doch. Weiß ich doch“, lenkte Peter ein.

„Und warum behandelst du mich dann so!?“

„Booooahhh!“ Peter stöhnte auf und vermutlich hätten sich die beiden noch weiter gestritten, wenn sie in diesem Moment nicht selber von der Leitstelle angefunkt worden wären.

„Frage Standort?“

Peter nannte den Namen der Straße, in der sie standen. Dem Leitstellendisponenten schien das zu passen, denn sofort erteilte er ihnen die Order: „Sehr gut. Dann fahren Sie jetzt in den Birnhofer Weg. Verstärkung von Ihrer Wache ist auf dem Weg, Kommen!“

„Verstanden. Birnhofer Weg. Frage Hausnummer?“

„Keine Hausnummer Kollege. Da gibt es schon wieder einen Containerbrand. Leitstelle Ende.“

Franzi und Peter sahen sich mit großen Augen an. Ihr Streit schien vergessen. Beide dachten in dem Moment nur an das eine – drei Container in so kurzer Zeit, das konnte nur, nein das musste ihr Brandstifter sein.

„Und ... Friede?“ Peter reichte Franzi die Hand hinüber.

„Aber so was von Herr Oberbrandmeister“, sagte Franzi und schlug ein.

„Na dann los, Frau Brandmeisterin. Schnappen wir uns den Kerl!“

Auf seiner Fahrt zum Birnhofer Weg hatte Tiefenbach immer wieder besorgt in den Rückspiegel geschaut. Aus Angst, von einem Polizeifahrzeug verfolgt zu werden, machte er einige Umwege. Seine Sorge war jedoch unbegründet. Niemand war ihm gefolgt und als er in den Birnhofer Weg einbog, lag die Straße in friedlicher Stille. Aber diese Ruhe konnte trügerisch sein. Durch die massive Polizeipräsenz von vorhin misstrauisch geworden, fragte er sich, ob hier nicht auch schon irgendwo Bullen auf der Lauer liegen könnten? Tiefenbach war so nervös wie noch nie zuvor und redete mit sich selbst: „Okay, bis zu deinem präparierten Container sind es noch gut 100, 120 Meter. Na ja, vielleicht auch noch etwas mehr, aber noch näher ranfahren sollte ich besser nicht."

Immerhin besaß er ja noch das Fernglas, durch das er alles, was gleich bei dem Container geschehen würde, genau beobachten konnte. Außerdem fühlte er sich sicherer, wenn er nicht über die kleine Kreuzung hinausfuhr. „Ja genau, besser ich bleibe schon hier stehen, dann kann ich, falls es gefährlich werden sollte, über die Seitenstraße verschwinden." Und wenn da doch schon die Bullen auf ihn lauerten? „Scheiße!" Tiefenbach nagte nervös an seiner Unterlippe. Er war total verunsichert und wusste nicht, was er tun sollte. Stehen bleiben oder vielleicht doch erst die Seitenstraße abfahren und kontrollieren? Die Angst vor versteckten Polizisten und die Sorge, dass im letzten Moment noch irgendetwas schiefgehen könnte, setzte ihm gewaltig zu. Im Grund genommen hätte er ja auch gar nicht hierherfahren und sich dieser Gefahr auszusetzen müssen. Genauso gut hätte er das Geschehen von jeder anderen Stelle aus über seinen Laptop verfolgen können.

Aber das hier war dann doch noch etwas ganz anderes – das hier war live und mit keinem Laptop-Bild zu vergleichen. Ein echter Fußballfan würde sich ja auch nicht vor die Glotze setzen, wenn er die Chance hätte, das Spiel seines Lieblingsvereins live im Stadion zu erleben. *Ha, das war gut!* Seinen erklärten Erzfeind, die Feuerwehr, mit einem Lieblingsfußballverein zu vergleichen! Trotz seiner großen Nervosität und Angespanntheit musste Tiefenbach über seinen eigenen Vergleich lachen und entschied: Ich bleibe! Schließlich war er ja nicht nur Beobachter, sondern auch Gestalter. Bei diesem Gedanken warf er einen fast liebevollen Blick auf die Fernbedienung, die neben ihm auf dem Beifahrersitz lag.

Und schon überkamen ihn wieder seine Zweifel. *Hoffentlich würde sie auch gleich einwandfrei funktionieren? Denn wenn nicht ...* „Mann, was rede ich nur für einen Scheiß", schalt er sich selbst. Natürlich würde das Ding funktionieren, schließlich hatte er es zuvor schon zig Mal gecheckt, frische Batterien eingelegt und auch alles andere bis ins kleinste Detail durchdacht und minutiös geplant. Trotzdem waren seine Hände schweißnass und sie zitterten, als er sein Handy hervorholte, um die Feuerwehr anzurufen.

Der Zeitpunkt seiner Rache war gekommen – aber Tiefenbach regte keinen Finger. Er saß einfach nur da und fixierte sekundenlang die Tasten, bis eine Stimme in seinem Kopf rief: „Worauf wartest du noch!? Jetzt reiß dich endlich zusammen und wähl die Nummer!"

Franziska fuhr mit eingeschalteten Sondersignalen, und ihr Fahrstil war nicht gerade zimperlich zu nennen. Die Ampel vor ihnen sprang soeben auf Gelb. Franzi gab Vollgas und flog über die Kreuzung.

„Eh Franzi!", schrie Peter auf. „Bist du wahnsinnig! Willst du uns umbringen? Das war rot!"

„Quatsch! Ich bin noch bei Gelb gefahren."

„Von wegen. Das war eindeutig rot."

„Soll ich bei der Geschwindigkeit eine Vollbremsung machen!? Dann wären wir ja mitten auf der Straße stehen geblieben. Willst du das?"

„Ich will nur, dass wir ankommen", knurrte Peter. „Lebend."

„Will ich auch."

„Dann rase nicht so und fahr demnächst gefälligst nicht mehr bei Rot."

„Bei Dunkelgrün."

„Wie bitte!?"

„Dunkelgrün! Das heißt dunkelgrün, Peter."

„Mann Franzi! Also manchmal kannst du einen wirklich ..."

„Ja, was denn?"

Peter winkte unwirsch ab. „Ach, vergiss es einfach."

Nachdem die Feuerwache 3 erneut alarmiert worden war, musste diesmal die Besatzung des zweiten LF ausrücken. Deren Maschinist und der Angriffstrupp hatten es sich vor dem Fernseher gemütlich gemacht. Der Alarmgong war noch nicht ganz verklungen, da standen die drei Männer schon vor einem der Rutschschächte. Innerhalb weniger Sekunden glitten sie nacheinander an der armdicken Metallstange in die hell erleuchtete Fahrzeughalle. Über den Hof kamen Martin Bauer und Klaus Haberkamp angelaufen. Der Alarm hatte zwar nur dem zweiten LF gegolten, dennoch waren die beiden wie bei einen Zugalarm in der Fahrzeughalle erschienen. Das erwies sich jetzt als positiv, denn als Franken sie sah, rief er sofort: „Die Drehleiterbesatzung besetzt das TLF und fährt mit!"

Als Dienstgruppenleiter konnte und durfte er solch eine Entscheidung treffen. Er musste nur gute Gründe dafür haben, da es danach niemand mehr auf der Wache gab, der die Drehleiter besetzen konnte. Außerdem musste er der Leitstelle über Funk mitteilen, dass seine Drehleiterbesatzung im TLF mit ausgerückt war, denn sollte es jetzt zu einer Situation kommen, in der die Leiter gebraucht würde, müsste eine andere Feuerwache für sie einspringen.

Richard Franken hatte gute Gründe für seine Entscheidung: einen Tank mit 5.000 Litern Wasser, einen weiteren mit 500 Litern Schaummittel und einen Dachmonitor mit einem Wasserausstoß von 1.000 bis 2.000 Litern pro Minute, und das bei einer Wurfweite von über vierzig Metern!

Rupert Tiefenbach hatte sich erst gar nicht die Mühe gemacht, seine Stimme zu verstellen. Wozu auch, sagte er sich? Wenn jemand bei der Feuerwehr anrief und gleich vier brennende Papiercontainer an vier unterschiedlichen Standorten meldete, und das auch noch in unterschiedlichen Stadtteilen, dann gab es für den Disponenten, der den Anruf entgegen nahm, nur zwei Möglichkeiten: Entweder jemand wollte ihn gehörig verarschen, oder dieser jemand hatte die Container selber angezündet.

Auf Tiefenbach traf natürlich das Letztere zu. Der Disponent auf der Leitstelle zweifelte auch keinen Moment daran, dass es sich bei diesem Anrufer nicht um jemanden handelte, der der Feuerwehr nur einen dummen Streich spielen wollte – nein, der hier meinte es wirklich ernst.

Abgesehen davon, dass er außer der Feuerwache 3 auch noch weitere Feuerwachen alarmiert hatte, informierte der Disponent umgehend seinen Lagedienstleiter. Der setzte daraufhin alle Hebel in Bewegung, sodass bei einigen wichtigen Entscheidungsträgern kurz darauf die Telefone klingelten.

Die wichtigste Entscheidung traf jedoch Rupert Tiefenbach, in dem er nach Beendigung des Telefonats den Funkimpuls auslöste, der die Brandsätze in allen von ihm präparierten Containern gleichzeitig zündete. Gebannt starrte er danach auf das Display des Laptops. Noch zeigten seine perfekt platzierten Kameras lediglich ein grünlich schimmerndes Bild wie bei Nachtsichtgeräten. Aber die Wirkung der von ihm verwendeten Brandbeschleuniger ließ nicht lange auf sich warten. Schon wenige Sekunden später konnte er sehen, wie dunkle Wolken aus allen vier Containern waberten – das war eindeutig Brandrauch!

„Ja!", jubelte Tiefenbach. Es hatte funktioniert. Jetzt musste er nur noch abwarten, bis die Schweine kämen und dann ... BAMM!

„Franziii! Jetzt rase doch nicht so! Wir kommen eh viel zu früh an."

„Was meinst du mit viel zu früh?"

„Na, noch vor unserem LF."

„Macht doch nichts. Dann sind wir eben eher da. Wir haben ja auch den kürzeren Weg."

„Ja eben."

„Was, ja eben?"

„Hallo! Kapierst du das nicht!?", entrüstete sich Peter genervt. „Wir fahren hier in einem VW-Bus! Das heißt, wir haben keinen PA und auch kein Löschwasser. Also was in Gottes Namen sollen wir schon vorher da!?"

„Meine Güte!", stöhnte Franziska und sagte vorwurfsvoll: „Und mit *der* Einstellung bist du Oberbrandmeister geworden? Ich fasse es nicht!"

Peter, der sonst nie um einen Spruch verlegen war, verschlug es die Sprache. So ein freches Luder! Was bildete sich diese dumme Tussi nur ein, ihn so anzugehen. Hat selber nichts auf dem Kasten und glaubt, ihm Vorschriften machen zu können. Aber er hatte ja schon immer die Meinung vertreten, dass Weiber bei der Feuerwehr nichts verloren hätten. Allerdings jedes Mal, wenn er auf der Wache das Thema Frauen angesprochen hatte, hatten seine Kollegen nur lachend abgewunken. „Peter, du bist ein frauenfeindlicher Macho", bekam er dann oft zu hören, oder: „Du bist ja rückständig." Von wegen rückständig! Er warf Franziska einen vernichtenden Blick zu und blies verächtlich die Luft aus. Lauter verblendete Dummköpfe waren das alle!

Franziska hatte Peters vernichtenden Blick nicht mitbekommen. Seine Meinung gegenüber Frauen in der Feuerwehr war ihr hingegen allgemein bekannt, schließlich hatte Peter nie einen Hehl daraus gemacht. Sie scherte sich aber nicht darum. Die anderen Kollegen waren alle nett zu ihr und hatten sie jedenfalls als Feuerwehrfrau voll akzeptiert. Davon abgesehen besaß Franziska ein ausgeprägtes Selbstbewusstsein, da konnte ihr Macho-Kollege Peter noch so viel gegen sie stänkern. Trotzdem hätte sie es besser gefunden, wenn ein anderer Kollege neben ihr gesessen hätte. Besonders jetzt, wo sie in eine höchst gefährliche Situation geraten konnten.

Die Kollegen Manni, Martin und Vinc, an die Franziska gerade dachte, befanden sich allerdings noch ein gutes Stück weiter von der Einsatzstelle entfernt. Sie konnte also nur hoffen, dass sie dort nicht allzu lange auf ihre Kollegen, die im LF und TLF zu ihnen unterwegs waren, warten mussten.

„Die nächste rechts und dann die erste wieder links", knurrte Peter. Und schalte die Sirene aus. Falls der Brandstifter sich hier irgendwo in der Nähe aufhalten sollte, muss er uns ja nicht gleich kommen hören."

Franziska nickte und deaktivierte das Martinshorn. Wenn es nach ihr gegangen wäre, hätte sie das ja nicht getan, aber im Moment hielt sie es für angebrachter, ihrem Kollegen besser nicht zu widersprechen oder weiter Kontra zu geben.

„Da vorne ist es“, sagte Peter jetzt in einem etwas versöhnlicheren Ton. „Wir sollten jetzt unbedingt die Augen nach einem Pritschenwagen mit Palfinger aufhalten, Franzi.“

Oh, er sagt Franzi zu mir. Anscheinend ist seine Wut schon wieder verraucht.

In der Tat hatte Peter jetzt anderes im Sinn, als sich weiter mit seiner Kollegin zu streiten. Später, wenn das hier vorüber wäre, wollte er sie sich aber noch einmal zur Brust nehmen. *Ha, zur Brust nehmen ist gut.* Der Vergleich gefiel ihm. Einige Sekunden später sahen beide den brennenden Container. Er stand gut 50 Meter von ihnen entfernt auf der gegenüberliegenden Straßenseite. Sofort zog Peter den Funkhörer aus seiner Halterung und gab der Leitstelle durch, dass sie die Einsatzstelle erreicht hätten.

„Nehmen Sie umgehend Absperrmaßnahmen vor und achten Sie darauf, dass sich keine Zivilpersonen dem Container nähern. Verstärkung ist unterwegs. Leitstelle Ende.“

„Hast du das mitbekommen Franzi?“

„Ja klar. Und was denkst du, reichen zehn Meter, oder lieber mehr?“

„Lass uns lieber mehr machen. Sicher ist sicher.“

„Zwanzig?“

„Zwanzig Meter müssten reichen, denke ich. Ich schlage vor, wir halten da vorne und dann spannen wir den Gehweg zu beiden Seiten mit Flatterband ab. Einverstanden?“

Franziska konnte kaum glauben, was sie da gerade gehört hatte. Ihr Macho-Peter war ja plötzlich wie ausgewechselt.

Rupert Tiefenbach lauschte angestrengt. Vorhin hatte er kurz gemeint, von irgendwo ein Martinshorn zu hören, aber dann war das Geräusch wieder verschwunden. Er schaute auf seine Armbanduhr. Seit er den Brandsatz gezündet hatte, waren noch keine drei Minuten vergangen. Seiner Berechnung nach konnte die Feuerwehr so schnell ja auch noch gar nicht hier sein. Wahrscheinlich hatte er sich nur verhört, denn jetzt war wieder alles ruhig. Plötzlich sah er, wie aus der Seitenstraße vor ihm ein VW-Bus mit eingeschalteten Blaulichtern auftauchte. *Scheiße, was ist das denn!? Wo kommt der denn auf einmal her?*

Gebannt verfolgte er, wie der Feuerwehrwagen zunächst auf den Container zufuhr, dann aber in einem großen Abstand vor ihm stoppte. Und, wo bleiben die anderen, fragte sich Tiefenbach irritiert und nahm, nachdem er sah, dass nur zwei Leute ausgestiegen waren, das Fernglas zur Hilfe. Was machten diese Idioten denn bloß! Die löschten ja gar nicht! Die sperrten ja alles nur mit ihrem blöden Flatterband ab. Wutentbrannt schlug er mit beiden Fäusten auf den Lenkradkranz. „Ihr Schweine! Hört auf damit!“, heulte er. „Ihr macht mir ja meinen ganzen schönen Plan zunichte!“

In seiner grenzenlosen Wut und Verzweiflung hatte er nicht mitbekommen, wie von hinten die Einsatzfahrzeuge der Feuerwache 3 angefahren kamen. Erst nachdem sich das vorwegfahrende LF mit seinem Wagen auf gleicher Höhe befand, bemerkte er sie. Im ersten Moment zuckte er erschreckt zusammen, doch dann atmete er erleichtert auf. Gott sei Dank, sie waren also doch noch gekommen. Und schon schöpfte er wieder Hoffnung, dass sein perfider Plan doch noch aufgehen könnte.

Richard Franken sah ihren eigenen VW-Bus, der in ausreichender Entfernung zu dem brennenden Container stand, und er sah Peter und Franziska, wie sie mit Flatterband den Gehweg zu beiden Seiten hin absperrten. Sehr gut, dachte er erleichtert, die beiden hielten sich also an die Absprache, dass sich niemand, auch keiner der Einsatzkräfte, diesem brennenden Container mehr nähern sollte. Gelöscht wird nur noch aus der Distanz, darauf hatten sich alle geeinigt. Dass sich seine eigenen Feuerwehrmänner bei dem ersten Containerbrand nicht an diese Absprache gehalten hatten und trotzdem mit einem C-Rohr bis unmittelbar an den Container herangegangen waren, davon wusste er zu diesem Zeitpunkt noch nichts. Er war jedenfalls fest entschlossen, keinen seiner Leute einer unkalkulierbaren Gefahr auszusetzen, die das Leben jedes Einzelnen von ihnen bedrohen könnte. Damit auch keiner auf irgendwelche anderen Gedanken kommen konnte, hielt er sich ein Megafon vor den Mund und brüllte: „TLF-Besatzung Monitor klar machen! Ihr löscht vom Dach aus und alle anderen halten sich zurück! Das ist ein Befehl!“

Der Befehl, den der DGL seiner Mannschaft über das Megafon erteilt hatte, war bis zu der Stelle, an der Rupert Tiefenbachs Wagen stand, deutlich zu hören gewesen.

Wie, alle anderen halten sich zurück? Was sollte das denn jetzt? Ja sind die denn bescheuert!? Fassungslos von dem, was er zu sehen bekam, schleuderte er das Fernglas achtlos über die Schulter und beugte sich so weit über das Lenkrad, bis seine Stirne schon fast an der Windschutzscheibe klebte. „Nein! Nein! Nein!“, kreischte er. Hilflos musste er mit ansehen, wie vom Dachmonitor des TLF ein armdicker Wasserstrahl auf den Container geschleudert wurde. Tiefenbach geiferte vor Wut. Als er kaum mehr etwas erkennen konnte, weil sein keuchender Atem die Windschutzscheiben beschlagen ließ, warf er sich mit einem Aufschrei zurück. Wie von Sinnen riss er den Laptop vom Beifahrersitz und starrte kreidebleich auf den Monitor. Die Schweine gingen überall nach derselben Taktik vor. Keiner näherte sich den präparierten Containern. Die Feuerwehrleute blieben alle in Deckung und löschten nur aus der Entfernung oder vom Dach ihrer Fahrzeuge.

Aus, alles aus! Das war's also. Tiefenbach saß wie ein Häufchen Elend zusammengesunken hinter dem Lenkrad seines geliehenen Pkw. Alles umsonst! Es war alles umsonst gewesen! Seine ganzen aufwendigen Vorbereitungen, sein bis ins Letzte raffiniert ausgetüftelter Plan. Er hätte am liebsten laut losgeheult, aber so deprimiert, wie er sich in diesem Moment fühlte, wollte ihm selbst das nicht gelingen. Wie in Trance sah er, wie sich sein wunderschöner Racheplan in Luft auflöste. Warum, warum?, fragte er sich. Wieso funktionierte es bei ihm nicht? Andere hatte es doch auch geschafft. Tiefenbach musste unwillkürlich an die Attentate von Nizza und London denken, und an diesen Anis Amri, der auf einem Berliner Weihnachtsmarkt mit einem Lkw in eine Menschenmenge gerast war. Plötzlich wusste er, was er zu tun hatte. „Ja!“, jubelte er auf und ballte wild entschlossen seine Fäuste. Sein gerade noch erschlaffter Körper straffte sich. „Es ist noch nicht vorbei, ihr Hunde! Oh nein, es ist noch nicht vorbei!“ Tiefenbach drehte den Zündschlüssel und startete den Motor. „Für meine Schwester und meine Nichte“, stieß er mit Hass erfülltem Gesicht hervor, dann löste er den Funkimpuls aus, der alle vier Container gleichzeitig zur Explosion bringen würde und trat das Gaspedal bis zum Anschlag durch.

Die Aktivitäten der Feuerwehr hatten inzwischen etliche Zuschauer auf die Straße gelockt. Peter und Franziska standen deshalb weiterhin vor dem rot-weiß gespannten Flatterband, um darauf zu achteten, dass kein Unbefugter hinter die Absperrung gelangte. Martin Bauer stand oben auf dem Dach des TLF und versuchte, mit seinem Wasserstrahl die Einlassöffnung des brennenden Containers zu treffen. Alle anderen Feuerwehrmänner hatten vorsichtshalber hinter dem TLF Schutz gesucht. Plötzlich zerriss ein ohrenbetäubender Knall die Luft. Gleichzeitig verwandelte sich der bisher nur dunklen Rauch ausstoßende Container in einen grell leuchtenden Feuerball. Obwohl die Feuerwehrmänner, die hinter dem TLF in Deckung standen, jeden Augenblick mit solch einer Explosion gerechnet hatten, kam sie dennoch völlig überraschend. Instinktiv duckten sich alle und zogen ihre Köpfe ein. Die Reaktion der Zuschauer, die neben Franziska auf dem Gehweg standen, fiel ungemein heftiger aus. Nach der ersten Schrecksekunde drängten einige der Vorderen die hinter ihnen stehenden Menschen in Panik zurück. Dabei entstand ein so großes Durcheinander, dass niemand den heranrasenden Pkw beachtete. Zu ihrem Glück hielt der aber auch nicht auf sie zu, sondern auf die hinter dem TLF versammelten Feuerwehrmänner. Die ahnten jedoch nichts von der drohenden Gefahr, da jetzt alle gebannt zu dem aufgerissenen Metallkörper des Containers hinübersahen, aus dem die Flammen hoch in den dunklen Nachthimmel emporschlugen. Aufgrund ihrer Position wäre Franziska als Einzige in der Lage gewesen, die Gefahr, in der ihre Kollegen schwebten, sehen zu können. Aber die junge Feuerwehrfrau war durch das Chaos, welches unter den Zuschauern herrschte, abgelenkt, bis sie einen lauten Aufschrei vernahm: „Mein Gott! Was ist das denn für ein Irrer!? Der fährt ja direkt auf Ihre Leute zu!"

Meine Leute? Wieso meine Leute? Was meint der denn? Franziska riss den Kopf herum und wusste sofort: Das konnte nur der Brandstifter sein! Und sie ahnte, was er vorhatte. Geistesgegenwärtig legte sie ihre Hände trichterförmig an den Mund und schrie so laut sie konnte: „Vinc, Manni! Vorsicht! Hinter euch!" Aber weder Vinc noch Manni oder ihr DGL hörten sie. Zu laut wirkte der Knall noch in ihren Ohren und übertönte zusammen mit dem Motorengeräusch ihres TLF Franziskas Warnruf.

Tiefenbachs Wagen hatte längst die kleine Kreuzung überquert und schoss mit unverminderter Geschwindigkeit weiter auf Franzis Kameraden zu. In diesem Moment sah Peter, wie Franziska wild gestikulierend über die Straße sprintete. *Was ist denn mit der los?* Dann entdeckte auch er den heranrasenden Wagen. „Ach du Scheiße!" Peter musste ebenso wie Franzi direkt an den Brandstifter denken, aber er sah auch, dass seine Kollegin dem Wagen genau in die Quere lief.

„Weg! Geht da weg!", schrie Franzi, während sie weiterrannte. Endlich drehte sich einer ihrer Kameraden zu ihr um. Es war Manni. „Manni, Vorsicht! Der Wagen! Da!", schrie sie und zeigte in die Richtung, aus der Tiefenbachs Wagen angeschossen kam. Er war jetzt nur noch wenige Meter entfernt. Manni und auch Franken kapierten sofort, worum es ging, und rissen den zur Salzsäule erstarrten Vinc mit. Gerade noch rechtzeitig, denn jetzt war Tiefenbach da.

Bei ihrer Rettungsaktion hatte Franzi überhaupt nicht auf ihre eigene Sicherheit geachtet. Mit schreckensweit aufgerissenen Augen sah sie Tiefenbachs Wagen plötzlich vor sich. In diesem Moment schien er wie aus dem Nichts aufgetaucht zu sein. Zu spät für eine Reaktion, zu spät, noch fliehen zu können! Die Gedanken, die schneller sind als die Lichtgeschwindigkeit, erinnerten Franzi an ihren Unfall in der Tiefgarage. Damals erfasste sie der Wagen von hinten. Heute würde er sie von vorne treffen – tödlich treffen. Das wusste sie, und schloss im vollen Bewusstsein, jetzt und hier ihr Leben zu verlieren, die Augen. Unmittelbar darauf erfolgte der Zusammenprall, aber nicht, wie erwartet, von vorne, sondern von der Seite. Franziska wurde von der Wucht zu Boden geschleudert, gleichzeitig hörte sie ein hässliches Knacken, vermischt mit dem Aufschrei aus zahllosen Kehlen. Dann krachte Tiefenbachs Wagen ungebremst in die Seite des TLF. Die Erschütterung war so heftig, dass Martin Bauer, der oben auf dem Dach stand, fast hinuntergefallen wäre. Danach herrschte sekundenlang Stille.

Franziska lag noch immer am Boden und begriff nur langsam, dass sie noch lebte. Ja, sie lebte noch, aber wieso? Mühsam versuchte sie, sich aufzurappeln, da kamen ihr Manni und Vinc zur Hilfe. Franziska zitterte am ganzen Körper. „Bei euch alles in Ordnung, Jungs?“ Dann sah sie die Tränen in Mannis Augen. „Was ... was ist geschehen?“, fragte sie Vinc, der sich jedoch von ihr abwandte und sein Schluchzen nicht unterdrücken konnte. Mit angstvoll bebender Stimme sah Franziska zu ihrem DGL. Der war bleich wie ein Laken und streckte nur stumm den Arm aus.

Franziska drehte sich wie in Zeitlupe um. Hätten sie Manni und Vinc nicht noch immer gestützt, wäre sie sicher auf der Stelle zusammengeklappt, denn nur wenige Meter von ihr entfernt sah sie Peter, oder besser das, was Tiefenbachs Wagen noch von ihm übrig gelassen hatte. Sein fürchterlich zugerichteter Körper lag in einer Blutlache. Peter war tot, und plötzlich wusste sie, warum: Er war derjenige, der sie zur Seite gestoßen und sich für sie hatte überfahren lassen. Franziska wurde schwarz vor Augen, aber dann riss sie sich von Manni und Vinc los und ging neben der Leiche von Peter auf die Knie. Wie lange sie da so gekniet und geweint hatte, konnte sie später nicht mehr sagen. Sie erinnerte sich nur noch daran, wie sie zwei Kollegen vom Rettungswagen irgendwann weggeführt hatten. Alles andere, was unmittelbar darauf geschah, war ihrem Gedächtnis entschwunden. Oder vielleicht hatte sie es auch nur verdrängt, wie man vieles verdrängt, was einem im Leben widerfährt.

Einige Details bekam Franziska allerdings bei einer ihrer nächsten Dienstschichten von ihren Kollegen erzählt. Zum Beispiel, dass die Polizei Tags darauf Tiefenbachs Pick-up auf einem Hinterhof gefunden hatte. Später hätten sie in seiner Wohnung neben Plänen und Baumaterialien für weitere Anschläge auch zwei Kätzchen gefunden. Dann berichtete ihr DGL davon, warum der Mann solch einen großen Hass auf Feuerwehrleute gehabt hatte, dass er dafür sogar bereit war, zu töten. Für Franziska und ihre Kollegen blieb es allerdings ein unbegreifliches Motiv. Weiterhin berichtete Franken, wie sie den Mann schwer verletzt aus dem Autowrack befreit hatten und er danach vom Rettungsdienst in die Universitätsklinik gefahren worden war. Dank ihres schnellen Eingreifens und des herbeigerufenen Notarztes stünden seine Chancen, zu überleben, nicht schlecht, hatten die behandelnden Ärzte gesagt.

Für Franzi hatte diese Aussage einen äußerst bitteren Beigeschmack. Dieser Mann würde also höchst wahrscheinlich überleben, aber die anderen Menschen, die er auf dem Gewissen hatte, waren tot. Wie ihr Kollege Peter ... Franzi hatte in den letzten Tagen viel über ihn nachdenken müssen, den Kollegen, der mit ihr nie so richtig klar gekommen war. War das nicht seltsam? Ausgerechnet er hatte sein eigenes Leben riskiert und verloren, um ihres zu retten.

Zwei Tage später fand unter großer Beteiligung seiner Feuerwehrkollegen Peters Beerdigung auf dem Nordfriedhof statt. Seine Grabstätte befand sich in derselben Reihe, in der auch Tiefenbachs Schwester Cornelia Bergmann und ihre kleine Tochter Angelika ihre letzte Ruhestätte gefunden hatten.

Anhang

Erklärung von Fachbegriffen

AB-Bau: Abrollbehälter Bau = mehrere Container mit Baumaterialien und Spezialwerkzeug zum Einsatz bei Baustellenunfällen.

ABC-Zug: Verband (Zug) mehrerer Feuerwehr-Spezialfahrzeuge bei Einsätzen mit atomaren (A), biologischen (B) bzw. chemischen (C) Gefahren.

Acetylcholinesterase: Enzym (siehe auch Nowitschok). Dient dem Abbau des Neurotransmitters Acetylcholin in den Synapsen (Gehirnzellen).

A-Dienst (bei der BF-Düsseldorf): Beamter im höheren feuerwehrtechnischen Dienst mit eigenem Fahrzeug und Fahrer. Bei Großschadenlagen und an großen Einsatzstellen höchster Einsatzleiter vor Ort.

Aspirieren: von lat. *aspirare* = ansaugen; davon abgeleitet die Aspiration: hier das Anatmen von Blut oder Erbrochenem, mit der Gefahr des Erstickens.

AWISTA: Städtische Gesellschaft für Abfallwirtschaft und Stadtreinigung der Landeshauptstadt Düsseldorf und Umgebung.

B-Dienst (bei der BF-Düsseldorf): Beamter im gehobenen feuerwehrtechnischen Dienst mit eigenem Fahrzeug und Fahrer. Bei größeren Einsatzstellen übernimmt er die Einsatzleitung oder leitet einen Brandabschnitt.

BF: Berufsfeuerwehr.

B-Schlauch: Druckschlauch von 75 mm Durchmesser und (meist) 20 m Länge. An beiden Enden befinden sich Kupplungen. Dient der Wasserfortleitung und kann mit anderen Schläuchen und Geräten verkuppelt werden.

Bufdi(s): Umgangssprachliche Bezeichnung für Menschen, die sich im Bundesfreiwilligendienst engagieren.

CSA: Chemikalienschutzanzug; schützt den gesamten Körper hermetisch gegen die meisten Gase, Dämpfe, Stäube und Flüssigkeiten gefährlicher Chemikalien. Unter dem CSA muss ein Umluft-unabhängiges Atemschutzgerät getragen werden.

C-Schlauch: Druckschlauch von 55 mm Durchmesser und (meist) 15 m Länge. (siehe auch B-Schlauch).

C-Dienst (bei der BF-Düsseldorf): Beamter im gehobenen feuerwehrtechnischen Dienst mit eigenem Fahrzeug und Fahrer. Er ist zuständig für zwei Feuerwachen und gleichzeitig Zugführer an der Feuerwache, an der er auch als Wachvorsteher fungiert.

D-Dienst: Direktionsdienst. Bei der BF-München: ranghöchster Beamter; analog zum A-Dienst bei der BF-Düsseldorf.

DGL: Dienstgruppenleiter. Bei der BF-Düsseldorf: höchste Position im mittleren feuerwehrtechnischen Dienst. Leitet die 24-Stunden-Schicht einer Feuerwache. Kann den C-Dienst als Zugführer vertreten. Ansonsten ist er bei Einsätzen der ranghöchste Gruppenführer vor Ort.

DL: Drehleiter. Feuerwehrfahrzeug mit einem mechanisch/hydraulisch betriebenen, drehbaren und ausfahrbaren Leiterpark (meist 30 m lang). Die in Deutschland am häufigsten verwendete Drehleiter hat die Bezeichnung DLK23-12. Sie besitzt an ihrer Leiterspitze einen fest montierten (bei älteren Modellen auch noch per Hand anzuhängenden) Rettungskorb.

DLK: Kurzbezeichnung für eine mechanische Feuerwehr-Drehleiter mit Korb (Rettungskorb).

Equipment: Oberbegriff für eine Ausrüstung oder Gerätschaft. In diesem Fall für eine umfangreiche feuerwehrtechnische Ausrüstung.

Exhauster: In Verbindung mit Lutten (siehe dort) ein motorbetriebenes Be- und Entlüftungsgerät.

FF (oder auch: FFw): Freiwillige Feuerwehr.

Florentine: In Anlehnung an ihren Schutzpatron, den heiligen St. Florian, nennen viele Feuerwehrleute (z. B. die in Düsseldorf) so ihre Handsprechfunkgeräte.

GKTW: Großraumtransportkrankenwagen in der Größenordnung eines Reise- oder Linienbusses mit einer Spezialausstattung für die Behandlung und den Transport mehrerer Verletzter oder erkrankter Personen. Wird an Einsatzstellen auch zur kurzfristigen Unterbringung (schlechtes Wetter/Nacht) von Personen genutzt die z. B. wegen eines Brandes nicht in ihre Wohnung können.

HLF: Hilfeleistungslöschgruppenfahrzeug. Das bei Feuerwehreinsätzen meistgenutzte Löschfahrzeug mit einer umfangreichen Beladung für technische und Brandeinsätze, einem Wasser- und Schaummitteltank, Schnellangriffsvorrichtung, Stromaggregat, hydraulischer Schere und Spreizer, ausfahrbarem Lichtmast, tragbaren Leitern und einer Feuerwehrkreiselpumpe.

Hohlstrahlrohr: Ein multifunktionales Strahlrohr zur Wasserabgabe. Wird (je nach Größe) bei der Brandbekämpfung an einen B- oder C-Schlauch gekuppelt.

HuPF: Herstellungs- und Prüfbescheinigung für eine universelle Feuerschutzkleidung, die gemäß den Vorgaben der Europäischen Norm EN 469 gefertigt wurde.

Hyperventilieren / Hyperventilation: Ein krankhaftes, hastiges Atmen bei dem ein Säureverlust im Blut (Alkalose) entsteht, der zu Muskelkrämpfen (Tetanie) führt. Im akuten Zustand hilft das notfallmäßige Ein- und Ausatmen in eine vor Mund und Nase gehaltene Tüte.

I-Dienst: Inspektionsdienst. Feuerwehrbeamter im gehobenen Dienst bei der BF-München (analog dem B-Dienst bei der BF-Düsseldorf).

Intoxikation: von griech. *tóxikon* = Pfeilgift; hier: Rauchgasintoxikation – eine Vergiftung durch das Einatmen von Rauchgasen.

Kontamination: von lat. *contaminatio* = Befleckung; hier im Sinne von Verschmutzung und/oder Verunreinigung mit gefährlichen Substanzen wie Gasen, Stäuben oder auch radioaktiven Stoffen. Daraus resultiert die **Dekontamination / dekontaminieren** – Reinigung/reinigen.

KTU: Kriminaltechnische Untersuchung. Spezialabteilung der Kriminalpolizei, die mit oft wissenschaftlich akribischen Untersuchungen (z. B. an verunfallten Fahrzeugen) die Unfallursache zu ergründen versucht.

LF: Löschgruppenfahrzeug.

Lutte(n): Faltenschlauch/Faltenschläuche; durch eingearbeitete Ringe formstabile und großlumige Kunststofffaltenschläuche. Auseinandergezogen und aneinandergekoppelt erreichen sie große Längen. Mit einem Exhauster verbunden, werden sie von der Feuerwehr entweder zum Einblasen von Frischluft oder zum Absaugen von z. B. verrauchter Luft aus umbauten Bereichen eingesetzt.

NAW: Notarztwagen. Notarzteinsatzfahrzeug mit medizinisch-technischen Geräten und Notfallmedikamenten, mit dem ein speziell geschulter Feuerwehrmann (Rettungsassistent) den Notarzt zur Einsatzstelle fährt. Feuerwehrmann und Notarzt bilden ein Team bei dem jeder originäre Kompetenzen besitzt.

NEF: Notarzteinsatzfahrzeug.

Nowitschok: von russ. *Новичок* = Neuling; der in den 1970er-Jahren in der Sowjetunion neu (daher der Name) entwickelte binäre Kampfstoff zählt zu den giftigsten Nervengiften. Wirkung: Der Acetylcholinesterase-Hemmer Nowitschok blockiert das aktive Zentrum der Acetylcholinesterase durch Phosphorylierung von Serin. Dadurch entstehen Muskelkontraktionen und Schaumbildung im Mund-Rachen-Raum mit Erbrechen, gefolgt von Lähmungen und Herzstillstand.

OPEN-Team (bei der Feuerwehr Düsseldorf): Organisierte Personalunterstützung für Extremeinsätze und Nachsorge, die psychosoziale Unterstützung für Rettungsdienst- und Feuerwehrpersonal bietet.

PA: Pressluftatmer. Ein umluftunabhängiges Atemschutzgerät der Feuerwehr. Die mit ein oder zwei Flaschen bestückten Geräte sind mit normaler Atemluft und Drücken von 200 bis 300 bar gefüllt.

Phosphorylierung: Biochemischer Begriff für die Unumkehrbarkeit des Anhängens einer Phosphorylgruppe an ein organisches Molekül.

Rekonvaleszent: von lat. *reconvalescere* = wiedererstarken; davon abgeleitet: Rekonvaleszenz – im Zustand des Genesens.

RTW: Rettungstransportwagen. Einsatzfahrzeug für Notfalleinsätze. Besatzung: mind. ein Rettungssanitäter und ein Rettungsassistent.

SAR: Abk. für engl. *Search and Rescue*; zu deutsch: suchen und retten.

Serin: Eine proteinogene, nicht essentielle α-Aminosäure.

Stiffneck: Zervikalstütze, die zur Stabilisierung (Immobilisation) der Halswirbelsäule dient.

Subarachnoidalblutung: Einblutung in den Raum zwischen harter Hirnhaut und Spinnwebhaut. Häufig ausgelöst durch eine geplatzte Hirngefäßerweiterung (Aneurysma).

THW: Technisches Hilfswerk. Eine hauptsächlich aus ehrenamtlichen Helferinnen und Helfern bestehende technisch hochwertig geschulte und ausgestattete Hilfsorganisation, die dem Bundesinnenministerium unterstellt ist. Einsatzkräfte des THW kommen bei Großeinsatzstellen und Katastrophen im eigenen Land, aber auch weltweit zum Einsatz.

TLF: Tanklöschfahrzeug.

UKE: Universitätsklinikum Hamburg-Eppendorf.

Veitstanz: Der Begriff bezieht sich auf die unheilbare erbliche Erkrankung des Gehirns, die als *Chorea Huntington* bezeichnet wird. Die Erkrankten lassen durch unwillkürliche und unkontrollierte Bewegungen den Eindruck des Tanzens entstehen. Eine weitere Erklärung liegt in einem Phänomen des 14. und 15. Jahrhunderts, als ein massenhysterisches psychogenes Tanzen auftrat.

Vena-Cava-Kompressionssyndrom: Komplikation (im weitesten Sinne eine Kreislaufstörung) in der Schwangerschaft. Ausgelöst durch den Druck des Kindes auf die untere Hohlvene (Vena-Cava), was zu einer Behinderung des Blutrückflusses zum Herzen führt.

VU: Kürzel und gängiger Sprachgebrauch im Funkverkehr von Einsatzkräften für einen Verkehrsunfall.
